市场营销

主 编 祖国峰

苏州大学出版社

图书在版编目(CIP)数据

市场营销/祖国峰主编. —苏州：苏州大学出版社,2020.2
ISBN 978-7-5672-3104-7

Ⅰ.①市… Ⅱ.①祖… Ⅲ.①市场营销学－高等学校－教材 Ⅳ.①F713.50

中国版本图书馆 CIP 数据核字(2020)第 011324 号

市场营销

祖国峰 主编

责任编辑 周建国

苏州大学出版社出版发行
(地址：苏州市十梓街 1 号 邮编：215006)
镇江文苑制版印刷有限责任公司印装
(地址：镇江市黄山南路 18 号润州花园 6-1 号 邮编：212000)

开本 880 mm×1 230 mm 1/16 印张 19.5 字数 590 千
2020 年 2 月第 1 版 2020 年 2 月第 1 次印刷
ISBN 978-7-5672-3104-7 定价：49.80 元

若有印装错误，本社负责调换
苏州大学出版社营销部 电话：0512-67481020
苏州大学出版社网址 http://www.sudapress.com
苏州大学出版社邮箱 sdcbs@suda.edu.cn

市场营销

（编委会）

主　　编：祖国峰

副 主 编：朱向华　姜能涛　乌达巴拉　于　晶

参　　编：沈馨怡　董占军　蒋智成

主　　审：蒋立健

前 言

"市场营销"是市场营销专业的核心课程,是其他商科类相关专业的基础及主干课程。"市场营销"既是一门涉及经济学、管理学、哲学、数学、行为学等多门学科的交叉学科,又是现代企业及其他经济组织生产经营活动的重要内容和获取效益的主要手段。

在经济全球化、市场化、数字化的时代背景下,以互联网、大数据和人工智能为代表的现代信息技术蓬勃发展,网络营销、电子商务、移动商务等新的商务模式日新月异,以线上线下和现代物流深度融合的新零售业态也初现端倪,企业等经济组织必须牢固树立现代市场营销观念,准确把握市场竞争规律,及时了解国内外营销环境及市场发展动态,实施精准的营销策略,提高企业营销能力和核心竞争力。

近年来,市场营销岗位人才供不应求,社会对营销人员的知识和技能要求越来越高,对市场营销专业人才培养也提出了新的挑战。习近平总书记在全国高校思想政治工作会议上强调,要用好课堂教学这个主渠道,各类课程都要与思想政治理论课同向同行,形成协同效应。《国家职业教育改革实施方案》(2019年1月)明确提出,要促进产教融合校企"双元"育人,借鉴"双元制"等模式,总结现代学徒制和企业新型学徒制试点经验,校企共同研究制订人才培养方案,合作开发规划教材,并配套开发信息化资源,专业教材随信息技术发展和产业升级情况及时动态更新。

因此,本书的编写要贯彻好把"立德树人"作为教育根本任务的"课程思政"教育理念,以促进就业和适应产业发展需求为导向,坚持知行合一、工学结合,既向学生提供市场营销必备的基本知识与技能,又着重培养学生运用市场营销原理解决实际问题的方法与技巧。本书具有以下特色:

第一,突出"新形态、一体化"。"互联网+教材"是"互联网+课堂"的必要补充,教材以纸质为主,部分内容数字化,通过二维码体现。同时,借助"智慧职教"或"超星学习通"网络平台搭建个性化课程,开发数字资源,实现资源共享。数字资源如下所示:

类别	资源名称	资源类型	资源数
课程设计	说课视频	MP4视频	1个
	课程标准	Word文档	1个
	学期授课计划	Word文档	1个
	电子教案	Word文档	1个
教学内容	电子教材	PDF文档	8个
	教学课件	PPT文档	8个
	典型案例	PDF文档	84个
	拓展资源	Word文档	29个
	二维码学习	Word文档、MOV/MP4/QLV视频	29个
课程评价	智能题库	Word文档	272个

第二，项目引领、任务驱动，校、企合作开发，注重汽车营销案例的挖掘与运用。案例分析设计新颖，培养学生创新创业意识。

第三，学习目标方面增加思政目标，突出知识、能力和核心价值观，注重职业素质的养成，增强学生全面发展和终身发展能力。

第四，介绍本专业领域的发展前沿问题及新知识、新技术和新方法，如移动商务、5G 技术、电子商务法等。

本书共分八个项目，其中：项目一为市场营销概述，介绍了市场营销的科学定义、核心概念、现代营销观念、新的发展形式等内容；项目二介绍了市场营销战略规划及管理；项目三对市场营销调研进行了阐述；项目四详细分析了市场营销环境；项目五对市场购买行为进行了分析；项目六对目标市场战略决策进行了详细的阐述；项目七重点阐述了市场营销策略组合的内容；项目八对市场营销管理进行了简要介绍。

本书由祖国峰任主编，朱向华、姜能涛、乌达巴拉、于晶任副主编，沈馨怡、董占军、蒋智成参编。具体分工：祖国峰编写项目一，对全书进行策划、统稿；朱向华编写项目四和六；姜能涛参与协调、编写相关企业案例；乌达巴拉编写项目三、七和八；于晶编写项目二和五；沈馨怡参与修改编写大纲；董占军、蒋智成参与编辑华成公司案例。

本书可作为高等院校市场营销专业以及商科类相关专业的学生用书，也可作为从业人员培训和自学用书。

本书在编写过程中参考了大量的教材、著作和网上案例，编者在此对原作者表示深深的谢意！同时，感谢苏州职业大学孙学文教授、陈广宇副教授的支持与指导，感谢苏州华成集团有限公司蒋立健总裁、董占军副总裁、苏州大学出版社薛华强主任与周建国副编审的大力支持。

由于编者水平有限，书中难免有疏漏之处，敬请读者批评指正。

编　者
2020 年 1 月

目 录
Contents

项目一　市场营销认知 ·· 1
　　任务一　解读市场营销内涵 ·· 2
　　任务二　把握市场营销核心概念 ·· 8
　　任务三　树立现代营销观念 ·· 12
　　任务四　熟悉市场营销新发展 ·· 32

项目二　市场营销战略 ·· 55
　　任务一　了解市场营销战略 ·· 56
　　任务二　进行市场营销战略规划 ·· 59
　　任务三　实施市场营销战略管理 ·· 66

项目三　市场营销调研 ·· 73
　　任务一　认识市场信息系统 ·· 74
　　任务二　进行市场营销调研 ·· 80
　　任务三　进行市场营销预测 ·· 95

项目四　市场营销环境 ·· 107
　　任务一　认识市场营销环境 ·· 110
　　任务二　分析宏观环境 ·· 112
　　任务三　分析微观环境 ·· 121
　　任务四　市场营销环境的分析方法 ·· 126

项目五　市场购买行为分析 ·· 136
　　任务一　分析消费者市场及购买行为 ·· 137
　　任务二　分析组织市场及购买行为 ·· 153

项目六　目标市场战略决策 ·· 162
　　任务一　进行市场细分 ·· 164
　　任务二　选择目标市场 ·· 172
　　任务三　进行市场定位 ·· 179

项目七　市场营销策略 ·· 189
　　任务一　认识市场营销策略组合 ·· 191
　　任务二　制定与实施产品策略 ·· 194

任务三　制定与实施价格策略 …………………………………………………… 212
　　　任务四　制定与实施渠道策略 …………………………………………………… 222
　　　任务五　制定与实施促销策略 …………………………………………………… 236

项目八　市场营销管理 ………………………………………………………………… 258
　　　任务一　设计市场营销组织 ……………………………………………………… 261
　　　任务二　制订市场营销计划 ……………………………………………………… 272
　　　任务三　进行市场营销控制 ……………………………………………………… 276

附　录 …………………………………………………………………………………… 282

主要参考文献 …………………………………………………………………………… 304

项目一

市场营销认知

学习目标

知识目标：
1. 掌握市场的概念。
2. 掌握市场营销的科学定义及几个核心概念。
3. 正确把握市场营销的观念。
4. 熟悉市场营销新的发展形式。

能力目标：
1. 能运用营销观念规范市场营销的相关活动。
2. 能够灵活运用营销概念及原理分析、评价企业的市场营销活动和营销管理工作。
3. 提高对企业营销观念分析的能力及利用营销新观念开展工作的能力。

思政目标：
1. 增强市场经济意识，遵循商品经济及价值规律。
2. 养成诚实守信、遵纪守法的职业道德。
3. 培养创新的意识。
4. 增强社会责任感。

知识导图

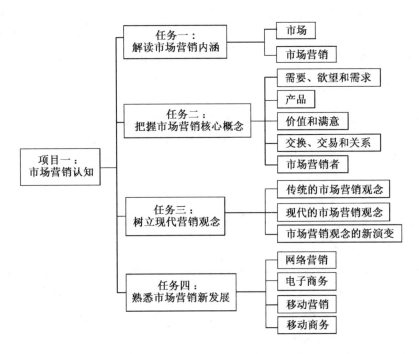

苏州华成集团的经营之路

苏州华成集团有限公司创建于1997年，以"创造卓越、追求完美"为企业宗旨，以创建"华成"百年品牌为企业发展目标，通过卓有成效的经营管理，经过22年的努力，取得了本区域市场占有率22%的骄人业绩。仅2017年，华成集团旗下各公司销售各类汽车3.7万辆，维修入厂超过29万台次，营业额突破63.38亿元。多年来，集团累计销售各类车辆29万辆，维修入场286万台次，营业总额超过470亿元。荣获"全国50佳汽车经销商""全国守合同重信用企业""江苏汽车销售市场领军企业""江苏汽车销售服务五十强""江苏省著名商标""苏州市名牌产品""2018苏州民营企业50强企业"（零售行业第1位）等荣誉称号。在2017年5月召开的中国汽车流通协会年会上，华成集团被评为"20亿～50亿规模经销商集团综合能力评价盈利能力五星"，被评为2017中国汽车经销商集团竞争力指数——信用TOP100第二名。同时，位列2017年度中国汽车经销商集团百强排行榜第67位。

[线上学习：华成20年]

历经20余载，华成集团已发展成为拥有近2 000员工的苏州地区影响最大的以汽车贸易和服务为主的企业集团。业务涵盖新车销售、二手车置换、汽车维修、汽车装潢、保险代理、汽车分期付款、汽车融资租赁，并拥有自主进出口经营权。目前已成功代理上汽通用凯迪拉克、林肯、英菲尼迪、阿尔法罗密欧、别克、雪佛兰、上汽大众、一汽丰田、一汽马自达、东风本田、斯柯达、上汽荣威、MG、一汽奔腾14个国际知名品牌，在苏州地区投资组建了24家专营汽车的全资公司，1家二手汽车公司，1家机动车检测公司，1个汽车美容装潢中心，1家融资租赁公司，1家多品牌汽车销售服务公司——苏州华成车生活汽车销售服务有限公司，以及1家在新三板挂牌的、具有全国性经营权的保险代理公司——华成保险代理股份有限公司。经过多年发展，保险客户投保率已从2005年的59.2%上升到目前的96%，拥有客户量近30万，累计保费总额突破20亿，被公司所在辖区授予"纳税大户"荣誉称号。

华成集团本着"顾客至上、树立品牌、创新不止、服务无限"的经营理念，一如既往地坚持"品牌是中心，创新是生命，制度是关键，人才是优势"的管理理念，坚定"固守汽车、精益求精、稳步外拓、谨慎行事、永不投机"的华成家训，在做好汽车行业的同时，不断开拓保险、融资领域，增强核心竞争力，践行价值理念，为成为江苏知名、全国有广泛影响的、可持续发展的综合性企业集团而不断努力，勇往直前。

思考：
华成集团秉持了怎样的经营理念？请提炼出华成集团的营销战略。

（资料来源：http://www.huachengauto.com/company/苏州华成集团官网）

任务一　解读市场营销内涵

市场营销是一门研究市场营销活动及其规律的科学，它产生于19世纪末20世纪初期的美国。在100多年的时间里，随着社会及经济的发展，市场营销已经发生了根本性的变化，已从传统的市场营销演变为现代市场营销，从企业的市场营销发展到公共及其他非公共部门的市场营销，从国内市场营销发展到国际市场营销。现在，市场营销已经成为一门跨越经济学、社会学、管理学、心理学、人类学、伦理学、数学、法学等多学科的边缘性应用学科。要学习和掌握市场营销，首先要了解市场的概念。

一、市场

市场（Market）是社会分工和商品交换的产物，属于商品经济范畴。市场既是营销活动的起点，也是营销活动的终点，是企业营销活动的核心与关键。

（一）市场的概念

1. 市场的一般概念

"市场"最初的含义是指商品交换的场所，这可以从它的字面上来进行理解："市"指的是买卖，"场"指的是场所，"市场"就是指买者和卖者在一定时间聚集在一起进行商品交易的场所。我国古籍《易·系辞下》中，有"日中为市，致天下之民，聚天下之货，交易而退，各得其所"的描述，其对一般市场概念的阐释，至今仍具有现实意义，如人们常说的集贸市场、菜市场、超级市场等。企业中的有形商品或无形商品都必须在特定的场所进行交易，企业的营销活动离不开一定时间和地点下的交换场所。

随着科学技术的进步，商品交换日益频繁和广泛，特别是金融、通信、交通等事业的发展，使得商品交换突破了时间和空间的限制，交换关系变得日益复杂，交换范围日益扩大，交换不一定需要固定的时间和地点，因此市场不只是具体的交换场所。

2. 市场的经济学概念

从经济学角度来看，市场是指在一定供求基础之上的商品交换关系的总和。供求关系是市场的基本经济关系，供求矛盾是市场的基本经济矛盾，市场由涉及供需双方的各种要素所构成。马克思从整个社会商品流通的全局角度指出："市场即商品流通领域。"这一界定比"市场即交易场所"更为科学。市场作为商品交换关系的总和，通过交换关系，反映出市场经济条件下人与人之间的内在关系。不论何种市场，都是商品与货币的关系，都是供与求的关系，都是各经济主体之间的交换关系。电子商务的兴起与发展，使越来越多的交易活动不再局限于一定的交换场所。因此，从经济学的角度把市场看成是商品交换关系的总和，更能说明现代市场发展的趋势和特点。

3. 市场的管理学概念

市场营销学中所讲的市场主要是从管理学角度理解的市场，它是某种或某类商品现实需求和潜在需求的总和。这里的需求是指一定时期市场主体用于购买商品和服务的货币支付能力。一方面，是指实现消费者购买欲望的、消费者购买能力目前可以满足的现实需求。市场营销学家菲利普·科特勒认为："市场由一切具有特定需求和欲望，并且愿意和可能从事交换，来使需求和欲望得到满足的潜在顾客所组成。"从这个角度看，消费者、购买力和购买欲望是形成市场现实需求的三个基本因素。另一方面，是指消费者目前尚无法满足的潜在需求，是未来的现实需求，可以用来分析市场发展和消费者需求结构的变化趋势。

我们还可以把市场看成是买方与卖方力量的平衡点。由于供求双方力量相互作用，会出现买方市场与卖方市场两种结果。当供给量大于需求量时，即供大于求，根据价值规律，表现为商品价格下降，顾客支配市场销售关系，对买方有利，此时便形成买方市场；反之，当供给量小于需求量时，即供不应求，表现为商品价格上涨，卖方支配市场销售关系，对卖方有利，此时便形成卖方市场。

4. 市场的社会学概念

市场是社会资源配置的主体，集中体现社会经济生活的方方面面。这个市场概念是一个综合性的市场表现，它不仅包括前面提到的商品交换的场所、交换关系的总和、需求总和，而且涵盖了从生产领域到流通领域、从分配领域到消费领域的全部经济活动，是社会经济运行的总体反映。置于大市场环境下的每一个企业的营销活动都要受到市场的制约，资源的有效配置需要市场，调节经济的运行也需要市场。只有按市场的指引调动企业的全部生产要素，才能使企业经营顺利进行。

（二）市场的构成要素

市场的大小取决于那些有某种需求，并拥有使别人感兴趣的资源，同时愿意以这种资源来换取其需要的东西的人数。

由此可知，市场包含三个主要因素：有某种需求的人，为满足这种需求的购买能力和购买欲望。用公式来表示就是：

$$市场 = 人口 + 购买力 + 购买欲望$$

人口是构成市场最基本的要素，市场规模和容量的大小取决于市场上购买人口的数量。同时，市场需求也受市场上人口结构的组成及其变化的影响。

购买力是人们支付货币购买商品或劳务的能力，或者说在一定时期内用于购买商品的货币总额。它是构成现实市场的物质基础。购买力的大小，取决于社会生产的发展和国民收入的分配。随着社会生产的增长，社会购买力不断提高，而国民收入中积累与消费比例关系的变化也对购买力产生直接的影响。

购买欲望是指消费者购买商品的愿望或动机，它是将潜在购买力转化为现实购买力的必要条件。但有了购买欲望不代表就一定会购买，购买欲望的强弱主要受消费者生理和心理需求的影响。

市场的这三个因素是相互联系、相互制约、缺一不可的，只有三者结合起来才能构成现实的市场，并决定市场的规模和容量。例如，一个国家或地区虽然人口众多，但收入很低，购买力有限，则不能构成容量很大的市场；反之，购买力虽然很大，但人口很少，也不能构成容量很大的市场。只有人口多，且购买力强，才能有条件构成一个有潜力的市场。但是，如果产品不适合需要，不能引起人们的购买欲望，对销售者来说，仍然不能成为现实的市场。所以，现实的市场是人口、购买力和购买欲望三者的统一。

（三）市场的类型

市场是一个有机的整体，随着交换关系的发展也越来越复杂，从不同的角度来分析，市场可以分为多种类型。

1. 根据顾客购买产品或劳务的目的不同，市场可以分为消费者市场和组织市场

（1）消费者市场是由所有为了个人消费而购买商品与服务的个人和家庭组成的

根据消费者的年龄、性别、职业、民族等具体情况的不同，可以将消费者市场分为一系列的子市场。如根据年龄变量，可以将消费者市场分为儿童市场、青少年市场、中年人市场和老年人市场。不同的消费人群，由于其特点不同，消费差异很大。如对于保健品，老年人市场偏向于改善心脑血管、提高机体免疫能力的产品，而儿童市场偏向于提供全面营养、促进智力和身体快速成长的产品。

由于消费者市场是通向最终消费的市场，是一切社会生产的终极目标，因此，无论是生产企业、销售企业，还是服务企业都必须研究个人消费者市场。它是一切市场的基础，也是起决定性作用的市场。

（2）组织市场是指由各种组织机构构成的对产品和劳务需求的总和

组织市场购买商品是为了维持经营活动，对产品进行再加工或转售，或者向其他组织或社会提供服务。根据购买目的的不同，组织市场又可以分为产业市场、中间商市场和非营利组织市场。

① 产业市场又称生产者市场或企业市场，是指一切购买产品和服务并将其用于生产其他产品和劳务，以供销售、出租或供应给他人的组织。

② 中间商市场是指那些通过购买商品和劳务以转售或出租给他人获取利润的组织。它由各种批发商和零售商组成。其中，批发商购买商品和劳务并不是为了卖给最终消费者，而是为了转卖给零售商和其他商人以及产业用户，而零售商的业务则是把商品和劳务直接卖给消费者。

③ 非营利组织市场包括政府、社会团体等。其中，政府市场是指那些为执行政府的主要职能购买或租用商品的各级政府、所属机构和事业团体。各国政府通过税收集中了相当大的一部分国民收入，用于社会再分配，所以形成了一个很大的政府市场。社会团体市场是指由为公众提供特殊服务，以及促进某些群体内部交流沟通的非营利组织，包括某些学校、医院、红十字会、新闻机构、图书馆、博物馆、文艺团体、福利慈善机构、宗教团体、专业学会和行业协会等所组成的市场。

2. 根据国域界限的不同，市场可以分为国内市场和国外市场

国内市场又可以根据商品流通地域分为城市市场、农村市场、地方市场和全国市场。由于不同地区在生产条件、消费能力、交通及法律等方面的不同会形成各自的特点。例如，同一种商品在国内畅销，在海外可能无人问津；反之，在海外有销路的商品，到了国内市场却可能销路不畅。

3. 根据商品种类的不同，市场可以分为食品市场、药品市场、服装市场、金融市场、房地产市场等

不同商品虽然在价格和供求关系上有一定的联系，但在消费和生产中有相对的独立性。如粮食和副食品，两者有一定的替代性和连带性，但粮食消费的弹性较小，生产和销售的稳定性大，而副食品消费的弹性较大，生产和销售的灵活性较大。

4. 根据商品流通时序的不同，市场可以分为现货市场和期货市场，以及批发市场和零售市场

其中现货市场和期货市场是按照商品流通的时间来划分的，批发市场和零售市场是按照商品流通的顺序来划分的。

5. 根据商品属性的不同，市场可以分为一般商品市场和特殊商品市场

一般商品市场包括消费品市场和生产资料市场；特殊商品市场是由具有特殊性的商品以及不是商品却采取了商品形式的产品所形成的市场，包括劳动力市场、金融市场、技术与信息市场和房地产市场等。按照商品属性而划分的市场，充分反映了市场体系中的各种商品交换关系，同时又包括了按照流通时序和地域来划分的市场。各要素市场的完善协调发展是一个良好市场体系的特征。

6. 根据竞争程度的不同，市场分为完全竞争市场、完全垄断市场、垄断竞争市场和寡头垄断市场

完全竞争市场是指竞争充分而不受任何阻碍和干扰的一种市场结构。在这种市场类型中，买卖人数众多，买者和卖者是价格的接受者，资源可自由流动，信息具有完全性。

完全垄断市场是指在市场上只存在一个供给者和众多需求者的市场结构。完全垄断市场的假设条件有三点：第一，市场上只有唯一厂商生产和销售商品；第二，该厂商生产的商品没有任何接近的替代品；第三，其他厂商进入该行业都极为困难或不可能。所以垄断厂商可以控制和操纵市场价格。

垄断竞争市场是一种介于完全竞争和完全垄断之间的市场组织形式，在这种市场中，既有垄断又有竞争，它既不是完全竞争市场又不是完全垄断的市场，是处于完全竞争和完全垄断之间的一种市场。

寡头垄断市场是介于完全垄断市场与垄断竞争市场之间的一种比较现实的混合市场，是指少数几个企业控制整个市场的生产和销售的市场结构，这几个企业被称为寡头企业。

（四）市场的功能

市场功能是指市场机体在运行过程中发生的功用或效能。尽管由于社会形态和商品经济发达程度的不同，市场在性质、规模及发育状况、地位、作用等方面存在着差别，但其基本功能是一切市场所共有的，是市场活动所具有的内在属性。具体表现在：

1. 交换功能

交换功能表现为以市场为场所和中介，促进和实现商品交换的活动。在商品经济条件下，商品生产者出售商品，消费者购买商品，以及经营者买进卖出商品的活动，都是通过市场进行的。市场不仅为买卖各方提供交换商品的场所，而且通过等价交换的方式促成商品所有权在各当事人之间让渡和转移，从而实现商品所有权的交换。与此同时，市场通过提供流通渠道，组织商品存储和运输，推动商品实体从生产者手中向消费者手中转移，完成商品实体的交换。这种促成和实现商品所有权交换与实体转移的活动，是市场最基本的功能。尽管随着市场经济的发展，商品的范围已扩展到各种无形产品及生产要素，比如服务、信息、技术、资金、房地产、劳动力、产权等，但所有商品仍然都是通过市场完成其交换和流通运动的。

2. 反馈功能

市场把交换活动中产生的经济信息传递、反映给交换当事人，这就是市场的反馈功能。商品出售者和购买者在市场上进行交换活动的同时，不断输入有关生产、消费等方面的信息。这些信息经过市场转换，又以新的形式反馈输出。市场信息的形式、内容多种多样，归结起来都是市场上商品供应能力和需求能力的显像，是市场供求变动趋势的预示，其实质反映了社会资源在各部门的配置比例。市场的信息反馈功能，可以为国家宏观经济决策和企业生产经营决策提供重要依据：一方面，国家可以根据市场商品总量及其结构的信息反馈，判断国民经济各部门之间的比例关系恰当与否，并据此规划和调整社会资源在各部门的分配比例；另一方面，企业可以根据商品的市场销售状况的信息反馈，对消费偏好与需求潜力做出判断和预测，从而决定和调整企业的经营方向。随着社会信息化程度的提高，市场的信息反馈功能将日益加强。

3. 调节功能

调节功能是指市场在其内在机制的作用下，能够自动调节社会经济的运行过程和基本比例关系。市场作为商品经济的运行载体和现实表现，本质上是价值规律发生作用的实现形式。价值规律通过价格、供求、竞争等作用形式转化为经济活动的内在机制。市场机制以价格调节、供求调节、竞争调节等方式，对社会生产、分配、交换、消费的全过程进行自动调节。例如，调节社会资源在各部门、行业、企业间的配置与生产产品总量和种类构成；调节各个市场主体之间的利益分配关系；调节市场商品的供求总量与供求结构；调节社会消费水平、消费结构和消费方式；等等。在上述调节的基础上，最终达到对社会经济基本比例关系的自动调节。调节功能是市场最主要的、具有核心意义的功能。

二、市场营销

（一）市场营销的含义

"市场营销"是从英文"Marketing"一词翻译过来的，它包括两层含义：一是指一种经济行为和实践活动，包括产品生产和销售在内的一切经济活动，即一个组织以消费者需求为中心，生产适销对路的产品，并且搞好定价、分销和实行有效的促销等一整套经济活动，可翻译成"市场营销"或"营销活动"；二是指一门独立存在的学科，即建立在经济科学、行为科学、现代管理理论基础上的应用科学，是以市场营销活动作为研究对象的科学，可翻译成"市场营销学"或"市场学"。本书主要讲的是第一层含义。

当然，"Marketing"一词还有其他的译法，如市场行销（学）、市场销售（学）、市场营运（学）等。但是随着时间的推移，"市场营销（学）"这一名称得到普遍的认同。

（二）市场营销的科学定义

在市场营销漫长的发展历程中，它的定义也随着经济的发展变化而有所不同。其中最具有代表性、最能说明学科发展进程的是美国市场营销协会和菲利浦·科特勒给出的定义。

1. 美国市场营销协会的定义

美国市场营销协会（American Marketing Association，简称 AMA）分别于 1960 年、1985 年和 2004 年给市场营销下过三个定义。

定义一（1960 年）："市场营销是引导货物和劳务从生产者流转到达消费者或用户所进行的一切企业活动。"这个定义实际上是把市场营销等同于销售，缩小了市场营销的范围。

定义二（1985 年）："市场营销是（个人和组织）对理念（或主意、计策）、货物和劳务的构想、定价、促销和分销的计划与执行过程，以创造达到个人和组织的目标的交换。"这一定义比较全面地表述了市场营销的含义，指出市场营销是一种管理过程，目的在于实现个人和组织目标的交换。而且这种交换是买卖双方互利的交换，即所谓"赢—赢游戏"（Win-win game）。

定义三（2004 年）："营销既是一种组织职能，也是为了组织自身及利益相关者的利益而创造、传播、传递客户价值，管理客户关系的一系列过程。"这个新的定义是近 20 年来关于市场营销定义的首次修订，它引起了广大营销工作者的普遍重视。

新定义相比旧定义而言，不论是在表述的重点上还是在着眼点上都有了创新。具体表现为：着眼于顾客，明确了顾客的地位，承认了顾客的价值，强调了与顾客的互动；肯定了市场营销的特质，即市场营销是一个过程，是一项职能，其导向是为顾客服务。

2. 菲利浦·科特勒的定义

世界著名市场营销学专家、美国西北大学教授菲利普·科特勒（Philip Kotler）关于市场营销的最新定义是："营销是通过创造和交换产品及价值，从而使个人或群体满足欲望和需要的社会过程和管理过程。"

知识拓展

菲利普·科特勒与营销学

菲利普·科特勒（1931— ），生于美国，美国西北大学凯洛格管理学院终身经济学教授。他是现代营销集大成者，被誉为"现代营销学之父"。担任美国管理科学联合市场营销学会主席、美国市场营销协会理事、营销科学学会托管人、管理分析中心主任、杨克罗维奇咨询委员会成员、哥白尼咨询委员会成员、中国GMC制造商联盟国际营销专家顾问等。

菲利普·科特勒作为现代营销学之父，是芝加哥大学经济学硕士和麻省理工学院的经济学博士、哈佛大学博士后，还具有苏黎世大学等8所大学的荣誉博士学位。同时也是许多大公司在营销战略和计划、营销组织、整合营销上的顾问。这些企业包括：IBM、通用电气（General Electric）、AT&T、默克（Merck）、霍尼韦尔（Honeywell）、美洲银行（Bank of America）、北欧航空（SAS Airline）、米其林（Michelin）、环球市场集团（GMC）等。此外，他还曾担任美国管理学院主席、美国营销协会董事长和项目主席以及彼得·德鲁克基金会顾问。同时他还是将近20本著作的作者，为《哈佛商业评论》《加州管理杂志》《管理科学》等第一流杂志撰写了100多篇论文。

菲利普·科特勒晚年的事业重点是在中国，他每年来华六七次，为平安保险、TCL、创维、云南药业集团、中国网通等公司提供咨询。他的理论深受全世界企业总裁以及营销、经济、管理、教育等各界人士推崇，演讲场面火爆，座无虚席。菲利普·科特勒本人也非常重视对中国市场的研究。相对于经济平稳发展的欧美国家，中国充满机会。1999年年底，有着近30年历史的科特勒咨询集团（KMG）在中国设立了分部，为中国企业提供企业战略、营销战略和业绩提升咨询服务。自2010年其弟弟米尔顿来华参加GMC总裁论坛后，菲利普·科特勒这位世界级营销学泰斗也表示希望来华与中国企业总裁进行交流。2011年3月，GMC制造商联盟正式邀请菲利普·科特勒来华巡讲，得到菲利普·科特勒的热情回应，"中国GMC总裁论坛菲利普·科特勒专场"于2011年6月初分别在中国广州、杭州、宁波举办，每到一处，现场都座无虚席，且吸引了大量媒体争相报道。

菲利普·科特勒博士著作众多，其许多著作被翻译为20多种语言，被58个国家的营销人士视为营销宝典。其中，《营销管理》一书是其代表作，被奉为营销学的"圣经"。他的《营销管理》（*Marketing Management: Application, Planning, Implementation and Control*，1967第一版，与凯文·凯勒合著）不断再版，目前已是第十四次再版，是世界范围内使用最广泛的营销学教科书。该书成为现代营销学的奠基之作，它被选为全球最佳的50本商业书籍之一，许多海外学者把该书誉为市场营销学的"圣经"。在大多数学校的MBA项目中，这本著作是市场营销学的核心教材，它改变了主要以推销、广告和市场研究为主的营销概念，扩充了营销的内涵，将营销上升为科学。

（资料来源：百度百科，https://baike.baidu.com/item/，有删改）

当然，随着经济和科学技术的不断发展，市场营销的定义也还会出现不同的变化。

在理解市场营销这一概念时，国内外都有过许多误解，最常见的是人们把"市场营销"与"推销"混为一谈。尽管营销经常被描述为"推销产品的艺术"，但推销只不过是营销的冰山一角。著名管理学家彼得·德鲁克（Peter Drucker）曾经这样说："可以设想，某些推销工作总是需要的。然而，营销的目的就是要使推销成为多余。营销的目的在于深刻地认识和了解顾客，从而使产品或服务完全适合顾客需要而形成产品的自我销售。理想的营销会产生一个已经准备来购买的顾客群体，剩下的事就是如何便于顾客得到这些产品或服务。"

本书采用菲利普·科特勒教授给出市场营销的定义。从这一定义可以看出，市场营销主要包括以下两方面的内容：

① 满足个人和群体的欲望与需求是市场营销活动的最终目标。企业的营销工作要从消费者的欲望和需求出发，寻求、了解、掌握消费者的需要和欲望，确定需求量的大小。

② 交换构成市场营销的基础。交换要坚持自愿的原则，自由交换，在满足买卖双方欲望和需求的同时实现商品的价值。

任务二　把握市场营销核心概念

现代市场营销活动不仅涉及商业活动，也涉及非商业活动；不仅涉及个人，也涉及团体；不仅涉及实物产品，也涉及无形服务及思想观念。市场营销的定义是建立在一系列的核心概念之上的。这些核心概念主要体现在以下五个方面。

一、需要、欲望和需求

（一）需要

人类的需要是市场营销学研究的出发点。所谓需要（Needs），是指没有得到某种基本满足的心理状态。按照心理学家马斯洛提出的需要层次理论，可以将人类的基本需要分为五个层次，即生理需要、安全需要、社交需要、尊重需要和自我实现需要。人为了生存需要食物、衣服、房屋、安全感、尊重和其他一些东西。这些需要是存在于人本身的生理状态和社会之中，绝不是市场营销者所能凭空创造的，市场营销者只能从不同的方面以不同的方式去满足这类需要。

知识拓展

马斯洛的需要层次理论

在需要层次分析方面，美国心理学家马斯洛的理论是最为典型和最有影响的。马斯洛将人类需要分为五个层次，如图1-1所示：

① 生理需要。这是人类最原始、最基本的需要，包括衣、食、住、行等方面的需要。生理需要是最强烈的，也是不可缺少的最低层次的需要。

② 安全需要。这是确保人身安全和健康的需要，如对社会保险、医疗保险、饮食卫生等方面的需要。

③ 社交需要。指人类对归属感、被接纳、友谊、爱情等的需要。

④ 尊重需要。指人们期望获得名誉、地位，受

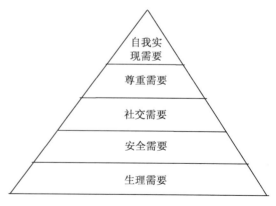

图1-1　马斯洛的需要五层次图

人尊敬、重视，保持自尊心等需要。

⑤ 自我实现需要。这是人类最高的需要，是指通过发挥个人最大的才智与潜能，实现其理想和抱负。

这五个层次的需要是依照由低到高的层次组织起来的。一般情况下，人们在一个层次的需要相对满足了，就会向高一层次的需要发展。一般来说，需要强度的大小与需要层次的高低成反比，即层次越低，强度越大。

（二）欲望

所谓欲望（Wants），是指人们希望得到更深层次的需要的满足。例如，希望住宽敞明亮的大房子，开高档汽车，穿名牌服装，去海外旅游等都是欲望。在不同的社会里，欲望满足的方式是不同的。可见人们尽管需要有限，但欲望却很多。

人类欲望的不断形成和再形成要受到不同文化、生存环境与经历、社会力量的影响，诸如民族、种族、宗教、教育、家庭等的影响。例如，为了满足"消除饥饿"的生理需要，西方人可能选择汉堡包或三明治，而中国人则可能选择馒头或米饭；为了满足娱乐的需要，年轻人可能选择到电影院去看一场电影，而年长者则可能选择去欣赏戏曲。人们的基本需要无法由市场营销者创造，但市场营销者可以采用各种营销手段来影响人们的欲望，进而通过研发和销售相应的产品来满足其欲望。

（三）需求

所谓需求（Demand），是指人们有支付能力并且愿意去购买某种商品或服务的欲望。它包括产品需求和市场需求。

产品需求通常是指针对特定商品或服务的需求，即反映消费者对某一特定商品或服务的购买意愿和购买能力。也就是说，产品需求是建立在两个条件之上的：有支付能力且愿意购买。当有购买力支持时，欲望即变为产品需求。比如一个人可能会有无限的欲望，却只有有限的财力。他必须在他的购买力范围内选择最佳产品来满足自己的欲望，在这种情况下他的欲望就变成了产品需求。

对市场营销者来说，需求主要是指市场需求。因此，公司不仅要预测有多少人喜欢自己的产品，更重要的是了解到底有多少人愿意并能够购买自己的产品。大多数人都希望自己拥有豪宅和豪车，但社会中只有少数人能够并且愿意去购买。这时，对市场营销者来说，其任务主要是分辨出消费者的购买力层次，激发客户购买的需求，并提供满足其需求的适合的产品形式。

 知识拓展

如何满足消费者的品牌需求？

一个新的品牌要想在品牌市场上立足，并迅速占领品类市场，获得消费者的认可和青睐，必须满足消费者现有的需求和潜在可挖掘的需求。品牌需求分为以下形态：

① 潜在品牌需求：是指现有的品牌产品或服务不能满足许多消费者的强烈需求。例如户外运动在我国刚刚兴起时，人们对户外用品的需求。

② 下降品牌需求：是指品牌目标市场消费者对某些品牌产品和服务的需求出现了下降趋势。例如近年来城市居民对电风扇的需求开始减少。

③ 不规则品牌需求：许多企业常常面临由于季节、时段的不同，消费者对其品牌产品和服务的需求也不同，从而造成品牌产品的生产能力或者品牌商品的闲置或过度使用。例如大型运动会召开时的品牌服装和纪念品需求有增加的趋势。

④ 充分的品牌需求：是指消费者目前对品牌产品或服务的需求水平等于对品牌的期望，存在着品牌商机，令品牌生产企业满意。例如全民健身运动对运动服装和器材的需求。

⑤ 过度品牌需求：是指品牌市场上消费者对品牌产品的需求超过了企业的供应能力，品牌产品

供不应求。

在不同的品牌需求下,品牌营销管理的任务有所不同。企业经营管理者必须认真分析消费者对品牌的需求,生产的品牌产品能够激发消费群体的购买欲望,抓住品牌市场营销的核心"需要、欲望和需求",再辅以品牌市场营销、品牌调研分析、品牌诊断评估、行业市场分析、竞争环境分析、消费行为分析、品牌现状分析、品牌商业模式分析、品牌传播规划、品牌线下活动、品牌发布会、品牌大型路演、品牌网站微信 H5 等详细的品牌战略策划。

(资料来源:https://baijiahao.baidu.com/s? id =1611916810030625180&wfr =spider&for =pc)

二、产品

所谓产品(Product),是指能够满足人类各种需要和欲望的任何事物,即企业所提供的各种商品和劳务。产品包括有形产品,它是可以为消费者提供服务的载体和手段;也包括无形产品,它必须依托于一定的载体,才能向人类提供服务。例如,想要放松身心,可以到音乐厅欣赏音乐,也可以去公园散步,还可以旅游或参加俱乐部等。

作为市场营销者,不能只是一味地销售产品而忽视了消费者的需求。消费者的需求会随着环境的变化而发生变化,市场营销者要采用各种手段,用不断完善的产品满足其需求。这些产品是任何可以满足消费者需要和欲望的东西,其最关键的一点是某个产品必须与消费者的欲望相吻合。一个厂家的产品越是与消费者的欲望相吻合,其在市场竞争中成功的可能性越大。美国通用电器公司在 20 世纪 60 年代将其在欧美非常畅销的家用面包烤箱推向日本市场,并大做促销广告,结果日本消费者反应非常冷淡。这是因为虽然日本人与美国人一样,饥饿了需要吃东西,可日本人饥饿时的欲望是吃米饭而非面包,而面包烤箱是不能烤大米的。

> **案例链接 1-1**
>
> ### 奔驰汽车的承诺
>
> 作为汽车发明者,梅赛德斯-奔驰拥有 132 年的辉煌历史,如今三叉星徽广布中国大地。2017 年,中国成为梅赛德斯-奔驰全球首个突破 60 万辆年销量大关的单一市场。面向未来,梅赛德斯-奔驰将一如既往地为广大的中国消费者献上出众的产品、服务及品牌体验,实现对中国市场的长期承诺。同时,梅赛德斯-奔驰将通过梅赛德斯-奔驰星愿基金持续践行企业社会责任,积极投身于诸多社会公益事业,助力中国社会的健康、可持续发展。
>
> (资料来源:https://www.mercedes-benz.com.cn/about-us/mb.html,奔驰官方网站)

三、价值和满意

(一)价值

所谓价值(Value),是指消费者对产品能否满足其各种需要的能力做出的评价。它包括产品价值、形象价值、服务价值和人员价值。消费者为了满足某一需要,就要在大量具有相同功能的产品中做出选择。消费者之所以最终接受该产品,是因为消费者对产品价值的认同,是因为此产品提供的最大价值可以满足消费者更多的需要。有些产品的重要性并不在于拥有产品本身,而在于得到它们所提供的价值。市场营销人员的工作不仅是描述其产品的物理特征,而且要描述其销售产品深层的利益和所能提供的价值。如一位女士在购买化妆品时,她购买的是美的"愿望";一位男士在购买汽车时,他购买的是车的便捷、舒适、享受和尊贵。

价值可以用利益与成本的比值来计算。利益主要包括功能利益和情感利益,而成本则包括货币成本、时间成本、精力成本和体力成本。因此,价值可用以下公式来表示:

价值 = 利益/成本 = (功能利益 + 情感利益)/(货币成本 + 时间成本 + 精力成本 + 体力成本)

市场营销人员很重要的一项工作就是改变消费者对需求价值的认知,实现与实际产品价值相符的认可。市场营销人员可以通过以下方式来提高产品在顾客心目中的价值:增加利益;降低成本;

增加利益的同时降低成本；利益增加的幅度超过成本增加的幅度；成本降低的幅度超过利益降低的幅度。

消费者在多种产品的价值 V_1、V_2……V_n 中做选择时，将会比较各个价值的大小。通常价值较大的产品会使消费者得到更大的满足，也是消费者做出选择的决定性因素。对于价值较小的产品，消费者会放弃购买；如果价值相等，消费者则会保持相对中立的态度，很难迅速做出选择。

（二）满意

所谓满意（Satisfaction），也称顾客满意，是指消费者购买和使用产品之后通过对该产品的感知的效果（Perceived Performance）与其期望值（Expectation）相比较后，所形成的愉悦或失望的感觉状态。可见，要使顾客满意除了提高顾客让渡价值以外，还要降低顾客对产品的预期。因为期望越大，失望越大，也就容易产生不满意。

顾客让渡价值（Customer Delivered Value）是与顾客满意紧密相关的一个概念，它是指总顾客价值（产品价值、形象价值、服务价值和人员价值）与总顾客成本（货币成本、时间成本、精力成本和心理成本）之差。

四、交换、交易和关系

（一）交换

交换（Exchange），是指为了从他人之处取得所需之物而提供某种东西作为回报的行为。人们有了欲望和需求，同时，企业也将其所需要的产品生产出来了，还得通过交换行为才能产生市场营销。交换是市场营销的基础与核心，人类要想获得自己所需要的产品，除了交换这种方式之外，还有自行生产、强取豪夺、乞讨等方式。但只有通过等价交换，使买卖双方的需求彼此都得到满足，才会产生市场营销。

交换要想发生，必须具备一定的条件：一是两个以上的买卖双方；二是互相都有对方所需要的有价值的东西；三是买卖双方能够实现信息的沟通并能将产品或服务运达另一方；四是彼此可以自由地接受或者拒绝对方的产品或服务；五是双方主观上都相信与对方交易是值得和满意的。

交换是十分复杂的活动，市场营销的全部内容都包含在交换的概念之中。

（二）交易

交易（Transaction）是连续交换过程中的一个环节，是交换的基本组成部分，是指买卖双方之间价值的交换。在交换过程中，如果买卖双方还处于协商阶段，则交易并未发生；只有双方谈判成功，最终达成协议，才产生真正的交易行为。交易一般通过两种方式：一种是以货币为媒介的交换，通过出让货币获得自己所需的货物；另一种则是物和物的交换或服务和服务的交换。

交易是一个复杂的过程，在这个过程中容易产生误解，或因为不当行为而发生冲突。因此，交易需要受到合同法等相关法律的约束，这样才能避免各种不道德交易行为的出现，保护交易双方的利益。

（三）关系

关系（Relationship）是营销观念中的一部分。精明能干的市场营销者都会重视同顾客、分销商等建立长期、信任和互利的关系，而这些关系要靠不断承诺及为对方提供高质量产品、良好服务及公平价格来实现，靠双方加强经济、技术及社会联系来实现。

处理好企业同顾客关系的最终结果是建立起市场营销网络。市场营销网络是企业同它的利益攸关者（顾客、营销中介和其他一些公众）建立起的牢固的、互利的业务关系。

五、市场营销者

在市场交换过程中，如果交换双方表现为一方比另一方更主动、更积极地寻求交换，那么市场营销学中通常把前者称为市场营销者，而称后者为潜在的顾客。只要买卖双方都在积极地寻求与对方交换，买卖双方都可以称为市场营销者。作为市场营销者，都想从他人那里获得对自己有利的事物，并且也愿意用某种有价值的东西与他人进行等价交换。

市场营销相关核心概念之间的关系如图1-2所示。

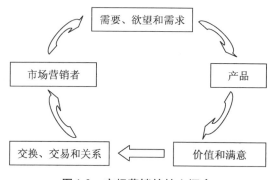

图1-2 市场营销的核心概念

任务三 树立现代营销观念

市场营销观念是指企业在组织和谋划企业营销活动的过程中，处理企业、顾客与社会三者之间的利益关系时所依据的指导思想和理念。它是企业一切营销活动的出发点，是社会经济发展的产物。企业的营销实践都是在一定的经营思想指导下进行的，企业与顾客之间、企业与企业之间、企业与国家之间关系如何，以及企业的经营成果，都直接取决于企业所具有的市场营销观念。企业的市场营销观念主要包括传统的市场营销观念和现代的市场营销观念两部分。

一、传统的市场营销观念

19世纪晚期的产业革命，标志着现代意义的市场营销观念的出现。但在19世纪末至第二次世界大战以前，企业主要是以企业利益为根本取向和最高目标来处理市场营销问题的。我们把这种以企业为中心的市场营销观念称为传统的市场营销观念，它主要经历了三个发展阶段。

（一）生产观念

从工业革命到20世纪20年代，西方经济处于一种卖方市场的形势。市场产品供不应求，选择甚少，只要价格合理，消费者就会购买。市场营销的重心在于大量生产以解决供不应求的问题，消费者的需求和欲望并不受重视。于是在这种生产力状况下产生了生产观念，这是指导销售者行为的最古老的观念之一。生产观念就是认为消费者与用户喜欢那些用得上、随处可以买得到和价格低廉的产品。生产观念的口号是"我们生产什么，就销售什么"。在这种思想的指导下，企业必须改进和增加生产、降低成本，集中精力去提高生产效率和扩大销售范围。这是一种重生产、轻市场营销的企业经营思想。

生产观念的存在必须满足两个条件：首先，产品供应满足不了市场的需求。对于顾客而言，他们看重的不是产品自身的优点而是能否取得产品；对于企业来说，致力于提高产品的产量显得尤为重要。其次，那些具有良好市场前景的产品，由于技术含量和生产成本较高，必须通过提高劳动生产率来降低成本，才能使顾客买得起。在卖方市场中，由于上述条件的存在，企业没有必要考虑深入开展市场调研和销售等市场营销工作，企业只要能大批量、低成本地生产产品，便可以获得丰厚的利润。所以，生产观念是这一时期大多数企业的主要策略选择。

生产观念的致命之处在于轻视顾客的需求。在物资紧缺的年代可以取得短暂的辉煌，但是随着生产的不断发展，供求状态开始发生变化，奉行生产观念的企业便会逐渐陷入困境。

（二）产品观念

亦称"产品导向"，指以产品为中心的营销观念。随着供不应求的市场现象在西方社会得到缓和，产品观念应运而生，它几乎与生产观念同时出现、同时流行、同时消失，也是一种古老的市场营销观念。产品观念认为，消费者和顾客喜欢质量最优、性能最好并且具有某些特色的产品。因此，采用这种观念的企业认为，只要提高产品质量、提供物美价廉且有特色的产品，顾客便会主动上门，无须大力推销。这些企业开始将精力集中在创造最优良的产品上，并精益求精。

与生产观念强调"以量取胜"不同，产品观念更注重"以产品的特色取胜"，表现为重产品生产而轻产品销售、重产品质量而轻顾客需求。"酒香不怕巷子深""皇帝的女儿不愁嫁""祖传秘方"等思想就是产品观念的反映。但产品观念与生产观念二者都坚持"我能生产什么就卖什么"的经营思想，遵循"以产定销"的观念。由于二者都忽视了顾客的需求，必然导致患上"市场营销近视症"。

产品观念认为消费者会特别喜欢精巧、结实的产品，欣赏性能最好、功能最全的产品，并且也愿意为此而付出更多的金钱。这就导致企业过度迷恋自己的产品，把注意力放在产品上，而不是放在市场需要上，在研发产品时对消费者的需求关注度很低，只依赖于少数技术人员的设计。所以，无视市场需求及其变动、只重视产品质量，并不能提供给顾客他们真正想要的产品。

产品观念忽视了市场需求，把产品等同于消费者的需求。事实上，一种产品能否赢得顾客，主要在于它是否真正符合顾客的需要。如果一味地致力于改进产品和精工制造，企业最终将被市场冷落，使经营陷入困境。

这种观念在商品经济不甚发达的时代或许有用，但在市场经济高度发达的条件下则不适应。相对于生产观念来说，产品观念有一定进步，在只抓产量而不抓质量、大批劣质产品充斥市场的情况下，产品观念在提高产品的质量、改善企业的形象方面有积极作用。然而，不顾市场的实际需要，一味地提高产品质量、增强产品功能，无论是对于消费者、对于企业，还是对于整个社会，都是不利的。在20世纪30年代以前，不少资本主义企业奉行产品观念，因为当时商品供不应求。随着商品供给逐渐增多、消费者需求日渐呈现出多样化，使企业不得不放弃产品观念。

（三）推销观念

自20世纪30年代以来，由于科学技术的进步，加之科学管理和在生产观念驱动下形成的大规模生产，商品产量迅速增加，产品质量不断提高，买方市场开始在西方国家逐渐形成。1929年的世界经济危机，迫使货物堆积如山，过去享有垄断地位的企业也必须去推销他们的产品。在激烈的市场竞争中，许多企业的管理思想开始从生产观念或产品观念转移到了推销观念。这些企业认为要想在竞争中取胜，就必须卖掉自己生产的每一件产品；要想卖掉自己的产品，就必须促使消费者产生购买自己产品的兴趣和欲望；要想引起这种兴趣和欲望，公司就必须进行大量的推销活动。企业家认为企业产品的销售量总是和企业所做的促销努力成正比的，于是，企业的注意力开始纷纷由生产领域转到流通领域，由"以产定销"转向"以销促产"，推销观念开始在当时的企业中大量流行。

推销观念认为，消费者通常会有购买惰性和抗拒购买的心理，如果听其自然，那么消费者不会主动对本企业的产品做出足量购买。因此，企业只有开展积极的推销和大力促销，才能刺激消费者产生购买行为。这种观念认为消费者的购买行为既受其自身主观因素制约，也受外界客观因素的影响。因此，企业必须采取适当的措施，聘请推销专家致力于推销术的研究，并进行大量的广告宣传，千方百计地使广大消费者对本企业的产品发生兴趣，从而扩大销售，取得竞争优势。

即便推销观念已经开始注意到了消费者的需求，但这种观念仅是从现有产品的角度来开展市场营销活动，企业的口号仍然是"我能生产什么就卖什么"。推销观念依然以企业为中心，而不是满足消费者的真正需要。但这一观念的出现，使企业开始更多地了解市场和消费者的需求，为市场营销观念的到来奠定了基础。

二、现代的市场营销观念

（一）市场营销观念

市场营销观念是以消费者为中心的观念，它的口号是"顾客需要什么，我就生产和经营什么"，其特点是以市场作为企业经营的出发点，以顾客为中心，通过各种市场营销手段来满足顾客的需求而获得利益。这种观念认为，企业要想实现诸多目标，必须以消费者为中心制订计划和制定策略，精准确定目标市场的欲望和需求，并且能比竞争者更有效地将产品传递到消费者手中。市场营销观念的出现标志着市场营销学开始进入成熟发展的阶段。

市场营销观念产生于20世纪50年代中期。第二次世界大战以后，各国开始注重科学技术的发展，社会生产力随之得到了迅速提高，产品日渐丰富，不但产量增加，而且花色品种的变化也日新月异，资本主义市场出现了空前的繁荣；同时，欧美各国的军用工业很快地转向民用工业，工业品和消费品的生产总量剧增，造成了生产相对过剩，随后导致了市场上的激烈竞争；另外，这一时期资本主义国家开始实行高工资、高福利、高消费的"三高"政策，使人们的收入水平和物质文化生活水平不断提高，消费者的购买能力增强，消费需求也日趋多样化。面对迅速增加的产品品种和产品数量，消费者的选择性空前增强，企业之间的竞争也随之加剧，市场形态开始由卖方市场向买方市场转变。在新的市场环境下，传统的营销观念已经不能适应新形势的需要，无法引导企业在竞争中取胜，因此市场营销观念应运而生。它在充分分析消费者现实需求和潜在需求的基础上，指导企业生产什么，并如何将生产的产品推向市场，从而使企业在竞争中走向成功。这一观念上的转变是市场营销学理论上的一次重大变革，企业开始从以生产者为重心转向以消费者为重心，从此结束了以产定销的局面。

案例链接1-2

香港有个卖鞋的公司，顾客去门店买鞋，它不是直接推销鞋子，而是先测试顾客平足的情况，因为该公司号称是治疗平足的。现在的儿童很多都有平足的问题，小孩测完平足情况后，可以选择各式各样的鞋子，男孩基本上全部可以满足；女孩喜欢漂亮，可以在其他地方买漂亮的鞋，使用它的鞋垫。下次再去买，还可以在电脑上跟踪平足的改进过程。小孩的脚长得很快，要不停地买，用户的黏性非常强，天长日久，该公司的生意异常红火。

这个案例告诉我们，企业生产经营必须是以客户为中心，通过各种营销手段来满足客户的需求，最终达到销售产品或服务从而获取利益的目的。

市场营销观念与推销观念相比有了极大的进步：市场营销观念以买方需求为中心，利用整体性的营销方案，通过帮助消费者满足其需要而获得相应的报酬；推销观念以卖方需求为中心，从现有产品出发，以利用推销与促销等手段去扩大销售和取得利润为目标。（表1-1）

表1-1　市场营销观念与推销观念的区别

观念	出发点	重点	方法	目的
市场营销观念	市场	顾客需求	协调市场营销	通过满足顾客来获得利润
推销观念	企业	产品	推销术和促销	通过销售获得利润

（二）社会营销观念

社会营销观念认为，企业和组织的任务是要确定各个目标市场的需要、欲望与利益，并保护或提高消费者和社会福利，能够比竞争者更有效、更有利地向目标市场输入满足消费者需求的产品与服务。这是一种兼顾消费者利益和企业利润，更注重社会长远利益的经营理念。

社会营销观念是对市场营销观念的修改和补充，它产生于20世纪70年代西方资本主义国家出现能源短缺、通货膨胀、失业增加、环境污染严重、消费者保护运动盛行的新形势下。1971年，杰拉尔德·蔡尔曼和菲利普·科特勒共同提出了"社会营销"的概念。这一概念缓解了市场营销活动与可持续发展之间的矛盾，兼顾了社会、消费者、企业三方的利益，得到世界各国和有关组织的高度重视，并率先在一些发达和发展中国家的企业中得到应用。

市场营销观念的应用提高了广大消费者对需求被满足的期望值和敏感性，而消费者欲望的满足与消费者的根本利益和社会的长远利益之间存在的矛盾被忽视，从而导致了损害健康、破坏资源等现象产生。社会营销观念在满足消费者需求与愿望、实现企业利润目标的同时，还注重将社会公众的长期福利作为企业的责任与经营的根本目的。在社会营销观念的指导下，企业在决策程序上发生了改变，首先要考虑消费者与社会的利益，寻求有效满足与增进消费者利益的最佳途径，然后才能考虑企业的预期利润目标和投资回报。因此，社会营销观念的出现将会极大刺激企业或组织在市场营销活动和管理中不断地改变自己的思维模式和行为方式，以兼顾社会、国家、企业或组织、个人多方利益为前提，以在追求企业利润的同时还要考虑承担一定的社会责任为目标，以实现市场营销活动和管理的现实目标与企业可持续发展的终极目标。

各种市场营销之间的比较可见表1-2。

表1-2 五种市场营销观念的对比

营销观念	营销环境	营销出发点	营销目的	基本营销策略	侧重的方法
生产观念	卖方市场	产品	大批生产产品获利	增加产量	坐店等客
产品观念	卖方市场	产品	大批生产产品或改善产品获利	以增加产量、提高质量、降低价格来竞争	坐店等客
推销观念	卖方市场向买方市场转变	产品	大量推销产品获利	以多种推销方式来竞争	派人员销售、广告宣传
市场营销观念	买方市场	消费者需求	通过满足需求达到长期获利	以发现和满足需求来竞争	实施整体营销方案
社会营销观念	买方市场	消费者需求	通过满足需求达到长期获利	获取消费者信任、兼顾社会利益影响等策略	与消费者及有关方建立良好关系+整体营销方案

案例链接1-3

海尔营销观念的发展

海尔品牌家喻户晓、驰名中外，海尔的营销观念也伴随着中国改革开放和从商品经济向市场经济过渡的进程而发生改变。

1. 产品观念确立——为创立名牌打下基础

1985年，一位用户来信反映，电冰箱厂生产的"瑞雪"牌冰箱有质量问题。张瑞敏突查仓库，发现不合格冰箱76台，召集全厂员工参加现场会，命令事故责任人当场将76台不合格冰箱砸毁。自此，张瑞敏开始建立"零缺陷"质量标准，引进德国生产线和ISO标准，推出第一代四星级冰箱"琴岛-利勃海尔"，走上了创立名牌产品之路。

2. 强化推销观念——塑造顾客品牌认知

1988年，"琴岛-利勃海尔"冰箱利用到北京展销的机会，把日本冰箱和其他几个牌子的冰箱放到一起打擂，结果"琴岛-利勃海尔"各项指标遥遥领先，一战成名。随后在全国国优评比中，以总分第一的成绩摘得金牌。海尔通过比赛和评优树立名牌，通过加强质量管理和售后服务，塑造行业第一的形象，运用多种营销手段推广宣传，取得了行业领先优势。

3. 市场营销观念——细分市场、精心设计、整合营销、星级服务

1996年海尔推出"即时洗"洗衣机，命名为"小小神童"，标志着海尔营销观念的成熟。张瑞敏根据四川农民对用洗衣机洗红薯堵水管的投诉而产生灵感，发明了一种洗红薯的洗衣机，投放市场1万台，很快售罄。海尔公司通过市场调研，根据用户需求，改进产品设计，推动星级服务，进行科学管理，树立品牌形象，建立创新机制，实现了质的飞跃。

4. 社会大营销观念——创新营销，打造国际品牌

从生产单一的电冰箱产品，到生产洗衣机、电冰柜、空调、计算机，再到2000年生产的69个大类产品，海尔实现了多元化的扩张策略。海尔不断创新、超越，"海尔——真诚到永远"，"海尔，

中国造"，无氟冰箱、节电冰箱，"国际气候保护奖"……从名牌战略、品牌延伸到品牌资本运作，海尔走上了一条国际化扩张之路。进入新经济时代，海尔主动把握时代脉搏，确立服务营销和流程再造，开发设计系统、柔性制造系统和电子商务平台，以国际化的思维和视野，不断续写着中国品牌的神话。

（资料来源：https://www.docin.com/p-814165095.html，有删改）

三、市场营销观念的新演变

（一）关系型营销观念

1. 关系型营销的含义

关系型营销又称关系营销，是指企业以系统论为基本思想，建立和发展与消费者、供应商、分销商、竞争者、政府和社会组织及其他公众良好关系的营销活动。关系营销置企业于社会经济的大环境中来考察市场营销活动，将建立与发展同所有利益相关者之间的关系作为企业营销的关键，把正确处理这些关系作为企业营销的核心。

关系营销是20世纪80年代末在西方企业界兴起的，它以管理企业的市场关系为出发点，核心思想是建立发展良好的关系，使顾客保持忠诚。该观念认为，建立有利的商业关系需要企业与顾客及其他利益相关人（包括供应商、分销商及其他合作者）之间，建立相互信任的关系，强调不仅要争取顾客和创造市场，更重要的是维护和巩固已有的关系。

关系营销与传统营销观念两者最根本的区别在于，传统营销观念的核心是商品交换，这是一种短期行为；而关系营销的核心是关系，指在双方之间建立一种联系，这是一种长期的行为。关系包含的意义远远超过交换，因为如果在两个或多个商业合作伙伴之间存在相互信任的关系，交换肯定会经常发生的。从本质上讲，关系营销不过是对人类商业与贸易活动本源关系的回归，同时顺应了新时期商业和营销环境的挑战。因此，争取稳定的顾客群，建立良好的顾客关系，显得尤为重要。

关系营销特别适合于生产者市场及第三产业部门的营销。其主要内容是对消费者进行科学的管理，而方法则灵活多样。比如可以借助计算机建立消费者数据库，以使企业准确了解用户的有关信息，使产品能得以准确定位，同时使企业促销工作更具有针对性，从而提高营销效率。运用大数据与消费者保持紧密联系，无须借助大众传媒，比较隐密，不易引起竞争对手的注意。此外还可通过建立顾客俱乐部、顾客信用卡、会员卡制度，或对关键顾客专门设立关系经理等方式，进行消费者管理。

2. 关系营销的特征

（1）双向沟通

各个关系方的交流是互相的，广泛的信息沟通和共享会为企业赢得更多的支持与合作。

（2）协同作战

在市场竞争激烈的环境下，企业更应与其他关系方建立起一种长期的、互相信任的关系，以取长补短、协同一致去实现对各方都有益的目标。

（3）互利共赢

关系营销的基础就是实现和满足，进而建立良好的关系。要了解对方的利益要求、寻求双方利益的共同点，并努力使双方的共同利益得到实现。

3. 关系营销中的几种关系

（1）企业内部的关系

明智的企业高层领导心中装有两个"上帝"，一个"上帝"是顾客，另一个"上帝"是员工。企业要进行有效的营销，首先要有具备营销观念的员工，能够正确理解和实施企业的战略目标和营销组合策略，并能自觉地以顾客导向的方式进行工作。企业要尽力满足员工的合理要求，为关系营销奠定良好的基础。

（2）企业与竞争者的关系

企业所拥有的资源条件不尽相同，往往是各有所长，各有所短。为了有效地通过资源共享实现发展目标，企业要善于与竞争对手和睦共处，并和有实力的、有良好营销经验的竞争者进行合作。

案例链接1-4

王老吉与加多宝"共享红罐"

2017年8月16日，最高人民法院终审判决：广药集团和加多宝集团可在不损害彼此合法利益的前提下，共享"红罐王老吉凉茶"包装装潢的权益。双方互不侵权，互不赔偿。谁也没有想到，历时5年之久、涉及约16.5亿元赔偿诉求、被称为"中国包装装潢第一案"的加多宝与王老吉红罐凉茶之争，就这样尘埃落定。

在漫长的5年中，双方不断上演各种戏码，斗争从官司蔓延到卖场，还进行了不少其他诉讼案。公开资料显示，加多宝和王老吉自2012年以来在法庭对峙20多次，涉案金额高达47亿元。双方高调地搞营销战、价格战，争夺"销量一哥"的地位，甚至还发生过员工互殴的极端事件。

显然，加多宝和王老吉在过去几年高投入的竞争环境下两败俱伤，凉茶行业已经回归理性营销，加多宝和王老吉都开始多条腿走路。

2014年开始，加多宝推出昆仑山矿泉水，经过几年的培育，目前昆仑山在饮用水市场的地位逐渐稳固。加多宝涉足饮用水的动作，当时被业内人士解读为给凉茶加多宝寻找"备胎"。此外，加多宝还青睐场景化营销，通过捆绑小龙虾、火锅、串串等与凉茶饮料匹配的网红食品，进一步深挖餐饮细分领域。

2017年7月，王老吉在广州新开一家实体凉茶铺。该公司相关人士透露，未来王老吉将探索单品多元化战略，并继续加强国际化布局。

加多宝集团相关负责人称，加多宝将积极响应"一带一路"倡议，做大做强凉茶产业。

评析：

市场营销是企业追求利润和效益的手段，有市场就有竞争，但共存与共享才是推动经济社会发展的不竭动力。正如终审判决书说的那样："双方应本着相互谅解、合理避让的精神，善意履行判决，秉持企业应有的社会责任，珍视经营成果，尊重消费者信赖，以诚实、守信、规范的市场行为，为民族品牌做大做强，为消费者提供更加优质的产品而努力。"

问题思考：

在异常激烈的竞争条件下，企业应如何理解和把握市场营销规律，并做好营销工作？

[资料来源：http://www.ceweekly.cn/2017/0821/202483.shtml，中国经济周刊，2017（33）]

（3）企业与顾客的关系

以盈利为目的的企业必须依赖顾客。企业需要通过收集和积累大量市场信息，预测目标市场购买潜力，采取适当的方式与消费者沟通，变潜在顾客为现实顾客。同时，要致力于通过建立数据库或其他方式，密切与消费者的关系。对于老顾客，要更多地提供产品信息，定期举行联谊活动，加深信任，争取使之成为长期顾客。

（4）企业与供应商的关系

因分工而产生的渠道成员之间的关系，是由协作而形成的共同利益关系。合作伙伴虽难免存在矛盾，但相互依赖性更为明显。企业必须广泛建立与供应商、经销商之间的密切合作的伙伴关系，以便获得来自供、销两个方面的有力支持。

（5）企业与影响者的关系

各种金融机构、新闻媒体、公共事业团体以及政府机构等，对企业营销活动都会产生重要的影响，企业必须以公共关系为主要手段争取它们的理解与支持。

4. 关系营销的层次

根据营销者和顾客关系的密切程度，关系营销的层次划分如表 1-3 所示。

表 1-3　关系营销的层次

类型	特征描述
基本型	销售人员把产品销售出去就不再与顾客接触
被动型	销售人员把产品销售出去并鼓励顾客在遇到问题或有意见的时候和公司联系
负责型	销售人员在产品售出以后联系客户，询问产品是否符合顾客的要求，是否存在任何特殊的缺陷和不足，顾客有何改进建议，以帮助企业不断地改进产品，使之更加符合客户需求
能动型	销售人员不断联系客户，提供有关改进产品用途的建议及新产品信息
伙伴型	企业不断和客户共同努力，帮助客户解决问题，支持客户的成功，实现共同发展

5. 关系营销运行的原则

（1）主动出击

在关系营销中，企业应主动向其他关系方发出信号。这既有利于先于其他竞争者找到合作伙伴，还能向对方表明想与之合作的真诚态度。主动出击进行沟通，还可以了解对方的具体情况和需求。如果形成定期碰头制度的话，便可以随时掌握彼此需求的变化。这为及时解决对方的困难和问题创造了条件，又进一步增强了彼此间的合作关系。

（2）互惠互利

关系营销存在的最重要的原因就是能够实现关系双方的利益互补。如果没有各自利益的实现和满足，双方之间就不会建立起良好的合作关系。因此，双方在往来过程中必须做到相互保障对方的经济利益，通过在公开、公平、公正的基础上进行的产品或价值交换使各自从中受益。也就是说，真正的关系营销就是要达到双赢境界。

（3）信守承诺

在关系营销中，相互之间都会有各种口头或书面的承诺，但最终只有以实际行为来履行诺言，才是赢得对方信任的关键，也是维护和尊重对方利益的体现，是双方保持融洽合作关系的基础。

（4）高效快捷

在关系营销中，对各方所提出的问题、意见要及时进行处理，并将处理结果反馈给对方。因为任何企业在营销过程中不可避免地会出现这样或那样的问题，甚至会引起对方的不满和抱怨。这时，就需要企业能够以一种积极的态度来正视这些问题，迅速且合理地解决这些问题，最终给对方一个满意的答复。一般说来，这会取得对方的谅解。处理得当的话，对方对企业的信任程度也会增加。

（5）以诚待人

建立良好的合作关系的基础是双方信守承诺，这就需要有虔诚的态度，真心实意地与对方合作，正所谓"心诚则灵"。这种以诚待人的态度不仅可以应用在企业与客户之间的交流沟通上，还可以应用在处理企业内部关系上，去协调企业中的各个部门，以便更有效地满足客户的需求。同时，关怀、信任员工，以人为本，将促使员工忠诚于企业，并使员工最大限度地实现自我价值。

6. 关系营销实施的内容

（1）关系营销的组织设计

为了对内协调部门之间、员工之间的关系，对外向公众发布消息、处理意见等，同时，为了通过有效的关系营销活动，使得企业目标能顺利实现，企业必须根据正规性原则、适应性原则、针对性原则、整体性原财、协调性原则和效益性原则建立企业关系管理机构。该机构对内要协调处理部门之间、员工之间的关系，对外要向公众发布消息、征求意见、收集信息、处理纠纷等。

(2) 关系营销的资源配置

面对剧烈的环境变化和外部竞争，企业的全体人员必须通过有效的资源配置和利用，齐心协力地实现企业的经营目标。企业资源配置主要包括人力资源配置和信息配置。人力资源配置主要是通过部门间的人员转换、内部提升等多种方式促进企业内部关系的建立。

(3) 关系营销的效率提升

一方面，企业要想与外部企业建立合作关系，必然会与之分享某些利益，增强对手的实力；另一方面，企业各部门之间也存在着不同利益。这两方面形成了关系协调的障碍。其形成原因具体包括：利益不对称、担心失去自主权和控制权、片面激励体系的存在、担心损害局部权益。关系双方环境的差异会影响关系的建立以及双方的交流。人们在开展跨文化间的交流时，必须克服文化所带来的障碍。对于具有不同企业文化的企业来说，文化的整合对于双方能否真正协调运作有重要的影响。

[线上学习：关系营销产生的背景及现实意义]

(二) 服务型营销观念

1. 服务型营销含义

服务型营销也称有形商品的无形性营销或服务营销，是企业在充分认识顾客需求的前提下，为充分满足顾客需求而在营销过程中所采取的一系列营销活动。该观念认为，在当今科学技术相当普及和信息快速传播的条件下，不同企业生产的同类或近似产品，其设计、制造水准彼此已不相上下，这使得一些有形产品其有形部分的属性如品质、功能、特性等方面的差异变小。顾客对商品的判断和选择，主要不再单单依据商品的有形属性，而在相当大的程度上取决于其无形属性的一面。顾客之所以购买某企业的产品，一定程度上取决于企业能否提供更优质的服务，即企业"如何提供商品"和"如何服务顾客"。服务营销将企业间的竞争引向更高层次的竞争领域。未来的市场竞争就是"优质产品+优质服务"的竞争。因此，服务营销将越来越显现出它的重要意义。

所谓服务（Service），是指用于出售或同产品连在一起进行出售，并能满足人们需求的活动。服务可以区分为两大类：一种是产品服务，产品为顾客创造和提供的核心利益主要来自无形的服务；另一种是功能服务，产品的核心利益主要来自形成的成分，无形的服务只是满足顾客的非主要需求。服务相对于商品、资金及经营设施等硬件要素来讲，可塑性、可控性更强。企业不仅可以通过加强质量保证服务，改善售前、售中、售后服务的方式和质量，恪守交货信用等，努力提高企业服务顾客的水平，更重要的是，各企业完全可以结合自己的情况，采取不同的方法、形式和手段，以更好地服务顾客。如目前普及的太阳能热水器，各厂家的设计、质量没有太大的差别，但售后服务却能体现一个企业真正的实力，产品出现质量问题、售后服务不到位，会影响顾客的正常使用，再好的产品也会无人问津。现在，很多企业都在提倡为顾客提供优质服务，但往往还只停留在口头上，有待于进一步改善和提高。

与传统营销相比，服务营销更侧重于保留与维持现有的顾客；更注重长远利益，具有可持续发展的眼光；凸显了服务在整个营销活动中的作用；更强调与顾客的沟通与交流。服务营销的核心理念就是获得顾客的满意和忠诚，通过取得顾客的满意和忠诚来促进相互有利的交换，最终获取适当的利润和公司长远的发展。对于企业而言，进行服务营销的作用表现在：首先，有利于充分满足顾客的需要；其次，有利于增强企业的竞争能力；再次，有利于提高产品的附加价值；最后，有利于提高企业的综合素质，树立企业的良好形象。

2. 服务营销的误区

(1) 定位不准确

在我国，服务营销并不是一个新兴的营销理念，但其在实际应用过程中取得的成效并不理想。从现代的服务营销观念来看，企业进行营销的出发点是顾客，考虑的重点应是顾客需要什么样的服务，而不是自己能够提供什么样的服务。但目前国内多数企业在实施服务营销时还是以自己为中心，而不是站在顾客的角度。

(2) 个性不突出

不同顾客之间的需求实际上存在很大的差异，企业应根据自身情况，在市场细分的基础上选择一个或者几个细分市场以提供更个性化的服务，但很多企业并没有对自己的服务市场进行细分，对不同需求的顾客群体只提供同一种类的服务。

(3) 品牌意识不强

品牌策略是产品决策中的重要组成部分。在顾客心中树立良好的服务品牌就是确立企业在顾客心目中的形象，这更多的是出于促进企业长远发展的需要。但我国企业尤其是大多数中小企业在品牌方面的意识不强，经常是到需要保护时才想到注册品牌。

(4) 从业者素质较低

很多企业狭隘地认为，提供服务的工作人员"只要热情就能干好"。但是，如果不了解顾客的心理，过分热情反而会引起对方的反感。有的企业认为服务人员从事的是低技术含量的工作，不必浪费财力、物力对其进行培训。这样一来，多数服务人员未经培训就上岗，工作中也很少能够得到培训机会，从而大大影响了企业服务质量的提高和企业服务营销的发展。

知识拓展

服务营销的战略意义

(1) 有助于解决新产品带来的购买疑虑

随着市场经济的发展，顾客的需求日益多样化。为适应这种需求上的变化，企业不断地进行着新产品的开发，从而引起产品结构和使用方法向复杂化方向发展。这就使得顾客在购买新产品之前，疑虑不断增加。而消除这种疑虑的办法之一就是企业为其提供产品之外的其他服务，来吸引目标顾客的关注并提高其满意度。

(2) 有助于培养顾客的品牌忠诚度

服务营销的服务是无形的，而将这种无形变为有形的主要途径就是品牌，顾客的品牌忠诚度是企业提供的服务能带来销量和利润的重要保证。要增强顾客的品牌忠诚度，企业必须更好地满足顾客不断变化的需求，有针对性地根据顾客需求的差异化为其提供个性化的服务营销方式不失为一种解决之道。

(3) 有助于拓宽就业渠道

我国是一个劳动力富余的国家，解决大量的剩余劳动力是一项长期而艰巨的任务。其主要途径是发展第三产业，其中的服务业更是投入小、见效快。也就是说，企业发展服务营销，会在为自身实现利益最大化的同时，还会推动服务业就业人数的增加，解决相当一部分剩余劳动力。

3. 服务营销的实施

(1) 强化服务意识

随着市场竞争的加剧和各种新技术手段的应用，高性能、高质量的商品或服务越来越多。这就使得相当一部分顾客将关注的目标投向企业的服务能否满足其自身的需求上。因此，企业必须明确，在真正的服务营销中，服务是主体，其他只是服务的附属品。同时，服务不应局限于企业里的专业服务人员，企业的每一位员工都要成为企业开展服务营销的代表，随时为顾客解决各种问题，在顾客面前展示本企业的文化和实力。当然，这需要企业重视服务培训。

(2) 树立服务品牌

一个成熟的企业在品牌战略中是不应当忽略服务品牌的，因为品牌会给顾客提供有效的信息来识别特定公司的服务。走服务营销的品牌化之路，首先，要提高服务质量，把服务质量作为企业的生命力。其次，要克服服务营销的零散状况，形成一定程度的集中，使多样化的市场需求标准化，创造服务品牌。再次，要注重品牌创新与保护，不断创新服务产品，提高企业的知名度、美誉度和顾客的满意度。同时，在品牌创新过程中，企业要注意保护自己的知识产权，保护自己的商誉，做好商标注册等工作。譬如，诺基亚的"科技，以人为本"，将自己对顾客的了解和体贴集中体现在它的品牌之中，以顾客为企业发展的导向，研究顾客，以创造更能获得顾客满意的产品为己任。例如，海尔集团所提倡的"用户永远是对的"这一服务理念亦是如此，海尔集团提供的不仅仅是产品，更重要的是为顾客提供某方面服务的全面解决的方案。就是在这样的服务营销观念指导下，海尔集团以其优质的服务，在顾客心目中树立了良好的形象。

（3）创新服务营销途径

① 差异化的服务营销。顾客的市场消费需求越来越具有个性化特征，服务自然也要随之注重个性化。因此，企业在进行市场细分时，要特别注意对服务市场进行细分，这样可以更有针对性地为不同类型的顾客提供量身定做的差异化服务。尤其是在产品的生产、技术手段日趋同质化的今天，更应在这方面下足功夫。② 多元化的服务营销。随着科技水平的提高，提供服务的平台日趋多元化，各种沟通渠道不胜枚举，如固定店面、邮政信件、售后电话、网络投诉等，使客户拥有更多接受服务的机会。企业不应被动地接受客户提出的服务要求，更应主动地利用多种沟通渠道对客户进行访问，既可以创造服务需求、开发服务新产品，还可以同步追踪顾客产生不满的原因，从中获得忠告和信息，为其改善服务产品质量和开发服务新产品提供重要的信息来源。

（4）实施顾客满意战略

① 站在顾客的立场上而不是站在企业的立场上去研究、设计产品或提供服务。② 不断完善服务系统，最大限度地使顾客感到安全、舒适和便利。③ 重视顾客的意见，让顾客参与和进行管理。④ 千方百计留住顾客，并尽可能实现相关销售和推荐销售。⑤ 创造企业与顾客彼此友好和忠诚的界面，使服务手段和过程处处体现真诚与温暖。⑥ 按照以顾客为中心的原则，建立富有活力的企业组织。⑦ 分级授权。

（5）运用服务营销组合策略

在传统的营销组合理论（4P）的基础上再增加人员、服务环境和过程，构成了服务市场营销的7P组合，即产品（Product）、价格（Price）、渠道（Place）、促销（Promotion）、人员（People）、服务环境（Physical Evidence）和过程（Process）。

① 产品。服务或产品提供者必须基于顾客期望的利益和竞争者的状况来选择商品或服务，必须考虑的要素是提供服务的范围、服务质量、服务水平、品牌以及售后服务等。也就是说，服务者必须注意那些能够为顾客创造价值的服务活动的所有方面。

② 价格。企业应依据成本和品牌对产品定价，规定交易的信用条件。企业还必须努力做到使用户在购买和使用服务过程中花费的其他成本最小化。价格方面要考虑的要素包括价格水平、折让和佣金、付款方式和信用。在区别一项服务与另一项服务时，价格是一种识别方式，顾客可从一项服务的价格感受到其价值的高低。价格与质量间的相互关系也是服务定价的重要考虑因素。

③ 渠道。传递速度和便利性是服务传递战略中的决定性因素。服务者的所在地以及其地缘的可达性都是影响服务市场营销效益的重要因素。地缘的可达性不仅是指实物上的，还包括传导和接触的其他方式。分销渠道的类型及其涵盖的地区范围都与地缘的可达性密切相关。

④ 促销。成功的营销计划是建立在有效的促销沟通基础上的，促销的目标主要包括：提供必需的信息和建议，说服目标用户相信特定产品的优点或性能，鼓励用户在特定的时间采取购买行动。在服务营销中，许多促销沟通还兼具教育的特征。特别是对于新顾客，要影响其品牌选择，吸引其购买。促销包括广告、人员推销、销售促进、宣传、公关等各种市场营销沟通方式。

⑤ 人员。许多服务依赖于顾客与员工之间的直接互动，这种互动影响着顾客满意度。因此，企业应当把更多的精力放在招募、培训和激励员工上。在顾客看来，在服务企业里担任生产或操作性角色的人其实就是服务产品的一部分，其贡献也和其他销售人员相同。大多数服务企业的特点是操作人员可能担任服务表现和服务销售的双重任务。因此，市场营销管理者必须和作业管理者协调合作。企业工作人员的任务极为重要，尤其是那些经营"高接触度"的服务业务的企业。所以，市场

营销管理者还必须重视雇用人员的甄选、训练、激励和控制。表情愉悦、专注和关切的工作人员，可以减轻排队等待的顾客的不耐烦感，还可以平息顾客在技术上出问题时的怨言或不满。此外，对某些服务而言，顾客与顾客间的关系也应引起重视。因为，某顾客对一项服务产品质量的认知，很可能要受到其他顾客的影响。

⑥ 服务环境。服务环境本身就是产品不可或缺的一部分。服务环境的重要性在于用户能从中得到可触及的线索，去体会服务质量的高低。因此，最好的服务是将无形变成有形，实体环境（装潢、颜色、陈设、声音）和提供服务时所需用的实物（建筑物、设备、景观、交通工具）以及其他实体性线索（标识符号、印刷资料和其他可视材料）都为企业服务质量提供有形证据。服务企业必须仔细管理有形证据，因为它们能够对用户的印象产生重大的影响。

⑦ 过程。过程是指用户获得服务前所必经的过程，是服务活动的方法和行动顺序。创造与传递产品需要设计和执行高效的过程。糟糕的过程设计将会导致缓慢、僵化和低效的服务传递，造成用户流失，也会使一线员工很难开展工作，导致低下的生产率和增加服务失败的可能性。整个系统的运作政策和程序方法的采用，服务供应中的机械化程度，员工决断权的适用范围，顾客参与服务操作过程的程度，咨询与服务的流动，等等，都是市场营销管理者需特别关注的事项。

案例链接 1-5

海尔的服务营销——"全程管家365"

2003年海尔推出了服务新举措——海尔"全程管家365"，全国20 000名海尔家电"全程管家"一年365天为用户提供全天候上门服务。

海尔"全程管家365"的具体服务内容包括：售前上门设计；售中咨询导购送货到位；售后安装调试、电话回访、指导使用、征询用户意见并及时反馈到生产开发部门，不断提高产品的设计。另外，根据用户的预约为用户提供上门维护、保养等服务。

消费者只需拨打海尔24小时服务热线，即可预约海尔"全程管家"为消费者提供一站到位式的服务。海尔"全程管家365"这种深入人心、饱含亲情化星级服务的推出，不仅带动了国内同行业服务水平的提升，而且在国际上较好地树立了中国家电企业的新形象。

在中央电视台2003年12月的"对话"节目中，海尔的掌门人张瑞敏再次强调"我信奉的是：用户永远是对的"。"用户永远是对的"是一种观念，不是逻辑判断，所以不要去问：用户怎么可能永远是对的呢？"帮助用户成功就是企业的成功"，"海尔卖的不是产品，而是为用户提供某个方面服务的全面解决方案"，这就是最朴素的服务营销观念。

张瑞敏是这么说的，也是这么做的。一直以来，海尔在他这种为用户真诚服务的观念影响下，从一个濒临倒闭的小国企成为今天国际知名的跨国公司。在美国，海尔为了针对学生市场生产一种小冰箱，多次到校园向学生咨询，了解他们的需求，推出了深受学生欢迎的课桌式冰箱、电脑桌式冰箱，一举占领美国小型冰箱市场的半壁江山。

（资料来源：http://www.marketing110.com/html/show-35-1956-2.html）

（三）生态型营销观念

1. 生态型营销含义

生态型营销又称绿色营销，是指企业在生产经营过程中，以环境保护为宗旨、以满足顾客的绿色消费为中心，将自身利益、顾客需求和环境保护三者有机结合的市场营销模式。实施生态营销的企业，对产品的创意、设计和生产，以及定价与促销的策划和实施，都要以保护生态环境为前提，力求减少和避免环境污染，保护和节约自然资源，维护人类社会的长远利益，实现经济与市场可持续发展。

生态营销是社会经济发展到一定阶段的产物，是未来世界市场营销的主流。许多企业为了自身的利益，往往会出现浪费能源、污染环境以及损害消费者长远利益等现象，比如，清洁剂虽满足了人们洗涤衣服的需要，但同时却严重地污染了江河，大量杀伤鱼类，危及生态平衡。那些被丢弃的一次性快餐饭盒、大量塑料包装袋等，被称作"白色垃圾"，也是造成环境污染的源头之一。现在，许多发达国家禁止生产的产品，逐渐向发展中国家转移，这与发达国家新的营销观念不无关系。为了改变这种状况，企业应树立生态营销观念。这就要求企业在以优质的产品、合理的价格进行促销的同时，还应注意环境保护，维护生态平衡，确保人们使用产品的安全、卫生、方便。这样，才能进一步满足消费者的需求，达到扩大销售、增加利润的目的。

 知识拓展

在人类生存环境日益恶化的今天，人们在消费过程中更倾向于无污染的、更宜于保护环境的消费行为。这在一些发达国家表现得尤为突出。例如，欧美等国率先以立法的方式严格规范企业的营销行为，包括规范土地的使用，废气、废水、废物排放及对稀有生物的保护等，迫使企业日益重视环保问题，并逐步形成"绿色需求→绿色产品研发→绿色产品生产→绿色产品→绿色价格→绿色市场开发→绿色消费"这样一条以"绿色"为主线的消费链条。

据经济学家预言，环保问题将成为影响市场供求关系的重要因素，成为21世纪市场营销中的一项重要议题。而以环保为主题的生态营销在未来市场营销中地位也将日益突出，并为企业带来许多机会和利益。生态营销有利于减轻政府环保工作的负担，有利于政府环保政策的实施和可持续发展战略目标的实现，有利于社会公众生存环境质量及生活品质的提升等。

近年来，各种环保组织的影响日渐加强。它们通过参与各种公共活动来扩大环保宣传，如搜集和提供有关环保的信息，进行政治游说和唤起环保意识的公共宣传；参与阻止破坏环境的示威活动，阻止有毒垃圾的随意倾倒等，这样既可防控环境污染事件的发生，又能引起大众的注意。同时，媒体对环境污染事件的重视程度越来越高，比如大气臭氧层受到破坏、全球温室效应、非绿色产品对人类的影响等，使更多的顾客将关注的目光投向企业行为对自身及周边环境的影响上来。人们更加注重环保、崇尚回归自然、追求健康，带有绿色标志的产品日益博得顾客的青睐。在这股绿色消费的大潮之下，生态营销也逐渐发展完善起来。

2. 生态营销的特点

（1）综合性与统一性

生态营销综合了多种营销观念，要求企业将满足顾客需求、保护生态环境、自身获取利润这三方面的利益协调起来，实现可持续发展。同时强调社会效益与企业经济效益统一，企业既要考虑自身的经济效益，又必须考虑社会发展的长远利益与公众的身心健康，这样的产品才能在市场竞争中真正站得住脚。

（2）无差别性与市场差异化

无差别性表现在各国对产品的生产、质量、使用、处置等都提出了符合环保条件、对人体健康无损害的要求。差异化主要是由各国各地区市场的绿色产品标准差异引起的。近年来，为了达到环保的目的，各国各地区都采取了一些单方面的行动，对一些重要商品制定有利于自己的环保标准，限制进出口，这引起了双边和多边贸易的摩擦。

（3）双向性与互动性

生态营销不仅要求企业树立绿色观念、生产绿色产品、开发绿色产业，也要求广大消费者购买绿色产品，树立绿色消费观念。生态营销不是独自努力就能成功的，它亦依赖于与消费者的互动作用。首先，生态营销要以消费者的绿色意识转化为绿色消费行为为前提；其次，生态营销因其大量的绿色投入而使绿色价格偏高，这亦需要消费者的理解与接受；再次，生态营销初期的绿色投资巨大，有时企业本身往往不能承受，这时需要消费者投入一定的绿色观念，与企业共同进行早期投资。

（4）战略性

对大多数实施生态营销的企业而言，生态营销是其企业具体发展战略的一部分，企业视生态营销为一种新机遇，以此来开拓市场，吸引消费者，打败竞争对手，寻求企业的长远发展。此外，企业各方面包括企业理念，企业生产、财务等部门，都应参与生态营销；企业组织的设置，应为配合生态营销而做相应的调整。同时，生态营销的实施有利于提高企业形象，有利于企业融资，有利于企业吸收优秀人才等。

（5）真实化

由于生态营销作为一种新的市场行为，在其初始阶段，各方面的立法和监管尚未成熟，市场秩序尚未建立。许多企业趁机利用"生态"烟幕来做动作，为自己树立一种所谓的绿色形象，而事实上换汤不换药，营销的本身运作仍未"绿化"。所以，现在有些国家已对"Green Claim"做了种种限制，包括企业必须有实际行动，否则不能在公众面前鼓吹自己的"绿色"形象，在做"绿色"形象宣传时必须用具体的事例，而不能用"绿色"或"环保"及"生态"两字泛泛而指等。此外，绿色标志的实施亦是对生态营销行为的"真实化"。绿色标志是对产品的"绿色"性能的公证性质的一种鉴定，它较之企业实施的绿色声称更有说服力。绿色标志不仅要求最大限度地把污染消除在生产过程中，亦重视产品在消费过程中对环保的影响程度，这对实施生态营销企业而言显然并非易事。

（6）绿色壁垒

环保作为一种服务于各国贸易保护的有力武器，正逐渐成为国际贸易谈判中举足轻重的一条具体措施，进而发展成为一种新的非关税壁垒——绿色贸易壁垒。各国可以利用绿色贸易壁垒来保护本国工业受免税进口商品的冲击。例如，北美自由贸易区在形成过程中，要求只有符合环保条件大致相同的贸易伙伴才能互相进入对方市场。而环保水平较低的墨西哥为此付出了高昂的代价。由于目前全世界关税水平普遍降低，传统的非关税壁垒的活动余地明显减少，因而环保概念将被人们更多采用于国际贸易保护中。各国正纷纷采用更加隐蔽的环境管制措施，设置种种绿色壁垒来抵制外国商品的进口。环保措施作为一种新兴的非关税壁垒，将以其隐蔽性强、技术要求高、灵活多变等特点日益受贸易保护主义者青睐。这同时增强了生态营销在国际市场营销中的地位。

3. 生态营销的主要内容

（1）绿色需求

绿色需求是人类社会发展的产物。不可否认的是，工业文明社会在短短一百多年中有了突飞猛进的发展，但人类也付出了地球环境急剧恶化的代价。越来越多的人开始反思，进而催生了生态、健康、环保等观念。随着人们对于生态环保观念的认知加深，人们开始改变原有的消费观念，并形成绿色习惯，有了绿色习惯就有了绿色需求。更多的国家通过制定和颁布相关法规来规范和推行绿色需求，使其拥有进一步的制度保障。

（2）绿色产品

①绿色食品，是指按照特定生产方式生产，并经国家有关的专门机构认定，准许使用绿色食品标志的无污染、无公害、安全、优质、营养型的食品。②绿色家电，是指在使用过程中不会直接对人造成伤害，报废后可回收利用亦不致间接对人造成危害的家用电器。③绿色服装，又称生态服装，是指从原料到成品的整个生产加工链中不存在对人类和动植物产生危害的污染，不含对人体产生危害的物质或不超过生态纺织品标准容许的范围，不含对人体健康有害的中间体物质，使用后处理不会对环境造成污染。④绿色包装，是指对生态环境和人类健康无害，能重复使用和再生，符合可持续发展的趋势，具有保护环境和节约资源双重作用的包装。⑤绿色家居，是指无污染、无公害、可持续、有助于消费者身体健康，不仅能满足消费者的生存和审美需求，而且能满足其安全、健康需求的室内居住环境。

（3）绿色价格

绿色产品的生产过程付出了昂贵的环保成本，同时在原材料的选取及设计上的独特要求也使其具有了较高附加值，这就决定了其价格比普通产品要高。因此，企业在为绿色产品定价时，要树立"污染者付费""环境有偿使用"的观念，把用于环保方面的支出计入成本，从而成为价格构成的一部分。要充分考虑到环保成本、研发设计成本以及其他如绿色包装、绿色销售渠道、绿色服务等成本，从而制定出合理的市场价格。当然，在这一过程中，企业仍需遵循普通产品的定价策略，即根据市场需求、竞争情况、市场潜力、生产能力和成本等因素综合考虑，切不可盲目乱行。

（4）绿色渠道

选择恰当的绿色销售渠道是拓展销售市场、提高绿色产品市场占有率、扩大绿色产品销售量、成功实施绿色营销的关键。企业只有充分保障绿色产品的物流、商流、价值流、信息流在渠道中畅通无阻，才能最终实现绿色消费，建设起绿色营销的专用渠道。绝大多数企业生产的产品并不都是绿色产品，它们通常仅是企业生产产品的一部分。这样一来，有些企业为节省成本、减低费用，就会将绿色产品放入普通产品的渠道进行销售。而这样做的弊端在于，降低了企业绿色产品的价值、绿色品牌的美誉度、绿色产品的品牌价值。

（5）绿色促销

围绕绿色产品开展的各项促销活动，目的是树立企业绿色健康的形象，丰富企业生态营销的内涵，促进绿色产品的推广。企业开展绿色促销时，可通过各种媒体宣传自己在环保领域的作为，积极参与各种公益及环保活动，推广绿色产品的使用，推动环保事业的进行。运用广告宣传绿色产品、宣传绿色消费，一方面顺应了消费者的绿色消费意识，容易引起共鸣；另一方面达到了促销目的，进一步强化和提高了人们的环保意识，促使消费者倾向于选择健康和环保的绿色产品。绿色公关也是树立企业及产品绿色形象的重要手段，它能帮助企业更直接、更广泛地将相关的绿色信息传递到广告无法达到的细分市场，给企业带来竞争优势，可以采取演讲、文章、座谈会、记者招待会以及赞助公益活动、慈善活动等方式。

（6）绿色管理

企业在对外开展生态营销时，也要将生态理念融入日常的生产经营管理活动中去。目前，国际上比较流行的是"5R"原则：研究（Research），就是把环保纳入企业的管理决策中来，重视对于环保的研究及相关的环保对策；减消（Reduce），通过采用新技术、新工艺、新材料，减少或消除有害废弃物的排放；再开发（Rediscover），积极进行科研活动，变普通产品为绿色产品，积极创造绿色品牌；循环（Recycle），对废旧产品进行回收处理，循环利用；保护（Reserve），积极参与环境整治活动，培养员工环保意识，树立企业绿色形象。企业通过绿色管理，建立起绿色发展战略，实施绿色经营管理策略，加快绿色企业文化的形成，推动企业绿色技术的发展，生产出满足公众绿色需求的产品，最终实现社会和企业经济的可持续发展。

案例链接1-6

《上海市生活垃圾管理条例》颁布实施

《上海市生活垃圾管理条例》已于2019年7月1日正式施行。条例中所称生活垃圾是指在日常生活中或者为日常生活提供服务的活动中产生的固体废弃物以及法律、行政法规规定视为生活垃圾的固体废弃物，分为可回收物、有害垃圾、湿垃圾和干垃圾四类。条例分为总则，规划与建设，促进源头减量，分类投放，分类收集、运输、处置，资源化利用，社会参与，监督管理，法律责任，附则，共十章计65条。其中：

第七条：单位和个人应当积极参与绿色生活行动，减少生活垃圾产生，履行生活垃圾分类投放义务，并承担生活垃圾产生者责任。

第十七条：企业应当遵守国家有关清洁生产的规定，优先选择易回收、易拆解、易降解、无毒无害或者低毒低害的材料和设计方案，生产废弃物产生量少、可循环利用的产品。

第十八条：企业对产品的包装应当合理，包装的材质、结构和成本应当与内装产品相适应，减少包装废弃物的产生。

第十九条：快递企业在本市开展经营活动的，应当使用电子运单和环保箱（袋）、环保胶带等环保包装。鼓励寄件人使用可降解、可循环使用的环保包装。电子商务企业在本市开展经营活动的，应当提供多种规格封装袋、可循环使用包装袋等绿色包装选项，并运用计价优惠等机制，引导消费者使用环保包装。

第二十二条：鼓励单位和个人使用可循环利用的产品，通过线上、线下交易等方式，促进闲置物品再使用。餐饮服务提供者应当在餐饮服务场所设置节俭消费标识，提示消费者适量点餐。餐饮服务提供者和餐饮配送服务提供者不得主动向消费者提供一次性筷子、调羹等餐具。旅馆经营单位不得主动向消费者提供客房一次性日用品。

部分条款对企业在垃圾分类管理中的职责和义务进行了规范与约定，这就要求企业在生产经营过程中要严格遵守相关法律法规，自觉培养生态营销的意识。

（资料来源：上海人大网 2019-2-19）

4. 生态营销与传统营销的区别

生态营销是在传统营销的基础上发展起来的，具有传统营销的一般特点，但它又是在特定的观念指导下进行的。它与传统的市场营销和社会营销皆有许多不同之处。

(1) 生态营销以绿色消费为前提

根据马斯洛的需求层次理论，消费需求是由低层次不断向高层次发展，是不可逆转的客观规律，绿色消费是较高层次的消费观念。人们的温饱等生理需要基本满足后，便会产生提高生活综合质量的要求，以及产生对清洁环境与绿色产品的需要。

(2) 生态营销以绿色观念为指导

生态营销以满足绿色需求为中心，为消费者提供能有效防止资源浪费、环境污染及损害健康的产品。生态营销所追求的是人类的长远利益与可持续发展，重视协调企业经营与自然环境的关系，力求实现人类行为与自然环境的融合发展。

(3) 生态营销以绿色法制为法律保障

生态营销是着眼于社会层面的新观念，所要实现的是人类社会的协调持续发展。在竞争性的市场上，必须有完善的政治与经济管理体制，制定并实施环境保护与生态营销的方针、政策，制约各方面的短期行为，维护全社会的长远利益。

(4) 生态营销以绿色科技为物质前提

技术进步是产业变革和进化的决定因素，新兴产业的形成必然要求技术进步，但技术进步如背离绿色观念，其结果有可能加快环境污染的进程。只有以绿色科技促进绿色产品的发展，促进节约能源和资源可再生，促进无公害的绿色产品的开发，才是生态营销的物质保证。

5. 生态营销实施

(1) 各方广泛参与

这里的各方主要包括政府、公众、企业。政府明确经济与生态应协调发展的战略思想，根据本国和本地区的实际情况，不断完善环保方面的政策和法规；公众自觉树立环保理念及绿色消费意识，促进政府环保政策及法规的制定与完善，积极推动企业开展绿色营销；企业要树立绿色营销观念，使其既有利于自然环境的良性循环发展，又有利于满足顾客的绿色需求，更能为企业创造效益。

(2) 搜集绿色信息

绿色信息包括绿色消费信息、绿色科技信息、绿色资源和产品开发信息、绿色法规信息、绿色组织信息、绿色竞争信息、绿色市场规模信息等。企业应建立有效、快捷的信息网络，从市场需求出发并结合自身的情况，正确选择目标市场和进行绿色产品的市场定位，搜集相关的绿色信息，将这些信息进行综合处理，研究信息的真实性和可行性，分析绿色市场变化动向、绿色消费发展趋势，为企业开展生态营销提供依据。

(3) 必要的国际合作

对自然环境的保护绝不是一国一地的问题，它需要各国进行广泛的合作。从企业开展绿色营销的角度入手，可以具体考虑以下几个方面：同行业的企业开展国际合作，整合相关资讯和资源，推动国际性立法，大力发展相关科技。

（四）整合型营销观念

1. 整合型营销的含义

整合型营销又称整合营销，是指用系统化的方法将各种营销工具和手段结合，并依据环境的变化及时进行动态修正，使交换双方在交互中实现价值增值的营销理念与方法。整合营销是一种长期性、动态化的营销，是一种全新的营销理论与方法，它是在关系营销、社会营销、文化营销理论的基础上发展而来的，关注的是企业、顾客、社会三方的共同利益。

2. 整合营销的特征

整合营销将顾客放在核心地位，同时以建立信息量丰富完备的资料库作为基础。整合营销的重心是与最有价值的顾客保持长期的紧密联系，培养真正的顾客价值观。企业通过整合营销进行产品或服务的信息传播时，无论采取任何方式，信息的内容都要做到清楚一致。只要是能将品牌、产品和任何与市场相关的信息传递给顾客或潜在顾客的传播媒介，企业都可以把其作为可以利用的传播媒介而加以整合运用。

3. 整合营销的内容

整合营销是将企业内外部所有资源进行整合，重新规划企业的生产行为与市场行为，把一切企业活动（包括采购、生产、外联、公关、产品开发等），不论是企业经营总体的战略策略，还是具体的实际操作，都要进行整合，使企业在每个环节都能达到协调一致、紧密配合，共同进行组合化营销。企业开展整合营销时，一般包括以下几方面内容：

（1）战略重塑

在战略重塑时，要体现企业的个性，建立核心价值观；提升企业的进取精神，为企业建立共同的愿景。

（2）组织的动态再造

对企业的整合，要强调整体与协调。不同的企业可以建立不同结构的组织，但要做到组织内部彼此间信息交流畅通，员工之间团结协作。

（3）产品开发

整合营销在产品开发的同时，要注意确认企业的核心能力，灵活确定开发目标，做到创新性与改进性相结合。

（4）整合营销的传播和推进实施

整合营销的传播强调在以顾客价值为导向的基础上对各种传播手段进行整合，使传媒成为一个协调的整体。

 知识拓展

整合营销

1990年美国市场营销专家劳特朋提出了整合营销概念，认为企业的全部活动都要以营销为主轴。相应地，他重新调整了营销要素，用"4C"——Consumer（顾客欲望与需求）、Cost（满足欲望与需求的成本）、Convenience（购买的方便性）以及Communication（沟通与传播）取代了传统的"4P"——Product（产品）、Price（价格）、Passage（通路）、Promotion（促销）。

1993年，美国西北大学著名教授舒尔茨等人在新书《整合营销传播》（IMC——Integrated Marketing Communications）中提出了营销发展的最新趋势，即整合营销，从理论上建立起整合营销传播的思想。其内涵是，以消费者为核心重组企业行为和市场行为，综合协调使用各种形式的传播方式，以统一的目标和统一的传播形象，传递一致的产品信息，实现与消费者的双向沟通，迅速树立产品品牌在消费者心目中的地位，建立品牌与消费者长期密切的关系，更有效地达到广告传播和产品营销的目的。整合营销传播中心思想是以消费者为中心，在实现与消费者沟通的基础上综合、协调地使用各种形式的传播方式（包括广告、促销、公共关系、直销、CI、包装与新媒体），传递本质上一致的声音，即"Speak with one voice"（用一个声音去说）。

整合营销（IMC）强调从与消费者沟通的本质意义上展开促销与营销活动，主张将广告、公关、SP（Sale Position）、直销等各种推广宣传途径有机地结合，将不同的信息完美整合，从而最终提供明确、一致和最有效的传播影响力。整合营销传播有两个基本观点：一是宽度，指由广告、直销、促销、公关等各领域的专家们组合起来共同解决 IMC 问题；另一个是深度，即如何组织的问题。

（资料来源：百度百科）

4. 整合营销的层次

（1）战术调整

统一形象是第一层次整合的一个特点，企业通过建立"企业统一形象"来巩固传播计划。这可以在一定程度上促进营销传播的集中化，促成更广泛的协作，鼓励企业在使用、配合和信息发展方面确立更强有力的方针。第一层次的整合就是协调营销传播中可管理的部分，将它调整为一个连贯的、统一的整体。这一阶段的重点应放在提高及加强运作效率和外向型传播方面。

（2）重新定义营销传播范围

进入第二层次后，企业开始重新定义营销传播的范围。企业开始考虑一切可以让客户认识品牌的途径，建立品牌联系，使客户（包括潜在客户）充分了解品牌、产品。员工制服、方便实用的产品使用手册、产品包装、投诉解决程序、退货政策、忠诚度、信誉度等都构成重要的品牌联系方式。

（3）信息技术应用

利用数据库是整合的第三层次。在过去的十多年时间里，数据库在各行业的应用得到飞速发展。数据库记录了客户的交易历史，掌握了客户的购买能力和购买习惯，增强了企业分析购买和再购买的能力。企业可以利用数据库来预测消费者未来的需求，更好地满足客户的偏好，也可以使用广泛的统计方法与工具来评价现实客户和潜在客户，识别重要客户，以便指导未来的经营活动。信息技术的发展使企业的差异性营销变得更易实现，更易对客户进行个性化营销。

（4）战略与财务整合

整合的第四层次体现了企业高级管理的两个重要问题：资源配置和企业协同。在这一层次中，企业一方面要测试对客户投资的回报能力，测试之后可以配置资源、时间、资金和管理人员的人力，以确保最大回报的投资；另一方面是运用 IMC 推动企业和战略决策的能力。企业要凭借 IMC 来全面改造战略和组织等方面，实现从以运行为主导的由内而外的方式向以客户为导向的由外而内的方式的成功转变。

5. 整合营销与市场营销的差异

整合营销传播本身所采用的沟通工具与市场营销传播完全一致，并且在营销促进和信息传达层面上，又与市场营销传播所追求的一致性、集中性等信息目标极为相似。但是他们之间存在核心的差异，整合营销理论倡导者舒尔兹教授曾用一句话来说明这种理论：过去的座佑铭是"消费者请注意"，现在则应该是"请注意消费者"。

差异一：传播目的不同。市场营销促销核心集中在诉求上，通过特别有价值的创意，实现影响消费者行为的目的；整合营销传播通过了解受众对信息的选择性关注，并通过整合营销每一要素，实现与客户之间建立稳定关系的目的。

差异二：传播形式不同。市场营销传播是利用大众传媒实行单向诉求和灌输，促销的重心放在激发和诱使。广告立足于诉求，也就是说服潜在顾客；公关旨在于宣传，侧重于对受众观念灌输；促销更是从当前利益出发，满足一种直接的短期刺激。整合营销传播的核心是，以消费者为中心，重在与传播对象之间的双向沟通。整合营销传播强调传播途径和信息整合，致力于一种互动交流，意味着企业和消费者在进行某种信息交换活动。

差异三：传播效果不同。现代社会以大众媒介作为主要载体的广告模式效益日渐下降，主要原因是媒体和信息的多元化，大流量的信息导致了消费者信息接收度下降；与此同时，企业和品牌在广告创意承诺与实际行动之间存在巨大差距，导致广告公信度大大降低；再加上一体化的市场格局，使得众多的品牌在共同市场上处于平等竞争地位；此外，品牌与品牌之间的信息干扰也减少了消费者的认同度。整合营销在20世纪90年代之后引起轰动的一个重要原因，就是这种观念具有对现代市场环境的最大适应性，是解决人们不看、不信、不记忆广告等问题的方法。整合营销传播利用营销传播的技术和工具，采取同一声音同一做法同一概念传播，与目标受众沟通，使受众接触到的信息统一、明晰，能够提高消费者对信息的认同度。整合营销传播观念的确立是对市场营销传播观念的一种延展和综合，其间既有对传统营销传播模式的继承，同时也表现出了自己前所未有的创新价值。

案例链接1-7

"咪咕影院"的整合营销

一个年轻有趣的品牌"咪咕"，一反互联网企业追求"高端大气国际化"和"低调奢华黑科技"的线上策略，转身去农村刷墙体广告，还有别样的复古画风：咪咕用一大波反常理的刷墙广告占领了农村墙面，进而反攻互联网，从"刷墙"演变为"刷屏"，以极小的成本实现了品牌声量的引爆。

线上+线下、低投入、高产出、话题性、刷屏……可以说，这些正是如今营销人孜孜以求的营销效果。在这中间，充满了幕后黑手运筹帷幄的智慧。咪咕的成功之处在于：

1. 用户即王道——除了抓住已有的外，更要发掘潜在的！

当前，城市互联网用户的"人口红利"已被挖掘殆尽，而占据中国人口44%、数量超过6亿的农村人口往往被忽略。农村受众更像是一块块未经开垦的"处女地"，虽然媒介通路相对曲折，但一旦实现触达，就会实现数倍于城市用户的营销效果。所以，针对农村千千万万的潜在用户，咪咕采取了"刷墙"这种线下攻击——实用、直接又有效的方法，实现了有效触达。

2. 内容是核心——只有用户叫好，才能掌声不断！

曾几何时，"等我有钱后，就去乡村买块地盖座房子，种些花草，养些宠物……"成为很多城里人向往的生活。而从前些年《乡村爱情故事》的崛起，到快手等短视频的火爆，充分说明农村不一样的生活容易成为社会热议的话题点。乡村的故事、乡村的风景、乡村的爱情……都是区别于网民日常生活的场景，或多或少符合广大吃瓜群众心中"诗与远方"的定义。所以，与乡村有关的内容，天生具备抓眼球的"爆点"潜质。而咪咕这次营销，索性将"乡村"这个话题点充分挖掘，在"村"到极致的同时，实现雅俗共赏。

色彩鲜明的复古动画效果，瞬间让人回到了小时候刚有彩色电视机那会儿。还有知名自媒体、秒拍达人英国报姐，根据咪咕的刷墙出了一档非常爆笑的改编版《乡村爱情故事》，将电视剧中的情节对话进行巧妙剪辑配音，形成一波"病毒"传播。除此之外，咪咕影院的刷墙传播语录，无论是"抓把瓜子快上炕，咪咕影院特别棒。"还是"想要老公回家早，咪咕影院不可少。"立即让人联想到乡村生活的娴静恬淡。

3. 追热点已经过时了——但我们可以选择制造爆点！

其实，刷墙本身就是一种自带流量的宣传方式。早到我党宣传普及国家政策，然后到如今大型企业宣告优惠福利政策，再到前些年段子界的"中流砥柱"，刷墙体早已成为"中国特色社会主义"的一大亮点，永远创造着时代与地域的"最萌反差"，似乎永不过时。所以，咪咕这次的营销可谓"旧瓶装新酒",用看似老套的营销方式做出新意,打造充满黑科技与前沿感的"互联网"与最最接地气的"乡村风"的最萌反差,从而瞬间引爆吃瓜群众的关注。

4. 跨媒体传播——放大营销影响力!

世界首屈一指的漫画大师亚当斯说,如果你想在某一个领域成为焦点,你大概有两个选择:第一,你把自己的某个技能练到全世界最好。这个非常困难,极少数人能做到。第二,你可以练习两到三项技能,再把每一项技能都练到世界前25%的水平,这就相对容易一些。而如果你能把这两三项技能结合起来去做一件事情,就能取得了不起的成就。所以,不管你真正喜欢的领域是什么,你都要首先在这个领域里练到前25%的水平,然后你再练第二、第三领域的技能。

如果单论刷墙的功力,咪咕可能还不如遍布祖国各大角落的基层组织——村委会。单论写标语的功力,咪咕在互联网营销领域可能也并非首屈一指。而话题炒作、病毒视频、海报宣传,这些广义上的营销战术,更是谁都会用,咪咕自然也并非最好。但咪咕刷墙的传播,在广大村委会占领线下的墙体媒介之余,更采用大规模的现代化营销战术,集合了事件营销、话题炒作、病毒视频、海报宣传等营销方式,将每一项营销手段都做到该领域前25%的水平——这对于咪咕来说,自然不难。

于是,我们看到当年的"小米加步枪"华丽升级为当今的"陆海空立体化作战",此次活动的营销效果也脱颖而出。咪咕这次的刷墙营销,就是一个简单的"如何在无声处创造惊雷"的例子,细微处透露着营销高手的破局匠心。

(资料来源:http://creative.adquan.com/show/42263,有删改)

(五)文化型营销观念

1. 文化型营销的含义

文化型营销又称文化营销,是指企业在经营活动中,通过对目标市场采取各种文化策略,满足顾客消费过程中的文化需求,营造企业独有的企业文化环境,使经济与文化融合的一种营销方式。企业在实施文化营销的过程中,表现为三个层次,即产品文化营销、品牌文化营销和企业文化营销。

文化营销就是从特定的文化背景中寻求新的创新,在营销活动中巧妙地融进生活中的文化现象和形式,从而提高商品的文化含量,增加商品的文化附加值,创造营销机会。其实质在于与消费者情感的沟通和价值观、审美观的融合,因而是一种软营销。它是市场环境下的营销思想、营销价值观及营销手段综合运用而体现出的一种商业文化现象。文化营销通常是从产品(如品牌名称、商标、包装等)、促销渠道或环境等方面,挖掘自身所特有的文化资源,营造出独特的文化氛围。

在我国市场经济体制的建设和发展过程中,企业既需要积极地学习接受现代西方的文明成果,掌握现代市场营销、市场竞争的观念,同时又必须坚持从我国的民族文化底蕴中吸取营养,唯此才能做到"文明互鉴",促进我国企业市场营销理论和实践的发展。不仅如此,坚持民族文化为本,也有利于我国企业参与国际市场竞争。

2. 文化营销的功能

(1)独树一帜

文化营销有助于构筑差别优势,起到标新立异的效果。

(2)建立共同愿景

文化营销利用文化的亲和力,在企业与顾客之间建立共同愿景,从而提高企业的经营业绩和竞争优势。

(3)构筑核心能力

企业竞争力的强弱主要取决于企业有无能力建立其核心专长,文化营销为企业构筑自身的核心能力提供了新途径。

(4) 良性的发展环境

文化营销一方面提倡注重内部的认同，从而营造出和谐的软环境；另一方面倡导企业文化对外展示，向外辐射，从而树立企业良好的社会环境。

案例链接 1-8

江小白的文化营销

江小白，一款有自己卡通人物形象的小白酒，声称自己是"当下的热爱生活的文艺青年的代表"。以"我是江小白，生活很简单"为品牌理念，坚守"简单包装、精制佳酿"的反奢侈主义产品理念，坚持"简单纯粹，特立独行"的品牌精神。2017年7月3日，江小白联合同道大叔推出了一款十二星座瓶身限量版包装，并且每个星座都有专属于你的星座酒话文案。

懂酒的人觉得"江小白"的口味并没有喝过的其他同等档次的白酒好，在醇香度上还有很大欠缺。但是，它的文化营销策略促成了他的成功。江小白提倡直面青春的情绪，不回避、不惧怕。与其让情绪煎熬压抑，不如任其释放。这个宣言直接决定了"江小白"的市场定位，就是年轻群体。2011年才出道的江小白，瓶身营销一度被业内奉为经典。每一句语录都抓住了消费者的痛点，说到了年轻人的心坎里。而不久前与同道大叔的跨界合作，更是整合了双方的粉丝群体。

（资料来源：http://www.sohu.com/a/212774508_99975569）

（六）体验型营销观念

1. 体验型营销的含义

体验型营销又称体验营销，是指企业让顾客通过亲身体验企业提供的产品或服务，让顾客实际感知产品或者服务的品质或性能，从而促使顾客在认知后能够购买的一种营销方式。

2. 体验营销的形式

（1）感官式体验营销

通过视觉、听觉、触觉、味觉与嗅觉等以人们的直接感官建立的感官体验。

（2）思考式体验营销

通过各种富有创造性的创意方式引起顾客的兴趣，进而对问题进行思考，为其提供创造认知和解决问题的体验。

（3）行动式体验营销

通过展示社会上成功人士的做事方法、生活形态来增加顾客的亲身体验，指出他们做事的替代方法、替代的生活形态，丰富顾客的生活，从而使顾客自发地改变现有生活形态。

（4）情感式体验营销

通过诱发顾客内在的感情与情绪，使顾客在消费中感受到各种情感。

（5）关联式体验营销

通过实践自我改进的个人渴望，使别人对自己产生好感，让顾客和一个较为广泛的社会系统产生关联，从而建立对品牌的偏好，进而形成一个群体。

3. 体验营销的操作步骤

① 识别目标顾客，并对其进行准确的市场细分。

② 有针对性地为目标顾客提供相应的体验方式。

③ 从目标顾客的角度出发，根据其利益点和顾虑点，决定体验营销过程中的着重点。

④ 确定产品或服务的卖点在哪里，顾客通过体验后是否能够就此进行评价。

⑤ 让目标顾客进行体验。

⑥ 体验式营销结束后，企业要对前期的运作进行评估，以了解前期的执行情况，修正不当之处，以便进入下一轮的运作。

4. 体验营销的注意事项

① 要精心设计和规划，关注每个细节，尽量避免出现疏漏。

② 了解顾客的需求和偏好，提供量身定制的个性化产品或服务，更好地满足不同顾客的不同需求。

③ 始终坚持"顾客至上"的基本指导思想。

④ 注重顾客心理需求的分析和产品心理属性的开发，从而挖掘出更有价值的营销机会。

⑤ 将产品或服务的研发拓展到更多的相关领域之中，进而形成完整的价值链。

案例链接 1-9

宜家的体验营销

宜家，自 1943 年创立至今，已经成为全球最大的家具家居用品商场，之所以取得如此大的成功，主要是因为它早已将沉浸体验式营销融入了消费者的骨子里。

提及宜家的沉浸体验式营销，你会发现它真的接地气。它将内部布局和服务方式设计得更加自然、和谐，旨在让每位消费者感觉到宜家就像是出外休闲旅行一般，为了这一切，它在商场中设有咖啡店、快餐店和儿童活动区域等。如果，在购物过程中，你有些累了，可以喝一杯咖啡，也可以吃一份正宗的甜点，甚至是小憩一会儿。而在产品方面，宜家则是主张更为直接的体验，对于抽屉、柜子、床垫等，当你想要买的时候，不妨自己拉开抽屉，打开柜门，或者躺在床垫上试试，感受一下产品的质量，再决定购买。

并且，它还通过"家装设计"制造不一样风格的样板间，根据不同的风格进行设计和布置，通过一切合理的配置，给消费者最直观的产品展示。可以说，宜家是借家装体验来售卖家具和创意设计。不过，宜家的沉浸体验式营销与其他体验式营销不同，它拒绝主动服务。宜家的管理者认为，没有人比顾客更了解自己的需求。而在这个过程中，宜家的工作人员更多扮演的是一个引导者的角色，引导消费者进行采购，这完全打破了消费者的顾虑，在节省消费者时间的同时，提高了成交的效率。

（资料来源：http://www.360doc.com/content/17/1019/19/40105776_696449730.shtml）

任务四　熟悉市场营销新发展

一、网络营销

（一）网络营销的含义

网络营销（Cyber-marketing，Online Marketing）有广义和狭义之分。

广义的网络营销，是指以互联网为主要手段进行的并为达到一定营销目标的营销活动，即网络营销贯穿于企业开展网上经营的整个过程，包括信息发布、信息收集，到开展网上交易为主的电子商务阶段，网络营销一直都是一项重要内容。

狭义的网络营销是指营造网上经营环境。所谓网上经营环境，是指企业内部和外部建立与网上经营活动相关的环境，包括网站本身、顾客、网络服务商、合作伙伴、供应商、销售商、相关行业的网络环境等，网络营销的开展就是与这些环境建立关系的过程。这些关系处理好了，网络营销就卓有成效了。

案例链接 1-10

网络消费方兴未艾

根据2018年全社会消费品零售总额统计数据显示，中国消费能力最强的11座城市分别是上海、北京、广州、重庆、武汉、成都、深圳、南京、苏州、杭州和天津，全国仅有这11座城市的全社会消费品零售总额超过5 000亿元人民币。

随着电商的不断发展，在日常生活中人们网购越来越普遍，中国的年轻人成为网络消费的主力军。根据我国最大的电商平台——天猫公布的2019年"6·18""剁手党战斗力最强排名"显示，上海、北京、广州、深圳、杭州、成都、重庆、苏州、武汉、南京10座城市，"6·18"当天的交易金额位居全国各大城市的前十名，也就是说，这10座城市是年轻人消费能力最强的。

我们在研判未来城市消费能力的时候，更多需要参考各座城市目前的网购消费能力。因为目前不会网购的中老年人在几十年后大部分会逝去，届时主流的消费群体将是现在会网购的年轻人和他们的后代。

（资料来源：2019年6月20日《电商报》）

（二）网络营销的特点

1. 网络营销不是网上销售

网上销售是网络营销发展到一定阶段的结果，网络营销是为实现网上销售目的而进行的一项基本活动，但网络营销本身并不等于网上销售。网络营销的效果可能表现在多个方面，例如，企业品牌价值的提升，加强与客户之间的沟通。作为一种对外发布信息的途径，网络营销活动并不一定能实现网上直接销售的目的，但是有利于增加总的销售；而网上销售的推广手段也不仅仅靠网络营销，往往还要采取许多传统的方式，如传统媒体广告、发布新闻、印发宣传册等。

2. 网络营销是手段而不是目的

网络营销具有明确的目的和手段，但网络营销本身不是目的，网络营销是营造网上经营环境的过程，也就是综合利用各种网络营销方法、工具、条件并协调其间的相互关系，从而更加有效地实现企业营销目的的手段。

3. 网络营销不仅限于网上

虽然互联网对于大众而言已不是一个新生事物，但在我国，还未实现全民上网，即使对于已经上网的人来说，由于种种因素的限制，在互联网上通过一些常规的检索办法不一定能顺利找到所需信息，何况对于许多初级用户来说，可能根本不知道如何去查询信息，因此，一个完整的网络营销方案，除了在网上做推广之外，还很有必要利用传统营销方法进行网下推广。

4. 网络营销建立在传统营销理论基础之上

网络营销是企业整体营销战略的一个组成部分，网络营销活动不可能脱离一般营销环境而独立存在，在很多情况下网络营销理论是传统营销理论在互联网环境中的应用和发展。

5. 每个人都可以成为一个信息发布者

在线媒介和脱机市场不同，它允许每个人成为信息发布者。任何人都可以建立站点，而且费用较低，用户可以利用Internet网和Web技术，相对经济地快速在网上为大量用户提供大量信息的在线服务。

6. 网络营销不等于电子商务

网络营销和电子商务是一对紧密相关又具有明显区别的概念，许多人对它们的认识还存在一定的误区。网络营销是企业整体营销战略的一个组成部分，无论传统企业还是互联网企业都需要网络营销，但网络营销本身并不是一个完整的商业交易过程，而只是促进商业交易的一种手段。电子商务主要是指交易方式的电子化，可以将电子商务简单地理解为电子交易，电子商务强调的是交易行为和方式的电子化。所以，可以说网络营销是电子商务的基础，开展电子商务离不开网络营销，但网络营销并不等于电子商务。

7. 网络营销不是"虚拟营销"

网络营销不是独立于现实世界的"虚拟营销",它是传统营销的一种扩展,即向互联网上的延伸,所有的网络营销活动都是实实在在的。网络营销的手段也不仅限于网上,而是注重网上网下相结合,网上营销与网下营销并不是彼此独立的,而是一个相辅相成、互相促进的营销体系。

8. 网络营销行为的特点

(1) 无形化

Internet作为传播媒介已是不争的事实,其跨时空、覆盖全球、以多媒体形式双向传送信息和信息适时更新等特点,是其他媒体无法比拟的。信息时代给传统市场营销带来了发展的契机,其无形化的特点尤为突出,主要表现在:书写电子化、传递数据化;经营规模不受场地限制;支付手段高度电子化。

(2) 标准化

网络营销行为的标准化包括:商品信息标准化;商品交易标准化;市场建设的标准化;市场监督的标准化。

(3) 低成本

网络营销给交易者双方所带来的经济利益是显而易见的,主要表现在以下几个方面:没有店面租金成本;没有商品库存压力;很低的行销成本;极低的结算成本。

(三) 网络营销的职能

1. 网络品牌

网络品牌是网络营销的重要任务之一,即如何在互联网上建立并推广自己企业的品牌,使知名企业的网下品牌可以在网上得以延伸。一般企业可以通过互联网快速树立品牌形象,并提升企业整体形象。网络品牌建设是以企业电子商务网站建设为基础,通过一系列的推广措施,达到顾客与公众对企业的认知和认可。在一定程度上说,网络品牌的价值甚至高于通过网络获得的直接收益。

2. 网址推广

网址推广是网络营销最基本的职能之一,所谓网址推广指的是企业在网上利用网络各种服务和功能,向新老顾客推广本企业的网址,以便让更多的人来访问该企业的网站,了解企业的各种信息,达到网络营销的目的。

3. 信息发布

信息发布是网络营销的主要方法之一。网站是一种信息载体,人们通过网站可以发布各种信息资源,同时,信息发布也是网络营销的基本职能,所以也可以这样理解,无论哪种网络营销方式,结果都是将一定的信息传递给目标人群,包括新老顾客、媒体、合作伙伴、竞争者等。

4. 销售促进

销售促进是网络营销的基本目的之一,大部分网络营销方法都直接或间接与促进销售有关,但促进销售并不限于促进网上销售,事实上,网络营销在很多情况下对于促进网下销售十分有价值。

5. 销售渠道

销售渠道是网络营销的重要场所。一个具备网上交易功能的企业网站本身就是一个网上交易场所,网上销售是企业销售渠道在网上的延伸,网上销售渠道建设也不限于网站本身,还包括建立在综合电子商务平台上的网上商店,以及与其他电子商务网站不同形式的合作等。

6. 顾客服务

顾客服务是增强网络营销效果的重要手段。互联网提供了更加方便的在线顾客服务手段,从形式最简单的FAQ(常见问题解答)到邮件列表,以及BBS、聊天室等各种即时信息服务,所以顾客服务质量的好坏直接影响到企业的网络营销的效果。

7. 顾客关系

建立良好的顾客关系是网络营销取得成效的必要条件之一,通过网站的交互性、顾客信息反馈表、用户调查表、对顾客的承诺以及顾客的参与等方式在开展为顾客服务的同时，也增进了与顾客的情感联系。

8. 网上调研

网上调研是网络营销的主要职能之一。通过在线调查表或者电子邮件等方式，可以完成网上市场调研。相对于传统市场调研，网上调研具有高效率、低成本的特点。

综上所述，开展网络营销的意义就在于充分发挥各种职能，让网上经营的整体效益最大化，因此，仅仅由于某些方面效果欠佳就否认网络营销的作用是不合适的。网络营销的职能是通过各种网络营销方法来实现的，网络营销的各个职能之间并非相互独立的，同一个职能可能需要多种网络营销方法的共同作用，而同一种网络营销方法也可能具备多个网络营销职能。

二、电子商务

（一）电子商务的含义

所谓电子商务（Electronic Commerce），是指基于电子信息网络实现消费者的网上购物、商户之间的网上交易和在线电子支付等活动的一种新型的商业运营模式。国际商会于1997年在巴黎举行了世界电子商务会议，从商业角度提出了电子商务的概念：电子商务是指实现整个贸易活动的电子化。它从内容涵盖范围方面可以理解为交易各方以电子交易方式而不是通过当面交换或直接面谈方式进行的任何形式的商业交易；从技术方面理解为一种多技术的集合体，包括交换数据（如电子数据交换、电子邮件）、获得数据（如共享数据库、电子公告牌）以及自动捕获数据（如条形码）等。

目前，人们普遍认同的电子商务活动有电子目录、电子广告、电子交易系统、电子邮件、电子合同、电子商品编码、电子订票或订房、电子报关、船运的货舱预定和货物自动跟踪、产品的网络销售、网上谈判、保险索赔和电子结算等。

电子商务是运用现代通信技术、计算机和网络技术进行的一种社会经济形态，其目的是通过降低社会经营成本，提高社会生产效率，优化社会资源配置，从而实现社会财富的最大化利用。

电子商务利用信息技术实现社会商业模式、管理模式、组织结构的创新与变革，使全社会资源以透明、快捷、互动方式流动，从而带来整个社会生产经营活动价值链的改变。

网络技术通过影响人类的通信与交往方式，间接地对传统经济领域的生产、交换、分配和消费方式产生微妙的影响，直到渗透、改造、重塑传统经济的运行模式以及社会经济价值标准与增值方式。

电子商务是新的经济增长点和增长动力。它以低廉的交易成本、简化的贸易流程、超越时空限制的经营方式和由此带来的巨大利润，正成为传统企业追逐的热点，显示出了极强的生命力。同时，电子商务的应用将直接拉动信息产品制造业、信息服务业、现代服务业以及现代物流业的快速发展，成为新的经济增长动力。

（二）电子商务的类型

1. B2B——企业对企业电子商务模式

B2B（Business to Business）指的是企业对企业的电子商务模式，例如上游厂商和下游厂商间的交易。B2B电子商务化的优势在于，可将原本支出在采购方面的人力成本，通过网络的电子自动化模式而节省下来，并且还能降低采购的费用。如中国的阿里巴巴、慧聪、中国网库等网站实行的就是B2B的电子商务模式。

2. B2C——企业对消费者电子商务模式

B2C（Business to Customer）指的是企业对消费者的电子商务模式，例如网上购物，因为没有时间及地域上的限制，所以其备受消费者的喜爱。目前全世界最知名的网上购物网站，如美国的亚马逊（Amazon）商务网站、中国的当当和京东等网站实行的就是B2C的电子商务模式。

知识拓展

C2B——消费者对企业电子商务模式

C2B（Customer to Business）这种最先由美国流行起来的消费者对企业（C2B）模式也许是一个值得关注的尝试。C2B 模式的核心，是通过聚合为数庞大的用户形成一个强大的采购集团，以此来改变 B2C 模式中用户一对一出价的弱势地位，使用户享受到以大批发商的价格买单件商品的利益。目前国内很少有厂家真正完全采用这种模式。

3. C2C——消费者对消费者电子商务模式

C2C（Customer to Customer）指的是消费者对消费者的电子商务模式。例如，拍卖网站中，消费者可将自己不需要的东西公告在网站上，想要买的消费者就可以通过竞价过程买到想要的商品。如美国的 eBay，中国的天猫（淘宝商城）、拍拍、易趣等网站，实行的就是 C2C 的电子商务模式。

4. G2G——政府对政府电子商务模式

G2G（Government to Government）是电子商务的重要内容之一——电子政务的基本模式，是指政府与政府之间的电子政务，即上下级政府、不同地方政府或不同政府部门之间实现的电子政务活动。通过有关政府部门之间的网上信息交换和资源共享，可以起到合署办公的效果，提高政府机构的办事透明度，减少腐败行为和信息不对称的效率损失，提高本国出口竞争力和对外商投资的吸引力。具体的实现方式可分为：政府内部网络办公系统、电子法规或政策系统、电子公文系统、电子司法档案系统、电子财政管理系统、电子培训系统、垂直网络化管理系统、横向网络协调管理系统、网络业绩评价系统、城市网络管理系统等多个方面，也就是说，传统的政府与政府间的大部分政务活动都可以通过网络技术的应用高速度、高效率、低成本地实现。

5. G2B——政府对企业电子商务模式

G2B（Government to Business）是指政府与企业之间的电子政务，也是 G2G 和 G2C 电子商务模式的基础，主要是利用 Intranet 建立起有效的行政办公和企业管理体系，以提高政府工作效率。

在 G2B 模式中，政府主要通过电子化网络系统为企业提供公共服务。旨在打破各政府部门的界限，实现业务相关部门在资源共享的基础上迅速快捷地为企业提供各种信息服务，精简管理业务流程，简化审批手续，提高办事效率，减轻企业负担，为企业的生存和发展提供良好的环境，促进企业发展。

电子政务对企业的服务包括三个层面：① 政府对企业开放各种信息，以方便企业开展经营活动；② 政府对企业业务的电子化服务，包括政府电子化采购、税收服务电子化、审批服务电子化、对中小企业电子化服务等各种与企业业务有关的电子化服务活动等；③ 政府对企业进行监督和管理，包括工商、外贸、环保等。

G2B 主要包括以下内容：

（1）电子采购与招标

通过网络公布政府采购与招标信息，为企业特别是中小企业参与政府采购提供必要的帮助，向他们提供政府采购的有关政策和程序，使政府采购成为阳光作业，减少徇私舞弊和暗箱操作，降低企业的交易成本，节约政府采购支出。

（2）电子税务

使企业通过政府税务网络系统，在家里或企业办公室就能完成税务登记、税务申报、税款划拨、查询税收公报、了解税收政策等业务，既方便了企业，也减少了政府的开支。

（3）电子证照办理

让企业通过因特网申请办理各种执照和证件，缩短办证周期，减轻企业负担，如企业营业执照的申请、受理、审核、发放、年检、登记项目变更、核销，统计证、土地和房产证、建筑许可证、

环境评估报告等执照、证件和审批事项的办理。

（4）信息咨询服务

政府将拥有的各种数据库信息如法律法规规章政策数据库、政府经济白皮书、国际贸易统计资料等对企业开放，方便企业利用。

（5）中小企业电子服务

政府利用宏观管理优势和集合优势，为提高中小企业国际竞争力和知名度提供各种帮助。包括为中小企业提供统一政府网站入口、帮助中小企业同电子商务供应商争取有利的能够负担的电子商务应用解决方案等。

6. G2C——政府对公众/消费者电子商务模式

G2C（Government to Citizen/Customer）是指政府与公众/消费者之间的电子政务，即政府通过电子网络系统为公民个人提供各种服务，其目的是除了政府给公众提供方便、快捷、高质量的服务外，更重要的是可以开辟公众参政、议政的渠道，畅通公众的利益表达机制，建立政府与公众的良性互动平台。

G2C电子政务所包含的内容十分广泛，主要的应用包括：公众信息服务、电子身份认证、电子税务、电子社会保障服务、电子民主管理、电子医疗服务、电子就业服务、电子教育和培训服务、电子交通管理等。随着我国社会保障体制的逐步完善和税制改革，政府和个人之间的直接经济往来大大增加，这方面业务的电子化、网络化处理也可以提高政府部门的办事效率，增加国民福利。

☞ **案例链接1-11**

电子政务实现公共服务精细化管理

2017年年底，广东省政府率先在全国部署"数字政府"改革建设，探索与数字经济发展相适应的政府治理新模式。腾讯与三大运营商合资组建的数字广东公司，深度参与广东"数字政府"改革建设的技术支持工作。2018年，由数字广东公司负责开发的"粤省事"微信小程序一经推出，就成为政务服务领域的爆款应用，目前已经可以一站式办理680多项的政务服务，还挂钩了身份证、社保、驾驶证等近60种电子证照。目前实名用户已经超过1300万，大约每9个广东人就有1人在使用"粤省事"。

国务院办公厅电子政务办公室委托国家行政学院电子政务研究中心评估并发布的有关报告显示，2018年广东省级政府网上政务服务能力指数排名，从2017年的第四名一跃成为全国第一。

马化腾表示，微信首先在广州开通"城市服务"，当初就考虑如何把民生公共服务与亿万用户更好地连接起来。随着社会进步，群众和企业也会要求政务服务与社会治理的颗粒度越来越精细化。政务民生服务正在逐步从打通"最后一千米"，向打磨"最后一米"迈进。电子政务的精细化，有赖于消除"信息孤岛"和"数据烟囱"，实现数据的精细化治理。"数字政府"建设需要健康的合作生态，以多方共建支撑多元共治。腾讯希望成为健康生态的共建者之一。截至2019年6月，建设广东"数字政府"的生态企业数量已经超过1100家，在全国范围内集聚了应用开发、大数据、系统集成、咨询规划等领域的众多优秀企业，仅"粤省事"小程序，就有超过100家合作伙伴参与了前端及后端的开发。

（资料来源：腾讯研究院—腾讯新闻 2019-7-21）

7. O2O——线上网店和线下消费电子商务模式

O2O（Online to Offline）是指商家通过免费开网店将商家信息、商品信息等展现给消费者，消费者在线上进行筛选服务并付费，线下进行消费验证和消费体验。这样既能极大地满足消费者个性化的需求，也节省了消费者因在线支付而没有去消费的费用。商家通过网店信息传播得更快、更远、更广，可以瞬间聚集强大的消费能力。该模式的主要特点是商家和消费者都满足了各自的需要。此模式多应用于旅游、票务、餐饮、汽车、房产、珠宝等行业。

O2O 的几种衍生模式

(1) Offline to Online

线下到线上电子商务模式,主要是二维码支付业务。如通过扫描二维码进行注册、支付地铁票或停车费,扫描二维码注册会员并进行网上消费等;在商场或体验店体验,之后在网上下订单购买或消费。

(2) Offline to Online to Offline

线下到线上再到线下电子商务模式。线下通过扫描网络终端设备或二维码,进行网上注册、预订、支付,再到店消费或体验。如线下扫描携程网,进行网上注册、预订车票或酒店,再乘车或到店入住。

(3) Online to Offline to Online

线上到线下再到线上电子商务模式。线上浏览,再到专卖店或体验店体验,之后在线上购买成交,比如购买品牌服装等。

8. F2C——工厂到消费者电子商务模式

F2C（Factory to Customer),意为工厂直接到消费者的商业模式。F2C 模式是品牌公司把设计好的产品交由工厂代工后通过终端送达消费者,其流通路径最短,这样可确保产品低价,同时质量服务都有保证,为消费者提供了高性价比的产品。

案例链接 1-12

欧宝丽珠宝开创中国 F2C 珠宝电子商务新模式

2008 年 12 月,欧宝丽珠宝启动了"F2C"战略,首创珠宝 F2C 电子商务模式,凭借南非钻石资源及自有工厂优势,以"网站 + F2C 体验店"为平台,颠覆传统商场售钻模式,让钻石直接从厂家到顾客,为消费者带来全新的"国际品质 + 亲民价格 + 个性定制"的钻饰。当年,欧宝丽珠宝成为中国珠宝电子商务市场上的一匹黑马,2009 年《光明日报》以"'黑马'从 2 000 家珠宝网站杀出"为题进行了报道。欧宝丽珠宝在深圳、广州等国内大城市开设了多家 F2C 体验店,还通过赞助蔡琴和刘若英演唱会、国际小姐世界大会等大型文艺盛事、南方卫视《缘来是你》节目等方式,向大众展现品牌的时尚魅力。

欧宝丽珠宝先后荣获国家商务部"金种子"奖、2010 年中国时尚产业"最佳新锐企业"、2011 年深圳"引领消费时尚奖"、2012 年深圳"年度最具价值零售品牌奖"等诸多荣誉,成为当前国内珠宝电子商务领军品牌,其提倡的"聪明买钻石"理念日渐深入人心,在国内引发珠宝时尚消费革命。

评析:

该网销平台已成为目前国内领先的大型钻石珠宝电子商务网站之一,各种不同款式的珠宝全部一手供应,不经中间商的层层加价,真正做到实惠价格。此外,人们可以去体验店现场检验,直接感受不同风格的产品设计。通过线上线下的通力合作,保证购买过程的顺利进行。这种"F2C"在线销售 + 体验店的商业模式,避免了网上购物的弊端,并将购买的满意度最大化,省时、省力、省钱,成为实地购买不可比拟的三大优势。

(资料来源：http://www.obolee.com/欧宝丽珠宝官网,有删改)

9. BOB——中间商运营电子商务模式

BOB（Business-Operator-Business）是指供应方与采购方之间通过运营者达成产品或服务交易的

一种新型电子商务模式。其核心目的是帮助那些有品牌意识的中小企业或者渠道商们能够有机会打造自己的品牌，实现自身的转型和升级。它打破了过往电子商务的固有模式，提倡将电子商务平台化向电子商务运营化转型，将电子商务以及实业运作中品牌运营、店铺运营、移动运营、数据运营、渠道运营五大运营功能板块升级和落地。

10. B2Q——企业网购引入质量控制模式

B2Q（Enterprise online shopping introduce quality control）是指通过在采购环节中引入第三方工程师技术服务人员，提供售前验厂验货、售后安装调试维修等服务。交易双方网上先签意向交易合同，签单后根据买方需要可引进公正的第三方（验货、验厂、设备调试工程师）进行商品品质检验及售后服务。

（三）电子商务与传统商务比较

商务或商务活动就是至少有两方参与的有价物品或服务的协商交换过程，它包括买卖各方为完成交易所进行的各种活动。无论是传统商务还是电子商务，其交易运作过程都包括交易前的准备、贸易磋商、合同与执行、支付与清算等环节，但是两者的交易运作方法是完全不同的。电子商务与传统商务可从信息提供、流通渠道、交易对象、交易时间、顾客方便度等方面进行比较，具体如表1-4所示。

表1-4　电子商务与传统商务的比较

项目	电子商务	传统商务
信息提供	透明、准确	根据销售商的不同而不同
流通渠道	企业→消费者	企业→批发商→零售商→消费者
交易对象	全球	部分国家或地区
交易时间	24小时	规定的营业时间内
销售方法	完全自由购买	通过各种关系买卖
顾客方便度	顾客按自己的方式购物	受时间与地点的限制
对应顾客	能够迅速捕捉顾客的需求，及时应对	需要用很长时间才能掌握顾客的需求
销售地点	虚拟空间	需要销售空间

三、移动营销

（一）移动营销的含义

所谓移动营销（Mobile Marketing），是指面向移动终端（手机或平板电脑）用户，在移动终端上直接向目标受众定向和精确地传递个性化即时信息，通过与消费者的信息互动达到市场营销目标的行为。移动营销早期被称作手机互动营销或无线营销。移动营销是在强大的云端服务支持下，利用移动终端获取云端营销内容，实现把个性化即时信息精确有效地传递给消费者个人，达到"一对一"的互动营销目的。移动营销是互联网营销的一部分，它融合了现代网络经济中的"网络营销"（Online Marketing）和"数据库营销"（Database Marketing）理论，是经典市场营销的派生。

（二）移动营销的特点

移动营销的特点可以用"4I模型"来概括：Individual Identification（分众识别）、Instant Message（即时信息）、Interactive Communication（互动沟通）和I（我的个性化）。

1. Individual Identification（分众识别）

移动营销是基于手机进行的一对一的沟通。由于每一部手机及其使用者的身份都具有唯一对应的关系，并且可以利用技术手段进行识别，所以能与消费者建立确切的互动关系，能够确认消费者是谁、在哪里等问题。

2. Instant Message（即时信息）

移动营销传递信息的即时性，为企业获得动态反馈和互动跟踪提供了可能。当企业对消费者的消费习惯有所觉察时，可以在消费者最有可能产生购买行为的时间发布产品信息。

3. Interactive Communication（互动沟通）

移动营销一对一的互动特性，可以使企业与消费者形成一种互动、互求、互需的关系。这种互动特性可以甄别关系营销的深度和层次，针对不同需求而识别出不同的分众，使企业的营销资源有的放矢。

4. I（我的个性化）

手机的属性是个性化、私人化、功能复合化和时尚化的，如今，人们对于个性化的需求比以往任何时候都更加强烈。利用手机进行移动营销也具有强烈的个性化色彩，所传递的信息也具有鲜明的个性化。

（三）移动营销的思维

移动营销至少应该具有如下思维：

1. 用户思维

用户思维是移动互联网思维的核心，它是指在与用户的交流中找到用户的需求和特征，站在用户的角度去给他们定制或者提供他们需要的产品或服务。用户思维包含产品思维，围绕用户设计产品，让用户充分体验。采用"粉丝效应"留住用户是关键，思维模式要体现人性化、个性化和多样化特征。

2. 免费思维

免费是互联网及移动互联网时代的杀手锏，免费思维的核心是通过免费服务吸引用户，而企业利用这种免费的服务从第三方获取利润。用一句俗语来形容的话，那就是"羊毛出在狗身上，猪来买单"。可以在别人都收费且用户习惯了付费的领域免费，如360杀毒软件；也可以在具有黏性的产品中免费，如腾讯QQ软件。免费思维的赢利点主要有广告商付费、增值服务、赞助、交叉补贴、延伸产品、商业服务等。

3. 社群思维

社群思维是移动互联网时代出现的一种新的生活方式和生存的载体，它是从人性出发，真正以人为本的思维方式，是具有共同价值观的精神联合体和利益共同体，也是互联网思维的黏稠剂。其核心是靠组织的形式管理运营用户，用组织去影响和带动个体，用组织的共同目标即价值来营造黏性和凝聚力。社群规模包括QQ群、微信群、论坛、贴吧、公众号、社团等。

4. 大数据思维

大数据思维是对用户进行数据的收集、统计，分析用户爱好，利用全面的数据来提高分析（预测）准确度的思维方式。数据来源包括自身拥有的海量数据、自身创造及创新的数据和通过技能型公司获取的数据。大数据思维具有规模大、速度快、类型多、价值大和真实性五大特点。其核心是找准切入点（行业痛点及痒点），以客户为导向，创新应用模式和标准化流程，进行行业细分，最终打造出一个好的产品。

5. 平台思维

平台思维即对商业模式、组织模式的理解，其核心是"开放、共赢、生态圈"。开放是基础，共享是特色，共赢是目标。平台具有可持续性和更大的商业价值，主要通过找到价值点来实现立足，不断扩展技术服务和打造核心优势，拓展服务范围并形成生态圈，最终升级巩固平台，完善生态圈。

（四）移动用户画像

1. 用户画像定义

用户画像（User Profile），即用户信息标签化，就是通过收集与分析消费者社会属性、生活习惯、消费行为等主要的信息数据之后，抽象出某个用户的商业全貌的基本方式。标签是高度提炼用户的基本属性、行为习惯、互联网行为等，将用户的所有特征定义为一些碎片化的特征标识，它是某一种用户特征的符号表示。用户标签来源于用户的基础属性和网络关键词。

用户数据可划分为静态信息数据和动态信息数据。静态信息数据是用户相对稳定的信息，主要包括人口属性、商业属性等方面的数据。人口属性包括性别、年龄、地域、身高、体重、婚姻、学历等，商业属性包括消费等级、信用评分、消费周期等。动态信息数据是用户不断变化的行为信息，包括网络行为数据指标、网站内行为数据指标、用户内容偏好数据指标、用户交易数据指标等。行为数据如咨询、查询、浏览、搜索、收藏、购买、评价等信息，交易数据如交易类型、交易时间、交易金额等信息。

2. 用户画像的意义

① 精确产品定位，进行精准营销。
② 进行效果评估，完善产品运营，提升服务质量，提高服务水平，提升用户体验。
③ 对产品或服务进行私人定制，优化用户的体验。
④ 进行业务运营监控分析和市场竞争分析。
⑤ 进行数据挖掘和数据服务，构建智能推荐系统。

3. 用户画像的流程

主要分为准备、成型和形成画像三个阶段。在准备阶段主要对用户数据进行挖掘、收集和分析，在成型阶段采用定性与定量的分析方法进行数据建模和对数据标签赋予权重。定性的方法，表现为对产品、行为、用户个体的性质和特征进行出概括，形成对应的产品标签、行为标签、用户标签。定量的方法，则是在定性的基础上，给每一个标签打上特定的权重，最后通过数学公式计算得出总的标签权重，从而形成完整的用户模型。

（五）移动营销与大众营销和网络营销的区别

与传统大众营销和传统网络营销相比，移动营销与之区别明显（见表1-5）：

表1-5 移动营销与传统大众营销和网络营销的区别

区别	传统大众营销	传统网络营销	移动营销
用户年龄	各年龄层	以中青年群体为主	以年轻群体为主
传播平台	传统媒体用户	有限的PC端用户	全面的移动端用户
传播方向	单向传播	以单向传播为主	双向互动
传播成本	高	低	低
传播类型	各种格式的文本、音频与视频	各种格式的文本、音频与视频	受限于传播速度及视觉、空间大小的文本、音频与视频
营销设计	丰富翔实	丰富翔实	简约清晰
营销效果	品牌展示	品牌展示及促销	及时参与

▶ 案例链接1-13

大众汽车移动DSP广告策划方案

（一）营销目标/挑战

提升品牌，产生潜在销售线索。

1. 提升品牌

提高进口大众在中国区的知名度。

2. 活动曝光

对线下活动进行引流，提高活动参与度。

3. 考核指标

曝光：102 186 800；点击：510 934；注册：943个；回访有效：613个。

（二）创意/策略

1. 精准人群策略

通过自有DMP平台匹配目标受众，共49 896 038人，并形成人群标签。

(1) 多维度数据分析、挖掘

包括：第一方数据、移动DSP投放数据、第三方数据、公网数据、移动ADN独有数据。

(2) 整合Ad Exchange平台数据

对19家广告交易平台进行数据收集分析。

(3) 形成目标人群画像

最终锁定了年龄在15～35岁，人生阶段处于学生、白领、商务人士、上升期、自由职业者；家庭方面，热衷消费家庭、高收入满巢家庭、空巢期家庭。兴趣点为喜欢摄影、爱吃零食、喜欢宠物、喜欢购买居家类物品、零食网购人群、中等收入人群、熬夜人群、经常出入超市人群等。

2. 定向策略

根据自有DMP平台，对目标受众进行分析，形成人群画像，并且标签化。

(1) 基本属性定向

年龄（30～50岁）；性别（男性＞女性）；人生阶段（商务管理层、有家庭）、职业（金融、旅游……）；长期兴趣定向（汽车、旅游、健康、游泳、户外爬山、出国游、网球等）。

(2) 用户环境定向

地理位置（31个城市）；网络环境（Wi-Fi＞4G＞3G）；运营商（移动、联通、电信）；设备（智能手机、HD）；系统（iOS＞Android）等。

(3) 互动行为定向

具体包括广告互动（金融、汽车、旅游等）；装机行为（汽车类、金融类、新闻类等）；使用时间（16:00-18:00、20:00-23:00）；操作时长（5分钟以上，10次以上/周）等。

(4) 其他定向

流量定向、媒体类别定向等。

3. 优化策略

六大优化策略同时并行，确保ROI。

① 预估点击率为1%。

② 智能出价，防止人工干预。

③ 频次控制在每分钟6次。

④ 投放速度为智能投放速度，即非匀速投放。

⑤ 转化率预估：有效注册为943个；有效回访为613个。

⑥ 流量平台选择：通过谷歌、芒果、Nexage、InMobi、百度、Mopub、聚效、MobFox、mPoint、快友进行广告投放。

(三) 操作/执行

1. 投放数据情况

(1) 广告形式

Banner（横幅）、插屏、html5（构建Web内容的一种语言描述方式）。

(2) 不同系统在展示数、点击率的表现

iOS：展示数75 000 000；点击率0.75%；Android：展示数50 000 000；点击率0.51%。

(3) 不同类别媒体投放占比情况

工具：9.14%；旅游：7.61%；财经：13.32%；汽车：21.17%；新闻：16.01%；阅读：12.08%；游戏：10.24%；生活娱乐：5.63%；其他：4.80%。

2. 智能优化执行情况，实现成本降低39.9%

(1) 点击率

预估降低成本10.13%。

(2) 智能竞价

降低成本5.24%。

（3）频次控制

成本降低5.39%。

（4）流量选择

成本降低8.17%。

（5）投放速度模型

成本降低3.35%。

（6）转化率

预估为7.62%。

（四）活动效果

1. 成本

实现成本降低39.9%。

2. 曝光

原计划：102 186 800；实际：120 884 779；增加：18 697 979。

3. 点击

原计划：510 934；实际：907 729；增加：396 795。

4. 注册

原计划：943；实际：3 912；增加：2 969。

5. 有效回访

原计划：613；实际：1 019；增加：406。

备注：

① DMP：Data-Management Platform 的简写，即数据管理平台，能够帮助所有涉及广告库存购买和出售的各方管理其数据、更方便地使用第三方数据，增强各方理解这些数据、传回数据或将定制数据传入某一平台，以进行更好地定位。② DSP：Demand-Side Platform 的简写，即需求方平台，以精准营销为核心理念。③ ADN：Application Delivery Network 的简写，即应用交付网络，它利用相应的网络优化/加速设备，确保用户的业务应用能够快速、安全、可靠地交付给内部员工和外部服务群。④ Ad Exchange：即广告交易平台，一个开放的、能够将媒体和广告商联系在一起的在线广告市场（类似于股票交易所）。交易平台里的广告存货并不一定都是溢价库存，只要媒体主想要提供的，都可以在里面找到。⑤ ROI：Return On Investment 的简写，即投入产出比、投资回报率，是指通过投资而应返回的价值，即企业从一项投资活动中得到的经济回报。

（资料来源：http：//a.iresearch.cn/case/5361.shtml.）

四、移动商务

（一）移动商务的含义

移动商务（M-business 或 Mobile Business）是电子商务的一个的分支，是指一种通过移动通信网络进行数据传输，并且利用移动信息终端参与各种商业经营活动的新电子商务模式，它是新技术条件与新市场环境下的新电子商务形态。移动商务也称移动办公，是一种利用手机实现企业办公信息化的全新方式。

（二）移动商务的特点

1. 开放与包容性

移动商务接入方式的无线化，使得任何人都容易进入网络世界，从而使网络世界延伸更开放、更广阔；同时，使网络虚拟功能更带有现实性，因而更具有包容性。

2. 时间碎片化

由于移动电话天生的设计特性，便于人们携带，可随时与人们相伴。人们在进行电子商务活动时，不再受到时间及地理位置的限制。这将使得用户更有效地利用空余时间间隙来从事商业活动。

移动商务接入方式的便利性，使人们免受日常繁琐事务的困扰。例如，用户可在旅行途中利用上网的移动设备来从事商业交互活动，如商务洽谈、下订单等；消费者在排队或陷于交通阻塞时，可以进行网上娱乐或处理一些日常事务。消费者的舒适体验将带来生活质量的提高。移动服务的便利性使顾客更忠诚。因此，移动商务中的通信设施是传送便利的关键应用。

3. 定位精准性

主要是通过电子地图来实现。电子地图通过GPS全球定位系统对用户当前所在的位置进行精准定位，帮助用户快速在一个陌生环境辨认出方向，并能查询用户所在位置周围的街道、商场、楼盘等不同的地理位置信息。不仅移动电话可到任一处，GPS也可以识别电话的所在地，从而为用户提供相应的个性化服务。知道Internet用户的地理位置，给移动商务带来有线电子商务无可比拟的优势。利用这项技术，移动商务提供商将能够更好地与某一特定地理位置上的用户进行信息的交互。

4. 支付便捷性

用户可以根据不同情况使用多种方式进行付费，例如利用通信账户支付、手机银行支付或第三方支付工具支付等。常用的移动支付方式有支付宝结算、微信支付、手机银行转账支付等。这些付款方式大大节省了顾客排队等候的时间，同时也省去了用现金结算需要找零的麻烦，极受年轻人欢迎。

5. 服务个性化

由于移动电话具有比PC更高的贯穿力，因此，移动商务的生产者可以更好地发挥主动性，为不同顾客提供定制化的服务。例如，跟传统媒介类似的，开展具有个性化的短信息服务活动，要依赖于包含大量活跃客户和潜在客户信息的数据库。数据库通常包含了客户的个人信息，如喜爱的体育活动、喜欢听的歌曲、生日信息、社会地位、收入状况、前期购买行为等。利用无线服务提供商提供的人口统计信息和基于移动用户当前的位置信息，商家可以通过具有个性化的短信息服务活动进行更有针对性的广告宣传，从而满足客户的需求。

案例链接 1-14

金山手机卫士的个性化服务

金山手机卫士APP能够提供病毒查杀、骚扰拦截、流量监控、手机防盗等多种功能，用户可以选择该APP中的流量监控功能进行监控，预防流量使用超支导致的恶性扣费。在使用这项服务时，需要用户在APP中开启该项功能。此外，还需要用户进行运营商信息设置和流量上限设置。当所有的设置完成后，金山手机卫士会自动提示用户开启手机的流量监控，用户在了解流量的剩余情况下使用流量，就会大大减少因为流量超支而被扣费的现象。

随着4G通信技术的普遍应用，移动终端上网的速度得到了极大提升，但是随之而来的流量超支、乱扣费等问题也成为众多用户的心病。而移动电子商务为用户提供个性化服务的同时，更是为用户解决了这类问题。

---

6. 可识别性

与PC的匿名接入不同的是，移动电话利用内置的ID来支持安全交易。移动设备通常由单独的个体使用，这使得商家基于个体的目标营销更易实现。通过GPS技术，服务提供商可以十分准确地识别用户。随着时间和地理位置的变更而进行语言、视频的变换，移动提供了为不同的细分市场发送个性化信息的机会。移动电话的使用让电子商务的开展摆脱了地理位置的限制，使商家对客户的服务无处不在。在预先定位的基础上，广告商可以选择用户感兴趣的或能满足用户当前需要的信息，确保消费者所接受的就是他所想要的。通过对广告的成功定位，广告商可以获得较高的广告阅读率。同时，商家可以通过基于地理位置服务产生或巩固虚拟社区，以满足客户进行社交、与人沟通的需求。

7. 易于推广使用

移动通信所具有的灵活、便捷的特点，决定了移动电子商务更适合大众化的个人消费领域，比如：自动支付系统，包括自动售货机、停车场计时器等；半自动支付系统，包括商店的收银柜机、出租车计费器等；日常费用收缴系统，包括水、电、煤气等费用的收缴等；移动互联网接入支付系统，包括登录商家的 WAP 站点购物等。

 知识拓展

移动商务与传统电子商务的比较

表1-6　移动商务与传统电子商务的比较

分类	特点					
	移动性	用户规模	信用问题	信息获取速度	应用领域	商业模式基础
移动商务	随时随地	规模很大	具有信息认证基础	及时获取	大众化	稳定
传统电子商务	无法实现	规模较小	信用体系不健全	获取较慢	局限在某些领域	不稳定

（三）移动商务的分类

1. 按照商务实现的技术不同进行分类

可分为移动通信网络（GSM/CDMA）的移动商务、无线网络（WLAN）的移动商务、其他技术（如超短距通信、卫星通信、集群通信等）的移动商务。

2. 按照商务服务的内涵不同进行分类

可分为内容提供型移动商务、信息消费型移动商务、企业管理型移动商务、资源融合型移动商务、快速决策型移动商务、公益宣传型移动商务、定位跟踪型移动商务、信息转移型移动商务、集成管理型移动商务、扫描收费型移动商务。

3. 按照确认方式不同进行分类

可分为密码确认型移动商务、短信回复确认型移动商务。

4. 按照用户需求的不同进行分类

可分为搜索查询型移动商务、需求对接型移动商务、按需定制型移动商务、预约接受型移动商务。

5. 按照移动商务的难易程度进行分类

可分为浅层应用移动商务、深层应用移动商务、移动转移对接型移动商务等。

（四）移动商务的基本技术

1. 无线应用协议（WAP）

是指通过 WAP，手机可能随时随地、方便快捷地接入互联网，真正实现不受时间和地域约束的移动电子商务。它是开展移动电子商务的核心技术之一，它提供了一套开放、统一的技术平台，使用户可以通过移动设备很容易地访问和获取以统一的内容格式表示的互联网或企业内部网信息和各种服务。

2. 移动 IP

是指移动节点（计算机、服务器、网段等）以固定的网络 IP 地址，实现跨越不同网段的漫游功能，并且保证基于网络 IP 的网络权限在漫游过程中不会发生任何改变。简言之，移动 IP 技术就是让计算机在互联网以及局域网中不受到任何限制的即时漫游。主要应用于以下三个方面：

（1）公众服务

移动 IP 可以为公众提供真实可靠的天气预报、新闻、体育、娱乐、交通、证券以及投资等行业的相关信息。

（2）商业服务

除了基础的办公服务外，移动IP还可以为各类商业活动提供服务，如远程视频会议、工程竞标、产品预购、拍卖、股票交易等商业活动。

（3）个人服务

包括浏览网页、收发邮件、视频语言聊天、提供电话增值业务等个人服务。

3. 蓝牙（Bluetooth）

是指可实现固定设备、移动设备和楼宇个人域网之间的短距离数据交换的一种无线技术标准。蓝牙技术由爱立信公司于1994年开发。蓝牙可以连接多个设备，克服了数据难以同步的难题。如蓝牙耳机、蓝牙键盘鼠标、蓝牙打印机、蓝牙投影仪、蓝牙相机等。

4. 无线局域网（WLAN）与WIFI

WLAN是利用射频（RF）技术取代旧式碍手碍脚的双绞铜线所构成的局域网络。WLAN必须有无线接入点（AP），即无线局域网收发器。WLAN以其灵活性、移动性、规划容易、易扩充、费用低等优点得到了广泛应用，但易受干扰、距离有限。而WIFI是一种基于无线电波连接网络的无线联网技术。

5. 通用分组无线业务（GPRS）

是一种由全球移动通信系统（GSM）提供的，使移动用户能在端到端分组传输模式下发送或接收数据的无线分组业务。它具有连接费用低、传输速率高、接入时间短等优势。从业务的角度分析，它主要为用户提供以下丰富的应用服务：

① 移动信息应用：天气、信息点播、旅游、黄页、新闻等。

② 虚拟专用网应用：网上商城、网上移动营业厅、微店等。

③ 多媒体应用：视频通话、游戏、音乐等。

④ 私人定制应用：按照个体的需求定制相应的服务。

6. 第三代（3G）与第四代（4G）移动通信技术

3G是由卫星移动通信网和地面移动通信网所组成，支持高速移动环境，提供语音、数据和多媒体等多种业务的先进移动通信网。4G是集3G与WLAN于一体，并能够传输高质量视频图像，它的图像传输质量与高清晰度与电视不相上下。4G系统能够以100Mbps的速度下载数据，比以前的拨号上网快2 000倍，上传的速度也能达到20Mbps，并能够满足几乎所有用户对于无线服务的要求。

目前，全球正在试用推广5G技术，不久，5G技术将会带给人类更大的便捷。

（五）移动商务的应用领域

1. 金融业

移动商务在金融业的典型应用之一是移动银行。移动商务使用户能随时随地在网上安全地进行个人财务管理，进一步完善因特网银行体系。移动银行可以使客户在远程对"自己的银行业务"实现简单操作，方便省时、节约成本，同时又安全可靠、机动灵活。客户可以在任何时间、任何地点进行银行交易，节约了去银行的时间。出差或旅游在外，仍可方便地享受银行服务。不仅可以依靠有线互联网，还可以凭一部手机或PDA就可以随时操作电子商务。移动银行业务主要有银行账户操作、支付账单、信用卡账户操作、股票买卖、联机外汇、信息通知、第三方身份验证等。此外，移动商务因具有实时性，非常适用于股票等交易应用。移动设备可用于接收实时财务新闻和信息，也可确认订单并安全地在线管理股票交易。

2. 零售行业

零售市场的竞争越来越激烈，能够迅速反映市场变化的系统变得越来越重要。POS机、条码扫描仪、掌上计算机这类移动设备融入了无线通信技术，配备了相应的技术操作系统，并以企业的中心数据库和移动设备中的小型数据库为基础构建零售业应用系统中的移动部分。零售网点的工作人员利用配有 Pocker PC 操作系统的掌上计算机和 POS 机方便地记录下零售网点的出/入货数量，通过无线网络的连接，利用包含在移动设备中的移动数据库提供的同步机制，将结算和盘点的信息传送到总公司的货物流通管理系统中，同时接收总公司发给不同零售网点的数据。

3. 物流业

及时准确的信息有利于协调生产、销售、运输、存储等业务的开展，有利于降低库存成本、节省在途资金。在物流领域的运输、存储保管、配送等重要环节中，移动商务存在着广阔的应用前景。在运输方面，利用移动商务系统可以对车辆位置、状况等进行实时监控。另外，通过将车辆载货情况以及到达目的地的时间预先通知下游单位配送中心或仓库等，有利于下游单位合理配置资源、安排作业，从而提高运营效率、节约物流成本。在存储保管环节，有利于移动商务设备管理库存数量，并通过通信网将数据直接写入中央数据库，这样，将数据输入手持商务设备与输入中央数据库的工作一次完成，提高了信息的时效性，有利于物流的优化控制。在配送环节，在物品投递的同时，输入手持商务设备的数据，通过无线通信网络同时输入中央数据库。因此，几乎在物品投递的同时，用户即可查询到物品已投递的信息。移动商务的发展将使得物流信息做到真正的无缝连接，使物流信息的全程控制真正实现实时高效，从而更好地满足用户跟踪查询的需求。并且，物流的高效运营将进一步促进电子商务的发展。

4. 无线医疗

医疗产业的显著特点是每一秒钟对病人都非常关键，在这一行业十分适合于移动商务的开展。在紧急情况下，救护车作为治疗场所，借助无线技术，在移动的情况下同医疗中心和病人家属建立快速、动态、实时的数据交换，这对急救病人至关重要。在无线医疗的商业模式中，病人、医生、保险公司都可以获益，也愿意为这项服务付费。这种服务是在时间紧迫的情形下，向专业医疗人员提供关键的医疗信息。由于医疗市场的空间非常巨大，提供这种服务的公司将为社会创造价值。同时，这项服务又非常容易扩展到全国乃至世界，毫无疑问，在这整个流程中，存在着巨大的商机。

5. 移动娱乐

移动娱乐的业务种类分为移动游戏、移动音乐、移动视频、移动博彩等。以移动游戏为代表的娱乐业务能够为运营商、服务提供商和内容提供商带来附加业务收入。移动娱乐有机会成为移动产业最大的收入来源，同时鼓励移动用户消耗预付费通话的移动增值业务，也是防止客户流失的有力武器。

6. 移动资产管理

无线电子商务技术与 GPS 技术的结合，可以使人们远程定位、监控资产以及对资产进行及时诊断，节省了各种人为因素产生的错误。这就好比在一个繁忙的码头或者是建筑工地，只要给每台设备装上一个小小的发射器，所有的操作将会全部在你的监控之下。可以说这也是一种防盗系统。另外，维护和检修一些固定的机器是一件非常费时费力的工作，例如自动售货机的检修，如果这些机器能够远程监控，就可以大大减少日常的维护工作。移动资产管理的市场空间潜力巨大。

7. 移动办公

移动办公又称无线办公，即无论何时何地，用户都可以利用手机、PDA、笔记本式计算机等移动终端设备通过多种方式与企业（组织）的办公系统进行连接，从而将企业（组织）内部局域网扩大成一个安全的广域网，实现移动办公。

目前移动办公的主要实现方式有以下几种：

（1）通过短信实现公文、邮件提醒服务

当企业（组织）办公系统的个人公文、电子邮件到达时，会通过短信将标题信息或内容提要发送到个人手机上，进行及时的提醒服务。

（2）通过 WAP 服务浏览公文、邮件的详细内容

企业（组织）员工可以使用手机通过 WAP 界面的方式访问企业（组织）OA 办公系统，进行公文、邮件等信息的浏览。

(3) 通过无线局域网实现企业（组织）内部的移动办公

用户无须固定在自己的座位上，可以在全企业（组织）范围内随时随地用笔记本计算机等移动设备访问企业网络，浏览公文和邮件。

8. 移动网站

随着3G、4G、5G等智能手机的普及，越来越多的服务和应用需要由互联网上的资源来提供。开发出适合手机浏览的网站是企业电子商务的重要战略之一，移动商务是一个新的商务环境，它受到用户、使用环境、移动设备与浏览器、互联网接入、网站结构与内容等因素的影响。因此，在建立移动商务网站的过程中，必须充分考虑这些因素并采用正确的开发策略，而不能简单地模仿传统电子商务网站。移动商务网站可使用现有的技术，开发成本相对较低。随着移动商务的发展，移动商务网站建设需求将会越来越多，很多服务商把移动商务网站作为今后发展电子商务的重要战略。

（六）移动商务提供的常用服务

1. 支付业务

移动支付是允许用户使用其移动终端（通常是手机）对所消费的商品或服务进行账务支付的一种服务方式。移动支付主要分为近场支付和远程支付两种形式。所谓近场支付就是用手机刷卡的方式坐车、买东西等，非常便利。远程支付可以通过手机短信或登录WAP网站的方式实现。

2. 基于位置的服务（LBS）

基于位置服务是通过移动运营商的无线电通信网络（如GSM、3G）或外部定位方式（如GPS）获取移动终端用户的位置信息（地理坐标或大地坐标），在地理信息系统平台的支持下，为用户提供相应服务的一种增值业务。日常生活中的大多数信息与位置有关，这方面可以挖掘出许多应用，例如基于位置的营销、基于位置的搜索等。估计未来几年基于位置的服务会是最具潜力、内容最为丰富的业务。

3. 搜索

移动搜索是指以移动设备为终端对互联网的搜索，从而实现随时随地、高速、准确地获取信息资源。随着科技的高速发展，信息的迅速膨胀，手机已经成为传递信息的主要设备之一，尤其是近年来智能手机和第三代、第四代移动通信技术的逐渐普及，利用手机上网已成为一种获取和处理信息资源的主要方式。目前，国内在中国移动及SP大力扶持下的移动增值业务市场出现高速增长态势，移动和互联网整合的发展趋势决定了移动搜索是未来的发展方向，而新的搜索平台的出现必然会在业内激起一场新的战争。移动搜索对技术创新和行业收入有很大的影响力，业界首先要改善移动搜索的用户体验，提高用户对移动搜索的忠诚度，才能在竞争中胜出。

案例链接 1-15

"车来了"到底是什么？

"我们拒绝傻等，快使用'车来了APP'。"在许多一线城市的公交车移动电视中，经常出现这个广告。作为实时公交查询领域的领跑者，"车来了"用户总量一举突破6 000万大关，成功跻身超级APP之列。目前，"车来了"已获得雷军、徐小平、袁岳、阿里、宽带、弘道资本的融资，突破创业公司最艰难的前三轮融资。截至2017年6月底，"车来了"已覆盖了全国77个城市（其中包括台北、香港），总用量突破了6 000万，远超同类产品。

在2018年的春运期间，为了帮助"车来了"用户有更多的选择回家，"车来了"在产品上接入嘀嗒出行的拼车服务，联合嘀嗒出行共同服务2018年春运拼车季，让"回家更幸福，抢票到抓狂，拼车让你爽"。杭州、天津和成都的用户在春运期间可以在"车来了"APP上找到嘀嗒出行的"幸福春运"入口，享受拼车回家服务。用户可以根据行业、爱好等条件，通过平台筛选出跟自身教育背景、兴趣爱好、工作环境类似的车主，让回家旅途变得愉悦和有趣。

分析： "车来了"是一款查询公交车实时位置的手机软件，是以用户痛点为切入，有效解决等车焦虑的实时公交查询工具。用户可以通过该产品进行基础的线路及整条公交线路的通行状况查询、预测车辆达到时间、车辆定位、进行上下车提醒等功能，让用户不再盲目等待，方便用户更好地规划出行时间，躲避拥堵路况，有效缓解用户候车的不安全感，同时方便用户出行。

4. 浏览阅读

移动阅读是指人们拿着手机随时随地阅读由内容服务商提供的自己感兴趣的内容。人们普遍具有阅读报刊、书籍的习惯，现在很多的网站都开发出了适合手机阅读的电子书、电子杂志、手机报等。可以预见，未来移动阅读具有很大的市场空间。

5. 健康监控

移动健康监控是使用 IT 和移动通信技术实现对病人的远程动态监控，还可帮助政府、关爱机构等降低慢性病患者的治疗成本，改善患者的生活质量。在发展中国家的市场，移动网络建设比固网更容易、成本更低。今天，移动健康监控还处于初级应用阶段，项目建设方面到目前为止也仅限于有限的试验项目。未来，这个行业可实现商用，提供移动健康监控产品、业务和相关解决方案。

6. 近场通信

近场通信可实现相互兼容装置间的无线数据传输，只需将它们放在靠近的地方（直线距离不超过 10cm）。这一技术可用于零售购买、交通、个人识别和信用卡。近场通信业务可增加用户对所有业务提供商的忠诚度，对运营商比如零售业、银行和交通公司的商业模式产生很大的影响。

7. 商务广告

如今的通信技术已经使广告商向消费者随身携带的手机、掌上电脑和其他移动设备发送个性化商品信息成为可能。如果移动用户的兴趣爱好和个性是明确的，那么广告商就会考虑给每个用户或者某一类用户（细分市场）提供一种推动式或拉动式的移动广告服务。根据用户的终端性质、所处位置及其偏好，定向性地向其投放广告，往往会取得不错的效果。当然，这也会产生大量的垃圾短信和推销电话。智能手机和无线互联网的使用增加，促进了移动广告业务的发展。移动渠道将被用于各种媒体，包括电视、广播、印刷和室外广告等。彩信服务应用已越来越成熟，它是多媒体信息服务形式之一，其最大特点是支持多媒体功能，能够传递功能全面的内容和信息。

8. 移动社区

广义的移动社区包括移动即时信息（如手机 QQ、MSN 等）、移动 SNS（包括社交论坛、博客、分享等，如新浪博客、人人网、微博、微信等）。手机方便了人与人之间的互动与沟通、拉近了人与人之间的距离，也为商家进行产品的推广提供了一个很好的渠道。

 知识拓展

自媒体

"自媒体"（We Media）又称"公民媒体"或"个人媒体"，是指私人化、平民化、普泛化、自主化的传播者，以现代化、电子化的手段，向不特定的大多数或者特定的单个人传递规范性及非规范性信息的新媒体的总称。

美国新闻学会媒体中心于 2003 年 7 月发布了由谢因·波曼与克里斯·威理斯两位专家联合提出的自媒体研究报告，对自媒体下了一个十分严谨的定义："自媒体是普通大众经由数字科技强化、与全球知识体系相连之后，一种开始理解普通大众如何提供与分享他们自身的事实、新闻的途径。"

9. 娱乐

移动商务将带来一系列娱乐服务。用户不仅可以从他们的移动设备上收听音乐、观看视频，还可以订购、下载或支付特定的曲目，并且可以在网上与朋友们玩交互式游戏，还可以游戏付费。和以往单机内嵌式手机娱乐方式相比，移动娱乐方式有更强的在线参与和互动。目前发展较快的有彩铃业务、WAP游戏、手机电视等。

10. 预订服务

通过手机打车、预订机（车、船）票或入场券已经发展成为一项主要业务，其规模还在继续扩大。因特网有助于方便核查票证有无存量，并进行购票和确认。移动商务使用户能在票价优惠或航班取消时立即得到通知，也可支付票费或者在旅行途中临时更改航班或车次。借助移动设备，用户可以浏览电影剪辑、阅读评论，然后定购邻近电影院的电影票。

11. 购物

移动购物是未来最具潜力的移动商务服务应用之一，移动商务的便捷性、可识别性、灵活性预示着移动购物比传统购物更有活力。借助移动商务，用户能够通过其移动通信设备进行网上购物。即兴购物会是一大增长点，如订购鲜花、礼物、食品或快餐等。传统购物也可通过移动商务得到改进。例如，用户可以使用"无线电子钱包"等具有安全支付功能的移动设备，在商店里或自动售货机上进行购物。

项目小结

市场营销是一门研究市场营销活动及其规律的应用科学，它是一门跨越管理学、经济学、社会学、心理学、人类学、伦理学、数学、法学等多学科的边缘学科。市场是由一切具有特定的欲望与需求，并且愿意和能够以交换来满足该欲望与需求的潜在顾客构成，它包含三个主要因素：有某种需要的人、为满足这种需要的购买能力和购买欲望。市场营销是与市场有关的人类活动，它以满足人类各种需要和欲望为目的，通过市场变潜在交换为现实交换的活动。市场营销的核心概念包括需要、欲望和需求，产品，价值和满意，交换、交易和关系，市场营销者，等等。市场营销观念的演变经历了生产观念、产品观念、推销观念、市场营销观念和社会营销观念五个阶段；伴随营销理论与实践的发展，又衍生出关系营销、服务营销、绿色营销、整合营销、文化营销和体验营销等新的营销观念与模式。与此同时，借助现代通信、互联网及数字技术，网络营销、电子商务、移动营销、移动商务等商务模式也得到了快速发展。

思考与练习

一、判断题

1. 市场营销学是20世纪初在英国产生的。（　　）
2. 赫杰特齐教授编写的第一本市场营销学教科书于1912年出版，它的问世是市场营销学诞生的标志。（　　）
3. 市场营销观念坚持以生产者为中心。（　　）
4. 在组成市场的双方中，买方的需求是决定性的。（　　）
5. 市场营销就是推销和广告。（　　）
6. 市场营销学是一门建立在经济学、行为科学和现代化管理学等基础上的应用科学。（　　）
7. 生产观念和产品观念都属于以企业产品为中心的经营思想，其区别在于前者注重质量，后者注重生产。（　　）
8. 市场营销观念的一个重要特征就是将企业利润作为优先考虑的因素。（　　）
9. 社会营销观念要求企业求得企业、消费者和经销商三者之间利益的平衡与协调。（　　）
10. 马斯洛的需要层次理论认为，人类的需要可以按照由低到高顺序排列成不同的层次，在不同时期，各种需要对行为的支配力量不同。（　　）

二、单项选择题

1. 下列有关交换的说法正确的是（　　）。
   A. 人们要想获得所需要的产品，必须通过交换
   B. 交换是一个结果而不是一个过程
   C. 交换也就是交易的另一种说法
   D. 交换是人们获得自己所需要的某种产品的一种方式
2. 市场营销观念是以（　　）为中心的观念。
   A. 市场　　　　　　B. 消费者　　　　　　C. 企业　　　　　　D. 商品
3. 1984年，科特勒提出了市场营销的新概念，即（　　）。
   A. 大市场营销　　　B. 直接市场营销　　　C. 关系市场营销　　D. 全球市场营销
4. 市场营销运行的基本要求是：一切经济活动都要围绕（　　）进行。
   A. 企业　　　　　　B. 生产者　　　　　　C. 销售者　　　　　D. 市场
5. 在买方市场条件下，一般容易产生（　　）。
   A. 推销观念　　　　B. 生产观念　　　　　C. 市场营销观念　　D. 社会营销观念
6. 关系营销的核心是建立（　　）的长期关系。
   A. 企业与经销商　　B. 企业与供应商　　　C. 企业与顾客　　　D. 企业与分销商
7. 企业为了适应环保要求，主动采取绿色包装以降低白色污染，这种做法反映了（　　）。
   A. 社会营销观念　　B. 销售观念　　　　　C. 市场观念　　　　D. 生产观念
8. 下列说法正确的是（　　）。
   A. 市场营销者可以通过市场营销活动创造需求
   B. 需要就是对某种产品的需求
   C. 市场营销者可以通过营销活动影响人们的欲望，进而影响人们的需求
   D. 有了欲望，需求自然产生
9. 下列观念容易出现"市场营销近视症"的是（　　）。
   A. 生产观念　　　　B. 产品观念　　　　　C. 推销观念　　　　D. 市场营销观念
10. 社会营销观念所强调的利益应是（　　）。
    A. 企业利益　　　　　　　　　　　　　　B. 消费者利益
    C. 社会利益　　　　　　　　　　　　　　D. 企业、消费者与社会的整体利益

三、多项选择题

1. 传统的营销观念包括（　　）。
   A. 生产观念　　　　B. 产品观念　　　　　C. 推销观念　　　　D. 市场营销观念
   E. 社会市场营销观念
2. 按照社会营销观念，企业制定市场营销策略时，应兼顾（　　）。
   A. 企业内部条件　　B. 企业利润　　　　　C. 市场需求　　　　D. 竞争者的反应
   E. 社会整体利益
3. 需要转化为需求必须具备的条件有（　　）。
   A. 需要欲望　　　　B. 支付能力　　　　　C. 价格合理　　　　D. 优质产品
   E. 优质服务
4. 在以消费者为中心的阶段中产生的观念有（　　）。
   A. 社会营销观念　　B. 产品观念　　　　　C. 推销观念　　　　D. 市场营销观念
   E. 生产观念
5. 市场营销的现代营销观念与传统营销观念的区别主要表现为（　　）。
   A. 出发点不同　　　B. 中心不同　　　　　C. 手段不同　　　　D. 目的不同
   E. 对象不同

6. 在买方市场条件下，一般容易产生（　　）。
   A. 生产观念　　　　B. 产品观念　　　　C. 销售观念　　　　D. 市场营销观念
   E. 社会营销观念
7. 按照市场主体的不同，我们可以将市场划分为（　　）。
   A. 消费者市场　　　B. 生产者市场　　　C. 中间商市场　　　D. 政府市场
   E. 房地产市场
8. （　　）是市场导向的市场营销观念。
   A. 生产观念　　　　B. 产品观念　　　　C. 推销观念　　　　D. 市场营销观念
   E. 社会营销观念
9. 关系营销强调，企业市场营销的目标不能仅停留在一次交易的实现，而应当努力发展与相关群体之间建立长期稳定的良好关系，这些群体包括（　　）。
   A. 供应商　　　　　B. 经销商　　　　　C. 顾客　　　　　　D. 竞争者
   E. 媒体
10. 以市场卖方为中心的观念有（　　）。
    A. 生产观念　　　　B. 产品观念　　　　C. 市场营销观念　　D. 推销观念
    E. 社会营销观念

四、问答题

1. 简述市场营销观念的演变过程。
2. 市场营销观念与推销观念有何区别？
3. 请分别回答下列现象体现了什么营销观念：
①顾客就是上帝，顾客的需要就是我们的需要；②广告一响，黄金万两；③酒香不怕巷子深；④开发绿色电器，健康家庭生活；⑤诚信经营，放心消费；⑥吸引、维持和增强客户关系；⑦中国曲阜，孔子故里欢迎您；⑧细节决定成败，态度成就完美；⑨保护环境，承担社会责任。

五、案例分析题

案例资料：

华为产品变革——用30%的产品，满足客户100%的需求

华为公司的转型是从1998年开始的。在度过了企业的生存期之后，华为主动谋求变革，其标志就是"以客户为中心的集成产品开发流程变革"。华为原来只有一种交换机产品，后来产品种类不断增加，其中有很多产品是无效开发。IBM给华为的诊断结果是，华为可以反复做一件事情，却不能一次把事情做好，因此华为开始引进IBM这套系统。

1. 集成产品开发（IPD）变革——由"正确地做事情"向"做正确的事情"转变

一开始IPD流程主要告诉华为怎么能把产品一次做好，在保证质量的基础上，缩短上市时间；后来逐渐往前推，从客户需求开始，知道了怎么去"做正确的事情"。IPD有不同的版本，后期的版本基本上解决了选择正确产品的问题。华为在进行IPD变革的时候，首先是需求收集分析体系的建立，然后是需求的判断决策以及管理团队的建设，决策之后进入开发流程。

（1）如何获得真实的需求

特别是今天的华为，强化一线的功能，"一线呼唤炮火"，如果需求没有搞对，那将造成巨大的投资浪费，错失市场机会。不能把每一个客户口头讲的都认为是其真实需求，需要通过投资组合分析等方法，将这种需求对客户的价值、对公司的价值以及对形成竞争优势的作用，分析确认清楚，只有这样，才能做出正确的判断。

（2）判断和决策的主体

公司规模小的时候主要由领导拍板，公司规模扩大以后需要一个技术团队协助领导决策。华为后来发现只由技术团队来决策是有问题的，需要结合市场、研发、财经、供应链等关键部门，成立

跨团队决策组织。

（3）开发过程中如何应对需求的改变

当时华为刚进攻欧洲的第一个桥头堡——英国电信（BT），这是华为非常重要的里程碑。英国电信对华为进行了一次非常严格的认证，要求其技术专家能参与BT产品版本关键阶段的评审，华为当时不理解，认为研发过程是保密的。其实，IPD流程中有这样的描述：在开发过程中，需要战略客户的意见领袖和关键技术专家加入产品的研发过程中。这是因为大型设备的开发周期比较长，而ICT行业的变化比较快。需求会变，需求变了，难道还要死板地进行开发吗？因此，后来华为在IPD流程里又增加了市场评审点，这样，市场或者战略客户的专家参与到了研发过程中。

至此，IPD从纯研发的流程，变成闭环的真正的以客户为中心。"以客户为中心"不是一句口号，整个工作进程都是以客户为中心，从了解客户需求，到后面客户需求的变更管理和落实，甚至到后面上市都是跟客户需求连在一起的。

（4）组织结构也要进行相应调整

转型战略定了之后，流程变了，组织结构也要进行相应调整，这对原有组织的冲击是非常大的。很多公司在早期都会有一个技术权威部门，像总师办或总工办等，对技术或产品立项进行评审和决策，华为以前也有一个这样的组织，叫作总体办。当华为只有一个产品交换机的时候，总体办的技术权威具有深厚的技术背景，决策及时准确，能抓到问题的关键点；后来产品越来越多，技术权威们需要不断学习新的知识和技术，虽然凭借着自己的经验和长期积累仍然可以抓到问题的关键点，但决策速度开始下降；再后来，公司产品从有线技术发展到无线技术之后，由于技术的跨度很大，决策难度不断加大，决策准确性明显下降。

从决策延迟，到决策错误，总体办已经成为组织的瓶颈。而IPD开发流程是横向贯穿的，一条条产品线把市场、研发、供应链、财经等串起来了，这就突破了总体办这个瓶颈组织！流程变革带来的结果是组织的调整，总体办被撤销了。当时华为的销售额达到260亿左右，总体办理论上掌握着10%研发费用的分配。想想这次变革对这个组织和组织里个人的影响，是多么巨大！

因此，变革其实就是利益的重新分配，战略上要坚定。所以变革的时候，任正非说要"削足适履"，先以开放的心态虚心学习IBM上百年总结的经验，哪个部门阻碍变革，就把它砍掉。同时，让大家认识到变革的重要性，操作中做到"静水潜流"，使绝大多数人，特别是中高层干部拥护变革。经过这次流程变革以后，华为的产品研发越来越契合客户的需求，出了很多有实效的产品，所以发展很好，业务越做越大。

但是，做到这个程度就行了吗？当你做到足够大的时候，你就发现客户对你的期望又不一样了。

2. 从产品到解决方案的转型

经常有客户问：华为那么多产品，到那么多市场去销售，请告诉我，怎么才能建设一个最适合我的网络？而当时华为的销售团队不理解，只会吹嘘自己的产品好，就是没有解决方案。任正非曾经问过中国移动的总经理，华为在中国市场跟爱立信打了30年都没有打胜过，是什么原因？中国移动老总回答：中国移动发标的时候，华为投标非常卖力，把中国移动的人都围住了。而爱立信是提前和中国移动一起写标准，一起做业务规划，甚至部分标书都是跟中国移动一起写的，华为怎么与之竞争？

在"以客户为中心"的理念推动下，华为逐渐走过了以技术为中心、做客户需要的产品、通过解决方案解决客户问题的阶段。其实，解决问题的最高层次是，提前帮客户想问题和预防风险。

（1）什么是解决方案？

早期的华为错误地认为，只要是解决了客户问题或者痛点的产品或服务就叫作解决方案，其实那是"挂羊头卖狗肉"。随着对客户问题的理解逐步深入，IBM告诉华为，需要用30%的产品满足客户100%的需求。为了便于管理，将解决方案进行分解：以某个产品为主的产品与解决方案，统一归属该产品线。因此，华为的产品线开始叫作产品与解决方案部。而跨产品线的解决方案，特别是网络级的解决方案,则成立了专门的解决方案体系。因此,解决方案应该被定义为:通过多个产品和服务集成,解决客户系统级问题的方案。

产品如何向解决方案转型?如果没有解决方案专家,不了解客户的痛点,也不知道怎么把客户痛点变成方案给客户,怎么进行转型?

(2) 绝不能少的产品经理

在这次转型中,除了转型战略制定要清晰,流程和组织要跟随战略而变之外,人的因素也非常重要。如果找不到合适的人,或者没有合适的人供培养,转型也会失败。有的企业,甚至是经营了十多年的企业,连个产品经理的概念都没有建立,只有硬件经理和软件经理,而没有一个人对产品的生命周期真正负责任。产品卖得好不好,研发是不是满足客户需求,成本与质量,一直到最后的服务,所有环节都没有一个负责人。

很多好的企业,CEO就是产品经理。乔布斯就是产品经理,马化腾也是产品经理——产品从设计到上市公布都是他在台上讲。做集成产品开发流程变革,如果没有产品经理这样的人,集成产品开发绝对要失败。

(3) 强大的支撑体系

当从产品到解决方案转型以后,除了研发体系要发生深刻变化之外,营销体系也要发生变化。从关系营销,要逐步向技术营销、解决方案营销转型,到了后期要向顾问式营销、价值营销转型。这一过程也很艰难,华为始终处于摸索之中。

《以客户为中心》一书阐述了华为的运作体系:由高灵敏度的一线组织,加上后台大平台的支撑,在实现了基础技术、产品与解决方案、供应链、财经等共享的基础上,实现前后方的高效协同运作。其实连锁经营模式也很类似,连锁店面在一线服务好客户,而强大的后台保证了产品质量、味道的一致性和供应链的高效运作,比如肯德基采取的就是这样的模式。

转型要成功,战略要支撑,流程要支撑,组织要调整,还要识别关键的人才,要提前进行储备,专门招聘或者用心培养,才能支撑转型落地。

3. "变革"的问题

万事开头难,华为第一次转型特别难。当时变革文化还没有形成,没有变革管理和风险防范的经验,所以任正非才说要"削足适履"。后来华为人习惯了,三年一小变,五年一大变。只要把转型的战略意图和驱动力说清楚,配合一定的变革管理组织,变革就比较容易推行。

变革要关注什么?第一,文化的塑造,转型战略和驱动力要在高管层达成共识,老板和高管要从思维到行为上带动大家。第二,变革的组织要非常强,变革是"一把手工程"。变革不能自找临时工和完全依赖顾问,第一级是核心领导团队,如公司级的变革指导委员会;第二级是常设的变革管理和IT部门,很多变革的方法论是需要积累和传承的,变革还需要IT来支撑;第三级是由业务部门负责的不同变革项目组。

问题思考:

① 华为秉持的是什么营销观念?
② 华为是如何以客户为中心,满足客户需求的?
③ 华为是如何转型和创新的?有什么需要企业关注和克服的?

(资料来源:乔诺商学院公开课2018-7-3,https://www.sohu.com/a/239135258_283333.有删改)

项目二 市场营销战略

学习目标

知识目标：
1. 理解市场营销战略的含义。
2. 熟悉市场营销战略规划的一般过程，明确企业战略的层次结构。
3. 掌握评价战略业务单位的方法——波士顿咨询公司模型和通用电气公司模型。
4. 掌握企业的业务发展战略。

能力目标：
1. 能根据企业发展进行市场营销战略规划。
2. 能掌握制订由企业任务、目标业务组合计划的基本方法，以及企业业务创新的主要途径。
3. 能分析企业业务发展组合，制定企业发展战略。

思政目标：
1. 树立积极向上、努力进取的创新思想。
2. 形成良好的职业态度和职业道德修养，诚实守信、奉献社会的精神。
3. 具备良好的语言表达和沟通能力。
4. 具备分析问题与解决问题的能力。

知识导图

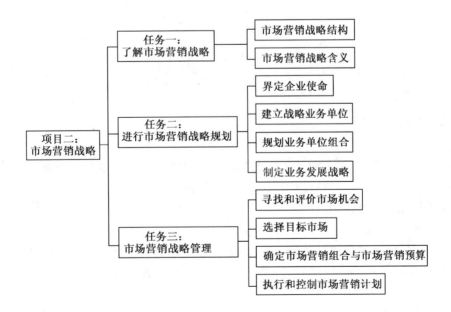

项目导入

海尔集团的战略演变

青岛海尔集团是我国家电行业中规模最大、产品种类最多且规格最齐全的领航企业。海尔的成长经历了五个阶段的战略演变：

① 1984—1991 年：名牌战略阶段。
② 1992—1998 年：多元化战略阶段。
③ 1999—2005 年：国际化战略阶段。
④ 2006—2012 年：全球化品牌战略阶段。
⑤ 2013 年至今：网络化战略阶段。

从 1984 年创立至今，海尔集团经过了名牌战略阶段、多元化战略阶段、国际化战略阶段、全球化品牌战略阶段、网络化战略阶段。

互联网时代的到来颠覆了传统经济的发展模式，而新模式的基础和运行则体现在网络化上，市场和企业更多地呈现出网络化特征。在海尔看来，网络化企业发展战略的实施路径主要体现在三个方面：企业无边界、管理无领导、供应链无尺度。

互联网时代的到来颠覆了传统经济的发展模式，为企业带来新的挑战和机遇。海尔将坚持网络化的发展战略，开拓创新，创造互联网时代的世界级品牌。按照战略决定组织、组织从属于战略的原则，目前海尔正通过平台型生态圈组织来支持企业向平台型企业的战略转型。

在海尔的五个发展战略的阶段中，有一个更为重要的发展战略一直贯穿着这五个阶段，这个战略就是海尔的企业文化发展战略，可以这么说，要是没有强有力的企业文化的支撑，海尔绝不可能取得如此大的成就。在海尔所有的企业文化中，最为核心的就是创新。它是在海尔 30 多年发展历程中产生和逐渐形成特色的文化体系。海尔文化以观念创新为先导，以战略创新为方向，以组织创新为保障，以技术创新为手段，以市场创新为目标，伴随着海尔从无到有、从小到大、从大到强、从中国走向世界，海尔文化本身也在不断创新、发展。

（资料来源：http://www.haier.net/cn/about_haier/strategy/. 有删改）

任务一　了解市场营销战略

一、市场营销战略结构

（一）总体战略

总体战略又称公司战略，是企业最高层次的战略。总体战略需要根据企业使命而分析和选择进入的业务领域，合理分配企业物质资源和人力资源，使各项业务在总体方向下协调发展。总体战略的主要内容包括经营范围和资源配置。

（二）经营战略

经营战略又称竞争战略或经营单位战略。它是在总体战略指导下，经营管理某一个特定的战略经营单位的具体战略，是总体战略之下的子战略。在规模较大的企业或集团企业中，经营战略就是指各个子公司、事业部或分部的战略。

（三）职能战略

职能战略是企业各个职能部门的战略，从属于企业的总体战略和经营战略。一个组织架构完备的企业需要包含以下职能战略：① 研究开发管理；② 生产管理；③ 市场营销管理；④ 财务管理；⑤ 人

力资源管理；等等。职能战略不能脱离其所属的总体战略和经营战略，是更高一层战略的展开和细化。

企业市场营销战略的三个层次分别由不同的部门制定，等级不同，职责不同。只有相互衔接、有效配合，才能有效地贯彻实施企业的战略，并最终实现预期的战略目标。

 知识拓展

创新战略

创新是知识经济时代的灵魂。知识经济时代为企业创新提供了极好的外部环境。创新作为企业营销的基本战略主要包括以下几个方面：

① 观念创新。首先，要正确认识和理解知识的价值。知识是企业不可缺少的资源，是企业发展的真正动力源。同时，知识本身又是商品，具有价值。其次，要有强烈的创新意识，自觉提高企业的创新能力。创新是提高企业市场营销竞争力最根本、最有效的手段。

② 组织创新。组织创新包括企业的组织形式、管理体制、机构设置、规章制度等广泛的内容，它是营销创新战略的保证。机构设置不合理或分工过细，都不利于创新。

③ 技术创新。随着科技进步的加快，新技术不断涌现，技术创新是企业营销创新的核心。企业应开发新技术，满足顾客新需求，增加产品的技术含量。

④ 产品创新。技术创新最后要落实到产品创新上，所以产品创新是创新战略的关键。由于技术创新频率加快，所以新产品的市场寿命越来越短。

⑤ 市场创新。市场是复杂多变的，消费者未获得满足的需求是客观存在的。营销者要善于捕捉市场机会，发现消费者新的需求，寻求最佳的目标市场。在市场创新中，要在科学细分市场的基础上，从消费者需求的差异中找出创新点。

总之，在知识经济时代，创新战略是企业生存发展的生命线。观念创新是先导，组织创新是保证，技术创新是核心，产品创新是关键，市场创新是归宿。

（资料来源：百度百科，http：//baike. Baidu. com/view/640401. html.）

二、市场营销战略含义

市场营销战略是指企业在分析剧烈变化的外部环境和企业自身内部条件的基础上，为适应环境、市场的变化，而对企业市场营销工作进行全局性与长远性规划，研究营销中遇到的重大问题，确定并实现企业市场营销目标。

市场营销战略的出发点和归宿点是企业未来的生存与发展。具有下列基本特征：

① 全局性。企业必须从社会公众的全局利益出发制定营销战略。

② 长远性。营销战略应着眼未来，谋求企业的长远发展和长远利益。

③ 方向性。营销战略应解决企业的主要矛盾，阐明企业经营的大方向和基本发展趋势。

④ 系统性。营销战略要从企业营销的外部环境到内部条件，从营销思想、方针、方向、目标、策略到行动计划等方面做出系统性的谋划。

⑤ 风险性。市场营销战略要尽可能规避风险，使风险降到最低，在保持相对稳定性的同时，随时依据企业外部环境的变化加以调整。

案例链接 2-1

联想企业的发展战略

联想集团有限公司成立于 1984 年，由中国科学院计算所投资 20 万元人民币创办，创办初期公司成员为 11 名科技人员。当时称为"中国科学院计算机所新技术发展公司"。1989 年在此基础上成立北京联想计算机集团公司。主要生产台式电脑、服务器、笔记本电脑、打印机、掌上电脑、主板机、手机等商品。至今，联想公司不仅享誉国内市场，而且走出国门，成为跨国横向经营计算机集团，不得不说这是一个奇迹。

具体来说，联想集团公司市场营销战略主要有以下几个特点：

① 选择正确的合作伙伴。联想公司以中国科学院为后盾，有着雄厚的技术开发实力，这是其主要长处。为了扬"技术"之长，避"国际营销"之短，联想公司进军海外市场的第一步，并不是投资创建自己的销售渠道和关系，而是在香港寻找到合适的合作伙伴：香港导远公司和中国技术转让公司，建立了合资经营的计算机销售模式。这两家公司都不是实力雄厚的大公司，联想集团选择这两家公司作为合作伙伴，可以充分发挥自己已形成的技术优势，而不会受制于人；同时，两家合作伙伴的优势，又可以弥补联想集团自身的不足。

② 合理的价值链地理布局。联想公司将价值链的最上游环节和最下游环节，即产品开发和产品市场销售这两大环节，设置在香港。香港作为一个世界转口中心，同大陆相比，其市场更为完善，也更为国际化，信息渠道也更为畅通，这使得联想公司的技术人员可以及时获得市场信息和技术信息，缩短公司产品开发周期，使公司的计算机产品可以紧跟国际潮流。联想公司将价值链的中间环节，即计算机产品的批量生产环节放在大陆城市例如深圳等地的生产基地进行，大陆的劳动力成本、房地产价格都远低于香港，这可以大大降低生产成本。除自己生产外，还同国内其他厂家发展委托加工的合作关系，这样即避免了大量投资与基建，又能在订货量大的时候保证供应。

③ 正确的产品定位。在产品定位上，联想公司以"下等马"自居，选择了档次较低的国际通用产品为开发目标。在产品技术层次上，选择技术层次较低，但应用面广、市场大、易于商品化的微型机产品，而不是搞大型机、小型机等高层次产品，在产品形式上，不是一开始就开发整机，确保了联想公司产品的竞争优势，为公司今后的进一步发展奠定了坚实的基础。

④ 联想公司战略发展的具体方法有以下四个。

第一，横向一体化战略。电子计算机市场的竞争很激励，对于联想集团来说，要不断扩大营销的面积，从而加大产业的发展。市场向国际化推广是主要策略之一，联想集团在全球各地建立生产基地、研发部门，为的是加大消费群体、面向更为广阔的消费人群，建立国际化的市场环境。

第二，低成本与差异化战略。业务单位战略，也称竞争战略，是指在给定的一个业务或行业内，企业用于区分自己与竞争对手业务的方式，或者说是企业在特定市场环境中营造、获得竞争优势的途径或方法。联想集团目前已进入行业的成熟阶段，就只有两个竞争战略会产生竞争优势。一是低成本，联想集团可以采用该战略承受利润缩水的困境，并且成为领头羊。这样，联想集团就具有比供应商和购买者更强的实力，从而更好地发展。二是差异化战略，联想集团已具有IBM所带来的领先的技术，再加之自身所拥有的技术研发部门，相对于其他企业，其在技术方面已占有一定的优势，同时，也可以通过直接的价格竞争来避免承担价格压力。

第三，并购战略。这是联想集团最初使用的战略之一，联想集团通过并购IBM来加强了自身内部对电子计算机的研发能力，拥有该行业的高端技术，从而使其在该领域拥有一定的优势与竞争能力。对于IBM，联想集团的并购采取的是横向并购，这可以消除重复配置设备，提供系列产品或服务以实现优势互补，扩大市场份额。

第四，全球化战略。联想集团是以电子计算机起家的，以多元化业务模式向全世界推广，开发欧美等发达国家电子产品消费较高的市场。联想集团以并购IBM以及收购Switch Box等高科技公司为跳板，进行全球化进程。在这一过程中，技术的研发固然是重中之重，但如何进行企业文化的融合，其业务整合等也是联想集团需要迫切解决的问题。

案例思考与应用：

联想在新的竞争格局下取得更大成功的优势有哪些？

（资料来源：http://ishare.iask.sina.com.cn/f/35CXxJ0zTp1.html.）

任务二 进行市场营销战略规划

市场营销战略规划过程，是指企业的最高管理层通过制定企业的使命、目标、业务组合和业务发展战略，在企业的目标和资源（或能力）与迅速变化的经营环境之间，发展和保持一种切实可行的战略适应的管理过程。市场营销战略规划过程包括界定企业使命、建立战略业务单位、规划业务单位组合、设计业务发展战略四部分。

一、界定企业使命

企业使命是管理者为企业确定的较长时期生产经营的总方向、总目标、总特征和总的指导思想。它反映企业管理者的价值观和企业力图为自己树立的形象，揭示本企业与同行业其他企业在目标上的差异，界定企业的主要产品和服务范围，以及企业试图满足的顾客的基本需求。如格力集团的企业战略使命是"让世界爱上中国造"。

界定企业使命可以考虑五个问题：我们的企业是干什么的？消费者是谁？我们对于消费者而言价值是什么？我们的业务将是什么？我们的业务应该是什么？

案例链接 2-2

世界著名企业经营使命

联想公司：为客户利益而努力创新。
麦肯锡公司：帮我们的客户成为最杰出的公司。
万科集团：建筑无限生活。
福特公司：汽车要进入家庭。
IBM 公司：无论是一小步，还是一大步，都要带动人类的进步。
亚马逊：让亚马逊成为你在网上能够找到你需要的任何东西的地方。
迪士尼公司：人们过得快活。
波音公司：让空中旅行走进千家万户。
华为公司：聚焦客户关注的挑战和压力，提供有竞争力的通信解决方案和服务，持续为客户创造最大价值。
微软公司：帮助全球所有人、所有组织实现更多。
通用电器：以科技及创新改善生活品质。
麦当劳：控制全球食品服务业。
沃尔玛公司：给普通百姓提供机会，使他们能与富人一样买到同样的东西。
耐克公司：体验竞争、获胜和击败对手的感觉。
惠普公司：为人类的幸福和发展做出技术贡献。
中国移动通信：创无限通信世界，做信息社会栋梁。
（注：不同时期，企业的经营使命会有所调整）

案例思考与应用：
查阅资料，举例说明我国著名企业的经营使命。

二、建立战略业务单位

大多数企业都经营多项不同的业务，为了便于规划每项业务的战略计划，首先要把所有业务分成若干不同的区域，称为战略业务单位。每个战略业务单位都有自己的投资回报率、增长潜力和相关风险。

战略业务单位具有如下特征：① 是单独的业务或一组有关的业务；② 有不同的任务；③ 有竞争者；④ 有专门负责的经理；⑤ 掌握一定的资源；⑥ 能从战略计划中得到好处；⑦ 可以独立规划其他业务。

根据战略业务单位的特征，一个战略业务单位可以是一个或几个部门，或者是某个部门的某类产品，或者是某种产品或品牌。

三、规划业务单位组合

建立企业战略业务单位的目的，是为这些战略单位开发独立的战略和安排适当的资金。某些业务单位将产生大量的现金流，而有些业务单位则需要大量的现金支持。管理者需在各战略业务单位之间寻找平衡点，在可接受的风险水平下实现整个组织期望的增长，创造整个组织期望的利润。

（一）波士顿"成长—份额矩阵"

波士顿咨询集团倡导的"成长—份额矩阵"，是从市场增长率和相对市场占有率两方面入手，分别对企业的战略业务单位加以分析和规划。具体操作步骤如下：

1. 计算战略业务单位的市场增长率和相对市场占有率

市场增长率，是指企业所在行业内的某项战略业务单位市场销售额的增长百分比。这一增长率表示战略业务单位所在市场的相对吸引力。某业务的市场增长率越高，说明该业务在市场上的销售前景越好；反之，则表示其销售前景越差。在实际应用中，通常以10%作为划分市场增长快慢的界限。其计算公式为：

$$R = \frac{q_1 - q_0}{q_0} \times 100\%$$

式中：R——年市场增长率；
　　　q_1——现市场销售量（或额）；
　　　q_0——原市场销售量（或额）。

相对市场占有率，是指企业某项业务的市场份额与该市场中最大的竞争对手的市场份额之比。某项业务或产品的相对市场占有率高，表示其竞争能力强，在市场中处于领先地位；反之，则表示其竞争能力弱，在竞争中处于从属地位。其计算公式为：

$$相对市场占有率 = \frac{企业某产品的市场占有率}{同行业最大竞争者的市场占有率}$$

例如，企业某业务的相对市场占有率为0.3，表示其市场占有率相当于同行业最大竞争对手的30%；如果企业某业务的相对市场占有率为2.0，表示该企业在行业中处于领先地位，其市场占有率是跟随者的2倍。

在实际应用中，相对市场占有率的分界线通常为1.0，据此可以将相对市场占有率划分出高、低两个区域。

2. 划分和评价战略业务单位

用横轴代表相对市场占有率，以1.0作为划分界限；用纵轴表示市场增长率，以10%作为划分界限构建矩阵图。矩阵图中的圆圈代表企业的各种战略业务单位。圆圈的位置表示各种战略业务单位的市场增长率和相对市场占有率的高低，圆圈的面积大小则表示各种战略业务单位销售额的多少，如图2-1所示。

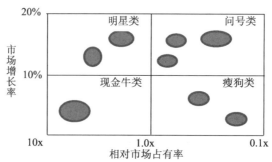

图2-1　成长—份额矩阵图

整个矩阵划分为四个象限，与此相对应的是，企业的战略业务单位可以分为以下四种不同类型：

（1）问号类战略业务单位

高市场增长率和低相对市场占有率，是大多数战略业务单位的最初状态。这类战略业务单位需要大量资金，用于增添厂房、设备，或者用于引进技术、人才，适应迅速增长的市场，防止其转变为瘦狗类业务单位。企业要慎重考虑这类战略业务单位是否划算，如果不划算，就应淘汰。

（2）明星类战略业务单位

问号类战略业务单位如果经营成功，就会转入明星类战略业务单位。这类战略业务单位拥有高市场增长率和高相对市场占有率。因为增长迅速，同时，击退竞争对手的进攻需要投入大量现金，因而这类战略业务单位是使用现金较多的战略业务单位。由于任何产品都有其生命周期，所以这类战略业务单位的增长速度会逐渐降低，最后就会转入现金牛类战略业务单位。

（3）现金牛类战略业务单位

明星类战略业务单位的市场增长率下降到10%以下，就转入现金牛类战略业务单位。这类战略业务单位有着低市场增长率和高相对市场占有率。因为相对市场占有率高、盈利多、现金收入多，所以其可以提供大量现金。企业不能将这部分现金全部用光，而应该用这些现金来支持需要现金的问号类、明星类和瘦狗类战略业务单位。

（4）瘦狗类战略业务单位

瘦狗类战略业务单位是低市场增长率和低相对市场占有率的单位，它们盈利少或者亏损。这类战略业务单位可能是开发失败的产品，也可能是处于衰退阶段的产品，对这类战略业务单位，企业应果断地予以淘汰。

值得注意的是，上述四类战略业务单位在矩阵图中的位置不是固定不变的，随着时间的推移会不断发生变化。

案例链接2-3

J公司是国内一家知名的家用电器制造商，主要生产冰箱、空调和洗衣机三大类电器，全部供应国内市场。这三种产品的市场增长率分别为：冰箱5%，空调12%，洗衣机15%；三种产品的市场占有率分别为：冰箱10%，空调15%，洗衣机18%。J公司三种产品最大的竞争对手的市场占有率分别为：冰箱的最大竞争对手是H公司，其市场占有率为20%；空调的最大竞争对手是K公司，其市场占有率为10%；洗衣机的最大竞争对手是L公司，其市场占有率为30%。试用波士顿矩阵法分析J公司冰箱、空调、洗衣机三个业务的所属类型。

分析：

冰箱：增长率5%，为低增长；占有率10%÷20%=0.5，为低占有率，是瘦狗类业务

空调：增长率12%，为高增长；占有率15%÷10%=1.5，为高占有率，是明星类业务

洗衣机：增长率15%，为高增长；占有率18%÷30%=0.6，为低占有率，是问号类业务

3. 确定战略业务单位的投资决策

企业应针对不同的战略业务单位分别采取相应的投资决策。可供选择的策略有以下四种：

（1）发展

目标是提高战略业务单位的相对市场占有率，巩固其现有的领先地位。该策略较适用于明星类战略业务单位，其在增长和获利上有着极好的长期机会，但需要大量的投资。对于问号类战略业务单位，如果加大投资能够有较大的增长机会和盈利空间，那么就可以采用发展策略，使其成为企业新的利润增长点或者明星类战略业务单位。

（2）维持

目标是维持战略业务单位的相对市场占有率。该策略较适用于现金牛类战略业务单位，其处于成熟的低速增长的市场之中，企业所处市场地位有利，本身不需要投资，能为企业提供大量的现

金，用以支持其他业务的发展。因此，对于这类业务，应尽量通过一些营销措施以延长该业务的市场寿命，保持企业的相对优势，以获取更多利润。

（3）收割

目标是增加战略业务单位的短期现金流量，而不顾长期效益。该策略较适用于弱小的现金牛类战略业务单位，问号类战略业务单位和瘦狗类战略业务单位，企业需要从这类战略业务单位获取更多的现金。采取这种策略，必须逐渐减少对于战略业务单位的投资，压缩产品的数量和品种，缩减市场渠道和网点等。

（4）放弃

目标是清理、变卖某些战略业务单位，以便把有限的资源用于经营效益较好的战略业务单位，从而增加盈利。这种策略特别适用于那些没有前途和妨碍企业增加盈利的问号类战略业务单位和瘦狗类战略业务单位。

案例链接2-4

美的家电的智能化转型之路

建于1968年的美的集团，是一家以家电业为主，涉足房产、物流等领域的大型综合性现代化企业集团，多年来专注于白色家电领域，已是中国最具规模的家电生产基地和出口基地之一。

美的家电的转型升级始于2011年。美的着重推动战略转型，转变发展方式。追求内涵式增长，聚焦核心产业，以消费者为中心，做好产品，提升增长质量，并且努力推动再发展，下发《关于加快推动集团战略转型的决定》，指出，美的集团应推动经营从注重增长数量向注重增长质量转型、从低附加值向高附加值转型、从粗放式管理向精益管理转型，从而实现从规模导向的粗放式增长模式，转向以产品力提升为核心、以客户为中心、以盈利为导向的内涵式增长模式。

2016年对美的集团来说或许是不平凡的一年。当年3月，美的集团宣布收购东芝家电，这是美的集团家电全球化布局的一个新的举动。此后，美的集团收购德国工业机器人巨头库卡，并与安川机电展开战略合作。美的集团从一个单纯白色家电的厂商一跃变成了全球性的制造与智能家电企业，在从传统企业智能化转型升级的道路上，不断地进行着尝试与探索。

据悉，2015年，美的集团整体营业额达1 384亿；全年美的集团整体出货超过2.5亿台，2016年这一数据可能会更多（预计超过3亿台）。而美的集团目前有30多个智能家电品类，除了手机、电视等家电设备之外，美的集团的家电基本涵盖了所有的家电设备。总体来看，美的集团目前是全球拥有家电品类最多的家电集团。

美的智慧家居产品战略运营总监薛国栋先生表示，目前美的集团上市的大部分家电产品里面添加了M-Smart协议及模块，并且支持SDK控制，都已经实现了智能化。除了家电以外，美的集团也在尝试一些新的探索。在美的集团看来，在用户的家庭里面，家电能够给用户提供的只是一部分功能，而美的集团希望给用户在家里提供一个完整完善的用户体验。除了家电以外，美的集团也在制订整体的解决方案，生产与解决方案相关的配套产品，包括家居安防、能源管理、空气检测。美的集团想要从家电扩展到全屋的设备，使消费者全屋都智能化起来。

智能化转型方面，美的集团做了三件事：

在2014年，美的集团开始确定智能家居战略，截至目前，美的集团在这方面主要实现了通过智慧云、移动终端及硬件通信模块搭建起一个完整的技术体系。

① 建设智慧云。现在，几乎所有的美的智能家电都可以连接到美的智慧云。

② 自主研发通讯模块。目前，美的品牌从大家电到小家电用的通信模块里面的SDK都是自主完成的，并且对外开放。

③ 自己做移动终端。美的集团通过APP缩短家电与用户之间的距离，这从另外一个角度来看，其实是给自己提供了一个和用户交互的入口。

美的集团构建好了技术体系之后，就有了全新智慧生活战略——打造一个围绕用户的智慧生活服务平台。该智慧生活服务平台已于2017年正式上线。而近来，美的和华为合作，与气象局合作，与中粮合作，都是在完善"智慧生活服务平台"所实施的布局。

智能化是产品转型升级的必然道路。在智能化道路上，美的集团提出了"双智"战略：智能家居和智能制造。其中智能家居主要有两个方面：一是产品升级换代的过程；二是用户运营的过程。智能制造则可以从美的和安川的战略合作以及收购库卡事件方面看出美的的良苦用心。

思考：

美的电器的营销战略主要有哪几个阶段？其智能化战略的主要内容有哪些？

（资料来源：百度百科）

（二）通用电气行业吸引力矩阵

通用电气行业吸引力矩阵，是美国通用电气公司设计的一种战略业务单位组合分析方法。

该方法通过市场吸引力和企业竞争能力两个综合因素指标，对企业的战略业务单位进行分类评估，做出投资决策，如图2-2所示。

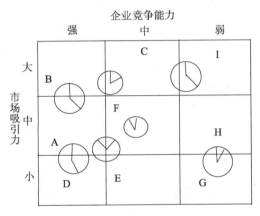

图2-2 通用电气行业吸引力矩阵图

通用电气公司认为，企业在对其战略业务单位加以分类和评价时，除了要考虑市场增长率和相对市场占有率之外，还要考虑其他一些因素，主要包括以下两个变量：

（1）市场吸引力

包括市场大小、市场增长率、历史利润率、竞争强度、技术要求、能源要求、环境影响，以及社会、政治、法律的因素等。

（2）企业竞争能力

包括市场占有率、市场占有率增长、产品质量、品牌信誉、商业网络、促销能力、生产能力与效率、单位成本、原料供应、研究与开发绩效以及管理人员等。

在计算战略业务单位市场吸引力和竞争能力的过程中，首先要分析其影响因素，并分别对各因素进行打分，确定各因素的权重，然后求出各因素的加权值，最后将加权值求和即为该战略业务单位的市场吸引力和竞争能力。

在图2-2中，通用电气行业吸引力矩阵的横轴表示企业的竞争能力，分别以强、中、弱表示。纵轴表示市场吸引力，分别以大、中、小表示。市场吸引力和竞争能力的值决定着企业某业务单位在矩阵中的位置。矩阵中圆圈面积的大小与行业规模成正比。圈中扇形部分表示某项业务单位占有的市场份额。9个区域的划分，可以更好地说明企业中处于不同地位的战略业务单位的状态，使企业可以更有效地分配其有限资源。

通用电气行业吸引力矩阵分为三个地带：

第一，左上角地带，又称绿色地带，即A、B、C三类业务所在区域。这个地带的市场吸引力和战略业务单位的竞争能力都较强。因此，企业对此类战略业务单位要"开绿灯"，采取增加投资和扩大发展的战略。

第二,从左下角到右上角的对角线地带,又称黄色地带,即 D、F、I 三类业务所在区域。这个地带的市场吸引力和战略业务单位的竞争能力总的来说是中等。因此,企业对这个地带的战略业务单位要"亮黄灯",采取维持原来投资水平的市场占有率战略。

第三,右下角地带,又称红色地带,即 E、H、G 三类业务所在区域。总的来说,这个地带的市场吸引力偏小,战略业务单位的竞争能力偏弱。因此,企业对这个地带的战略业务单位要"开红灯",采取收割或放弃的战略。

四、设计业务发展战略

企业的最高管理层制定了业务投资组合战略之后,还应该对未来的业务发展方向做出战略规划,即指定企业的新业务计划或增长战略。企业发展新业务战略有以下三种方式:

(一)密集型增长战略

密集型增长战略是指企业以快于过去的增长速度来增加某个现有产品或劳务的销售额、利润额及市场占有率。该战略常常在企业现有产品和现有市场还有发展潜力的情况下采用。

1. 市场渗透

市场渗透即企业采取各种积极措施改进广告、宣传和推销等工作。增设商业网点,借助多渠道将产品送达、短期削价等措施,在现有市场上扩大现有产品的销售。

2. 市场开发

市场开发即企业通过在新地区或国外增设商业网点,或者利用分销渠道、加强广告促销等措施,在新市场上扩大现有产品的销售。

3. 产品开发

产品开发即企业通过增加花色、品种、规格、型号等,向现有市场提供新产品或改进产品,以满足消费者的需求,达到企业销售增长的目的。

(二)一体化增长战略

一体化增长战略是指企业在供、产、销等方面实施一体化业务单位增长。一体化增长战略的目的是提高效率,加强控制,扩大销售。一般适用于发展潜力较大的行业。

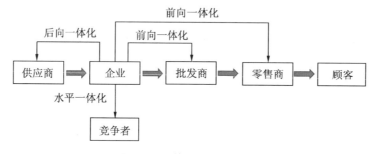

图 2-3 一体化增长战略图

1. 后向一体化

后向一体化即生产企业通过收购或兼并若干原材料供应商,拥有和控制其供应系统,实行"供产一体化",或者商业企业通过各种方式涉足制造行业,从而形成"商工一体化"的经营模式。

例如,伊利集团在全国拥有自建、在建及合作牧场 2 400 多座,其中,规模化、集约化牧场在其奶源供应比例中已接近 100%,居行业首位。

2. 前向一体化

前向一体化即企业通过收购或兼并若干商业企业,拥有或控制其分销系统,实行产销一体化。

例如,福特公司通过收购英国的汽车修理连锁店、汽车用品连锁店,与微软合资建立了网络销售公司,以此来销售汽车和汽车保险,向汽车购买者及其家属提供与企业相关的所有服务,并将服务范围扩展到交通生活的所有方面。

3. 水平一体化

水平一体化也叫作横向一体化,即企业收购、兼并竞争者的同种类型的企业,或者在国内外与其他同类企业合资生产经营等。

例如，2004年联想集团宣布收购IBM的个人电脑事业部，组建世界第三大PC领导厂商，从而将IBM的企业级PC技术带给消费市场和高速增长的中国市场，同时赋予联想集团在除中国和亚洲之外的全球市场范围的覆盖能力。

（三）多元化增长战略

多元化增长战略是指企业增加产品种类，跨行业生产经营多种产品和业务，扩大企业的生产范围和市场范围，使企业的人力、物力、财力等资源得到充分利用，从而提高其经营效益。

1. 同心多元化

同心多元化，也叫关联多元化，是指企业利用原有的技术、特长、专业经验等，开发与本公司产品相互关联的新产品，增加产品种类，从同一圆心向外扩大业务经营范围。其特点是原产品与新产品的基本用途不同，但有着较强的技术关联性。

例如，佳能公司充分利用光学镜片、成像技术和微处理控制技术等核心技术，成功开发了照相机、复印机、激光打印机、扫描仪、传真机、计算机和数字控制办公系统等产品领域。

2. 水平多元化

水平多元化，也称横向多元化，是指企业利用原有市场，采用不同的技术来发展新产品，增加产品种类。其特点是原产品与新产品的基本用途不同，但存在较强的市场关联性，可利用原来的分销渠道销售新产品。

例如，由于苹果公司推出了一系列重量级的软件应用，涉足谷歌传统的优势领域，谷歌于2012年发布了售价199美元的平板计算机Nexus7以及其他硬件产品，包括播放Nexus Q、Google Class，以此来弥补其硬件业务的不足，从而更好地为消费电子客户服务。

3. 集团多元化

集团多元化是指大企业收购、兼并其他行业的企业，或者在其他行业投资，把业务扩展到其他行业中去。其特点是企业开发的新产品、新业务与现有产品、技术、市场毫无关联，企业既不以原有技术也不以原有市场为依托，而是向技术和市场完全不同的产品或劳务项目方向发展。这是实力雄厚的大企业集团采用的一种经营战略。

例如，海尔集团在原来生产冰箱、洗衣机等家电产品的基础上，又将其业务拓展到IT产品、生物保健、商用机器、房地产、旅游等多个行业，均得到了良好的发展。

案例链接 2-5

巨人集团的衰落——多元化战略之殇

巨人集团，曾经是一个红遍全国的知名企业，历经不到2年时间就成为销售额近4亿元、员工达2 000多人的大企业，同样历经不到4年时间，集团就如同泡沫般地破裂了。有人说"巨人"是个神话，而这个神话终因其创造者史玉柱不是神而最终破灭。

巨人大厦本应是史玉柱和他的巨人集团的一个丰碑式的建筑，结果却成了一个拥有上亿资产的庞大企业集团衰落的开始。纵观这个案例，巨人集团倒塌的原因不能肤浅地归纳为投资的失误。促成巨人集团失败的原因既有客观因素，又有主观因素，但最关键的还是史玉柱本人主观上没有看清巨人集团究竟是一个怎样的企业，没有认准巨人集团应该朝什么方向发展。面对一个白手起家的民营企业，资本规模迅速扩大，真正成长为一个"巨人"时，企业的战略规划开始显得越来越重要。巨人集团的衰落，正是由于战略的严重失误导致的，可以归结为在没有有效的环境分析、稳健的资金保障和完善的管理机制下，采取激进的扩张战略。

巨人集团选择做一个混合式多样化发展的企业，其出发点是为了分散经营的风险，但在对各个行业没有进行必要的研究，对整个产业环境缺乏预测和分析的情况下，贸然扩张只会使风险更大。

（1）多元化战略与市场覆盖的矛盾

巨人集团的发展显然是想走混合型多样化的道路，但它忽视了混合化经营的基本要求：资金充足并且每项事业达到行业的平均利润。从生物工程的部分可以看出，尽管巨人集团在生物保健方面异军突起，但其整个生物工程却是亏损的。实行多元化战略并不意味着每个产业的细分市场都要进入，应该按照企业的特长和现有资源进行取舍。它想做市场的全覆盖，但忽视了生物工程行业的特殊性：资金要求巨大。该产业的亏损就是没有细分市场并根据其来取舍，没有让每个细分市场达到行业平均利润。

（2）多元化战略与巨人大厦的矛盾

与上面一组矛盾相似，多元化战略需要强大、充裕的资金做后盾。巨人大厦的巨额支出显然是与战略不相符的。一个行业的发展往往要经过"问号—明星—现金牛—瘦狗"的过程，建造巨人大厦的资金抽自生物保健业，显然在这个决策做出之前管理层没有理智地判定生物保健的所处阶段，导致了连锁不良效应的出现。

（3）短期利润与长期稳定的矛盾

战略的宗旨就是求得长期生存稳定发展，发展应建立在稳定的前提下。

巨人集团进入房地产行业，本身就是一种很偶然、很任性的行为，并不是出于战略的成熟考虑或通过对房地产行业的研究而制订出的战略计划的一部分。回顾巨人大厦的建设，从建设目的到楼层数量，都一改再改，然而，就是在这种目标不清晰的情况下，投入的资金却越来越多，对于上亿元这么庞大的预算，却未向银行申请任何贷款，巨人对资金的保障显得过于自信，不仅使企业白白浪费了合理利用财务杠杆作用而获利的机会，而且也使企业因放弃举债而承担高额资本成本，最后使企业在资产结构与资本结构、盈利性和流动性的相互矛盾中陷入难以自拔的财务困境。

巨人集团进入生物工程领域也是同样的情形。巨人集团以做电脑软件发家，后来又进入房地产、生物工程领域，每一次扩张的唯一理由都是短期的高利润，而忽视了高利润往往意味着高风险，并且一个产业的高利润不可能保持很长时间——只要该产业没有很高的壁垒，竞争者必然蜂拥而入，而巨人集团又缺乏在该产业的基本专业知识技能，没有长期的规划，没有进行产品研发。脑黄金产品的成功只是一个好主意加上成功营销的战术上的胜利，巨人集团对这一胜利明显感到无所适从，管理层、营销网络、生产系统都没有做好准备，因此，"脑黄金"的成功其实是替巨人揭开了疮疤。"脑黄金"虽然火爆了一把，但究其根本，这只是一个很短期化的投资活动，不是一个在企业远景框架下基于市场需求而树立在消费者心中位置的战略扩张。巨人集团在生物工程领域把一切都寄托于一个产品，没有长远的诉求，"过把瘾就死"，更难以协调各经营产业间的资源竞争，最终导致资源配置的失控。这种"什么赚就做什么"而缺乏大局观的做法无疑是以企业的资本作为赌注的冒险行为。

由此可见，企业应该根据其所拥有的核心能力和竞争优势做出是否采取多元化经营的策略。没有根植于核心能力的企业多元化经营，又不能在外部扩张战略中培植新的核心能力，最终结果可能把原来的竞争优势也丧失了。

案例思考与应用：
巨人集团多元化发展战略未取得理想效果的主要原因是什么？

（资料来源：https://wenku.baidu.com/view/ad9fe3265acfa1c7ab00cc2e.html.）

任务三　实施市场营销战略管理

市场营销战略管理过程，即企业为实现企业任务和目标而发现、分析、选择和利用市场机会的管理过程，也就是企业与它最佳的市场相适应的过程。

一、寻找和评价市场机会

现代市场营销学认为，寻找和分析、评价市场机会是市场营销管理人员的主要任务，也是市场营销战略管理过程的首要步骤。

市场机会，是指对企业的营销活动具有吸引力，同时能享有竞争优势和获得差别利益的环境机会。市场上未满足的需要对企业而言是客观存在的环境机会，能否成为市场机会取决于是否适合企业的目标和资源（资金、技术、设备等），能否使企业扬长避短，发挥优势，比现实竞争者和潜在竞争者获得更大的差别利益。

为了发掘市场机会，企业不仅需要对所处的微观环境和宏观环境进行调研与分析，而且还要具体分析各类市场的需求特点以及购买者行为。这一切都需要企业建立必要的营销信息系统，并开展营销调研工作。

 知识拓展

借势营销：一封辞职信引发的借势狂欢

一、背景分析

"世界那么大，我想去看看。" 2015年4月，河南实验中学女教师顾少强的一封简短辞职信在网络上引起热议，"世界那么大，我想去看看" 这10个字，为她打上最有情怀的标签。半年过去了，她一直在做着她喜欢的事。2016年5月31日，教育部、国家语委在京发布《中国语言生活状况报告（2016）》，"世界那么大，我想去看看" 入选2015年度十大网络用语。这句话比已经被说烂了的"来一场说走就走的旅行"要更有情怀，也掀起了第一波大规模的企业抱团营销热潮。

二、各大品牌如何借势营销

最早做出回应的是阿里的旅行——"去啊，世界触手可行"；

去哪儿网当然也不甘落后："世界那么大，你要去哪儿看"；

不知道去哪儿？没关系，还有百度地图呢："带上百度地图，去哪儿看都没问题"；

在路上看世界，自然是要拍个视频记录一下的，"美拍一秒变大片"当然是不二的选择；

足记必然也要出来掺和一脚的："像电影一样去生活，大片即视感还是在足记"；

你们拍片不提前知道天气怎么行呢："你看到的世界不管阴雨晴天，墨迹让你早知道"；

万一遇到雨天呢，还是滴滴专车最懂你心："雨天我也来接你，滴滴一下，马上出发"；

如家："看尽世界繁华，温馨还是如家"；

……

辞职信事件，不单单是一件有胆识的事，而且是一场带着用户心理学的营销大戏！其营销战略——源于情怀，终于情怀！其借势营销——借特殊节日或者突发事件为品牌增值的一种传播技巧。任何热点都逃不过品牌的借势营销，一个个文案把热点巧妙融入，一个个品牌走马灯似的在我们眼前飘过，一个个品牌借助这次事件的热度在消费者眼中又一次成了热点。不过各大品牌在借势之前要懂得"择势、用势、造势"这三个方法，这样借起势来才靠谱，才更有效果！

（资料来源：https://baike.baidu.com/item/）

二、选择目标市场

经过分析和评估，选定了符合企业目标和资源的市场机会后，要对这一机会的市场容量和市场结构做进一步的分析，以便缩小选择范围，选出本企业准备为之服务的目标市场。包括以下四个步骤：

（1）测量和预测市场需求

对选定的市场机会，首先需衡量其现有和潜在的市场容量。市场由多种类型的消费者和需求构成，需要进一步分析市场结构，了解构成这一市场的各个部分，并确定哪个部分可提供实现目标的最佳机会。

（2）进行市场细分

按照不同的需求特征把消费者分成若干部分，即把市场分成若干部分，每个细分部分或细分市场由对一定的营销刺激具有相似反应的消费者群构成。

（3）选择目标市场

在市场细分的基础上，选择一个或几个细分部分作为自己的服务对象，即目标市场。

（4）实行市场定位

企业在市场营销过程中确定自己产品在目标市场上的竞争地位，叫竞争性定位。市场定位意味着在目标市场消费者心目中占领一个明确的、与众不同的、有吸引力的位置，树立一定的产品形象或企业形象，例如物美价廉、经济实惠、优质优价、豪华高贵等。

三、确定市场营销组合与市场营销预算

企业在市场营销战略管理过程中选择了目标市场和进行市场定位以后，要进一步为其目标市场确定市场营销组合，并制定市场营销支出和预算分配。

（一）市场营销组合

市场营销组合，也就是企业的综合营销方案，即企业针对目标市场的需要对自己可控制的种种营销因素（例如产品、价格、渠道、促销等）的优化组合和综合运用，使之协调配合，扬长避短，发挥优势，以便更好地实现营销目标。

营销组合因素对企业来说都是可控因素。企业根据目标市场的需要，决定自己的产品结构，制定产品价格，选择分销渠道和促销方法等，对这些营销手段加以运用和搭配。但这种可控是相对的，企业营销过程不但受本身资源和目标的制约，而且受各种微观和宏观环境因素的影响与制约。这些是企业的不可控因素。因此，营销管理者的任务就是适当安排营销组合，使之与不可控制的环境因素相适应。

（二）市场营销预算

市场营销组合是与市场营销预算相关联的。企业在设计和发展市场营销组合时，第一，要决定将多少资金用于市场营销工作，即市场营销支出决策；第二，要决定如何在各个市场营销组合因素之间合理分配市场营销预算。

四、执行和控制市场营销计划

企业市场营销管理过程的最后一个步骤是执行和控制市场营销计划。这是整个市场营销管理过程中的关键步骤。企业制订市场营销计划的目的是为了执行，是为了实现企业的战略任务和目标。因此，企业制订营销计划之后，还要进行执行和控制。

（一）执行计划

企业要贯彻执行市场营销计划，有效开展营销工作，必须建立和发展专门的营销组织。营销组织的经营效益不仅取决于其组织结构是否合理，而且取决于营销管理者是否善于挑选、培训、指挥、激励和评价市场营销人员，充分调动其积极性。

为了执行计划，营销管理者要把计划任务落实到人，指派专人负责在规定的时间内完成计划任务。

（二）控制计划

在执行营销计划的过程中可能出现许多意外情况，这就需要一个控制系统来保证营销目标的实现，即营销控制。

营销控制有三种不同的类型，即年度计划控制、利润控制和战略控制。

① 年度计划控制，主要是检查年度计划规定的销售、利润等指标是否完成。

② 利润控制，主要是定期检查各种产品、各条渠道、各个区域等的实际盈利能力。

③ 战略控制，主要是回顾检查营销总计划，判断该计划是否继续具有适应环境、实现目标的战略意义。

案例链接 2-6

美团继续无边界扩张战略

2019年8月16日，理想汽车发布公告，称公司已完成5.3亿美元的融资，由王兴个人领投近3亿美元。在两个月前，这次融资就已被媒体近乎完全披露，无论是从投资方还是投资金额，几乎毫无意外。

王兴终于如愿，他以个人领投的方式进入了此前他从未涉足的汽车领域。一方面，他用自己的钱下注自己看好的方向，或许未必跟业务相关；另一方面，通过美团战投和旗下基金，对于主营业务有协同的项目进行投资。在某种程度上，投资正在成为王兴构建商业版图的一枚利器：对自己来说，是实现个人宿梦；对美团而言，是摸索着试探扩张业务的边界。

三年前，美团点评追投了易久批B+轮融资。投资敲定后，双方在业务层面上也迅速开始了合作：易久批通过改造小店ERP系统，上线美团平台，促进门店的销售，同时也反向加速了自己商品的流通。对于美团来说，多了一个有壁垒的垂直类目和大量的垂直酒水品类的门店资源，这笔投资很划算。这一点，美团在此前的上市招股书中已经提及——上市募集资金的一个用途是投资或收购，即投资和收购与业务互补并且符合美团点评策略的资产及服务。具体来说，美团点评的扩张核心还是围绕着到店、到家、旅行、出行四大场景进行。

王兴是一个有很强野心的人。美团起家于餐饮、电影票团购、酒店旅游、外卖，最近，又扩张了打车业务，开起线下商超生鲜门店。但其扩张终究离不开"吃、喝、玩、乐"。正如王兴自己所说的：美团的使命是"We help people eat better, live better"，意思是：让大家吃得更好，活得更好。美团试图通过吃喝玩乐的消费场景打造自身商业生态，一站式满足用户线下吃喝玩乐的需求，布局餐饮、酒店、出行、娱乐等，再往深处就是供应链、云计算等，再通过壁垒从服务转向自营、投资、并购等。这才是美团的野心。

按照生态战略第一人周掌柜的观点，云计算是生态战略必须的基础设施，而自营和投资并购等是必然手段。之所以引发了质疑和担心，是因为美团拓展的业务领域都有强大的专业竞争对手。

比如到家和到店场景。"吃"是美团的基础和核心，无论是到店还是到家，如何服务好餐饮商户非常重要。为此，美团点评投资了一大批为商户端服务的B2B项目，比如，做餐饮信息化的奥琦玮、天子星、屏芯科技、大家来；做食材或快消品供应链的亚食联、掌上快销、易久批；做外卖代运营的账单；等等。通过服务好商户，间接讨好了消费者。

美团的一个重要业务线是酒店旅行。针对旅行场景，美团投资了酒店PMS系统的番茄来了、别样红，票务导购平台酷讯旅行，机票预订平台必去科技，以及民宿预订平台榛果民宿等。

收购摩拜就是美团在出行领域的布局之一。当然，摩拜并不是美团简单的投资，而是直接收购。王慧文此前在接受媒体采访时曾表示："我们投完钱，这些钱能不能产生我们投资的价值？最可怕的是你投完钱后，这个公司没有升值，而且如果花完我们投资的钱，摩拜还是无法独立存在必须卖掉的话，谁买呢？最终还是要卖的话，为什么不现在卖？如果最终不卖的话，那我们也别投。"

业务思路和市场环境的变化，也直接影响着美团投资的走向。2016年7月，王兴提出了互联网下半场的说法，并在2017年做了进一步的阐释：上天、入地、国际化。王慧文则给出了更直接的答案：中国互联网要回暖，一个非常重要的方向是供应链和B2B行业的创新。2018年，美团开始重兵布局生鲜农产品B2B快驴事业线的发展，并请来了曾任联想集团高级副总裁的陈旭东主抓快驴的发展。很快，投资开始配合业务。美团先是收购了餐饮SaaS服务商屏芯科技，增加了对餐饮商户的多维服务。另外，与腾讯领投了易久批2亿美元D轮融资，增强了在酒水品类的后端力量。

前不久，第三方监测平台Trustdata发布了《2018年Q1中国在线酒店预订行业发展分析报告》，报告显示，2018年3月，美团酒店以2 270万的单月间夜量首次超过携程、去哪儿、同程艺龙的总和。同时，2018年第一季度，美团酒店以5 770万的订单总量，位居行业第一。2018年4月，美团打车登陆上海，拿下三分之一打车市场份额，对滴滴专车业务造成很大的冲击。

从商业生态的角度来看,美团业务布局的逻辑有着很强的企图。但业务布局不是漫无目的,要清楚自己是否具备相应的能力资源,知道自己服务谁、目标是什么、能否做到行业内数一数二。美团在各个领域里面都有着强劲的对手,如果一直采用美团带新品类的模式进行扩展发展,不免会违背互联网"裂变与快速扩展"的思维。美团要走的路还很长,至于到底能发展到哪一步,静观其变。

(资料来源:http://tech.ifeng.com/a/20190819/45623215_0.shtml.)

项目小结

战略规划是企业面对激烈变化和严峻挑战的环境、市场,为长期生存与发展进行的谋划和思考,是事关企业大局的科学规划,是市场的指导方针。

企业必须制定战略规划以适应不断变化的市场环境。本项目主要介绍了企业战略的概念及其层次,企业总体战略规划、业务战略规划的内涵及其制定。企业在激烈的市场竞争中,一定要了解市场导向的战略规划艺术,发挥优势,抓住机会,才能实现企业的预期目标,在竞争中处于有利地位。

任何一个企业都无法满足整个市场的需要,因而,准确地选择目标市场,有针对性地满足某一消费层次的特定需求,是企业成功进入市场的关键。企业只有进行市场细分,把握市场机会,才能选好目标市场,迈向成功之路。

思考与练习

一、判断题

1. 经营战略是多个战略经营单位或者有关的专业部、子公司的战略。( )
2. 企业使命反映企业的目的、特征和性质。( )
3. 战略经营单位通常没有自己的业务。( )
4. 问号类战略业务单位是较高增长率、较高占有率的经营单位或业务。( )
5. 规划投资组合实质上是企业高层对各个经营单位及其业务进行评估和分类,确认它们的发展潜力,决定投资结构。( )
6. 一般来说,市场占有率越低,这个单位盈利能力越强。( )
7. 企业利润水平与市场占有率同向增长。( )
8. 处于黄色地带的企业应该采取增加资金投入和发展扩大的战略。( )
9. 市场营销组合是固定不变的静态组合。( )
10. 对一个具体的企业及经营单位,从时间、费用和必要性看,完全有可能也有必要对所有的环境因素进行分析。( )

二、单项选择题

1. 整体战略是企业( )层次的战略。
   A. 总体   B. 局部   C. 最高   D. 较强
2. 在波士顿"成长—份额矩阵"中低市场增长率和低相对市场占有率的战略业务单位是( )。
   A. 明星类   B. 现金牛类   C. 问号类   D. 瘦狗类
3. 规划经营战略的关键是战略分析和( )。
   A. 战略选择   B. 战略计划   C. 战略部署   D. 战略调查
4. 作为战略环境因素变化的结果,对企业及其活动形成有利的条件是( )。

A. 环境威胁　　　　　B. 市场机会　　　　　C. 市场利润　　　　　D. 成本降低

5. 汽车制造商过去向橡胶和轮胎公司采购所需轮胎，现决定改为自己生产轮胎。这种做法是（　　）。

A. 后向一体化　　　　B. 前向一体化　　　　C. 水平一体化　　　　D. 以上都不是

6. 行业吸引力大、业务力量强的战略业务单位在通用电气行业吸引力矩阵中处于（　　）。

A. 黄色地带　　　　　B. 红色地带　　　　　C. 绿色地带　　　　　D. 不一定

7. 企业利用原有市场，采用不同的技术来发展新产品，增加产品种类，这种战略称为（　　）。

A. 同心多元化　　　　B. 水平多元化　　　　C. 集团多元化　　　　D. 纵向多元化

8. 某企业发展新业务时，发现存在尚未完全开发和潜伏在其现有产品与市场的机会，则可采用（　　）战略。

A. 密集增长　　　　　B. 渗透增长　　　　　C. 一体化增长　　　　D. 多元化增长

9. 企业的战略业务单位在（　　）会从现金牛类转入瘦狗类。

A. 投入期　　　　　　B. 成长期　　　　　　C. 成熟期　　　　　　D. 衰退期

10. 下列情况中最好的业务是（　　）。

A. 行业吸引力大、业务力量弱　　　　　　　B. 行业吸引力大、业务力量强
C. 行业吸引力小、业务力量弱　　　　　　　D. 行业吸引力小、业务力量强

三、多项选择题

1. 职能战略可以使职能部门及其管理人员更加清楚地认识本部门在实施总体战略与经营战略过程中的任务、责任和要求，这些职能战略包括（　　）。

A. 研究与开发管理　　B. 生产管理　　　　　C. 市场营销管理　　　D. 财务管理
E. 人力资源管理

2. 企业使命说明书包括的基本要素有（　　）。

A. 使用范围　　　　　B. 活动领域　　　　　C. 国家法律　　　　　D. 主要政策
E. 远景和发展方向

3. 市场增长率/市场占有率矩阵将经营单位划分为（　　）几种类型。

A. 明星类　　　　　　B. 金马类　　　　　　C. 现金牛类　　　　　D. 问号类
E. 瘦狗类

4. 多因素投资组合矩阵依据市场吸引力的大小和竞争能力的强弱分为九个区域，由它们组成三种战略地带。这三种战略地带是（　　）。

A. "红色地带"　　　　B. "绿色地带"　　　　C. "黄色地带"　　　　D. "蓝色地带"
E. "白色地带"

5. 规划企业成长战略的方式有（　　）。

A. 松散式成长战略　　B. 密集式成长战略　　C. 统一式成长战略　　D. 一体化成长战略
E. 多角化成长战略

6. 企业一体化成长战略包括（　　）。

A. 后向一体化　　　　B. 向上一体化　　　　C. 水平一体化　　　　D. 向下一体化
E. 前向一体化

7. 企业多元化成长战略包括（　　）。

A. 纵向多元化　　　　B. 垂直多元化　　　　C. 同心多元化　　　　D. 水平多元化
E. 集团多元化

8. 放弃战略适用于（　　）的战略单位。

A. 问号类　　　　　　B. 现金牛类　　　　　C. 弱小的现金牛类　　D. 明星类
E. 瘦狗类

9. 下列战略类型的市场增长率较高的有（　　）。
   A. 问号类　　　　B. 现金牛类　　　　C. 弱小的现金牛类　　　　D. 明星类
   E. 瘦狗类

10. 下列（　　）地带的行业吸引力和战略业务单位要开"黄灯"，采取维持原来投资水平的市场占有率的战略。
    A. 大强　　　　B. 小强　　　　C. 大中　　　　D. 中中
    E. 大弱

四、问答题

1. 简述企业市场战略规划的过程。
2. 波士顿"成长—份额矩阵"如何进行战略业务单位的分析？
3. 企业发展新业务有哪些战略选择方式？

五、案例分析题

格兰仕微波炉的战略

经过激烈的竞争，格兰仕微波炉攻占国内市场60%以上的份额，成为中国微波炉市场的代名词。在国家质量检测部门历次全国质量抽查中，格兰仕几乎是唯一全部合格的品牌，与众多洋品牌频频在抽检中不合格被曝光形成鲜明对比。2014年，格兰仕集团投入上亿元技术开发费用，获得了几十项国家专利和专有技术；2015年，将继续加大投入，使技术水平始终保持世界前列。

由于格兰仕产品的价格挤压，近几年微波炉的利润空间降到了低谷。2015年春节前夕，甚至出现个别韩国品牌售价低于300元的情况，堪称世界微波炉最低价格。国内品牌的主要竞争对手一直是韩国产品，它们由于起步早曾经一度占据先机。在近几年的竞争中，韩国品牌的微波炉落在了下风。韩国公司在我国的微波炉生产企业，屡次在一些重要指标上被查出不符合标准，并且屡遭投诉，这对于注重质量管理的韩国公司而言是不多见的。业内人士认为，200多元的微波炉其价格水平不正常，是一种明显的倾销行为。它有两种可能：一是韩国受金融危机影响，急需扩大出口，向外转嫁经济危机；二是抛库套现，做退出前的准备。

面对洋品牌可能的大退却，格兰仕品牌不是进攻而是选择了暂时退却。日前，格兰仕集团总部发出指令，有秩序地减少东北地区的市场宣传，巩固和发展其他地区市场。这一决策直接导致了2015年春节前后一批中小企业进军东北，争夺沈阳及天津市场。这些地区已经平息的微波炉大战，有重新开始的趋势。

格兰仕集团经理层在解释这种战略性退让时指出，其目的在于让出部分市场，培养民族品牌，使它们能够利用目前韩国个别品牌由于质量问题引起信誉危机的有利时机，在某一区域内获得跟洋品牌直接对抗的实力，形成针对洋品牌的统一战线，消除那些搞不正当竞争的进口品牌。

从长远看，格兰仕集团保持一些竞争对手，也是对自己今后的鼓励和鞭策。格兰仕集团的目标是打出国门。前不久，在世界最高水平的德国科隆家电展中，第二次参展的格兰仕集团不仅获得大批订单，而且赢得了世界微波炉经销商的广泛关注。

为继续扩大规模，格兰仕集团将有选择地在国内微波炉企业中展开收购工作。在收购安宝路未果后，格兰仕公司总结了经验教训，将重点联合政府部门实现新的目标。鉴于亚洲金融危机的影响短期内可能不会消除，格兰仕表示，并购工作对海外品牌企业一视同仁。

思考：

分析格兰仕集团面临的战略环境，评价格兰仕微波炉业务的一般性竞争战略及其特点、得失。

（资料来源：https://baike.baidu.com/item/）

项目三

市场营销调研

学习目标

知识目标：
1. 掌握市场营销信息的分类与特点。
2. 了解营销调研在市场信息系统中所处的地位。
3. 理解市场营销调研的意义、类型与内容。
4. 正确把握市场营销预测的原则与程序。

能力目标：
1. 能够设计市场营销调研问卷。
2. 能够撰写市场营销调研报告。
3. 能够分析市场营销调研数据，并按照合理的方法进行市场营销预测。

思政目标：
1. 增强市场经济意识，明确以消费者为核心的现代营销观念。
2. 养成诚实守信、遵纪守法的职业道德，合理合法选择市场营销调研方法。
3. 培养创新精神，大胆进行市场营销预测。
4. 增强社会责任感，降低企业市场营销行为的负外部性。

知识导图

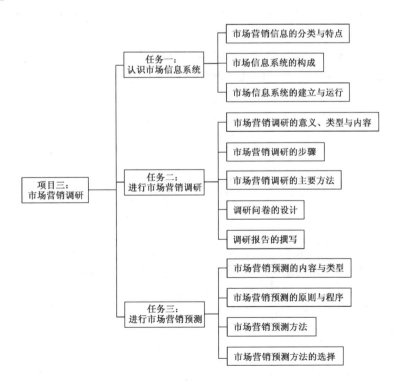

 项目导入

大数据捧红《纸牌屋》

全球复杂网络权威、物理学家巴拉巴西通过研究提出，93%的人类行为是可以预测的。这是一种颠覆性的结论。今天，人类社会迈入大数据时代，大数据影响社会各个领域，尤其对于投资巨大的影视行业，大数据正在逐渐改变我们长期以来对中国影视行业的失望，通过大数据开展前期研究、降低风险、精准营销已经帮助许多投资人获得了巨大回报。

2013年《纸牌屋》的爆红，让Netflix盆满钵盈。这也开启了大数据在影视产业应用的成功之路。大数据最重要的特点就是数据成为一种资源和生产要素，这就要求影视产业必须适应这种新的信息生产方式，生产、分析、解读数据，探索一条为用户提供分众化服务和体验的发展之路，这将成为未来影视产业竞争的核心要素。

早期，Netflix是通过邮寄方式租赁DVD成为北美家喻户晓的在线影片租赁提供商。但是面对互联网的冲击，其盈利每况愈下。于是，Netflix转向线上，但转型并不成功，一直被资本市场唱空。

不过，在决定拍什么、怎么拍上，Netflix却一反常规，祭出自己的秘密武器——大数据。

Netflix从创立开始，就意识到数据的重要性。在他们的网站上，用户每天产生高达3 000多万个行为，如收藏、推荐、回放、暂停等；Netflix的订阅用户每天还会给出400万个评分，300万次搜索请求，询问剧集播放时间和设备等。其海量的用户数据积累和分析，为制作方决策提供了精准的依据。这些都被Netflix转化成代码，当作内容生产的元素记录下来。早些年，这些数据被Netflix用来进行精准推荐，随着数据挖掘技术的日渐成熟，Netflix开始将其用于前台的影片生产。

2013年，Netflix的工程师们发现，喜欢BBC剧、导演大卫·芬奇（David Fincher）和老戏骨凯文·史派西（Kevin Spacey）的用户存在交集，一部影片如果同时满足这几个要素，就可能大卖。

于是Netflix决定赌一把，他们花1亿美元买下了一部早在1990年就播出的BBC电视剧《纸牌屋》的版权（该费用几乎是美国一般电视剧价钱的两倍），并请来大卫·芬奇担任导演，凯文·史派西担当男主角。

事实证明，他们赌对了——《纸牌屋》不仅是Netflix网站上有史以来观看量最高的剧集，也在美国及40多个国家大热。《纸牌屋》开启了大数据对于影视产业的全面渗透。如何成片？演员和导演怎么选？在哪个时间段进行播出？都由广大受众的客观喜好统计决定。从受众洞察、受众定位、受众接触到受众转化，每一步都由精准细致高效经济的数据引导，从而实现大众创造的C2B，即由用户需求决定生产。

（资料来源：https://36kr.com/p/5073252）

任务一 认识市场信息系统

随着科学技术的突飞猛进和全球经济一体化趋势的不断发展，市场形势日益复杂多变，产品竞争日趋激烈残酷，企业的生存和发展越来越需要大量的信息与准确的判断。我们所处的是一个快速变化的大数据时代，对关键环节的科学的数据分析，能够帮助传统企业提升洞察力，建立差异化的竞争优势。

一、市场营销信息的分类与特点

(一) 市场营销信息的分类

市场营销信息系统需要收集和处理大量信息，以便对市场做出快速响应，及时满足顾客对产品和服务的需求，并能根据市场变化及时调整营销策略。按照信息来源，市场营销信息可以分为内部营销信息和外部营销信息。

1. 内部营销信息

内部营销信息是指存在于企业内部的各种经营信息，主要包括有关产品订单、仓储装运、生产成本、存货控制、现金流程、应收账款和销售报告等各种反映企业经营现状的信息。

2. 外部营销信息

外部营销信息主要是指市场信息，它集中反映了商品供需变化和市场的发展趋势，主要包括：

(1) 市场需求信息

市场需求信息主要由购买力信息、购买动机信息和潜在需求信息组成。购买力信息反映了社会购买能力，如消费者的数量与收入情况、消费者的构成、消费者的类型分布等；购买动机信息反映了消费者产生购买动机的各种原因；潜在需求信息反映了消费者的使用偏好。

(2) 竞争信息

竞争信息主要反映了市场竞争状况，这对于企业制定正确的经营政策具有十分重要的意义。

(3) 用户信息

用户信息包括企业产品用户的基本情况，潜在用户的分布情况，用户的主要特点，对用户支付能力、信用程序等方面的评价。

(4) 合作伙伴信息

合作伙伴信息包括原材料与零配件供应商、合作生产企业和分销商等方面的信息。

(二) 市场营销信息的特点

市场营销信息关系到企业的战略决策和具体经营活动，对企业的发展起着至关重要的作用，具有时效性强、更新性强、针对性强和双向性等特点。

1. 时效性强

市场营销活动与市场变化密切相关，信息的有效性具有非常强的时间要求。这是由于市场受到各种要素的影响和制约，处于快速的发展变化中，信息一旦加工传递不及时，就很难得到有效的利用。加强信息的收集能力，提高信息的加工效率，尽可能缩短从收集到投入使用的时间，最大限度地发挥营销信息作用，对企业发展是十分重要的。

2. 更新性强

市场营销信息随市场的变化而不断变化与更新，所以市场活动的周期性并不意味着简单的重复，而是在新条件下的发展过程。虽然新过程与原有的过程有着时间上的延续性，但绝不能全部沿用原有的信息，企业必须不断地、及时地收集和分析各种新信息，随时掌握新情况，研究新问题，从而取得营销主动权。

3. 针对性强

市场情况复杂多变，各类信息层出不穷，所以企业在市场营销信息收集过程中要有针对性，要根据企业经营的能力和产品的特点，把握好市场营销环境的变化，控制好原料供应与产品销售的渠道，掌握好最佳消费群体的消费动态，及时收集有效的市场信息，以便从容、正确应对市场变化。

4. 双向性

在商品流通中，商品的实体运动表现为从生产者向消费者的单向流动，而市场营销信息的流动则带有双向性：一方面，信息的传递是从生产者向消费者流动；另一面，信息的反馈是由消费者回流到生产者。市场信息的收集和反馈能够帮助企业及时掌握市场变化，及时应对外部威胁，所以显得格外重要。

二、市场信息系统的构成

市场信息系统是由人员、机器设备和计算机程序所构成的一个相互作用的连续复合体。企业通过运用市场营销信息系统收集、挑选、分析、评估和分配市场营销信息，为企业制订或修改市场营销计划、执行和控制市场营销活动提供依据。

市场信息系统一般由内部报告系统、营销情报系统、营销调研系统、营销分析系统这 4 个子系统构成。这 4 个子系统分别从不同方面为企业的经营决策提供所需要的信息，如图 3-1 所示。

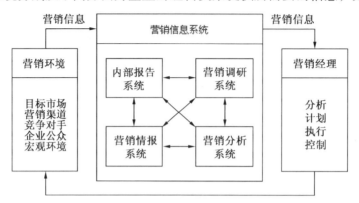

图 3-1 营销信息系统图

（一）内部报告系统

内部报告系统是企业经常使用的最为基本的信息系统，主要功能是向营销管理人员及时提供各种反映企业经营状况的信息，包括订单、销量、成本、费用、生产进度、存货水平、应收账款、应付账款、现金流量等。通过信息分析，管理人员能够从中发现市场机会，找出存在的问题，比对实际情况与预期水准的差异。

1. 内部报告系统的特点

内部报告系统的主要特点包括：

① 信息主要来自企业内部，包括财务、生产、销售等部门。
② 信息需要定期提供，用于营销活动的计划、管理和控制。

2. 内部报告系统的工作流程

内部报告系统的核心是"订单—发货—账单"循环，具体工作流程为：

① 销售人员接到客户订单后，将订单送回企业。
② 负责管理订单的部门将有关信息分别传送到相关部门。
③ 生产部门按照订单组织生产，仓储部门负责组织发货。
④ 销售部门将货物及账单送到客户手中，财务部门按时进行结算。

内部报告系统提供给营销人员的是其最为迫切需要的信息，所以为了提高工作效率，企业在设计内部报告系统时，需要注意以下两个方面：一是要提高销售报告的时效性；二是要使销售报告符合营销管理人员的需要。

（二）营销情报系统

营销情报系统是向营销管理人员及时提供有关外部环境发展变化信息的程序系统，其主要任务是快速收集和提供关于企业营销环境的最新发展信息。

1. 营销情报系统的观察方式

营销情报人员通常采用的观察方式包括：

（1）随意性观察

观察者心中没有特定的目的，只进行一般接触性的信息收集，希望通过广泛的观察来得到需要的信息。

（2）条件性观察

观察者心中有特定的目的，针对某一事件或在基本已认定的范围内搜集相关的信息。

（3）非正式调查

观察者为实现特定目的或获取特定信息，在指定的范围内做有限度、非系统性的信息搜集。

（4）正式调查

观察者为获取特定的信息，按照事先确定的计划、程序和方法，开展与特定问题有关的信息调研。

2. 营销情报的获取途径

营销决策者可能从各种途径获得情报，如阅读书籍报刊等出版物、网络查询、与顾客和中间商进行交谈等，但这些做法往往不正规并带有偶然性。企业需要采取正规的方式和途径来提高情报的数量和质量，主要包括：

① 成立信息中心，安排专人查阅主要的出版物、网站，并对情报进行整理、分析和评估，编写简报。

② 训练和鼓励销售人员收集情报，通过中间商、代理商及其他合作者和企业收集相关信息，了解竞争对手的情况。

③ 聘请专家或专门机构，收集和购买有关竞争对手、市场动向的情报。

④ 建立消费者咨询制度，认真对待消费者的提问和投诉。

⑤ 参加各种贸易展览会。

（三）营销调研系统

营销调研系统是针对企业面临的问题，对有关信息进行系统的收集、分析和评价，把研究结果通过正式报告的形式提交上来，供决策部门解决问题使用的情报系统。

1. 营销调研系统的特点

营销调研系统与内部报告系统和营销情报系统最本质的区别在于：营销调研系统的针对性极强，是为解决特定的具体问题而从事信息的收集、整理、分析。企业在营销决策过程中，经常需要对某个特定问题或机会进行重点调查研究。

2. 营销调研的渠道

企业可以通过营销调研部门或组成调研小组来完成调研任务，也可以委托外部的专业调研公司来完成任务。专业调研公司一般有三种类型：

（1）综合性营销调研公司

这类公司为企业提供一般性的营销调研服务，服务范围广泛。

（2）特殊性营销调研公司

这类公司只为企业提供特殊的营销研究服务，如市场预测、产品包装等。

（3）信息销售公司

这类公司向企业提供连续的商业资料，以出售信息为主。

（四）营销分析系统

市场营销分析系统以统计技术和数学模型为手段，对复杂的营销现象进行科学分析，帮助企业解决营销难题，做出最佳决策。

1. 营销分析系统的构成

营销分析系统主要由统计分析模型和市场营销模型两部分组成。

（1）统计分析模型

统计库主要采用回归分析、判别分析、因子分析、集群分析、联合分析、多维排列等各种统计分析技术，从大量市场信息中提取有价值、有意义的数据。

（2）市场营销模型

模拟库专门用于协助决策者选择最佳的市场营销策略，包括解决各种营销决策问题的数学模型，例如马尔科夫过程模型、排队模型、新产品预先测试模型、销售反应模型等。

2. 营销信息处理

经过营销分析系统处理后得到的信息，有相当一部分具有重复使用价值，可将其列入存储状态。为了使处于存储状态的信息能够快速、方便地提取使用，需要建立完善的信息检索系统，提高信息的综合性和准确性。

三、市场信息系统的建立与运行

（一）市场信息系统的建立

企业市场信息系统是专门为营销管理人员打造的，所以在设计时要考虑到管理人员使用众多信息的可能性、便利性和有效性。为了保证市场信息系统设计合理，使用科学高效，企业营销经理要协助参与市场信息系统的建立，帮助研究营销管理人员的信息需求，并在使用过程中不断加以完善。在营销经理的协助下，营销团队都参与信息系统的设计、建设与完善，系统才能够准确、全面地筛选出真正重要的信息，最大限度地满足管理人员对信息的需求。

知识拓展

市场信息系统的开发过程

市场信息系统的开发，常常会让人有无从做起的苦恼。但"摸着石头过河"的做法并不可取，因此，在正式开发市场信息系统前，必须制定一个明确的系统开发流程，用以指导相关人员的工作。下面是一个规范化的市场信息系统开发流程。

1. 需求调查与分析

经过市场信息系统收集和处理的信息是为最终的信息使用者服务的。由于营销信息的最终使用者来自需要不同信息的各个部门，包括战略、营销、采购、财务甚至人力资源等部门，开发者首先应该对使用者的信息需求进行调查。

值得注意的是，消费者本身也是营销信息的生产者。前面已经提到，企业所有的与外界接触的人员都可能获得营销信息，这就需要培养企业相关人员的信息意识，使其切实认识到信息工作的重要性和必要性，从而使每个人在享受营销信息服务的同时，也为他人提供营销信息服务。

2. 营销信息来源

营销信息需求调查清楚后，下一步工作就是如何获得这些营销信息。获得营销信息有两个渠道，一是营销情报系统，二是营销调研系统。

营销情报是指关于营销环境日常发展情况的信息。可以从很多渠道获得营销情报。大量的情报可以由本公司职员如经理、工程师和科学家、采购人员、销售人员等提供。公司必须让职员明白收集信息的重要性，训练他们发现新情况的能力，并督促他们进行汇报。公司还必须联络供应商、经销商和顾客一起提供重要情报。关于竞争者的情报可以从竞争者的年报、新闻、广告、网络中获得。

营销情报系统提供的信息比较杂，企业常常需要对某个特定的营销问题进行专项研究，这就是营销调研。

3. 信息加工、分析

营销者需要对通过营销情报和营销调研所获得的信息进行进一步分析，例如，利用先进的统计分析法来研究数据的内在联系和数据的可信度。这些分析可以使营销者克服数据中的偏差，以便解决市场、营销活动和效果方面的问题。信息分析还包括能够帮助营销者做出最佳判断的数学模型。

4. 信息传递、传播

只有当营销者利用信息做出更好的决策时，营销信息才具有价值。营销信息必须在合适的时间提供给合适的使用者。规范化的营销信息包括普通业绩报告、最新情报和调查报告。营销经理或营销人员就是利用这些营销信息制订常规计划、实施和控制决策。有时，他们还需要专门的非日常性的营销信息，比如有关某个顾客的专门信息。营销信息必须高效、快速地提供给信息使用者。

近年来，信息技术的发展为营销信息的共享、传播提供了非常有利的条件。在很多公司，营销信息被存储到信息服务器上，同时通过服务器赋予不同的信息使用者以不同的信息授权权限，营销经理可以通过个人电脑和其他方式直接进入信息网络查询相应的信息，这大大提高了营销信息共享、传播的效率。

（资料来源：https://baijiahao.baidu.com/）

（二）市场信息系统的运行

在信息流动过程中，内部报告系统负责收集、储存大量的企业内部信息；营销情报系统负责收信企业外部的信息并向外传播企业自身的信息；营销调研系统对特定的问题进行专项的、正式的调研来获取信息。这三个子系统通过营销分析系统的分析和评核，转化成为有用的报告，清晰地传递到营销管理人员手中，营销管理人员根据信息进行营销活动策划、执行和控制。

由信息提供而发生的营销活动又会反作用于企业营销活动的内外部环境，从而对市场产生一定的影响。面对环境的变化，企业市场信息系统又会不断地进行信息收集和处理，进而影响企业经营活动，形成了信息流动的循环。

（三）市场信息系统的功能

科学的市场信息系统能够帮助企业营销管理人员更好地选择市场，开发适合的产品，更好地制订和执行营销计划，超越竞争对手，取得市场领先。一个有效运行的市场信息系统主要具备以下几项功能：

① 能够分别向企业各级营销管理人员提供其需要的信息；
② 能够对信息进行评估和选择，分别为各级营销管理人员提供与其决策相关的有效信息；
③ 通过信息提供，帮助营销管理人员在有限的时间内快速做出判断，进行决策，采取行动；
④ 能够为企业经营者提供与企业营销活动相关的任何形式的信息和数据；
⑤ 提供的信息总是最新的，提供信息的形式要便于营销管理人员掌握和使用。

知识拓展

企业大数据的 8 个应用领域

1. 基于客户行为分析的产品推荐

产品推荐的一个重要方面是基于客户交易行为分析的交叉销售。根据客户信息、客户交易历史、客户购买过程的行为轨迹等客户行为数据，以及同一商品其他访问或成交客户的客户行为数据，对客户行为的相似性进行分析，包括浏览这一产品的客户还浏览了哪些产品、购买这一产品的客户还购买了哪些产品、预测客户还喜欢哪些产品等，为客户推荐产品。产品推荐是 Amazon 的发明，它为 Amazon 等电子商务公司赢得了近 1/3 的新增商品交易。

产品推荐的另一个重要方面是基于客户社交行为分析的社区营销。通过分析客户在微博、微信、社区里的兴趣、关注、爱好和观点等数据，投其所好，为客户推荐他本人喜欢的，或者是他的圈子流行的，抑或是他推荐给朋友的相关产品。

通过对客户行为数据的分析，产品推荐将变得更加精准、个性化。传统企业既可以依赖大型电子商务公司和社区网络的产品推荐系统提升销售量，也可以依靠企业内部的客户交易数据、公司自有的电子商务网站等直销渠道或企业社区等进行客户行为数据的采集和分析，实现企业直销渠道的产品推荐。

2. 基于客户评价的产品设计

客户评价数据具有非常大的潜在价值，它是企业改进产品设计、产品定价、运营效率、客户服务等方面的一个很好的数据渠道，也是实现产品创新的重要方式之一。客户的评价既有对产品满意度、物流效率、客户服务质量等方面的建设性改进意见，也有客户对产品的外观、功能、性能等方面的体验和期望，有效采集和分析客户评价数据，将有助于企业改进产品、运营和服务，有助于企业建立以客户为中心的产品创新。

3. 基于数据分析的广告投放

DSP为广告主提供数据分析服务，包括广告投放试验、时段分析和效果分析。例如，依托数据平台记录每次用户会话中每个页面的海量数据，可以在很短的时间内完成一次关于广告位置、颜色、大小、用词和其他特征的试验。当试验表明广告中的这种特征更改和优化促成了更好的点击行为，这个更改和优化就可以实时实施。再如，根据广告被点击和购买的效果数据分析，根据广告点击时段分析等，针对性进行广告投放的策划。

4. 基于社区热点的趋势预测和病毒式营销

社区中热点和热门是大数据分析的结果。在社区里流行的热门话题、在搜索引擎中的热点分析，通常具有先兆性的特征，能够成为一种流行趋势的预测。比如，苹果的土豪金让土豪色成为一种流行。同时由于社区传播的广泛、快捷性，也能够帮助企业通过病毒式营销获得更多关注，例如小米的病毒式营销的策划。

5. 基于数据分析的产品定价

产品定价的合理性需要进行数据试验和分析，主要研究客户对产品定价的敏感度，将客户按照敏感度进行分类，测量不同价格敏感度的客户群对产品价格变化的直接反应和容忍度。通过这些数据试验，为产品定价提供决策参考。

6. 基于客户异常行为的客户流失预测

在客户数据分析中，若发现客户的投诉增多，客户评价出现负面情绪，客户购买量明显减少等现象，则必须根据客户行为模型，预测客户流失的可能性，并采取针对性措施。

7. 基于环境数据的外部形势分析

从市场竞争者的产品、促销等数据，从外部环境的数据比如天气（如雾霾）、重大节日（如双"十一"）、国家大事（如十九大）、热门话题（如"中国好声音"）、社交媒体上人们的情绪（如快乐）等中找到对外部形势演变的先导性的预测，帮助企业应对环境变化。

8. 基于物联网数据分析的产品生命周期管理

条形码、二维码、RFID等能够唯一标识产品，传感器、可穿戴设备、智能感知、视频采集、增强现实等技术能对产品生命周期的信息进行实时采集和分析，这些数据能够帮助企业在供应链的各个环节跟踪产品，收集产品使用信息，从而实现产品生命周期的管理。

（资料来源：http://blog.sina.com.cn/s/blog_4aa50b4d0101j329.html.）

任务二 进行市场营销调研

企业要保证决策的正确性，减少风险，取得良好的经济效益，必须以科学的市场调查和准确的市场预测为基础。市场营销调研是指运用科学、系统的方法，收集、分析和传递市场营销活动的各类信息，为经营管理者制定有效的营销决策提供重要依据的行为过程。市场营销调研通过搜集、记录、分析影响需求的情报资料，提出能够对市场环境、销售机会、营销战略进行选择的建议性报告，供企业上层管理人员做出判断、决策，是企业营销管理的重要手段。

一、市场营销调研的意义、类型与内容

（一）市场营销调研的意义

市场营销调研是企业减少盲目性和提高自觉性的工具，有效的市场营销调研会使企业受益匪浅，其意义如下：

1. 市场营销调研有利于企业开发新产品

企业通过市场营销调研，分析研究产品的生命周期，了解消费者偏好，顺应市场营销环境，掌握市场竞争规律，才可能开发出符合市场需求的新产品，制定出科学的生命周期阶段性策略。

2. 市场营销调研有利于企业按市场需求组织生产

通过市场营销调研，分析并了解市场，才能根据本企业产品的市场需求变化、市场销售规模，结合市场竞争格局、消费者意见与购买行为等因素，科学地安排生产和销售工作。

3. 市场营销调研有利于企业开拓新市场

通过市场营销调研，企业可以发现目标市场中消费者没有得到满足的需求，测量消费者需求的程度，做到知己知彼，创新营销模式，为企业寻找到发展的机会，明确发展的方向。

4. 市场营销调研有利于企业了解市场竞争状况

通过市场营销调研，企业才能知道促销活动的效果，了解产品知名度和顾客满意度的变化，掌握竞争对手所采取的策略、方法和收效，进而有针对性地解决经营问题，提高市场竞争力。

5. 市场营销调研有利于提高企业经济效益

通过市场营销调研，企业可以有效掌握企业经营活动的状况，解决销售渠道与经营管理中的问题，通过降低经营成本、提高产品销量、节约管理费用等有效手段，提高企业的经济效益。

市场营销调研是一项寻求市场与企业经营之间和谐的活动。一般来说，一种产品在投产后的修改费用要远远高于设计时的修改费用，巨大的费用差额就源于当初对市场的了解不够全面和深刻，因而市场营销调研工作历来为企业经营者所重视。

案例链接 3-1

康师傅中国之路

现代营销观念认为，实现企业各种目标的关键是：正确认识目标市场的需要和欲望，并且比竞争对手更有效、更有利地传送目标市场所期望满足的东西。而市场营销调研是企业了解目标市场需求和竞争对手行动的真正有效手段。因此，随着营销观念的逐步深入人心，市场营销调研在全球范围得到了广泛的重视。

顶新企业的创业者是来自我国台湾省的魏家四兄弟。自1988年起，魏家兄弟开始在祖国大陆投资设厂。刚到大陆时，他们不仅感到内地地理面积很大，而且看到了内地市场蕴涵着的巨大商机，特别是注意到当时许多家庭的食用油都是品质较差的散装油。于是，他们想到做生不如做熟，决定把在台湾经营油脂的家族经验移植到内地，在内地生产高品质的包装食用油。因此，顶新企业在大陆发展的第一步就是在北京生产"顶好清香油"，但由于缺乏对市场的了解，产品价格不为消费者所接受，生产的"顶好清香油"叫好不叫座，导致公司经营入不敷出。后来，顶新企业又在济南投资生产"康莱蛋酥卷"，还曾到内蒙古投资一个蓖麻油项目，但都以失败告终。

爱迪生曾说过："成功需要99%的努力和1%的灵感。"魏氏兄弟在创业道路上所需要的正是这1%的灵感，而不可思议的是，这1%的灵感竟然是在一次旅途中偶然诞生的。顶新国际集团董事长魏应行一次出差旅行，因为不太习惯火车上的饮食，便带了两箱从台湾捎来的方便面，没想到这些在台湾非常普通的方便面引起了同车旅客极大的兴趣，大家都觉得这面好吃、方便，到后来甚至有人忍不住"偷"吃起来，两箱面很快一扫而空。

就是这次经历，魏应行发现了一个新的创业契机。于是，他冷静地分析了大陆的方便面市场，发现当时的方便面市场两极化：一边是国内厂家生产的廉价面，几毛钱一袋，但是质量差，面条一泡就糟，调味料就像是味精水；另一边是进口面，质量好，但是五六元一碗，一般消费者接受不了。如果有一种方便面，味美价廉，价格在一两元钱，一定很有市场，而且随着生活节奏的加快，人们对方便食品的需求量一定会越来越大。

看准了方便面市场，魏氏兄弟重新振作起来，他们劝说股东继续投资，然后一头扎进这个崭新的领域。随后，历经九个多月的市场营销调研，为开发、占领中国方便面市场提供了以下依据：

① 中国人口众多，城市化进程加快，人口迁徙、打工潮、返乡潮带来数以亿计的旅客大量需要方便快餐。

② 根据中国人均收入水平，消费者需要低价而实惠的方便面。

③ 大陆人口味偏重，喜辣好咸，尤其偏爱牛肉口味。

④ 媒体广告是影响中国人购买的重要因素。

于是，顶新国际集团采取了如下的一系列营销决策：

1. 新产品命名

他们给产品起名为"康师傅"。"康"代表健康，念起来也很响亮；"师傅"是大陆最普遍的尊称，也是专业、好手艺的代名词。"康师傅"叫起来既上口，又亲切，再配上笑容可掬、憨厚可爱的"胖厨师"形象，是一个很具号召力的品牌，并选中了"天津经济开发区"作为"康师傅"第一个生产基地。

2. 产品策略

为了开发适合大陆人口味的面，经过公司市场营销调研部门上万次的口味测试和调查发现：大陆人口味偏重，而且比较偏爱牛肉口味，于是，公司决定以"红烧牛肉面"作为进入市场的主打产品。在工艺上，公司从日本、德国进口了最先进的生产设备，采用特选面粉，经蒸煮、淋汁、油炸制成面饼，保证了面条够劲道，久泡不糟，再加上经由双包调料和细肉块调配出的美味汤汁，售价仅在两元左右，使"好吃看得见"的康师傅方便面一亮相便征服了消费者。

3. 渠道策略

康师傅方便面从1992年上市后，产品供不应求，销路很畅，但销售周期长。进入1996年，同类产品纷纷上市，竞争日趋激烈，原有的销售渠道和周期很难将产品顺利推上市场。为此，集团提出"通路精耕"的概念，意在缩短流通周期。目前，在国内200多个城市中，康师傅方便面到消费者手中只经过两次转手，集团批给大批发商，大批发商再卖给零售商。

为了规范市场，顶新国际集团还将国内市场划分为1 500个区域，每个区域找一个专属经销商，通过严谨的供销合同，使经销商与顶新国际集团成为命运共同体，彼此权力、义务明确，这样可以有效地避免由于批发商过多导致的恶性竞争。

"康师傅"方便面在市场上的成功，更加坚定了顶新国际集团在大陆生根发展的决心，于是在天津经济开发区，顶新制面一厂、制面二厂和调料厂相继落成投产，生产规模不断扩大。此后又先后建成纸箱厂、PSP碗厂、包膜厂、塑料叉厂等配套服务厂商，形成了产业的垂直整合，为"康师傅"的进一步发展奠定了坚实的基础。"康师傅"相继在广州、杭州、武汉、重庆、西安、沈阳等地设立生产基地，从方便食品事业发展到包括糕饼、饮品等多个领域，是目前世界上最大的方便面生产企业。如今，"康师傅"系列产品不仅行销国内，并行销至美国、加拿大、新加坡、西欧及俄罗斯等国家。"康师傅"纯净水、绿茶、乌龙茶、果汁饮料、八宝粥、"3+2"夹心饼干、米饼等产品亦在国内同类产品中名列前茅。顶新集团不断完善遍布全国各地的销售网络，令新产品更加快速、有效地登陆市场，使得顶新集团产品处于行业领先地位。截至2016年12月底，康师傅集团共拥有598个营业所及69个仓库，以服务于33 653家经销商及116 222家直营零售商。

（资料来源：https://baike.baidu.com/. 有删改）

（二）市场营销调研的类型

市场营销调研是及时获取准确、全面信息的重要保证。企业在市场营销活动中要解决不同性质的问题，就需要用不同的调查方法，向不同的调研对象获取不同的资料。

1. 按照调查的目的和性质不同分

根据调查的目的和性质不同，可以划分为探测性调查、描述性调查、因果关系调查和预测性调查。

(1) 探测性调查

探测性调查是用来发现市场机会、探求问题发生的原因或者为了寻找解决某种难题的思路而进行的一种市场调查。如果企业在经营过程中遇到了暂时不太清楚的问题，或对存在的问题暂时不知怎样着手解决，抑或准备开拓新的市场，都需要通过探测性调查来寻找问题发生的原因或解决问题的思路，为进一步调查分析和开展营销活动做好准备。探测性调查用以发掘问题的性质以及与问题有关的参数，探测性调查具有高度灵活性，并倾向于依靠二手资料收集、方便性抽样、小规模调研、请教专业人士、参照已有案例或简单实验调研等技术来进行。

(2) 描述性调查

描述性调查是通过详细的调查分析，对市场营销活动进行客观描述，如实反映市场营销状况的一种市场调查。企业的主要营销表现，如销售变化情况、市场占有率、产品质量与服务水平、主要竞争对手情况、产品营销策略变化等，都需要通过描述性调查来获取。描述性调查所搜集的资料及其研究成果，对深入解决市场营销活动中的各种问题及做好市场预测工作，有着极为重要的作用。与探测性调查相比，描述性调查更为深入，不仅要搜集相关资料，还要做好资料的整理分析工作，需要有详细的调查计划，并做好调查的准备工作。

知识拓展

描述性调研中的"6W"

"6W"是描述性调研需要调查和分析的基本问题：调研对象是谁（Who）？调研什么事情（What）？什么时间调研（When）？什么地点调研（Where）？为什么调研（Why）？用什么方法调研（Way）？

(3) 因果关系调查

因果关系调查是通过调查来找出关联现象或变量之间的因果关系的一种市场调查。例如，广告效果调研，我们往往用实验法来找到什么样的广告表现可以提高销售和消费态度的改善，其变化程度如何。一个企业在经营过程中，很多因素会不断发生变化，并产生错综复杂的影响，变化的因素包括自变量、因变量和外在变量。自变量属于企业自身能够控制的变量，如产品的产量、品种、质量、价格、销售渠道选择、促销组合选择、促销费用支出等。因变量随着其他变量的变化而变化，如产品销售额、市场占有率、生产成本、利润等。外在变量属于企业无法控制的变量，如政策法规、政治经济形势变化、竞争对手的策略调整、消费者购买行为变化等。因果关系调查是市场营销调查中应用很广泛的一种调查方式。

(4) 预测性调查

预测性调查是企业为了推断和预测市场未来变化而开展的一种市场调查。预测性调查的主要对象是影响未来市场变化的因素，特别是影响一定时期内市场需求量变化的因素及其影响程度。企业只有对未来的市场需求有比较清楚的了解，才能合理制订营销计划，正常开展营销活动，最大限度地规避市场风险。市场的未来需求决定着企业的生存和发展，决定企业的经营策略和活动安排，所以预测性调查在所有市场营销调查工作中，意义更为重要。

2. 按照调查的对象和特征不同分

根据调查对象和特征的不同，市场营销调研可以划分为普遍调查、典型调查、重点调查和抽样调查。

(1) 普遍调查

普遍调查是专门组织的全面性调查，主要是针对社会经济现象或企业总体状况而进行的调查。通过普遍调查企业可以取得比较准确、全面的信息资料，如人口普查、物资普查等。普遍调查的方式主要有两种：一是组织专门的机构与人员对调查对象直接进行观察、登记，取得具体数据；二是利用政府部门、企事业单位的原始记录及报表资料进行统计、汇总，取得全面资料。普遍调查的优点是得到的资料比较全面、准确；缺点是所需要的人力、物力多，时间长，应用上也有一定的局限性。

（2）典型调查

典型调查是根据调查的目的和要求，在对调查对象进行初步分析的基础上，选择一些有代表性的典型对象进行深入的调查，以便认识事物本质和一般规律的调查方法。通过典型调查，可以研究新生事物，可以对具体问题进行深入分析，可以验证取得的数字资料。典型调查具有调查范围小、调查对象少、调查内容细、调查时间短、花费人力少、了解问题深、反映情况快、收到效果好等许多优点。

（3）重点调查

重点调查是指在所要调查的全部对象中，选择出一部分重点对象进行调查。这些重点对象在总体样本中，要占有绝对比重，能够反映全部现象的基本情况。重点对象可以是企业、部门，也可以是地区、城市，或者是消费群体、主要用户等。重点调查的方法，既可以组织专门调查，也可以通过报表形式取得资料。重点调查具有花费力量小、取得效果好，便于及时掌握情况、发现问题、采取措施等优点。

（4）抽样调查

抽样调查是按随机原则在总体样本中抽取一部分调查对象进行调研，从而推算总体情况的一种调查。抽样调查有两大特点：一是采取随机原则，在总体样本中，每一个对象被抽取的机会是均等的，完全排除了主观随意性；二是从部分推算总体，抽样调查的重要任务就是通过对部分对象的调查，来推算总体的情况。通过抽样调查，可以取得事半功倍的效果，能够利用较短的时间、较少的付出，获得比较准确、全面的数据。抽样调查的组织形式较多，可分为随机抽样和非随机抽样。

随机抽样包括简单随机抽样、等距抽样、分层抽样、分群抽样等。简单随机抽样就是从总体样本中任意抽取一定数量的单位作为样本的抽样方式，是一种纯粹的随机抽样方式。等距抽样，又称系统抽样，是把总体样本中各单位按一定的顺序排列，根据样本容量来确定抽选的间隔，按照间隔的距离来抽取样本的方式。分层抽样，又称分类抽样，是按照一定的标准将总体样本划分为若干个层次，再在各个层次内进行抽样的方式。分群抽样，是将总体样本区分为若干个群体，以随机的方式选定其中的若干个群体作为调查样本，对调查样本进行普遍调查的抽样方式。

案例链接 3-2

美国大选民调趣事

准确地民调，是各家民调机构都努力追求的。这对于维持民调机构的声誉极为重要，甚至影响到民调机构的生存发展。美国大选民调历史上有一个很知名的故事，在 1936 年美国大选中，民主党候选人罗斯福对战共和党候选人阿尔夫·兰登。《文学文摘》此前准确预测过 5 次总统选举结果。1936 年大选，《文学文摘》当年邮寄出 1 000 万份问卷，回收到 230 万份，样本数量很大。

经过分析后，《文学文摘》预测共和党候选人阿尔夫·兰登将会战胜罗斯福当选总统。而事实上，选举结果却是罗斯福获得了压倒性的胜利——在 48 个州中胜出 46 个，普选票也拿到了 60% 以上。

《文学文摘》遭到羞辱，这次惨败使其不久就宣告破产了。

原来，《文学文摘》是按照电话号码本选出的这 1 000 万个调查对象，但在当年的美国，能装得起电话的往往都是较富裕阶层、持保守立场的共和党选民，而支持罗斯福的广大工人群体基本被排除在该调查范围之外，由此其在样本上造成了显著偏差。但另一家刚成立了一年的民调公司盖洛普，只用了 5 万份样本，得出了完全相反的结果。其采用的办法就是分层随机抽样。分层随机抽样，可以避免使样本来源集中于某一群体，能够更客观地反映全体投票者的倾向。

盖洛普由此一战成名，逐步成长为美国知名民调机构。盖洛普创始人乔治·盖洛普，也被视为大选民调科学化的代表性人物。其本人更是留下这样的名言："抽样民意调查就是那根给'民主脉搏'把脉的手指。"

分层随机抽样，也成为统计学进行民意调查（包括大选民调）的基本方法。如今，有一些民调机构开始采用网络等新媒体途径来进行民调，但方法仍然是以分层随机抽样为基础。

问题：
① 为什么主流媒体《文学文摘》对新政前途的预测和宣传是错误的？
② 试分析《文学文摘》这次调查失败的原因。

参考答案：
① 样本严重偏离了总体，导致样本不具备代表性。
② 失败的原因：抽样方法不正确。样本不是从总体（全体美国公民）中随机抽取的。1936年，美国有私人电话和参加俱乐部的家庭，都是比较富裕的家庭。所以，从这部分富人中抽取的样本严重偏离了总体，导致样本不具备代表性。

（资料来源：http://news.sohu.com/20161108/n472608035.shtml.）

非随机抽样包括判断抽样、配额抽样等方式。判断抽样，是在对被调查对象有比较深入的了解的前提下，根据调查者的经验判断，从总体样本中选择出最具有代表性的单位的抽样方法。配额抽样是把样本总体按一定的特征分类，根据每一类样本数量的大小，在每一类样本中都分别进行随机选择调查样本的一种抽样方式。

除了以上两种主要分类方式以外，市场营销调研还有多种分类方法。按照调查时间的不同，可以划分为一次性调查、定期调查、经常性调查、临时性调查；按照调查区域的不同，可以划分为国际市场调查、国内市场调查、城市市场调查、乡镇市场调查；按照产品及用户的不同，可以划分为生产者市场调查、消费者市场调查等。

（三）市场营销调研的内容

市场营销调研是市场营销活动的起点，调研内容涉及企业市场营销活动的整个过程，主要包括以下几个方面：

1. 消费者需求情报

消费者研究是市场营销调研的重要内容，消费者需求是企业一切活动的中心和出发点，对消费者的调研包括消费者的数量、地区分布、购买动机与行为、品牌偏好、购买数量、对企业产品的改进要求、对新产品的反应等。

2. 市场环境情报

市场环境调研大多用于开拓新市场的项目，且大多可通过第二手资料获得。市场环境情报包括经济增长走势、经济政策、政治体制、社会安全、文化环境、法律规范、科技发展以及地理环境等对企业的影响。

3. 产品情报

产品调研是针对市场需求所做的调研，目的是能够按照消费者的需求不断推出适合的产品和服务。产品情报包括产品新用途的开发、新产品设计与开发、产品品牌或商标、产品装潢和包装、产品生命周期等信息。

4. 价格情报

价格是产品销售过程中最为敏感的因素，对产品价格进行监控是任何一家企业都必须重视的工作。价格情报包括影响企业产品定价的因素、产品需求弹性、价格策略对销售的影响、新产品定价策略等。

5. 渠道情报

销售渠道调查是对不同流通途径的产品销售数量进行调查，主要分析产品各个时期的销售变动规律和销售环境变化。营销渠道情报包括中间商的数量、企业形象、销售规模、销售形式、顾客类型及所提供的服务等信息。

6. 促销手段情报

促销活动形式丰富，具有很强的针对性，但促销活动的实施效果很难事先预知或确定，需要进行跟踪和反馈。促销手段情报包括广告媒体的选择、广告的效果、广告的费用、推销人员的情况、促销方式的选择等。

7. 竞争者情报

企业进行竞争对手调研首先要研究竞争结构，进而识别和分析主要竞争对手，有针对性地制定竞争策略。竞争者情报包括同类产品竞争者的数量及分布、规模及策略、市场占有率、产品特点、品牌形象认知情况、服务特色等。

案例链接 3-3

速溶咖啡调研案成功案例

20 世纪 40 年代，美国速溶咖啡投入市场后，销路不畅。厂家请调研专家进行研究。先是用访问问卷直接询问，很多被访的家庭主妇回答说，不愿选购速溶咖啡是因为不喜欢速溶咖啡的味道。

调研的新问题出现了：速溶咖啡的味道不像豆制咖啡的味道吗？

在试饮中，主妇们却大多辨认不出速溶咖啡和豆制咖啡的味道有什么不同。这说明，主妇们不选购速溶咖啡，不是味道的原因，而是心理因素导致。

为了找出这个心理因素，研究人员设计出两张几乎相同的购物清单，唯一的区别在于两者上面写了不同的咖啡。然后把清单分给两组可比性的家庭主妇，要求她们评价清单持有人的特征。结果差异非常显著：绝大多数读了含有速溶咖啡购物单的被访者认为，按照这张购物单买东西的家庭主妇是个懒惰、差劲、浪费、蹩脚的妻子，并且安排不好自己的计划；而看到含有豆制咖啡购物单的被访者则认为，按照这个购物单购物的家庭主妇是勤俭、称职的妻子。由此可见，当时的美国妇女存在一个共识：作为家庭主妇，担负繁重的家务劳动乃是一种天职，任何企图逃避或减轻这种劳动的行为都应该遭到谴责。速溶咖啡之所以受到冷落，问题并不在于咖啡自身，而是家庭主妇不愿让人非议，想要努力保持社会所认定的完美形象。

谜底揭开以后，厂家首先对产品包装做了相应的修改，比如使密封十分牢固，启开时比较费力，这就在一定程度上打消了顾客因为用新产品省事而造成的心理压力。在广告中也不再强调简便的特点，而是宣传速溶咖啡同豆制咖啡一样醇香、美味。很快，速溶咖啡销路大增，成为西方世界最受欢迎的咖啡。

有趣的是，在 1970 年，有人重复这一研究，发现同速溶咖啡相连的污名已经消失，人们已经普遍接受了简便物品的优点。这说明消费动机和消费观念随着社会情势的变化而变化。

（资料来源：http://blog.sina.com.cn/s/blog_7036a4780100swfy.html.）

二、市场营销调研的步骤

为了保证市场调研的质量，使调研工作有序、高效地进行，必须加强组织工作，合理安排调查程序。一般来讲，市场调研基本可以按照预备调研、正式调研、结果处理三个阶段来进行。

（一）预备调研阶段

在预测调研阶段，必须明确调研目的，确定调研主题，防止调研的问题涉及面过宽或提出的问题过于笼统，应该以解决首要问题为主。

1. 情况分析

调研人员对本企业及本部门已掌握的资料进行分析研究，加深对问题的认识和了解，为从中发现问题提供线索和条件。相关的分析资料包括产品的情况、分销渠道情况、消费者情况、合作伙伴情况、促销活动情况等。

2. 探测性调研

为了使调研有针对性，调研人员要认真分析企业的有关情况，包括各种报表、记录、统计资料、用户来函、财务决算、意见反馈等，同时要向有关人员如销售经理、业务员、专家、主要批发商和用户等征求意见，以便掌握足够的资料，探索出问题的关键，明确正式调查的主题，缩小正式调查范围。

3. 确定调研主题

通过情况分析和探测性调研，企业对问题有了更新、更全面、更准确的认识，就可以排除关系不大的影响因素，缩小问题范围，使调研目标更加集中，调研的主题自然也就逐步清晰，能够精准地确定下来。

案例链接3-4

联合利华公司的冲浪超浓缩洗衣粉

联合利华公司的冲浪超浓缩洗衣粉Surf在进入日本市场前，做了大量的市场调研。Surf的包装经过预测试，设计成日本人装茶叶的香袋模样，很受欢迎；调研发现消费者使用Surf时，方便性是很重要的性能指标，产品又对此进行了改进。同时，消费者认为Surf的气味也很吸引人。联合利华就把"气味清新"作为Surf的主要诉求点。可是，当该产品在日本全国流行后，发现市场份额仅能占到2.8%，远远低于期望值，一时使得联合利华陷入窘境。问题出在哪里呢？

问题一：消费者发现那么好的Surf在洗涤时难以溶解，原因是日本当时正在流行使用慢速搅动的洗衣机。

问题二："气味清新"基本上没有吸引力，原因是大多数日本人是露天晾衣服的。

显然，Surf进入市场时实施的调研设计存在严重缺陷，调研人员没有找到日本洗衣粉销售中应该考虑的关键属性，而提供了并不重要的认知——气味清新，导致了对消费者消费行为的误解。而要达到这个调研目的，只要确定合适的调研主题就能实现。

调研设计的具体内容应包括：明确需要收集的信息，收集信息的方法和测量手段，调研对象，分析数据的方法。

调研设计还要保证：所收集的信息必须有助于对营销问题的认识和解决，所有信息最终都应该与营销决策有关。

调研设计的目标：收集相对于调研费用而言最有价值的信息，调研设计的目的不是想办法获取尽可能精确的信息，而应该在一个明确的预算水平上尽可能使潜在的误差缩小。

(资料来源：https://www.globrand.com/2004/3779.shtml.)

(二) 正式调研阶段

正式调研阶段是整个调研活动的核心，其主要任务就是要及时、全面、准确地收集相关的信息资料。

1. 制订调研方案

针对预备调研阶段所确定的问题制订具体的调研方案，包括确定调研的目标、方法、人员、地点、时间、对象、费用，以及工作进度日程和对工作进度的监督检查等内容。工作进度日程是对各类调查项目的工作程序、时间、方法等所做出的具体规定，可以列出调研工作进度表，便于工作开展和检查。工作进度监督检查是通过一定的技术、方法对工作进度进行的约束管理活动，以便及时发现问题，保证调研活动正常进行。

 知识拓展

"6W2H"策略

制订调研方案,常采用"6W2H"策略,具体见下表。

表3-1 调研方案的框架

项目	含义	任务
What	调研什么	明确调研主题
Why	调研目的	明确调研目的、意义与目标
Which	调研对象	随机抽样、非随机抽样
Who	调研主体	委托外部机构调研、自己独立调研、内外协作调研
When	调研时间	调研日程、信息时限
Where	调研范围	明确调研总体与总体单位
How to do	调研方法	询问法、观察法、实验法;原始资料、二手资料
How much	调研预算	人、财、物消耗预算

2. 现场实地调研

拟订调研方案和制订工作计划,经有关领导批准后,就进入调研资料搜集的实施阶段。这个阶段的主要任务是组织调研人员深入实际,按照调研方案的要求和工作计划的安排,系统地搜集各种资料。在营销调研中,资料搜集阶段是花费最大且又容易失误的阶段,企业要科学选择市场调研人员,进行专业培训,合理组织实地调研活动,确保市场调研的质量。

调查资料的搜集是市场调查工作的重心,搜集的资料包括一手资料和二手资料。一手资料又称原始资料,就是由市场调研人员亲自搜集的各种原始资料,如消费者的需求特征、购买习惯、经营方式对消费行为的影响等。二手资料又称次级资料,是由他人搜集整理的文字与数据,二手资料的来源如表3-2所示。使用一手资料的优点是针对性强、真实性强、实用性强;缺点是获取成本较高,时间也较长。使用二手资料的优点是信息系统完整、获取容易、使用方便、费用较低;缺点是时间性较差,有时需要对信息重新整理分析,特别是当二手资料不足以说明问题时,就必须获取一手资料。

表3-2 二手资料的来源

资料来源	获取资料的具体途径
企业内部资料	销售数据、资产负债表、损益表、销售访问报告、相关票据、存货情况等
政府出版物	政府工作报告、统计报表、人口普查数据、法律文件、政策法规等
行业协会	行业调研招告、统计数据、行业指导资料等
媒体资料	电视、广播、杂志、报纸、网络资料等
营销数据库	工商企业名录、零售扫描数据库、媒体接触数据库等

(三)结果处理阶段

通过正式调研阶段取得的数据资料,由于来源不同、性质各异,必须经过整理、鉴别、分析,才能为进一步市场研究或预测使用。

1. 整理资料

通过市场调研取得的资料,特别是第一手资料,一般比较零乱、分散,必须进行整理,去伪存真,保证资料的真实性、系统性。资料整理一般包括以下几个步骤:

（1）分类

将调研资料按照一定的标准进行分类，这是资料整理的基础工作。调研资料分类编组可以按数量、时序、地区、质量等进行，可以按照工作要求进行事先分类，也可以根据信息特点进行事后分类。

（2）核校

将调研资料进行核对、鉴别与筛选，发现并剔除资料中的错误部分，保证资料的可读性、完整性、准确性和实用性。

（3）编号

给每份资料分别编号，以便存档和查阅。根据调研资料的数量和使用范围，可采取手工、机械和计算机三种方式进行编号。

（4）制表

将分类的资料进行计算后，制成统计表或绘制成统计图，使数据更加直观，对比更加明显，以便分析与利用。

2. 分析资料

资料的分析阶段是市场调研能否充分发挥作用的关键。进行资料分析，首先是资料的校正，对于整理好的资料，通过时间序列分析、相关分析、回归分析等方法，判断出其调查误差，找出生产误差的原因，采取正确的方式进行适当的技术处理。然后对资料进行推断，把整理好的资料和修正后的数据，通过微分推断、数学规划推断、博弈推断等方式，找出信息的内在联系，得出正确的调查结论。

3. 撰写调研报告

撰写调研报告是市场调研成果的集中体现，以供企业管理者做决策时参考。市场调研报告要根据搜集的资料信息，围绕调查的目的与要求，客观准确地分析问题，做出判断性结论，提出建设性意见。调研报告可分为专题报告和一般性报告两种，专题报告在撰写时要尽可能详细，各类事实都要列入，以供使用者参考，大致包括封面、序言、正文、附录等项目；一般性报告要力求条理清晰，尽量少使用专业术语，注重可读性，可列若干小标题来陈述，便于阅读。

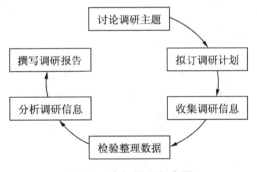

图 3-1　市场调研程序图

三、市场营销调研的主要方法

（一）文案调研法

文案调研法以收集分析第二手资料为主，二手资料包括企业内部资料和外部资料。内部资料包括销售额、销售增长状况、利润率等数据；外部资料包括公开出版物、统计机关公布的资料、行业协会发布的行业资料、专业组织的调查报告等。

（二）实地调研法

实地调研法相对于文案调研法而言，主要以收集一手资料为主，企业通过组织调研人员与被调查者进行不同形式的接触而获取实际的市场情报和数据，主要包括询问调研法、现场观察法和实验调研法等。

1. 询问调研法

询问调研法是将拟调查的事项，以口头或书面的形式，通过当面访问、回答问卷、电话交谈等方式向被调查者提出问题，获得所需资料的方法。询问调研法在市场调研中被众多企业经常使用，其特点是数据可信度较高、问题针对性强，但有时调查结果易受双方人员的态度和素质的影响。询问调研法具体包括面谈调研、电话调研和邮寄调研等几种方式。

（1）面谈调研法

面谈调研法是指通过调查者与被调查者面对面地直接交谈，调查者对有关问题提出询问，并当场记录被调查者所提供的答案，获取所需资料的调研方法。面谈调研法是市场调研中最灵活的一种方法，也是最通用的一种方法。这种方法需要事先设计好调研问卷或调研提纲，在调研过程中可以按问卷问题顺序提问，也可以按照提纲自由交谈。面谈调研法可以采用个别访谈、小组访谈和集体访谈等形式进行。

面谈调研法的主要优点包括：能直接观察被调查者的表情和动作，并从中获取相关的信息；能够准确地向被调查者传达企业的信息，并可以对相关问题进行解释和补充，便于被调查者接受和理解；通过与被调查者的接触，能够了解其基本情况，获取信息的准确性较高；能够对企业、产品、服务等进行介绍，在一定程度上起到广告宣传的作用；参与调研的双方直接解触，并进行互动，能使企业与消费者建立起感情联系。

面谈调研法的主要缺点是：由于被调查者的自我保护心理、时间紧张或者工作不允许、双方沟通不畅等原因，导致拒访率较高；进行调研时需要的人员较多、时间较长、费用较高；调查者的态度、语气等有时会对被调查者产生影响，导致出现访问偏差；对调研者的素质要求较高，对调研者的控制和管理较难。

（2）电话调研法

电话调研法一般是由调查员按规定的样本范围，通过电话询问对方的意见，来达到搜集资料目标的调研方法。随着电话通信的普及和成本的下降，电话调研应用越来越广泛，尤其适合在调研对象的地理分布比较广泛时使用，或者在与其他调研方法联合使用时作为追踪调研的有效方法。

电话调研法的主要优点包括：电话调研不受时间的约束，可随时进行，还可进行预约；由于双方不直接面对，可以免除一部分被调查者的心理顾虑；节省了调查者的出行费用和出行时间，成本比较低；对任何地区、单位和个人都可进行调研，调研的覆盖范围广泛；相对于面谈调研法，其调研效果基本相当，但被调查者接受调查的比例较高；可以按照标准问卷进行提问，资料的可控性和统一程度较高。

电话调研法的主要缺点是：由于抽样基础受限，调研对象的总体性欠完整；受通话时间的限制，不能提问较为复杂的问题，无法进行深入调研；无法形成直观的印象，对企业和产品的宣传效果不够理想；对拒绝回答者无法进行调整或补救。

（3）邮寄调研法

邮寄调研法是调查人员将设计好的调查表以信函的方式邮寄给被调查者，要求其填好后寄回，通过整理和分析答案来获取市场信息的调研方法。邮寄调研法也被企业经常采用，主要适用于调研时间要求不紧迫、被调查者的地理分布范围较为广泛等情况。

邮寄调研法的主要优点包括：可以避免被调查者受到调查者态度和情绪的影响，资料相对比较客观；被调查者进行回答时不受外界条件的限制和影响，反应更加理性，信息可信度高；样本选择面大，不受时间、地理、环境等因素的限制；信息收集过程受到的约束较少，便于调研过程的管理和信息的整理；无需对调研人员进行专门培训，只需支付印刷费用和邮寄费用，成本较低。

邮寄调研法的主要缺点是：由于被调查者对问题不感兴趣、没有时间，或回答能力不足、不愿配合等原因，导致问卷的回收率较低；调研的时间周期较长，有时会影响资料的时效性；缺乏对被调查者的控制，信息的呈现方式有时会比较杂乱，不能按照当时设计思路得到答案。

2. 现场观察法

现场观察法是调查者直接到调查现场，对被调查者进行观察，并加以记录，把记录结果作为调研数据进行应用的一种调研方法。由于被调查者没有意识到自己受到调查，因而调研数据有很强的客观性。现场观察法可为特定的目的专门使用，也可作为询问调查法的一种补充方式。调查者通过观察可以获取到的信息很多，主要包括：产品在当地市场的零售价格；竞争产品的类别；商品在货架上的位置；销售包装款式；促销形式及种类；等等。

3. 实验调研法

实验调研法是选择在一定范围的市场内，通过实验的方法来测定顾客对市场营销的某个要素的反应，从而获取调研数据的一种方法。例如，某公司为检测有奖累进营销法的效果，选择两家基本条件相似的经销商销售同样的产品，但只对其中的一家实行有奖累进销售。两个月后，证明采用有奖累进营销法可以大大提高销售额。凡是企业在对商品品种、包装、价格等因素进行调整，或是更换广告时，都可以使用实验调查法来判断调整的效果。

案例链接3-5

垃圾的启示

美国的大型超级商场雪佛龙公司聘请美国亚利桑那大学人类学系的威廉·雷兹教授对垃圾进行研究。威廉·雷兹教授和他的助手在每次垃圾收集日收集来的垃圾中，挑选数袋，然后把垃圾的内容依照其原产品的名称、重量、数量、包装形式等予以分类。如此反复地进行了近一年的收集垃圾的研究分析。雷兹教授说："垃圾袋绝不会说谎和弄虚作假，什么样的人就丢什么样的垃圾。查看人们所丢弃的垃圾，是一种更有效的行销研究方法。"他通过对土珊市的垃圾研究，获得了有关当地食品消费情况的信息，得出了如下结论：① 劳动者阶层所喝的进口啤酒比收入高的阶层多，并知道所喝啤酒中各牌子的比例；② 中等阶层人士比其他阶层浪费的食物更多，因为双职工都要上班，以致没有时间处理剩余的食物，依照垃圾的分类重量计算，所浪费的食物中，有15%是还可以吃的好食品；③ 通过垃圾内容的分析，了解到人们消耗各种食物的情况，得知减肥清凉饮料与压榨的橘子汁同属高收入阶层人士的良好消费品。雪佛龙公司根据雷兹教授研究所提供的一手材料进行决策，组织投入生产和推销，果然大获成功。

问题：

① 雪佛龙公司采用的是哪种类型的观察法？
② 雪佛龙公司根据这些调查资料将采用哪些决策行动？

知识拓展

表3-3 营销调研的资料来源表

项目		方法	具体方法	优点	缺点
资料来源	二手资料	案头调研	内部资料查询	费用成本低、快捷方便	缺乏针对性、可靠性、准确性和客观性
			外部资料收集		
	原始资料	询问法	问卷调研	信息准确可靠、针对性和有效性强	费用成本高、周期长
			访谈调研		
			电话调研		
			会议调研		
		观察法	人工观察、机器观察		
		实验法	无控制实验、有控制实验		

四、调研问卷的设计

调研问卷是市场调研的基本工具，是沟通调查者与被调查者之间信息交流的桥梁。问卷设计质量的高低，将直接影响资料的真实性和实用性。

（一）问卷设计一般要求

调研问卷一般在确定调研主题后由专门人员进行设计，设计调研问卷时要注意：

① 调研的主题要明确，提出的问题要明白易懂；
② 问题的含义要清楚，不能模棱两可；
③ 提问的内容不能过多，要易于回答；
④ 尽量采用填空、选择或判断等简单形式进行提问；
⑤ 提出的问题要有一定次序，避免杂乱无章；
⑥ 用词亲切，能引起被调查者兴趣；
⑦ 避免提出难以回忆或不愿回答的问题。

（二）调研问卷的提问方式

设计调研问卷的问题时，在保证实现调研目的的前提下，尽量选择易于理解、易于回答的方式进行提问。

1. 封闭提问方式

这类问题提供有限个答案，让被调查者选择回答。

（1）单项选择题

即一个问题只能选择其中的一个答案。

如：请问您光顾一次超市相隔时间为（　　）？

① 一至两天　　　　　② 三至四天　　　　　③ 五至七天　　　　　④ 八天以上

（2）多项选择题

即一个问题可以选择其中的多个答案。

如：您购买××品牌洗衣粉的原因是（　　）？

① 名牌产品　　② 洗东西干净　　③ 不伤手　　④ 分量足
⑤ 携带方便　　⑥ 广告吸引

（3）词语搭配试验

即要求被调查者把两组词语按照自己的理解进行搭配，以了解消费者的意见。

如：请把下列汽车品牌与最恰当的修饰词进行搭配。

美洲虎	经济
奔驰	舒适
福特	安全
桑塔纳	便宜
北京吉普	可靠

（4）标度选择法

即在两个意思相反的词语之间列上标度，让被调查者按照自己的认识和理解在适当的位置上进行标注，以了解消费者的看法。

如：您对××品牌汽车的意见如何，请在合适的标度位置上画上"○"。

款式新颖								款式保守
冲力大								冲力小
油耗低								油耗高
耐用								不耐用
舒适								不舒适

（5）指标打分法

即要求被调查者按照自己的印象对所提出的问题进行判断，给出其认为适合的分数。这类问题反映消费者对事物的看法、观点和评价。

如：您看过某广告后对以下几个指标分别进行打分（满分为10分）。

主题是否突出：

是否引人注意：

是否容易记忆：

2. 开放式提问

这类问题不提供答案，让被调查者根据自己的印象或判断进行回答。

（1）回想式提问

这类问题主要用于了解顾客的兴趣、注意力和生活习惯等。

如：请您回想一下，近一年来您注意到的饮料的品牌名称有哪些？

答：_____

（2）观点式提问

这类问题要求被调查者发表意见、说明观点。

如：您认为乳制品会在您家庭饮食开支中占有一席之地吗？为什么？

答：_____

☞ 案例链接3-6

房产电话问卷

电话号_____ 调查日期_____ 调查时间_____

你好，我是在和男主人/女主人讲话吗？（如果不是，请求跟他/她谈话）

我叫×××，正在为××营销调研公司工作，我们正在进行一项针对当地居民的营销调研项目。这项调研要解决的是房产评估服务问题。您可不可以帮助我们，回答几个问题？您的答复将是保密的，并且只用于连同其他人答复的综合分析。

① a. 您是住自己的房子还是租房？

_____自己家（跳到1c）　　_____租房（继续1b）

① b. 如果是租房，您计划下一年买房吗？

_____是　　_____否（终止）

① c. 您家里有人为房产评估商或房产经纪工作吗？

_____是（终止）　　_____否

① d. 您家里最近有人买房吗？

_____是　　_____否

② 您清楚可以获得的房产评估服务吗？

_____是　　_____否

如果回答是，有什么看法？

如果回答否（解释），在房产评估时，一个房产经纪到您要买或卖的房子评估它的损害程度或存在的问题，比如电、房顶、地基、绝缘性，以及很多小的问题。

③ 选择这项服务时，哪个因素对您影响最大？（可以多选）

_____房产经纪的推荐　　_____朋友的推荐

_____口头传言　　_____好的声望

_____服务价格　　_____是否省钱

_____评估商资历　　_____其他

④ 当您计划买房时，下列哪一项是您了解房产评估最有效的途径？（可以多选）

_____房产经纪　　_____电视广告

_____推荐　　　　　　　　　　_____报纸广告
_____名片　　　　　　　　　　_____邮寄广告/宣传品
_____车体广告　　　　　　　　_____广告牌
_____房地产杂志　　　　　　　_____黄页
_____其他

⑤ 请评估您对下列房产评估服务的兴趣，分别标明很感兴趣、有点儿兴趣、没有兴趣。

a. 构造　　　　　　　　_____很感兴趣　　　_____有点儿兴趣　　　_____没有兴趣
b. 电　　　　　　　　　_____很感兴趣　　　_____有点儿兴趣　　　_____没有兴趣
c. 地基　　　　　　　　_____很感兴趣　　　_____有点儿兴趣　　　_____没有兴趣
d. 供热和空调　　　　　_____很感兴趣　　　_____有点儿兴趣　　　_____没有兴趣
e. 地势　　　　　　　　_____很感兴趣　　　_____有点儿兴趣　　　_____没有兴趣
f. 一氧化碳测试　　　　_____很感兴趣　　　_____有点儿兴趣　　　_____没有兴趣
g. 易燃瓦斯测试　　　　_____很感兴趣　　　_____有点儿兴趣　　　_____没有兴趣
h. 家庭能源排序和评估　_____很感兴趣　　　_____有点儿兴趣　　　_____没有兴趣
i. 室内空气污染检验　　_____很感兴趣　　　_____有点儿兴趣　　　_____没有兴趣
j. 氡检验　　　　　　　_____很感兴趣　　　_____有点儿兴趣　　　_____没有兴趣
k. 自来水检验　　　　　_____很感兴趣　　　_____有点儿兴趣　　　_____没有兴趣

⑥ 您住在当地多久了？
____0～2年　____3～5年　____6～12年　____13～20年　____超过20年　____拒答

⑦ 现在还有一些关于您的问题，希望您能提供帮助，我们会绝对保密。

a. 您是：
_____单身且没有孩子　　　　　_____已结婚且没有孩子
_____单身且孩子陪在身边　　　_____已结婚且孩子陪在身边
_____单身且孩子不陪在身边　　_____已结婚且孩子不陪在身边

b. 您的年龄（周岁）：
_____20～30岁　　　　　　　　_____31～40岁
_____41～50岁　　　　　　　　_____51～60岁
_____61岁及以上　　　　　　　_____拒答

c. 您的家庭月收入（人民币）：
_____少于3 000元　　　　　　　_____3 000～4 999元
_____5 000～9 999元　　　　　 _____10 000～19 999元
_____20 000～49 999元　　　　 _____50 000～99 999元
_____100 000元以上

d. 您的学历是：
_____高中毕业　　_____大学本科毕业　　_____硕士毕业　　_____博士毕业　　_____拒答

非常感谢您的支持与合作！

五、调研报告的撰写

市场营销调研报告是企业营销调研活动成果的集中体现，是企业进行市场营销决策的主要依据。市场营销调研报告一般包括导言、正文、附件等几个部分。

（一）导言部分

导言部分包括调研的标题页、目录和前言等。

1. 标题页

标题页一般要打印在扉页上，其主要内容是点明调研报告的主题，包括企业名称、调研报告题目和报告日期等。调研报告的题目要简明、准确地表达调研报告的主要内容，具有吸引力，如《关于××省家用轿车市场现状的调研报告》。调研报告题目还可采用正副标题的形式，一般正标题阐述调研的主题，副标题则表明调查的对象和问题，如《迅猛发展的网络购物——网购消费群体调查与研究》。

2. 目录

一般的调研报告内容比较多，为了方便阅读和内容查找，需要通过列目录的形式列出调研报告中各部分的主要章节，清楚地注明各部分的各级标题及页码。一般来说，目录中只要列出主要的标题及章节即可，篇幅不宜过长。

3. 前言

前言是对调研项目的简要介绍，要求内容简洁、切中要害，使营销决策人员能从中了解调研工作的基本内容（包括调研项目的背景信息、重要发现、结论汇总或建议等），要明确说明调研目的、调研对象、调研内容和调研方法。

（二）正文部分

调研报告的正文部分包括市场调研的详细内容，包括调研方法、程序、结果等。在正文当中的阐述要尽量使用数字和图表，以及对数字和图表的解释、分析，描述要准确，说明要清晰，用词要恰当，分析要严谨，推理要严密。必要时，可将各种因素对调研活动及结果的影响进行分析，以提高市场调研活动的应用性和可信度。

1. 调研目的说明

在报告的正文中，首先要对调研活动的目的和范围进行明确、做清晰的阐述，以便阅读者能准确地把握报告的内容。

2. 调研方法说明

调研方法中要清晰地说明调研资源来源、调研步骤、人员培训与选择等内容。调研资料来源说明包括搜集资料所用的方法和使用这种方法的原因；调研步骤说明包括采用的调研方法、抽样方法、统计方法等；工作人员说明包括人员选择、人员培训等情况，应附有工作人员名单和培训计划等材料。

3. 调研结果说明

调研结果是在现场调研结束后，对调研资料进行整理、分析之后得到的结果。在正文中要对调研结果进行具体说明，对调研的数据、结论进行详细说明，提出解决问题的意见或建议，供决策者参考。

（三）附件部分

附件是调研报告的附加部分，是对正文内容的补充或说明。附件内容包括数据汇总表、原始资料、背景材料、必要的技术报告等，通常将调研问卷、抽样名单、地址表、地图、统计检验计算结果、相关图表等作为附件内容。附件中每一项内容均需编号，与正文的相关内容对应，以便阅读者查找使用。

任务三 进行市场营销预测

市场营销预测是指在已知特定的市场环境及区域上，在确定的营销努力前提下，凭借经验或应用一定的技术手段，对市场的未来趋势做出预计、测算和判断，得出科学的结论的活动或过程。

市场营销预测是一种有组织、有目的的活动，主要为企业解决市场营销中遇到的各类问题，为营销决策提供信息或依据。市场营销预测服务于市场营销活动，是由一系列的工作环节、步骤、活动组成，需要有正确的理论和方法做指导，需要进行科学的组织和管理。

一、市场营销预测的内容与类型

（一）市场营销预测的内容

由于企业进行决策时需要的信息不同，市场营销预测的内容非常广泛。企业可以从不同的角度和方面进行预测，包含的内容也会有所差别。

1. 市场需求预测

市场需求预测包含消费者需求和生产经营者需求两个方面，预测的具体内容包括产品需求总量预测、产品需求影响因素变化预测和产品需求变化特征预测等。

2. 市场占有率预测

市场占有率预测主要预测企业产品市场占有率及其发展趋势、影响因素等，充分估计竞争变化，以采取适当的控制策略，主要包括企业产品市场地位预测、竞争对手市场地位预测和潜在竞争对手预测等。

3. 产品发展预测

产品发展预测是企业制订产品经营计划的重要依据，是企业市场预测的重点，主要包括产品生命周期预测、新产品发展前景预测、产品资源变动趋势预测等。

4. 产品价格变化趋势预测

产品价格变化趋势预测主要是对产品价格涨落及其发展趋势进行的预测，一般通过产品成本构成因素变化和市场供求关系变化来预测产品价格的变动趋势。

5. 商品供给预测

商品供给预测是根据同类产品现有的生产企业数量、生产能力、技术水平等各项经济指标来预测产品在未来一定时期内的发展变化，推断商品的供应情况及竞争态势。

（二）市场营销预测的类型

1. 按照营销预测的内容划分

市场营销预测按内容不同，可以分为单一商品预测、分类商品预测和商品总量预测。

（1）单一商品预测

单一商品预测是指对某种商品生产量或需求量的预测，甚至要对产品的规格、款式、花色进行预测。其特点是对商品的预测非常具体，针对性极强。

（2）分类商品预测

分类商品预测是指对某类商品生产量或需求量的预测。分类预测主要是为了分析研究商品的需求结构，以便合理地组织生产和销售活动。

（3）商品总量预测

商品总量预测是指对产品生产总量或消费需求总量进行的预测。常常表现为一定时间、地点、条件下的购买力总量预测，是研究市场供求平衡的重要依据。

2. 按照营销预测的时间划分

市场营销预测按时间不同，可以分为短期市场预测、中期市场预测和长期市场预测。

（1）短期市场预测

短期市场预测是指对一年以内的市场变化及其发展趋势进行的预测，一般以周、旬、月为预测时间单位，可以用来编制月份或季度的生产或销售计划，所以要求预测必须及时、准确，反应要敏感。

（2）中期市场预测

中期预测是指对一年以上、五年以下的市场变化及其发展趋势进行的预测。中期预测时间较短、不确定因素较少，时间序列资料比较完整，预测结果可信度较高，预见性较强，能够避免短期预测和长期预测的局限性，所以是市场营销预测中的主要形式。

(3) 长期市场预测

长期市场预测也称远景预测，是指对五年以上的市场变化及其发展趋势进行的预测。长期预测时间较长，不确定因素较多，因而只能做出大概的、粗略的描述，主要用于对市场商品生产和销售的长期经营方向变化、商品生产与商品销售的结构分析等研究和预测。

3. 按照营销预测的性质划分

市场营销预测按性质不同，可以分为定性市场预测和定量市场预测。

(1) 定性市场预测

定性市场预测是对预测对象的性质做出判断分析，只要求对预测对象有个概括性的了解，描述其变化趋势，判断其可能性。

(2) 定量市场预测

定量市场预测是对预测对象的数量关系做出分析判断，是从已知数值来推算未知数值的量化预测。按照数值的表现方式，可细分为点值预测和区间预测，点值预测结果表现为单个数值，区间预测结果表现为一个数值区间。

在市场营销预测实践中，企业大多将定性市场预测和定量市场预测有机结合起来使用，既预测市场供求变化趋势，又要确定基本的数量界限，把质与量的预测统一起来。

此外，市场营销预测还有多种分类方法，按照因素关联度不同，可以划分为有条件预测和无条件预测；按照预测项目数量不同，可以划分为单项预测和综合性预测；按照预测范围不同，可以划分为宏观预测和微观预测等。

二、市场营销预测的原则与程序

(一) 市场营销预测的原则

市场营销预测是一种科学的推断市场未来变化的手段，要借助于统计学、数学等方法和计算机等先进的手段，同时更需要遵循科学、可行的原则来指导预测活动。

1. 惯性原则

惯性就是事物在变化过程中在一定时间和一定的条件下保持原来的趋势、状态的性质。绝大多数事物的发展变化是有一定惯性的，这是大多数传统预测方法的理论基础，市场营销活动在一般情况下也遵循这个原则。

2. 类推原则

事物的变化和发展是可以通过类比、推断来预测的，市场营销活动中经常可以运用由小见大、由表及里、由此及彼、由近及远、自下而上、自上而下、由过去到现在和将来等方式来进行预测。

3. 相关原则

事物之间往往有一定的关联性，当了解的事物已经发生变化，可以推知相关事物也会发生变化。其中，正相关是事物之间的促进，如人口增加引起商品需求的增加；负相关是事物之间制约，如电视的发明间接导致收音机销量的下降。

4. 概率原则

概率是根据经验和资料来估计一个事物发生的可能性。任何情况的发生都可以用概率进行统计和判断。市场营销活动在掌握了具体的数据后，通过科学的分析运算，就能够推算出可能发生的结果。

(二) 市场营销预测的程序

一般来说，市场营销预测主要包括确定预测目标、搜集和分析资料、选择预测方法、建立预测模型、结果分析评价、修正预测结果等几个步骤。

1. 确定预测目标

只有目标确定以后，才能根据预测目标选择合适、有效的预测方法，预测才有意义，才能正常进行。

2. 搜集和分析资料

企业掌握的资料越充分，分析就会越深刻，预测的准确程度就越高，所以资料搜集要做到全面、准确、具体。

3. 选择预测方法

选择预测方法时要考虑多方面的因素，如预测的范围，所需要的人力、物力、财力等。进行定性预测可以建立逻辑推理模型，进行定量预测可选择数学模型。

4. 建立预测模型

根据资料分析，确定经济变量之间的数量关系，建立预测模型。经过参数估计和验证分析，如果理论假设是成立的，即可采用该预测模型进行预测。

5. 结果分析评价

对预测结果进行分析评价时，要充分考虑到各方面的影响因素，分析其影响，并找出误差。

6. 修正预测结果

预测结果往往同实际情况并不完全相符，中间存在一定的误差。当误差超过允许范围时，要进一步分析，对模型的预测值进行修正。

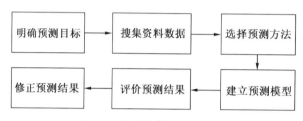

图 3-2　市场营销预测程序图

三、市场营销预测方法

市场营销预测方法可以分为定性预测法和定量预测法两大类。

（一）定性预测法

定性预测法是根据市场调查资料或营销人员的经验做出判断的一种预测方法，也叫作经验判断法或直观预测法。它主要靠个人的判断来预测，方法简单，易于掌握，便于应用，预测的准确程度取决于预测者的经验、理论和业务水平、掌握的情况和分析判断能力。常用的定性预测法有用户调查法、经理评判预测法、销售人员预测法和专家预测法等。

1. 用户调查法

用户调查法通过直接了解预测期内需要购买的产品品种和数量，征求用户意见，了解用户需求变化趋势，参照市场总体数据预测下一段时期的销售状况。这种方法适用于用户数量不多的情况。对用户进行调查主要有以下几种方式：

① 向用户了解生产和投资计划，摸清用户的产品需求数量。一般工业企业都有比较固定的供货对象，通过对用户生产和投资计划进行分析，就可以预测出本企业产品的销售数量。

② 通过预约登记或报送要货计划，掌握用户的产品需求数量。专用产品或一次性用品比较适合采用这种方式。

③ 通过用户看样定购或者直接挑选的方式来确定产品的款式品种。生产企业根据用户的意见来决定生产规模，能够取到良好的效果。

④ 通过用户座谈了解购买意图。企业通过组织座谈会，能够了解用户的需求动态，经过综合分析和比较，来预测下一生产周期的销售数量。

2. 经理评判预测法

经理评判预测法是由企业中最熟悉业务、能预见业务趋势的业务主管人员开展预测，集思广益，做出预测判断的一种方法。这种预测方法不需要大量的资料，是一种快捷、简便、实用的方法。其缺点是所做出的判断和预测主观因素较多，容易受到业务人员中存在的相互感染的心理状态的影响，所以需要在预测前向业务人员提供经济形势和业务情况的相关资料，组织开展讨论，然后将各种意见进行综合平衡，得出相对客观的结论。

3. 销售人员预测法

销售人员预测法是把企业的主要销售人员召集起来，请他们对企业的销售趋势做出估计，然后将估计的数量加以汇总综合，得出预测结果的一种预测方法。因为销售人员往往对自己所在地区及主要销售的产品市场情况十分熟悉，所以预测结果有一定参考价值。但销售人员一般只熟悉自己经营的市场，预测结果往往带有局限性，需要进一步修正。由于上述原因，在进行预测前要将过去的销售记录告知预测人员，以利于他们进行预测。既可以将企业的规划告诉预测人员，作为预测指导，也可以要求区域经理同销售人员一起进行讨论和预测，并帮助他们分析相关预测的异常因素。

4. 专家预测法

专家预测法又称德尔菲法，是由美国兰德公司于20世纪40年代创立，通过综合有关领域的专家意见进行预测的方法。在实施专家预测法时，首先由主持预测的单位邀请若干名专家，请他们以匿名的方式就某个问题发表看法，然后对他们的意见进行整理，把结果反馈给每一位专家，请他们再重新考虑，做出新一轮预测。如此反复，使专家们的意见趋于一致，最后得出代表大多数专家的预测值。这种方法避免了面对面的心理干扰，但由于是凭经验预测，结果往往不够准确，一般适用于长期预测。

案例链接3-7

某公司要预测其生产的某大型产品的需求数量，于是选择采购经理A、销售经理B、两位销售精英C和D，以及三位经销商E、F和G，共同组成专家预测组，由营销经理负责提供资料、汇总专家意见，来进行预测。

第一次预测：营销经理将过去销售数量和相关资料分发给专家作为预测依据，然后专家经过分析和判断，进行预测，但彼此之间不能交换意见。营销经理对预测结果进行汇总，预测结果如下：

次数	A	B	C	D	E	F	G	中位数	改变意见的人数	差距
一	110	70	66	70	110	66	64	70	-	46

第二次预测：营销经理把第一次预测的结果分发给各位专家，使每位专家都了解其他成员预测的结果，然后进行第二次预测。专家可以根据自己的意见决定是否修改此前自己的预测结果，但做出改动的要说明理由。第二次预测结果如下：

次数	A	B	C	D	E	F	G	中位数	改变意见的人数	差距
一	110	70	66	70	110	66	64	70	-	46
二	90	70	82	70	82	68	64	70	4	26

第三次预测：营销经理将第二次预测结果分发给各位专家，进行第三次预测，预测结果如下：

次数	A	B	C	D	E	F	G	中位数	改变意见的人数	差距
一	110	70	66	70	110	66	64	70	-	46
二	90	70	82	70	82	68	64	70	4	26
三	90	76	82	70	82	68	68	76	2	22

第四次预测：营销经理将第三次预测结果分发给各位专家，进行第四次预测，预测结果如下：

次数	A	B	C	D	E	F	G	中位数	改变意见的人数	差距
一	110	70	66	70	110	66	64	70	-	46
二	90	70	82	70	82	68	64	70	4	26
三	90	76	82	70	82	68	68	76	2	22
四	90	76	82	70	82	68	68	76	0	22

可以看出，各位专家在进行第四次预测时都没有修正自己的预测数字，说明他们都对自己第三次的预测结果满意。营销经理可以把第四次预测结果作为最后预测结果报告给企业决策者。

（二）定量预测法

定量预测法是根据市场调查资料，运用一定的数学或统计方法进行加工处理，对市场未来发展做出定量预测的方法，也叫统计分析预测法。常用的定量预测法有算术平均法、移动平均法、指数平滑法、季节指数法、销售趋势预测法和因果分析回归预测法等。

1. 算术平均法

算术平均法即把时间序列数值加以平均，并以平均数作为下期的预测值的方法。算术平均法又可分为简单算术平均法和加权算术平均法。

① 简单算术平均法计算公式为：

$$\bar{X} = \frac{\sum_{i=1}^{n} X_i}{n}$$

式中：$\bar{X}$ 为预测值，X_i 为各期的数据，为期数。

② 加权算术平均法计算公式为：

$$\bar{X} = \frac{\sum_{i=1}^{n} W_i X_i}{\sum_{i=1}^{n} W_i}$$

式中：W_i 为第 i 期的权数。

2. 移动平均法

移动平均法即用过去一个阶段内的若干时期的销售量，每预测一个时期，在时间上向后移动一次，以平均数作为预测值的方法。移动平均法可分为简单移动平均法和加权移动平均法。

① 简单移动平均法计算公式为：

$$S_t = \frac{\sum_{i=1}^{n} X_i}{n}$$

式中：S_t 为预测值，n 为移动平均数的时间，t 为预测值的时间。

② 加权移动平均法计算公式为：

$$S_t = \frac{\sum_{i=t-n}^{t-1} W_i X_i}{\sum_{i=t-n}^{t-1} W_i}$$

式中：W_i 为第 i 期的权数。

3. 指数平滑法

指数平滑法是用指数加权的办法来进行移动平均的测算方法，它是在加权平均法与移动平均法的基础上发展形成的。α 为平滑系数，其取值范围是 $0 < \alpha < 1$。指数平滑法计算公式为：

$$\bar{X}_n = \bar{X}_{n-1} + \alpha (X_{n-1} - \bar{X}_{n-1})$$

式中：$\bar{X}_n$ 为下期预测值，$\bar{X}_{n-1}$ 为本期预测值，α 为平滑系数，X_{n-1} 为本期实际值。

例：某公司本月预测销售额为 500 万元，实际销售额为 550 万元，请预测下月销售额。

设 $\alpha = 0.2$，

则 $\bar{X}_n = 500 + 0.2 \times (550 - 500)$

$= 510$（万元）

运用指数平滑法进行预测，方便简捷，应用广泛，但在实际工作中平滑系数 α 值的确定是重点。α值的确定原则是：当时间序列长期趋势比较平稳进，α应取较小值；当时间序列有比较明显的趋势性变化，或认为近期数据对预测结果有较大影响时，α应取较大值。

α值的确定，一般有三种方法：一是通过试算确定，如拥有较长时期的统计数据，可先确定若干个α值，通过试算来确定最佳值；二是通过考察验证，如没有实际统计资料，可先设定若干个α值，然后分别进行预测，经实际考察后确定最佳值；三是借鉴同行数据，在本企业没有实际统计资料的情况下，也可寻找环境及市场状态相近的企业数据做参考确定α值，经实践验证后确定最佳值。

4. 季节指数法

季节指数法是根据历年各季或各月的资料，以数学方法求出季节指数，并据此预测未来年度的季节销售量的方法。其计算公式为：

$$F_t = \frac{\sum_{i=1}^{n} M_i}{\sum_{i=1}^{n} i} \times f_t$$

式中：F_t为预测值，f_t为预测季节的指数，M_i为相应季节的销量，i为相应季节的指数。

☞ **案例链接3-8**

某企业在一个地区2011年到2015年产品的销量如下表所示：

（单位：吨）

年　度	第一季度	第二季度	第三季度	第四季度	各年季平均销量
2011 ①	160	140	100	180	145
2012 ②	180	150	120	200	162.5
2013 ③	210	170	130	220	182.5
2014 ④	240	190	160	240	207.5
2015 ⑤	270	210	190	300	242.5

根据上表数据，可先求出各季平均销售量⑥，再求出5年期间所有各季的季度总平均销售量为188吨，再求出各季节指数⑦。各具体数据如下表所示：

（单位：吨）

年　度	第一季度	第二季度	第三季度	第四季度	各年季平均销量
2011 ①	160	140	100	180	145
2012 ②	180	150	120	200	162.5
2013 ③	210	170	130	220	182.5
2014 ④	240	190	160	240	207.5
2015 ⑤	270	210	190	300	242.5
各季平均销量 ⑥=(①+②+③+④+⑤)÷5	212	172	140	228	188
季节指数 ⑦=⑥÷188×100%	122.77	91.49	74.4	121.28	

假设2016年度第一和第二季度的销量分别为300件和240件，预测第三和第四季度的销量。将数字代入，即可分别求出2016年第三和第四季度的销量：

2016年季度平均销量：（300+240）÷2=270（吨）

2016年第三季度销量：270×74.4%=201（吨）

2016年第四季度销量：270×121.28%=327（吨）

四、市场营销预测方法的选择

在众多的市场营销预测方法中选择合适的方法，对预测的结果及其运用影响很大，所以市场营销预测方法的选择意义重大。选择市场营销预测方法时一般受预测目标特征、精度要求、时间要求、费用限制、调研预测能力等因素限制。

（一）预测的目标特征

每次进行市场营销预测的目标都不尽相同，因而应合理选择预测方法。如果是进行战略决策，可以采用中长期预测方法，对预测结果要求不必十分精细；如果是进行战术预测，可以采用中短期预测方法，预测结果要求比较精准；如果是日常业务决策，可以采用短期预测方法，预测结果要求精确。

（二）预测的精度要求

市场预测目的不同，对预测的精度要求也有很大差别。经验判断法、移动平均预测法、专家预测法、销售人员预测法、趋势外推预测法等适用于对精度要求较低的情况；回归分析预测法、经济计量模型法、季节指数预测法等适用于对精度要求较高的情况。

（三）预测的时间要求

市场预测的时间要求不同，对预测方法的选择影响也是非常明显的。经验判断法、趋势分析预测预测法等适用于长期营销预测；趋势外推预测法、回归分析预测法、经济计量模型预测法等适用于中期营销预测；移动平均法、季节指数预测法、直观判断法等适用于短期营销预测。

（四）预测的费用限制

预测方法的选择在满足了时间和精度要求的同时，还要力求降低成本，节约费用。调研与预测费用较低的方法有经验判断法、时间序列分析法、指数平滑法、季节指数法等；调研与预测费用较高的方法有经济计量模型预测法、专家预测法等。

（五）调研预测能力

在诸多调研方法中，需要建立数学模型的方法对资料的要求很高，运用人员进行判断预测的方法对资料的要求要低一些。当企业的调研人员、预测水平等条件不具备时，可采用定性预测或简单的定量预测方法；当企业的调研与预测实力较强时，可建立数学模型进行预测，提高预测的精准程度，为企业决策提供更有力的支撑。

项目小结

市场营销分析方法是掌握企业建立市场营销信息系统，进行市场调研与预测，用以指导生产销售实践活动的重要内容。本项目重点介绍了市场营销信息系统的构成、建立与运行，市场营销调研的步骤、方法，市场调研问卷的设计，市场调研报告的撰写，市场营销预测方法的选择与运用等内容，旨在培养学生的设计能力、思考能力、沟通能力、语言文字表达能力等，使学生能够了解正确的市场营销分析方法，承担市场调研与预测的相关工作。

思考与练习

一、判断题

1. 企业内部营销信息包括有关产品订单、仓储装运、生产成本、存货控制、现金流程、应收账款和销售报告等各种反映企业经营现状和未来发展变化的信息。（   ）
2. 一般来说，一种产品在投产后的修改费用要远远高于设计时的修改费用。（   ）
3. 价格是产品销售过程中最为敏感的因素。（   ）
4. 二手资料又称次级资料，是由他人搜集整理的文字与数据，主要是指企业外部资料。（   ）
5. 按照性质划分，市场营销预测可以分为定性市场预测和定量市场预测。（   ）

6. 市场营销调研系统是企业经常使用的最为基本的信息系统。（　　）
7. 企业市场信息系统是专门为营销管理人员打造的，所以在设计时要考虑到管理人员使用众多信息的可能性、便利性和有效性。（　　）
8. 市场营销调研有利于提高企业的经济效益。（　　）
9. 消费者需求是企业一切活动的中心和出发点，所以消费者研究是企业市场营销调研的重要内容。（　　）
10. 调研问卷中的封闭提问是指提供有限数量的答案供被调查者选择回答的提问方式。（　　）

二、单项选择题

1. 问卷调查法的应用程序中，至关重要的是要（　　）。
   A. 设计调查问卷　　　　　　　　　　　　B. 选择、确定调查对象
   C. 发放调查问卷　　　　　　　　　　　　D. 回收、审查调查问卷
2. 市场未来的规模和状况是由过去发展而来的，这反映了市场预测原则中的（　　）。
   A. 连续原则　　　　B. 类推原则　　　　C. 相关原则　　　　D. 概率原则
3. 在市场经济条件下，企业的活动与市场的关系表现为（　　）。
   A. 与市场可以有联系　　　　　　　　　　B. 与市场可能有联系
   C. 企业受市场的制约和调节　　　　　　　D. 市场只提供机会
4. 抽样调查的最终目的是（　　）。
   A. 用样本指标推断总体相应指标　　　　　B. 样本客观性
   C. 概率的可计算性　　　　　　　　　　　D. 抽样误差的最合理化
5. 市场预测具有的基本特征是（　　）。
   A. 系统性　　　　B. 科学性　　　　C. 合理性　　　　D. 应用性
6. 市场调查应遵循的原则主要有（　　）。
   A. 全面系统的原则　B. 实事求是的原则　C. 勤俭节约的原则　D. 深入反馈的原则
7. 不能计算和控制抽样误差的市场调查法是（　　）。
   A. 市场普查　　　　B. 任意抽样　　　　C. 系统抽样　　　　D. 判断抽样
8. 邮寄调查具有的优点包括（　　）。
   A. 成本低　　　　B. 不受空间限制　　　C. 应用广泛　　　　D. 回收率高
9. 市场调查策划案就是把已经确定的市场调研问题转化为具体的（　　）。
   A. 调查内容　　　　B. 调查目标　　　　C. 调查方法　　　　D. 调查资料

三、多项选择题

1. 市场资料按照其来源不同，可以分为（　　）。
   A. 一手资料　　　　B. 二手资料　　　　C. 直接资料　　　　D. 间接资料
2. 市场社会文化环境调查主要包括（　　）。
   A. 消费者文化及教育水平　　　　　　　　B. 民族与宗教状况
   C. 社会物质文化水平　　　　　　　　　　D. 社会价值观念
3. 类型随机分类抽样在对总体进行分类时，其分类方法的科学性主要表现在（　　）。
   A. 分类的样本的科学性　　　　　　　　　B. 分类必须依据互斥性原则
   C. 分类标志选择的科学性　　　　　　　　D. 分类必须依据互斥性原则和完备性原则
4. 按照市场信息资料的取得方法不同，市场调查方法可广义地分为（　　）。
   A. 文案调查法　　　B. 间接调查法　　　C. 抽样调查法　　　D. 直接调查法
5. 按照访问者与被访问者的交流方式不同，访问调查法可以分为（　　）。
   A. 问卷访问　　　　B. 个案调查　　　　C. 直接访问　　　　D. 间接访问
6. （　　）是市场调查中搜集资料的最常用方法。
   A. 抽样调查　　　　B. 问卷调查　　　　C. 访问调查　　　　D. 实验调查

7. 市场调查研究阶段的主要任务有（　　）。
   A. 鉴别资料　　　B. 统计分析　　　C. 整理资料　　　D. 定性研究
8. 类型随机抽样的优点有（　　）。
   A. 能使样本在总体的分布比较均匀
   B. 按各类型的分布特征确定样本，增强样本对总体的代表性
   C. 提高了样本指标推断总体指标的抽样的精确度
   D. 有利于了解总体各类别的情况
9. 比较常用的文案调查资料方法为（　　）。
   A. 相关法　　　B. 综合法　　　C. 反馈法　　　D. 预测法
10. 根据访问对象的特点不同，访问法可分为（　　）。
    A. 一般性访问　　B. 参与访问　　C. 特殊访问　　D. 个案访问

四、问答题

1. 市场营销信息系统主要由哪几部分构成？
2. 有效运行的市场营销信息系统的主要功能是什么？
3. 按照调查的目的和性质不同，市场营销调研可以划分哪几种类型？

五、案例分析题

案例资料：

美国米勒啤酒公司营销案

1969年，美国啤酒业中的"老八"——米勒啤酒公司，被菲力浦·莫里斯公司（PM）收购。

PM公司，这个国际烟草业的巨人，在20世纪60年代凭借高超的营销技术取得了辉煌的战绩：在美国的市场份额从第四位升到第二位，公司的"万宝路"牌香烟销售量成为世界第一。

当时的PM公司，一方面有着香烟销售带来的巨大盈利，另一方面又受到日益高涨的"反对吸烟"运动的威胁。为了分散经营风险，PM公司决定进入啤酒行业，在这个领域一展身手。

那时美国啤酒业，是寡头竞争的市场。市场领导者安修索·布希公司（AB）的主要品牌是"百威"和"麦可龙"，市场份额约占25%。佩斯特蓝带公司处于市场挑战者的地位，市场份额占15%。米勒公司排在第八位，份额仅占6%。啤酒业的竞争虽已很激烈，但啤酒公司营销的手段仍很低级，各家公司在营销中缺乏市场细分和产品定位的意识，把消费者笼统地看成一个需求没有什么区别的整体，用一种包装、一种广告、一个产品向所有的顾客推销。

PM公司在兼并了米勒公司之后，在营销战略上做了根本性的调整。公司派出烟草营销的一流好手充实到米勒公司，决心再创啤酒中的"万宝路"。在做出营销决策以前，米勒公司进行了认真的市场调查。公司发现，若按使用率对啤酒市场进行细分，啤酒饮用者可细分为轻度使用者和重度使用者两类，轻度使用者人数虽多，但其总的饮用量却只有重度使用者1/8。他们还发现，重度使用者有着下列特征：多是蓝领阶层；年龄多在30岁左右；每天看电视3.5小时以上；爱好体育运动。米勒公司决定把目标市场定在重度使用者身上，并果断地决定对米勒的"海雷夫"牌啤酒进行重新定位。"海雷夫"牌啤酒是原米勒公司的"旗舰"，素有"啤酒中的香槟"之称，在许多消费者心目中是一种价高质优的"精品啤酒"。

这种啤酒很受妇女和社会中的高收入者欢迎，但这些人多是些轻度使用者。PM公司决心把"海雷夫"献给那些"真正爱喝啤酒的人"。

重新定位从广告开始，PM公司考虑到目标顾客的心理、职业、年龄、习惯等特征，在广告信息、媒体选择、广告目标方面作了很多变化。PM公司首先在电视台特约了一个"米勒天地"栏目，广告主题变成了"你有多少时间，我们就有多少啤酒"来吸引那些"啤酒坛子"。

广告画面中出现的尽是些激动人心的场面：船员们神情专注地在迷雾中驾驶轮船，钻井工人奋力止住井喷，消防队员紧张地灭火，年轻人骑着摩托冲下陡坡……他们甚至请来了当时美国最著名的篮球明星张伯伦来为啤酒客助兴。

为了配合广告攻势,米勒公司又推出了一种容量较小的瓶装"海雷夫",这种小瓶装啤酒正好能盛满一杯,夏天顾客喝这种啤酒时不用担心剩余的啤酒会变热。这种小瓶子的啤酒还很好地满足了那部分轻度使用者,尤其是妇女和老人,他们啜完一杯,不多不少,正好。"海雷夫"的重新定位战略当然非常成功,到了1978年,这种牌子的啤酒年销量达2 000万箱,仅次于AB公司的百威啤酒,名列全美第二。

"海雷夫"的成功,鼓舞了米勒公司,公司决定乘胜追击进入另一个细分市场——低热度啤酒市场。进入20世纪70年代,美国各地的"保护健康运动"方兴未艾,米勒公司注意到对节食很敏感的顾客群在不断扩大,即使那些很爱喝啤酒的人也在关心喝啤酒会使人发胖的问题。

当时美国已有低热啤酒出现,但销路不佳。米勒公司断定这一情况的出现并不是因为人们不能接受低热啤酒的概念,而是不当的定位所致,各家啤酒公司错误地把这种啤酒向那些注重节食但并不爱喝啤酒的人推销。

米勒公司看好这一市场,他们花了一年多的时间来寻找一个新的配方,这种配方能使啤酒的热量降低,但其口感和酒精度与一般啤酒无异。1973年,米勒公司的低热啤酒——"莱特"牌啤酒终于问世。

对"莱特"牌啤酒的推出,米勒公司可谓小心翼翼。他们找来一家著名的广告商来为"莱特"牌啤酒设计包装,对设计提出了4条要求:① 瓶子应给人一种高质量的印象;② 要有男子气;③ 在销售点一定能夺人眼目;④ 要能使人联想起啤酒的好口味。为了打好这一仗,他们还慎重地选择了4个城市进行试销,这4个地方的竞争环境、产品价格、消费者口味偏好都不相同。广告攻势自然也很猛烈,电视、电台和整版报纸广告一块儿上,对目标顾客进行轮番轰炸。至于广告主题,米勒公司用的是"您所有对啤酒的梦想都在莱特中"。广告信息中强调:① 低热度啤酒喝后不会使你感到腹胀;② "莱特"的口感与"海雷夫"一样,味道好极了。

米勒公司还故伎重演,找来了大体育明星拍广告并给出证词:莱特啤酒只含普通啤酒1/3的热量,但口味更好,你可以开怀畅饮而不会有腹胀的感觉。瞧,还可以像我一样健美。试销的效果的确不坏,不但销售额在增加,而且顾客重复购买率很高。

到了1975年,米勒公司才开始全面出击,广告攻势在美国各地展开,当年广告费总额达1 100万美元(仅"莱特"牌啤酒一项)。公众对"莱特"啤酒的反应之强烈,就连米勒公司也感到意外。各地的"莱特"啤酒供不应求,米勒公司不得不扩大生产规模。

起初,许多啤酒商批评米勒公司"十分不慎重地进入了一个根本不存在的市场",但米勒公司的成功很快堵上了他们的嘴巴,他们也匆匆忙忙地挤进这一市场。不过,此时米勒公司已在这个细分市场上稳稳地坐上了第一把金交椅。

"莱特"啤酒的市场成长率一直很快,1975年销量是200万箱,1976年便达500万箱,1979年更达到1 000多万箱。1980年,这个牌子的啤酒售量列在"百威""海雷夫"之后,名列第三位,超过了老牌的"蓝带"啤酒。

1974年年底,米勒公司又向AB公司盈利最多的产品——"麦可龙"牌发起了挑战。"麦可龙"是AB公司啤酒中质量最高、价格最贵、市场成长率最快的产品,AB公司依靠它一直稳稳地占领着最高档啤酒这一细分市场。米勒公司岂肯放过,不过这次米勒公司却没有强攻而是用了一招漂亮的"移花接木"之术。它购买了在美国很受欢迎的德国高档啤酒"老温伯"的特许品牌,开始在国内生产。

米勒把"老温伯"的价格定得更高,广告中一群西装笔挺、气概不凡的雅皮士举杯同饮,说道:"今晚,来喝老温伯。"很快,"麦可龙"在这一市场中的领导地位也开始动摇。

在整个20世纪70年代,米勒公司的营销取得巨大的成功。到1980年,米勒公司的市场份额已达21.1%,总销售收入达26亿美元,米勒啤酒被称为"世纪口味"。

总结米勒公司的成功之处,有四点给人以十分深刻的印象。第一,一家公司的营销优势可能是该公司最根本的竞争优势。PM公司很善于利用自己营销方面的特长,把它转为米勒公司的竞争优势。第二，恰到好处的市场细分是定位乃至整个营销成功的关键。米勒公司对啤酒市场的准确细分，大大增加了米勒公司对消费者的了解，提高了营销的针对性，也有利于其找到对手的弱点，为准确的定位创造条件。第三，广告在实现产品的定位中起到重要作用。产品定位不但需要一个好的产品、合适的价格，更需要一套与之相配合的广告和包装。好的广告能起到定位的作用，它必须能有效地实现产品与顾客的沟通。第四，一流的公司应该具有大规模促销的魄力。应该指出，从1974年到1980年，米勒公司平均每箱啤酒的广告费用是3美元，而同期啤酒行业的平均广告费用每箱仅1美元。米勒公司在20世纪70年代，盈利很少，其中1972年盈利20万美元。但是很难想象，若米勒公司不敢大胆地甩出广告，其净盈利不会在1980年达到1.5亿美元。

分析思考：

① 米勒啤酒是以什么为依据给自己定位的？

② 在其他各种啤酒显示竞争信号时，米勒啤酒的做法是什么？

③ 本案例最后一句"若米勒公司不敢大胆地甩出广告，其净盈利不会在1980年达到1.5亿美元"这个说法你是怎么想的？除了广告以外，有没有其他因素？

(资料来源：《哈佛商学院MBA案例教程》，作者：程泰子昂)

项目四

市场营销环境

学习目标

知识目标：
1. 正确认识市场营销环境系统。
2. 理解宏观环境与微观环境的构成及各自对营销活动的影响。
3. 掌握市场营销环境的分析方法。

能力目标：
1. 能够观察周围环境、善于发现营销机会和威胁，并分别对其及时采取合理的措施。
2. 能够运用市场营销环境分析的工具和方法进行企业的环境评估，帮助企业制定策略与战略。

思政目标：
1. 增强从实际环境出发分析问题的意识。
2. 形成从多方位、多角度考虑问题的态度。

知识导图

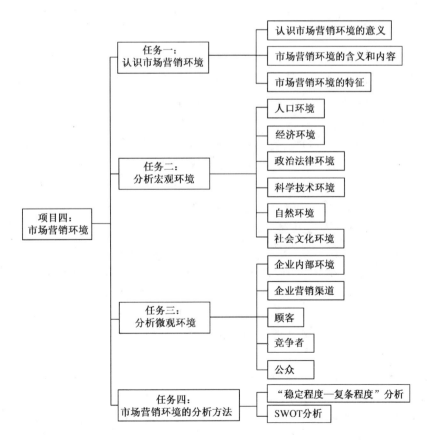

项目导入

国潮，一个虽火却烫手的传播难题

近年来，中国年轻消费群产生的显著变化是什么？

在新的消费洞察中，"90后""00后"是生活在国富民强背景下的一代，他们越来越拥有民族的文化自信，他们不再视国潮国风为老气、传统的符号，而是视其为一种国际的文化浪潮、一种新鲜的生活方式，甚至是自我的自信表达。

在这种趋势中，国货品牌结合国潮国风成功逆袭的案例开始出现了。除了为人乐道的李宁、故宫文创之外，其实还有一个传统老字号品牌，也赢得了非凡的成绩。

这个品牌，就是三元。

时趣作为三元母品牌的 Leading Agency（广告公司），在与三元品牌联手打造的传播战役"宫藏·醇享"纯牛奶上市传播项目中，就通过一轮包装国潮焕新与国风创意传播，助力三元在传播期间，新增消费者比例高达75%，同

比电商销量也增长了数倍营业额，有效提升了年轻用户对三元品牌的关注度。同时，这个案例也堪称国潮国风下的品牌案例典范。

国潮重形，更重神。

除了李宁、三元等外，其实品牌借势国潮国风的案例并不少，但能真正引起关注的较少，其根本原因在于大多数品牌停留在视觉包装的改变上，而没有对品牌内在形象进行相应的塑造。

在此，我们有必要先梳理一下，产品与国潮国风结合时的两大利益层：

① 核心利益层：是指消费者对产品的基本功能的满足，以及包装外观的审美需求；

② 延伸利益层：是指消费者通过购买产品达到的精神表达、自我表达、兴趣表达，这是让品牌区别于竞争对手的核心。

在这里，核心利益层是客观存在的，也是大多数企业都能提供的基础内容；延伸利益层更多的是指心理端的满足，通过象征性的、情感上的内容创造出竞争优势，并主要以广告营销帮助塑造品牌。所以品牌想搭上国潮国风这趟车，绝对不是只在包装上动动心思就够了，更要在传播上去下功夫，塑造品牌的内在形象。

以三元为例，三元的优势是一个区域性的品牌，凭借近70年的品牌历史与优良品质，尤其在京津冀地区拥有普遍良好的口碑，在产品层的竞争优势是明显的。但三元的劣势在于相较于竞争品牌而言，三元在传播上也一直是一个低调的品牌，自2011年后就很少做品牌广告，消费者感知不到品牌的活力，对三元除了产品品质的信任外，缺少精神和价值层面的认知。

三元也为此在2018年开始与时趣联手，想要打造出一系列重磅的传播动作，有效占领和逆转消费者的心智。这其中就包含了此次三元与综艺节目《故宫，上新了》的合作，三元与时趣联合，想借此有效提升一波市场认知及提及率。但对传统老字号品牌来说，这个项目有着典型的易和难。这其中有利的地方在于，三元作为北京企业，其悠长的历史服务了近三代当地人；而故宫作为北京的文化符号之一，这种结合有着天然的基因匹配。但同时，难点在于近年来跟故宫相关的商业合作越来越多，如何在传播中将品牌与故宫深度结合是一个巨大的挑战。这要求三元从视觉包装到传播表达上，都能拿出一流的创意。

那么，时趣是如何用创意解决这个难题的？

（一）营销的最后五秒钟：特殊的场景表达

包装被称作是营销的最后5秒钟，在三元自己推出"宫藏·醇享"系列的国潮包装之后，其实

还面临一个问题,即用什么样的场景表达去放大新包装的美学元素。

那么,为什么要强调场景?

首先,因为只有在特殊的场景衬托下,国潮等美学元素才能发挥出更好的价值。

例如,李宁等品牌最初是通过纽约时装周火起来的,纽约时装周这个场景的特殊意义在于,它代表的是全球最新的潮流趋势,时装品牌只有借助这类特殊的场景,才能更好地向消费者传递出特殊的品牌价值。

其次,对于越来越重要的线上传播和电商销售来说,单独的产品包装很难体现完整的国潮底蕴,需要通过相得益彰的视觉场景传播来凸显,以此达到更好的传播效果及带货效果。

在如何更好地寻找场景展现这一特质方面,也出现了不同的选择:

第一种选择是:画面让潮流的年轻消费者拿着新设计的牛奶包装,来凸显年轻人的喜爱;

第二种选择是:全然回归原汁原味的古典文化场景,打造整体的国风视觉审美。

在文化自信的消费洞察上,这个选择题就很容易解答了。与服装案例不同的是,它不需要国际舞台或年轻消费群的站台,它本身所代表的文化底蕴,就有足够的光芒来吸引人。

为了让包装成为一种"销售点",时趣此次在三元品牌的包装创新基础上,对包装进行一轮出色的传神演绎,让传统元素焕发新的活力与质感,为该系列产品制作了一组产品形象大片:

在这次整体设计中,通过时尚元素与与古典场景的碰撞,赋予了三元产品包装强有力的视觉效果,这有效提升了产品的"货架效应",使之成为更醒目的商品之一。同时视觉整体呈现还促进消费者提高对三元品牌的认知,帮助品牌展现一种匠心的坚守,品质的追求,以及传统文化的传承。

可见,品牌国潮国风的视觉焕新,只有包装焕新还远远不够,无论是在使用场景,还是传播创意场景上,都是一个非常挑剔的美学元素。

(二)没有不火的形式,只有不火的内容

三元项目在产品包装创意的革新之后,其实最重要的就是快速去引爆它的线上传播,让更多消费者接触到焕新的包装信息,并通过传播内容去强化品牌与故宫元素在价值或精神上的链接,帮助消费者从现有的品牌认知,过渡到理想的品牌认知。

这其中的传播选择,或是一轮大预算的海陆空传播轰炸,或是一个四两拨千斤的精湛创意内容。创意轰炸容易,但创意刷屏难。我们常听到的口号是:H5(移动终端页面)越来越难以刷屏了,传统的高昂制作费的TVC(广告片)要死了。其实这种论调是站不住脚的。无论何时,都没有不火的形式,只有不火的内容罢了。

时趣此次就为三元制作了一支极佳视觉体验与互动体验的精美H5,并成功刷屏。上线仅3天,其H5就赢得268万次观看量的传播成绩!(右侧扫码体验H5)

[线上学习:三元"至IN中国风"H5]

越来越难火的H5,这次为什么能火?这其中离不开一个词:品牌体验。

那么构成一个H5的品牌体验是什么?它应该是视觉体验、互动体验、情感体验三者的结合。

首先,它是国内首支长卷轴的国风H5,整个视觉体验像一幅长卷一般慢慢展开,层层递进,创造了一种新颖的观感。

其次,这支H5还采用了全程一镜到底的互动呈现,没有任何分屏和停顿,创造了非常出色的互动阅读体验。

再次,在整个H5的故事呈现中,创意从文案到视觉设计,都紧扣国潮国风的兴起,点燃了消费群体潜在的民族自信,加之结合农历新年这一特殊的时间点,轻松赢得消费者的认可。

通过优秀的创意表达，这支 H5 在视觉体验、互动体验、情感体验上都助力品牌更好地表达了产品的工匠之心，文化传承之心，帮助消费者将国潮国风、国货之光等积极标签与品牌相结合。

除 H5 达到惊人的传播覆盖率之外，时趣还在今日头条借助了其国风频道，以宫廷秘事连载漫画的形式，让老桥段演绎出了新的社交话题，将老品牌创造出新鲜的话题。

整个项目的传播路径进行到此就非常明朗了，通常一个广告的有效传播存在着几个考量：① 广告是否覆盖到目标消费者；② 广告覆盖到用户却没有引起注意；③ 广告可能没被理解；④ 消费者可能通过广告产生积极的反应，或积极的态度；⑤ 消费者没有产生实际的购买欲望。

三元通过在产品包装焕新之后，利用核心 H5，可谓发挥了出彩而全能的创意传播，让信息尽可能覆盖到大量的用户，让他们感知到三元对国风的倡导、对中华文化中匠心的传承，进一步引导他们产生品牌理想中的新认知。

（三）超常规 2 倍效果的抖音刷屏互动玩法

话虽漂亮，但自说自话往往是最可怕的。

三元此番品牌焕新的社交传播，目的正是要与社交用户做深度沟通和互动，不仅让品牌自己说自己变了，更要让用户也参与到品牌焕新内容中来。

除了常见的微博、微信端外，抖音也因为其短视频的内容形式、用户等优势，成为一个不可忽略的传播阵地。其品牌视频化的呈现形式、群体参与性的口碑爆发、行为驱动下的爆款孵化，让这个平台针对产品的营销效率是较高的。

在三元此次传播中，时趣将抖音作为重要的沟通互动阵地，以 BGM（背景音乐）、贴纸（产品 + 皇帝帽子 + 祥云 + 仙鹤）、手指舞这些抖音用户喜欢的内容形式与品牌进行结合，通过一轮信息流广告 + 地区抖音挑战赛为项目赢得了出色的互动效果。

在抖音传播中，品牌需要关注的是核心品牌、用户、KOL（关键意见领袖）之间的联动。正如这次项目发起的挑战赛，就利用优质的信息流广告引入，结合 KOL 吸引流量，在用户之间形成了传播病毒，让用户参与、点击、模仿、转发，实现话题的最终裂变。

抖音端的传播战绩是喜人的，挑战赛总曝光破亿，产品曝光破 2 500 万次，上线仅 7 天就吸引了 15 万抖音用户的参与，整体播放量上线 7 天就超过 1 亿（达到普通区域挑战赛的 2 倍）。

通过此番传播，时趣助力三元借助国潮国风的产品焕新，实现了非凡的品牌传播意义，使沉寂 8 年的老品牌，以崭新的姿态重新赢得人们关注，并以产品传播激活了整体品牌的形象革新，让消费者不仅信任品质，更通过传播将三元与国潮文化深度匹配，产生积极且健康的品牌认知。

（资料来源：广告文案例库 https://creative.adquan.com/show/285982. 有删改）

任务一 认识市场营销环境

一、认识市场营销环境的意义

企业的市场营销活动是在一定的市场营销环境里进行的，环境如水，企业如舟，水能载舟，亦能覆舟。也就是说，各种环境因素的变化对于企业来说，既可以带来机会，有可能形成某种威胁。这就要求从事市场营销活动的企业，要经常对营销活动的环境进行分析，把握市场环境变化的规律和趋势，积极采取相应的措施，利用机会，避开威胁，主动地适应环境的变化，这对于加强和改善企业的竞争能力，提高企业的经济效益、避免经营风险具有重要的意义。

（一）市场营销环境是企业营销活动的组成部分

企业营销活动所需的各种资源，如原料、资金、信息、人才等，都是由环境提供的，且企业的产品和服务业只有通过营销环境才能实现其价值，市场营销环境制约着市场营销的投入和产出，从而成为市场营销赖以生存和发展的土壤。研究和分析市场营销环境，能使企业对具体环境中潜在的机会或威胁有清醒的认识。只有充分认识环境，才能更好地适应环境，创造和利用有利因素，避免不利因素，使企业立于不败之地。

（二）市场营销环境对企业营销带来双重影响

1. 环境给企业营销带来的威胁

营销环境中会出现许多不利于企业营销活动的因素，由此形成挑战。如果企业不采取相应的规避风险的措施，这些因素会导致企业陷入营销的困境，给企业带来威胁。为保证企业营销活动的正常运行，企业应注重对营销环境进行分析，及时预见环境威胁，将危机减少到最低程度。

2. 环境给企业营销带来的机会

营销环境也会滋生出对企业具有吸引力的领域，给企业带来营销的机会。对企业来讲，环境机会是开拓经营新局面的重要基础。为此，企业加强应对环境的分析，当环境机会出现的时候，企业应善于捕捉和把握机会，以求得长足发展。

（三）市场营销环境是企业制定营销策略的依据

企业营销活动受制于客观环境因素，必须与所处的营销环境相适应。但企业在环境面前绝不是完全无能为力、束手无策的，只要企业充分发挥其主观能动性，制定有效的营销策略去适应环境、影响环境，就能在市场竞争中处于主动，占领更大的市场。

二、市场营销环境的含义和内容

（一）市场营销环境的含义

市场营销环境是指与企业营销活动紧密相关，直接或间接影响企业营销活动的各种因素的总和。影响和制约企业营销活动的内、外环境因素有很多，而且十分复杂。不同的环境因素对企业营销活动各个方面的影响也不尽相同，同样的环境因素对不同企业营销活动的影响也会大小不一。所以，一个有效的组织必须适应环境，融入环境，不适应环境往往是某组织营销失败的主要原因之一。

（二）市场营销环境的内容

根据影响企业市场营销的各种因素与企业的营销活动的密切程度不同，我们把市场营销环境分为宏观市场营销环境和微观市场营销环境两大类。

1. 宏观市场营销环境

宏观市场营销环境是指间接影响企业营销能力的各种因素。主要包括政治法律环境、人口环境、经济环境、科学技术环境、自然地理环境和社会文化环境等。由于这些环境因素都是企业无法直接控制的因素，是通过影响微观环境间接影响企业营销能力和效率的一系列巨大的社会力量，因此又称作间接市场营销环境。

2. 微观市场营销环境

微观市场营销环境是指与企业紧密相联，直接影响企业营销能力的各种因素，主要包括企业内部环境和企业外部的供应商、营销中间商、竞争对手、顾客、社会公众等。由于这些因素与企业具体的营销活动，如原料采购、对外业务往来等发生直接的影响和联系，因此微观市场营销环境又称作直接市场营销环境或企业作业环境。

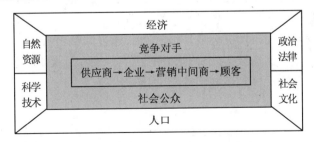

图 4-1　企业与营销环境之间的关系

三、市场营销环境的特征

（一）客观性

环境作为营销部门外在的不以营销者意志为转移的因素，对企业营销活动的影响具有强制性和不可控性的特点。一般来说，营销部门无法摆脱和控制营销环境，特别是宏观环境，企业难以按自身的要求和意愿随意改变它，如企业不能改变人口因素、政治法律因素、社会文化因素等。但企业可以主动适应环境的变化和要求，制定并不断调整市场营销策略。事物发展与环境变化的关系是适者生存，不适者淘汰，就企业与环境的关系而言，也完全适用此规律。有的企业善于适应环境就能生存和发展，有的企业不能适应环境的变化，就难免被淘汰。

（二）差异性

不同的国家或地区之间，宏观环境存在着广泛的差异；不同的企业，微观环境也千差万别。正因为营销环境存在着差异，企业为适应不同的环境及其变化，必须采用各有特点和针对性的营销策略。环境的差异性也表现为同一环境的变化对不同企业的影响不同。例如，中国加入世界贸易组织，意味着大多数中国企业进入国际市场，进行"国际性较量"，而这一经济环境的变化，对不同行业所造成的冲击并不相同。企业应根据环境变化的趋势和行业的特点，采取相应的营销策略。

（三）动态性

市场营销环境是一个动态系统。构成营销环境的诸因素都受众多因素的影响，每一环境因素都随着社会经济的发展而不断变化。20世纪60年代，中国处于短缺经济状态，短缺几乎成为社会经济的常态。改革开放20年后，中国已遭遇"过剩"经济，不论这种"过剩"的性质如何，仅就卖方市场向买方市场转变而言，市场营销环境已产生了重大变化。营销环境的变化，既会给企业提供机会，也会给企业带来威胁，虽然企业难以准确无误地预见未来环境的变化，但可以通过设立预警系统，追踪不断变化的环境，及时调整营销策略。

[线上学习：2019，前路不安的数字营销]

（四）相关性

营销环境诸因素之间相互影响，相互制约，某一因素的变化会带动其他因素的相互变化，形成新的营销环境。例如，竞争对手是企业重要的微观环境因素之一，而宏观环境中的政治法律因素或经济政策的变动，均能影响一个行业竞争对手加入的多少，从而形成不同的竞争格局。又如，市场需求不仅受消费者收入水平、爱好以及社会文化等因素的影响，而且政治法律因素的变化往往也会产生决定性的影响。再比如，各个环境因素之间有时存在矛盾，某些地方消费者有购买家电的需求，但当地电力供应不正常，这无疑是扩展家电市场的制约因素。

任务二　分析宏观环境

宏观环境是指间接影响企业营销能力的各种因素。这些环境因素对于企业而言，都是无法控制的社会因素，它既能给企业带来机会，也可能对企业造成威胁，对此，企业要经常对宏观环境的各因素进行研究和分析，及时发现市场机会或环境威胁，通过调整自身的内部环境来适应宏观环境的变化发展，只有这样企业才能够持续、快速地发展。宏观环境因素主要包括人口环境、经济环境、政治法律环境、科学技术环境、自然环境和社会文化环境等。

一、人口环境

人口是市场的第一要素。人口的数量直接决定市场规模和潜在容量，人口的性别、年龄、民族、家庭状况、受教育程度、职业、居住分布等也对市场格局产生着深刻影响，从而影响着企业的营销活动。企业应重视对人口环境的研究，密切关注人口特性及其发展动向，及时调整企业营销策略以适应人口环境的变化。

（一）人口数量和增长速度分析

人口数量是决定市场规模的一个基本要素。如果收入水平不变，人口越多，对生活必需品的需求量就越大，市场规模和市场潜力也就越大，反之就越小。2010 年 11 月第六次全国人口普查结果显示，我国人口已经达到 13.7 亿，约占世界人口总量的 1/5，这一庞大的人口数量代表着巨大的市场潜力，这也是众多外国企业纷纷进入中国、看好中国市场的主要原因。

目前我国人口除了人口数量大之外，另一显著特征是人口增长速度快，人口的快速增长对企业开展营销活动产生两个方面的影响：一方面人口的进一步增长，给企业带来了市场机会。新增人口不仅带来了社会基本生存需求，如衣、食、住、行等生活必需品需求的扩大，还会产生教育等其他多方面的需求，从而为企业营销带来了许多新的市场机会；另一方面是人口的快速增长，也给企业带来了威胁。人口的快速增长严重地限制经济的发展，限制人均国民收入的提高，导致某些市场吸引力下降。同时人口的迅速增长必然会过度消耗自然资源，使地球上的自然资源日益短缺。

（二）人口结构分析

人口结构主要包括年龄结构、性别结构、家庭结构、民族结构和受教育程度构成等。我国人口结构的现状和变动趋势将直接影响消费品市场的商品结构，因此企业在进行市场营销战略决策前，必须对人口结构进行认真的分析，否则企业就无法确定自己的消费群体，无法准确地给自己的产品进行合理的定位。

[线上学习：
当 1.9 亿"90 后"
成为消费支柱，
你却没有搞懂 TA]

1. 年龄结构分析

不同年龄阶段的人会有不同的消费需求，因而会形成各具特色的市场。例如，儿童市场多集中在食品、服装、玩具等产品的消费上；青少年市场多集中在体育用品、文具、自行车等产品的消费上；而老年人则多集中在营养保健食品和医疗保健用品等产品的消费上。

目前，我国人口的年龄结构具有以下特点：一方面，儿童及青少年比重开始下降，但是消费档次不断提高，反映到市场上，在今后 20 年内，婴幼儿和少年儿童产品的需求将发生明显改变。另一方面，老龄人口比重越来越大，据联合国预测，到 2030 年，全世界 60 岁以上的老人比 1990 年增加两倍，占世界人口的比例也由 1990 年的 9% 上升到 16%，近年来，人口老龄化在中国已渐趋明显。根据卫计委（今卫健委）2015 年 7 月份公布的数据，2014 年中国 0~14 岁低龄人口占总人口比例为 16.5%，比 2010 年第六次人口普查降低 0.1 个百分点，低于世界平均 26% 的水平。60 岁及以上老年人口占比不断上升，从 2010 年的 13.3% 提高到 2014 年的 15.5%。同时，劳动年龄人口从 2011 年开始连续三年出现净减少，老龄化加速和少子化加剧并存的人口结构问题十分突出。按照联合国卫生组织的统计标准，中国的上海市、北京市已成为老龄化城市。由于中国长时间推行"一对夫妇只要一个孩子"的政策，虽然于 2016 年全面实施二孩政策，但令人担忧的是，中国社科院人口与劳动经济研究所、中国人民大学人口与发展研究中心等多家研究机构的调研数据显示，中国部分地区"80 后""90 后"群体的生育意愿比较低下，中国的实际生育率仍然会远远低于更替水平，中国将不可避免地进入人口负增长阶段。反映到市场上，则表现为与"银发消费"有关的商品如医药保健用品和特殊服务的需求将会大量增加，"银色产品"时代已经到来。

2. 性别结构分析

人口性别不同，其市场需求和购买行为表现也明显不同。例如，在保健食品市场上，男性需要强身健体类的保健食品，而女性则更需要减肥、美容类的保健品；男性在购买产品时通常表现为理智型，而女性则大多数表现为冲动型。因此，企业可以根据人口的性别结构属性来制定不同的营销策略。

3. 家庭结构分析

现代家庭是社会的细胞，也是商品的主要采购单位。一个国家或地区的家庭单位和家庭平均成员的多少及家庭组成状况等，直接影响着许多消费品的需求量。

随着人类文明的进步，家庭形式发生着巨大的变化，家庭规模呈缩小趋势，家庭总数呈增加趋势。家庭总数的增加，导致市场对住房和电视、电冰箱、洗衣机、音响、家具等家庭用品的需要大大增加；家庭规模的小型化要求家庭日用品的营销活动也必须针对这种类型的市场需求来调整自己的产品，例如可以推出小包装的食品或小型化的家庭用品。

4. 民族结构分析

我国是一个多民族的国家。民族不同，其文化传统、生活习性也不相同。具体表现在饮食、居住、服饰、礼仪、节日等物质方面和文化方面。企业营销要尊重不同民族的风俗习惯，根据各民族市场的特点分析其需求情况和消费结构，开发适合各民族特性、受其欢迎的商品。

5. 受教育程度分析

一个国家或地区的教育发展水平的高低，直接影响国民素质差异，影响着人们对产品价值、功能及款式的评价与选择，从而影响着企业的营销活动。一方面，目标市场人口受教育程度影响企业营销产品的技术层次、质量高低和多样化程度；另一方面，目标市场人口的受教育程度制约着企业的营销方式。一般来说，受教育程度高的消费者，购买商品时理性程度高，往往追求高雅、美观、新颖的产品；而受教育程度低的消费者，往往讲究价廉、实用的产品。各种职业的消费者由于收入水平、生活和工作条件不同，对商品的设计、款式、包装、价格等的要求也不尽相同。

（三）人口地理分布状况分析

人口地理分布是指人口在不同地区的密集程度。人口地理分布与市场需求紧密相关。一方面，人们所处的地理位置、气候条件不同，消费需求和购买行为表现明显不同，比如在山区，由于道路崎岖，人们对自行车的需求就比较少；在我国昆明，四季如春，当地居民家中很少装空调；寒冷地区的人们爱喝酒；等等。另一方面，我国目前人口地理分布流动性较大，农村人口不断向城市或工矿地区流动，内地人口不断向沿海经济开放地区流动。近年来我国的城镇化进程稳步推进，由看重数量向注重深度转变。城镇化改变了城市，改变了农村，不仅使这些地区的消费需求在数量上产生了改变，而且在消费结构上也发生了一定的变化，因此，营销企业应该提供更多的适销对路的产品以满足这些流动人口的需求，这是潜力很大的市场。

> **案例链接 4-1**
>
> 开放二孩政策（Open two child policy）是党的十八届五中全会中公布的一项政策，是中国实行的一种和计划生育政策相对应的生育政策，以应对中国人口的老龄化、人口比例失调等问题。2015年10月，十八届五中全会决定，全面放开二孩政策。至此，实施了30多年的独生子女政策正式宣布终结。只要是合法的夫妻就享有生育二孩的权利，不再受"单独二孩"政策或"双独二孩"政策的限制。
>
> 这一政策的推出，将给医药、婴幼儿奶粉、婴儿用品、儿童玩具、婴幼儿教育、动漫，甚至是房地产和汽车等行业带来巨大商机。
>
> （资料来源：百度百科）

二、经济环境

市场的形成不仅由人口构成，同时还需要这些人具有一定的社会购买力，而社会购买力受宏观经济环境的制约，是经济环境的反映。经济环境是指企业市场营销活动所面临的外部经济条件，它是企业开展市场营销活动的基础。因此，企业在进行营销活动前，必须全面了解、分析经济环境。构成宏观经济环境的因素主要包括消费者收入与支出水平、储蓄与信贷等。

（一）消费者收入分析

消费者收入水平直接影响市场容量和消费者的支出模式，从而决定社会购买力，是企业分析市场规模大小不可忽视的因素。在研究收入对消费需求的影响时，常着重分析以下指标：

1. 国内生产总值（GDP）

国内生产总值是指一个国家或地区所有常住单位在一定时期内生产的全部最终产品和服务价值

的总和，它是衡量一个国家经济实力与购买力的重要指标。国内生产总值增长越快，人们对商品的需求和购买力就越大；反之，就越小。

2. 人均国民收入

这是用国民收入总量除以总人口的比值。这个指标大体反映了一个国家人民生活水平的高低，也在一定程度上决定商品需求的构成。一般来说，人均收入增长，对商品的需求和购买力就大；反之，就小。

3. 消费者收入

消费者收入是指消费者个人从各种来源所得到的全部收入，包括消费者个人工资、红利、租金、退休金、馈赠、补贴、利息等收入。当然，消费者并不能把自己的全部收入都用于购买商品和劳务，消费者的购买力只是收入中的一部分，因此在了解消费者收入的基础上应该区分可"个人可支配收入"和"个人可随意支配收入"。其中，"个人可支配收入"是指扣除消费者缴纳的各种税款和交给政府的非商业性开支后可用于个人消费或储蓄的那部分个人收入，它是影响消费者购买生活必需品的决定因素。"个人可随意支配收入"则是指个人可支配收入中减去消费者用于购买生活必需品的费用支出（如房租、水电、食物、衣着等项开支）后剩余的部分。这部分收入是消费需求变化中最活跃的因素，也是企业开展营销活动时所要考虑的主要对象。这部分收入一般用于购买非必需品，如奢侈品、保健品、娱乐、教育、旅游等。

4. 家庭收入

家庭收入的高低会影响很多产品的市场需求。一般来讲，家庭收入高，对消费品需求大，购买力也大；反之，需求小，购买力也小。

另外，要注意分析消费者实际收入的变化。注意区分货币收入和实际收入。

货币收入是指消费者所获得的货币总量，而实际收入是指所获得的能购买商品的实际货币数量。实际收入受通货膨胀、失业率及税收等因素的影响。如果通货膨胀上升，税收提高，实际收入就会下降。

（二）消费者支出分析

随着消费者收入的变化，消费者支出会发生相应变化，继而使一个国家或地区的消费结构也会发生变化。

1857年，德国统计学家恩格尔通过研究发现，随着收入水平的提高，用于食品上的支出在人们总支出中所占的比例呈下降趋势，这就是恩格尔定律。恩格尔定律通常用恩格尔系数来表示，即指食品开支在总支出中所占的比例。用公式表示为：

$$恩格尔系数 = \frac{食品支出金额}{家庭消费支出总金额}$$

恩格尔系数越小，食品支出所占比重越小，表明生活富裕，生活质量高；恩格尔系数越大，食品支出所占比重越高，表明生活贫困，生活质量低。恩格尔系数是衡量一个国家、地区、城市、家庭生活水平高低的重要参数。

联合国根据恩格尔系数划分出富裕程度的标准，恩格尔系数在60%以上的为贫困，50%~60%之间的为温饱，40%~50%之间的为小康，30%~40%之间的为富裕，30%以下为很富裕。如表4-1所示。

表4-1 恩格尔系数与贫富标准

恩格尔系数	贫富标准
>60%	贫困
50%~60%	温饱
40%~50%	小康
30%~40%	富裕
<30%	很富裕

企业可以从恩格尔系数了解目前市场的消费水平，也可以推知今后消费变化的趋势及对企业营销活动的影响。随着我国住房制度、医疗制度和教育制度的进一步改革，用于住房、卫生保健、教育方面的支出已大幅度增加，用于旅游、娱乐、金融投资等方面的开支不断上升。中国关键年份的恩格尔系数数据变化为：1978年，平均值为60%（农村68%，城镇59%），属于贫穷级别；2003年，平均值为40%（农村46%，城镇37%），属于小康级别；2015年，平均值为30.6%，属于相对富裕级别；2018年，平均值为28.4%，属于富足级别。企业应根据消费者支出模式的变化，不断地调整企业的营销策略。

（三）消费者储蓄分析

在一般情况下，消费者并非将其全部收入完全用于当前消费，而是往往会把收入中的一部分以各种方式存起来，如储蓄、购买债券、投资股票等，以求保值、积少成多，为今后购置房产、高档消费品或急用做准备。当消费者的收入一定时，如果储蓄增多，现实购买量就减少；反之，如果用于储蓄的收入减少，现实购买量就增加。所以，消费者的储蓄行为直接制约着市场消费者购买力的大小。

消费者的储蓄往往受到利率、通货膨胀、消费观念、物价、收入水平等因素的影响。企业应时刻关注消费者的储蓄情况，尤其是要了解消费者储蓄目的的差异，只有这样，企业才能制定相应的营销策略，获取更多的商机。

（四）消费者信贷分析

消费者信贷，也称信用消费，是指消费者凭信用先取得商品的使用权，然后按期归还贷款，完成商品购买的一种方式。它允许人们通过借款及赊销来购买超过自己现实购买力的商品。这无异于增加了消费者的收入，加大购买力，创造了更多的消费需求。随着我国商品经济的日益发达，人们的消费观念大为改变，信贷消费方式在我国逐步流行起来，值得企业去研究。

消费者信贷的类型包括短期赊销、分期付款和信用卡贷款三种形式。

1. 短期赊销

指购买商品时无须立即付清货款，有一定的赊销期限，若在该期限内付清货款则不需要支付利息；若超过规定期限，则要计付利息。

2. 分期付款

指消费者在购买所需商品时，可以通过签订分期付款合同的方式，先支付一部分货款，其他货款按计划逐次加利息偿还。

3. 信用卡贷款

指某些公司或金融机构向消费者发放的可在所属商店赊账购物的凭证。消费者凭卡可以到与发卡银行签订合同的企业去购买商品，货款由发卡银行先予垫付，以后再向赊欠人收回，并收取一定的费用。

三、政治法律环境

政治与法律是影响企业营销活动的重要的宏观环境因素，它包括政治环境和法律环境。政治环境像一只有形之手，调节着企业营销活动的方向；法律环境规定了企业营销活动及其行为的准则。政治环境与法律环境都具有一定的权威性和强制性，无论出于何种社会制度中，企业的营销活动必定要受到政治与法律环境的规范和约束，可以说，企业都是在一定的政治和法律环境下运行的。

（一）政治环境分析

政治环境是指企业市场营销活动的外部政治形势和状况以及国家的方针和政策。对国内政治环境分析主要是了解党和政府制定的各项路线、方针和政策，如人口政策、能源政策、物价政策、财政政策、货币政策等，分析其给企业市场营销活动可能带来的影响，特别是中国进入WTO以后，我国政府推出了一系列新的改革措施和方针政策，对企业的营销活动影响很大。例如，国家通过降低利率来刺激消费的增长；通过征收个人收入所得税来调节消费者收入的差异，从而影响人们的购买；通过增加产品税，对香烟、酒等商品的增税来抑制人们的消费需求。所以，企业应密切注意国家颁布的各种新政策，相应地调整其市场营销战略和策略，使企业更好地占领、转移或开拓新的市场，在竞争中占有更多的市场份额。对国际的政治环境分析着重了解"政治权利"与"政治冲突"对企业营销活动的影响。"政治权利"是指一国政府通过正式手段对外来企业权利予以约束，以保护本国利益。它包括进口限制、外汇管制、劳工限制以及国有化方面。"政治冲突"是指国际上重大的事件和突发性事件对企业市场营销活动的影响，如战争、暴力及绑架事件、恐怖活动、罢工、动乱等直接冲突，以及不同政治观点在国际事件事务中产生的摩擦等带来经济制裁或经济政策的改变等间接冲突。

（二）法律环境分析

法律环境是指国家或地方政府所颁布的各项法规、法令和条例等，它是企业营销活动的准则，企业只有依法进行各种营销活动，才能受到国家法律的有效保护。近年来，为适应经济体制改革和对外开放的需要，我国陆续制定和颁布了一系列法律法规，例如《产品质量法》《公司法》《合同法》《商标法》《专利法》《广告法》《食品安全法》《环境保护法》《反不正当竞争法》《消费者权益保护法》《电子商务法》《外商投资法》等。企业的营销管理者必须熟知相关的法律条文，才能保证企业经营的合法性，运用法律武器来保护企业与消费者的合法权益。

对从事国际营销活动的企业来说，不仅要遵守本国的法律制度，还要了解和遵守国外的法律制度与有关的国际法规、惯例和准则。例如日本政府曾规定，任何外国公司进入日本市场，必须要找一个日本公司同它合伙，以此来限制外国资本的进入。因此，只有了解掌握了这些国家的有关贸易政策，才能制定有效的营销对策，在国际营销中争取主动。

知识拓展

中美贸易冲突的根源是什么

在第十一轮中美经贸高级别贸易磋商前夕，美国突然对华输美产品进行加税，将先前2 000亿美元商品关税从10%提高至25%。在这种情况下，中国国务院副总理刘鹤赴美参加了最新一轮的谈判，充分表明了中方的诚意，然而美方仍然置这次会谈的成果于不顾，又扬言将启动对剩余3 250亿美元中国输美商品加征25%关税的相关程序。

中美贸易战爆发的一年多来，有两个现象是非常明显的，首先是美方并没有从挑起的贸易战得到好处。比如，美国总统特朗普对中国施压的主要理由之一就是美国在中美贸易中的逆差太大。我们暂且不讨论他引用的错误数据及荒谬的观点，而是来看一下中美贸易数据，2018年，中国对美贸易顺差已经连续第二年刷新2006年有统计以来的最高记录。中国对美贸易顺差2.14万亿元人民币，比有统计以来的最低值扩大了14.7%，由此可以看出特朗普用贸易战的方式根本无法解决中美贸易中的问题。

其次，美方显示其无比焦虑和盲动。一方面，在贸易谈判时出尔反尔、颠倒黑白，除了本次突然翻脸之外，其实在2018年5月16—18日的第二轮中美磋商已经达成不打贸易战的"联合声明"，但仅仅过了10天，美方就宣布对中国出口美国的价值500亿美元商品加征关税。另一方面，美国政府的相关人士不断将贸易问题扩大化，给中国扣帽子，比如美国副总统给中国罗列的"四种罪"；美国前财长鲍尔森甚至提出了"经济铁幕"的说法。有人说这是美国的谈判策略，或者是特朗普的商人性格决定的，但是如果仔细观察美国无限扩大、上纲上线的言论，以及特朗普说他所取得的伟大成就，不断给自己打气说会取得贸易战胜利等，都明白无误地显示出美国焦躁的心态，以及毫无胜算的胆怯。

为什么美国会不遗余力地挑起这场损人不利己、同时也没有取胜把握的贸易战呢？一些学者认为中国威胁到了它的霸权地位，但这并不符合事实。美国仍然是最强的霸权国家，如果说其相对实力下降，那也是因为美国在伊拉克、阿富汗、叙利亚等地区发动的一系列战争，在给他国人民带来痛苦的同时，也损耗了自己的实力。

如果仔细分析，就会发现美国焦虑的根本原因来源于其创新力的下降。自20世纪发源于美国的互联网带动了第三次世界工业革命以来，能带来全球性深刻革命的技术就鲜有出现。美国曾经吹捧的3D打印、页岩油等技术，远没有达到原先的预期。由于缺少重大科技的出现，对美国经济走势带来深远的影响。从需求侧来说，必然带来投资需求的减少，同时使得消费需求不足，而对于传统行业来说，产能过剩随之而来。因此，它们只能将工厂关闭或者搬迁到成本更低的地区，这进一步造成了经济空心化，更多的资金不断投向房地产和复杂的金融产品，形成巨大的经济泡沫，2008年金融危机就是一次预演。从供给侧看，新技术进步缓慢，让经济潜在增长率下降，潜在的均衡利率水平也会不断下降，所以，美联储刚刚开始加息进程不长，特朗普就坐不住了。其根本原因还是在于目前的美国等西方发达国家无法承受高一点的利率。

而以中国为代表的发展中国家的科技却获得了长足的进步。从2010年开始，中国发明专利的申请数量已经连续7年稳居全球第一、研发人数位居全球第一。2018年，中国PCT专利申请量居世界第二位，是第一位美国的95%左右。而在2000年，中国PCT专利数量只有美国的2%。从企业的角度，华为PCT的专利申请量全球第一，其中有三成是5G专利。华为不仅仅是一家企业，它更是构筑了庞大的上下游生态系统。因此我们看到，最近美国相关的科技企业股价大幅下挫，这可能也是特朗普没有预料到的，华为还没有受到影响，美国的一些企业却先受伤了。

作为世界上最大的工业国和最大的消费市场，中国经济和消费的多样性正在产生需求的多样性，并成为中国科技快速发展的原动力。其实，中美仍然面临科技合作的重大机会，比如，随着第四次工业革命人工智能时代的到来，中国丰富的数据、众多的需求与美国更先进的算法和硬件结合起来，绝对可以创造出更大的蛋糕，给人类带来更大的福祉。显然，美国还是被焦虑捆住了手脚，它应该重新回味一下习近平主席说的那句话："太平洋足够大，容得下中美两国发展。"

（资料来源：《今日中国》）

四、科学技术环境

科学技术是社会生产力最新且最活跃的因素。作为市场营销环境的一部分，科技环境不仅直接影响着企业内部的生产和经营，同时还与其他环境因素相互依赖、相互作用，尤其与经济环境、文化环境的关系更为紧密，如新技术革命，既给企业的市场营销创造了机会，同时也造成了威胁。科技发展对企业营销活动影响作用表现在以下几个方面。

（一）科技发展促进社会经济结构的调整

每一种新技术的发现、推广都会给某些企业带来新的市场机会，导致新行业的出现。同时，也会给某些行业、企业造成威胁，使这些行业、企业受到冲击甚至被淘汰。例如，电脑的运用代替了传统的打字机，复印机的发明排挤了复写纸，数码相机的出现将夺走胶卷的大部分市场，等等。

（二）科技发展促使消费者购买行为的改变

随着多媒体和网络技术的发展，出现了"电视购物""网上购物""电子商务或移动商务"等新型购买方式。人们还可以通过固定或移动网络订购车票、飞机票、电影票和球票等。工商企业也可以利用这种系统进行广告宣传、营销调研和推销商品。

[线上学习：每个人都是智慧生活的共创人]

（三）科技发展影响企业营销组合策略的创新

科技发展使新产品不断涌现，产品寿命周期明显缩短。这就要求企业必须关注新产品的开发，加速产品的更新换代。科技发展运用降低了产品成本，使产品价格下降，并能快速掌握价格信息，这就要求企业及时做好价格调整工作。科技发展促进流通方式的现代化，要求企业采用顾客自我服务和各种直销方式。科技发展导致广告媒体的多样化，信息传播的快速化，市场范围的广阔性，促销方式的灵活性。为此，企业应该不断分析科技新发展，创新营销组合策略，以适应市场营销的新变化。

(四) 科技发展促进企业营销管理的现代化

科技发展为企业营销管理现代化提供了必要的装备，如电脑、传真机、电子扫描装置、光纤通讯等设备的广泛运用，对改善企业营销管理、实现现代化起了重要的作用。同时，科技发展对企业营销管理人员也提出了更高的要求，促使其更新观念，掌握现代化管理理论和方法，不断提高营销管理水平。

五、自然环境

自然环境是指自然界提供给人类的各种形式的物质资料，如阳光、空气、水、森林、土地等，它是企业赖以生存的基本环境。随着人类社会的进步和科学技术的发展，世界各国都加速了工业化进程，当人们正在享受它所带来的物质财富的同时，资源短缺、环境污染等问题却日渐突显。从20世纪60年代起，世界各国开始关注经济发展对自然环境的影响，成立了许多环境保护组织，促使国家政府加强环境保护的立法。对营销企业来说，应该不断地分析和认识自然环境的变化趋势，制定相应的对策，避免自然环境带来的威胁，最大限度地利用环境变化可能带来的市场营销机会。目前，自然环境的发展趋势主要体现在以下三个方面。

(一) 自然资源日益短缺

自然资源可分为两类，一类为可再生资源，如森林、农作物等，这类资源是有限的，可以被再次生产出来，但必须防止过度采伐森林和侵占耕地；另一类资源是不可再生资源，如石油、煤炭、银、锡、铀等，这种资源蕴藏量有限，随着人类的大量地开采，有的矿产已近处于枯竭的边缘。自然资源短缺，使许多企业将面临原材料价格大涨、生产成本大幅度上升的威胁；同时，又迫使企业研究更合理地利用资源的方法，开发新的资源和代用品，这些又为企业提供了新的资源和营销机会。

(二) 环境污染日趋严重

工业化、城镇化的发展对自然环境造成了很大的影响，尤其是环境污染问题日趋严重，许多地区的污染已经严重影响到人们的身体健康和自然生态平衡。环境污染问题已引起各国政府和公众的密切关注，这对企业的发展是一种压力和约束，要求企业为治理环境污染付出一定的代价，同时，也为企业提供了新的营销机会，促使企业研究控制污染技术，兴建绿色工程，生产绿色产品，开发环保包装。

[线上学习：只因一个政策，它一个月卖了300万件，商家已断货]

(三) 政府干预不断加强

自然资源短缺和环境污染加重的问题，使各国政府加强了对环境保护的干预，颁布了一系列有关环保的政策法规，这将制约一些企业的营销活动。有些企业由于治理污染需要投资，影响扩大再生产，但企业必须以大局为重，要对社会负责，对子孙后代负责，加强环保意识，在营销过程中自觉遵守环保法令，担负起环境保护的社会责任。同时，企业也要制定有效的营销策略，既要消化环境保护所支付的必要成本，还要在营销活动中挖掘潜力，保证营销目标的实现。

☞ **案例链接 4-2**

国六排放政策促使汽车销量大增

苏州华成集团有限公司的销售数据表明，2018年全年至2019年的第一季度，终端汽车的销售量持续低迷，车企的库存数量偏高。但在2019年5月至6月，华成集团旗下所代理及销售的汽车销量与去年同期相比出现了大幅增长，有的汽车型号的销售数量增长了三倍甚至更高。而造就这一结果的原因居然是国家排放政策的相关规定。

江苏省政府2019年5月14日在官网发布通告，自2019年7月1日起，江苏省所有销售和注册登记的新生产轻型汽车应当符合或严于机动车排放标准6a阶段要求。国家第六阶段机动车排放标准是指《轻型汽车污染物排放限值及测量方法（中国第六阶段）》（GB18352.6-2016）和《重型柴油车污染物排放限值及测量方法（中国第六阶段）》（GB17691-2018）。

为确保汽车销售市场上的国五/国六排放汽车平稳切换，苏州华成集团及其所代理销售汽车的生产厂家协力配合,对现有的国五排放车型利用广告、降价等多种促销方式积极进行促销,比如有的车型的裸车价格达到其官方指导销售价格的七折甚至更低,这些销售措施有力地刺激到了汽车终端销售市场,进而销量大增,既合理的清理了库存,又给公司带来了利润,同时,也给广大汽车需求者带来了实惠。

六、社会文化环境

社会文化环境是指在一种社会形态下已经形成的价值观念、宗教信仰、风俗习惯、道德规范等的总和。

任何企业都处于一定的社会文化环境中,企业营销活动必然受到所处社会文化环境的影响和制约。为此,企业应了解和分析社会文化环境,针对不同的文化环境制定不同的营销策略,组织不同的营销活动。企业营销对社会文化环境的研究一般从以下几个方面入手:

(一)教育状况分析

消费者受教育程度的高低,影响到消费者对商品功能、款式、包装和服务要求的差异性。通常文化教育水平高的国家或地区,消费者要求商品包装典雅华贵,对商品附加功能也有一定的要求。因此企业营销开展的市场开发、产品定价和促销等活动,都要考虑到消费者所受教育程度的高低,采取不同的策略。

(二)宗教信仰分析

宗教是构成社会文化的重要因素,宗教对人们消费需求和购买行为的影响很大。不同的宗教有自己独特的对节日礼仪、商品使用的要求和禁忌。某些宗教组织甚至在教徒购买决策中有决定性的影响。为此,企业可以把影响大的宗教组织作为自己的重要公共关系对象,在营销活动中也要注意到不同的宗教信仰,以避免由于宗教信仰的矛盾和冲突给企业营销活动带来的损失。

(三)价值观念分析

价值观念是指人们对社会生活中各种事物所持的的态度和看法。在不同文化背景下,人们的价值观念往往有着很大的差异,消费者对商品的色彩、标识、式样以及促销方式都有自己褒贬不同的意见或态度。如中东地区严禁带有六角形的包装;英国人忌用大象、山羊作为商品装潢图案。因此,企业营销必须根据消费者不同的价值观念来设计产品,提供服务。

☞ 案例链接4-3

山东荣诚鞋厂生产了一种海蓝色涤纶塔跟鞋,很受消费者欢迎,不少用户前来订货。为了优待老客户,该厂主动给滨州市一家大商店发送了一批新产品,可不久,这家商店却来信要求退货。这样的热销货怎么会被要求退货呢?厂方百思不得其解,便迅速派人前去调查。原来,根据滨州的风俗,只有办丧事的人家,妇女才穿这种蓝色的布鞋,以示对逝者的哀悼。这批布鞋款式虽新,颜色却为当地消费者所忌,因此成了"冷门货"。

吃一堑,长一智,第二年春天,这家鞋厂了解到即墨县一带有一种风俗,每逢寒食节,所有第一年结婚的新婚妇女都要给七姑八姨每人送一双鞋。于是该厂马上组织力量生产了四千双各种规格的布鞋,并赶在寒食节前几天发到即墨,结果,不到一天,这批鞋就被销售一空。

(资料来源:百度文库,有删改)

(四)消费习俗分析

消费习俗是指人们在长期经济与社会活动中所形成的一种消费方式与习惯。不同的消费习俗,具有不同的商品要求。研究消费习俗,不但有利于组织好消费用品的生产与销售,而且有利于正确、主动地引导健康的消费。了解目标市场消费者的禁忌、习惯、避讳等是企业进行市场营销的重要前提。例如:日本人有独特的礼节,最忌讳在洽谈生意的时候在这方面造次,更不能拿礼节开玩笑,并且最好是拿点礼物表示情谊;和沙特阿拉伯的买主谈判,绝不能问及对方的妻子;相反,与墨西哥人谈生意时，问候对方的夫人是必要的礼貌……如果不了解目标市场的风俗习惯，就会造成误会，影响成交。

任务三　分析微观环境

　　市场微观环境，是指那些对市场营销活动直接起影响与制约作用的环境因素。它是企业与宏观环境的中间环境，由企业及其周围的活动者所组成，直接影响着企业为顾客服务的能力，包括：企业内部环境、供应商、营销中间商、顾客、竞争对手和社会公众等因素。

一、企业内部环境

　　现代营销观念要求，企业若想成为"现代营销企业"，关键取决于该企业的所有成员，包括每位员工对营销的认识和态度：企业各个部门和每个人的工作，都是在不同的环节、岗位上"为顾客服务"；"营销"不仅是一种职能、一个部门的称谓，而且是一个企业的经营哲学。只有这样做的企业，才能做到"以顾客为中心"，才是真正的"现代营销企业"，其营销才有良好的内部环境基础。

　　企业为开展营销活动，必须设立某种形式的营销部门，但是任何企业的营销部门都不是孤立存在的，它还面对着高层管理部门及其他职能部门。

（一）企业最高管理部门

　　高层管理部门一般由董事会、总经理及其办事机构组成，作为企业的领导核心，最高管理部门负责确定企业的任务、目标、方针政策和发展战略。而这些都直接影响到企业的市场营销活动，如果没有高层管理部门的协调统一，企业便是一盘散沙。因此，营销部门必须在企业发展战略的指导下，制订营销计划并报最高管理部门批准后才能实施。

（二）企业各职能部门

　　企业各职能部门主要指诸如生产部门、采购部门、研究与开发部门、财务部门等与市场营销工作密切相关的部门。营销部门的业务活动是与其他各职能部门的业务活动息息相关的，营销部门在制订和执行营销计划的过程中，必须与企业其他各职能部门相互配合、共同协作。以新药开发为例，营销部门提出开发新药品的计划后，需要得到各部门的配合和支持。研发部门负责新药的组方和工艺设计，采购部门负责原材料的供应等。如果没有采购部门的保障，企业便成了"无米之妇"；如果没有生产部门，企业就无法"将米做成饭"；如果没有财务部门的资金保障和财务分析，企业便无法做到"心中有数"……所以新药品的开发计划能否实现，不仅取决于新药品本身是否有市场，还取决于营销部门与其他各职能部门的协作是否和谐。所以说，药品营销部门绝不能独立于企业其他各职能部门之外。正如管理学家彼得·杜拉克所说："市场营销是企业的基础，不能把它看作是单独的职能。"从营销的最终成果亦即从客户的观点来看，市场营销就是整个企业。

二、企业营销渠道

（一）供应商分析

　　供应商是向企业提供生产经营所需资源的企业或个人，包括提供原材料、零配件、设备、能源、劳务及其他用品等。供应商是营销微观环境中的重要因素。供应商对企业营销活动的影响主要体现在以下几个方面。

　　1. 供货的及时性和稳定性

　　现代市场经济中，市场需求千变万化且变化迅速，企业必须针对瞬息万变的市场及时调整计划，而这一调整又需要及时地获得相应的生产资料，否则，这一调整只是一句空话。企业为了在时间上和连续性上保证得到适当的货源，就应该和供应商保持良好的关系。

　　2. 供货的质量水平

　　任何企业生产的产品质量，除了严格的管理以外，与供应商供应的生产资料本身的质量好坏有密切的联系。当然，供货的质量还包括各种服务，尤其是一些机器设备的供应，如果没有配套的服务（如装备、调试、零部件供应等），提高供货的质量就成了一句空话。

3. 供货的价格水平

供货的价格直接影响到产品的成本，最终会影响到产品在市场上的竞争能力。企业在营销中应密切注意供货价格变动的趋势，特别要密切注意对构成产品重要部分的原材料和零部件的变化，使企业应变自如，不至于措手不及。

案例链接 4-4

一点资讯出席世界广告周：做全球最大的资讯服务基础设施供应商

2018年5月14—17日，世界广告周亚洲场（Advertising Week Asia）在日本东京召开，来自全球多个国家和地区的广告人齐聚东京中城会议中心，共同探讨数字营销领域的诸多全球性趋势与议题。来自中国的一点资讯携手数十位知名品牌主与广告人远赴东京，并于活动首日举办了一场由中国广告人主讲的专场论坛，在世界舞台上讲述了新时代下中国数字营销行业的前沿创新与探索。

一点资讯副总裁付继仁在论坛上发表了主题演讲，他提到："技术的进步极大地赋能了媒体和营销，但同时也带来了用户数据泄露、后真相和消费泛化等弊端。一点资讯作为一家聚合类新闻平台，一直致力于成为全球最大的资讯服务基础设施供应商，不仅为用户提供权威可信任的内容，为合作伙伴提供开放的内容分发技术，也将通过大数据为品牌主提供更加智能和高效的营销服务。"

截至2017年12月，中国移动手机用户达到7.5亿，移动互联网程度不断深入。同时，随着人工智能和机器学习的不断发展，新闻资讯行业正进入聚合时代。付继仁提到，这种聚合模式在提供高效资讯聚合与智能分发的同时也正在破坏用户对媒体的信任，调查数据显示，全球43%的用户选择相信看到的新闻内容，还有29%的用户选择经常逃避和不信任看到的内容。

根据CCS Insight在2017的预测，到2023年全球5G的连接量将达到14亿台，其中，中国市场将占据一半。技术的赋能使得内容分发更加高效，但同时，诸如Facebook发生的用户信息泄露等情况将不可避免。因此，在Hill Holiday一份关于美国年轻人的调查中也提到，有64%的Z时代青年希望暂离社交网络。

除了信息泄露外，资讯背后的真相是技术赋能下的另一大弊端。后真相时代，网络空间的内容开始变得故事化、负面化、煽情化，甚至是邪恶化。2018年年初，国内外诸多视频网站便出现了大量不良儿童视频，其中充斥着大量血腥、暴力和色情内容。因此，技术正在使得我们失去用户信任。

付继仁提到，在移动资讯聚合与智能分发的时代背景下，一点资讯始终致力于成为全球最大的资讯服务基础设施供应商，从内容分发到技术分发，再到服务分发。具体而言，致力于以下三个方面。

第一，做可信赖的内容供应商。2017年10月一点资讯获得《互联网新闻信息服务许可证》，致力于通过"算法+编辑"的人机智能模式，为用户提供可信赖的多元化内容。

第二，做开放的技术供应商。作为技术驱动型的移动新闻平台，一点资讯掌握全球首创的兴趣引擎技术，基于智能算法为用户提供价值内容的同时，也在将这种分发技术提供给合作伙伴。除了在OPPO与小米产品中预装一点资讯以外，还将资讯内容和分发技术输送给OPPO与小米浏览器。付继仁提到，未来还会将技术开放给更多的合作伙伴和智能硬件。

第三，做智能的服务供应商。在内容和技术之外，一点资讯致力于通过用户数据标签和智能算法，为品牌主提供更有效的价值营销服务，不仅在于广告的分发，同时还在于实现内容与电商、内容与服务的链接。

（资料来源：《成功营销》http：//www.vmarketing.cn/index.php/index/NewsDetail/nid/29598）

（二）营销中间商分析

营销中间商是指协助企业促销和分销其产品给最终购买者的组织或机构，包括中间商、实体分销机构（仓储、运输）、营销服务机构（广告、咨询、调研）和财务中间机构（银行、信托、保险）等。这些都是市场营销不可缺少的中间环节，大多数企业的营销活动都需要有它们的协助才能顺利进行。

1. 中间商分析

中间商是指协助企业把产品从生产者流向消费者的个人或组织。它主要包括商人中间商和代理中间商。

商人中间商是指从事产品购销活动，并对所经营的产品拥有所有权的中间商，如批发商、零售商等。代理中间商是指推销产品、协助买卖成交，但对所经营的产品没有所有权的中间商，如代理商、经纪人等。

中间商的主要任务是帮助企业寻找顾客，为企业的产品打开销路。除了某些规模较大的企业有自己的销售机构外，大部门企业都需要与中间商打交道，通过中间商将自己的产品流向消费者。由于中间商介于生产者和消费者之间，所以他的服务质量、销售效率、销售速度等都直接影响到产品的销售。因此企业能否找到适合自己营销策略的中间商，将直接关系到企业的兴衰成败。

2. 实体分销机构分析

实体分销机构也称物流配送机构，主要是指协助厂商储存并把货物运送至目的地的仓储公司和运输公司，其基本功能是调节生产与消费之间的矛盾，弥合产销时空上的背离，提供商品的时间效用和空间效用，以利适时、适地和适量地把商品提供给消费者。

☞ **案例链接 4-5**

"双十一"与物流

2018年"双十一"当天，全国网络零售交易额突破3 000亿元，再创历史新高。据商务大数据监测，这一交易额同比增长约27%。2018年"双十一"我国网络零售市场呈现六大特点。

国际化程度进一步提高。从11月1日至11日，跨境电商进口商品销售额超过300亿元，日本、美国、韩国、澳大利亚、德国位列进口来源国前5位，国内某知名电商平台一家就引入75个国家和地区的近1.9万个海外品牌商品参与促销。同时，有200多万海外消费者在我国电商平台上消费近30亿元。

消费向年轻人和三四线城市居民延伸。新增网购人群主要是年轻人和三四线城市居民，"80后""90后"年轻消费群体占比超过70%，成为消费主力军。

品牌消费趋势明显。消费者更倾向于购买知名品牌商品，其中，国产品牌更加受到青睐，"双十一"销售额前10名的品牌中，国产品牌占6个；销售量前10名的品牌中，国产品牌占8个；中华老字号的销量超过28亿元。

业态模式更活。除了传统电商平台外，社交电商成为市场的新增量，更好地满足了消费者个性化、多元化的需求。

线上线下加速融合。数百万家线下实体店参与了此次"双十一"的促销活动，各大电商平台也大力发展线下业务，推动线上线下联动的全渠道购物。

配送效率进一步提升。凭借大数据、智能仓储、物流机器人等新技术的广泛应用，2018年"双十一"电商物流效率进一步提升，配送时效由以天为单位向以小时和分钟为单位迈进，物流配送更加高效、精准。2018年"双十一"期间，全行业处理的邮件、快件业务量超过18.7亿件，最高日处理量是平日的3倍。在时效、安全的基础上，快递的绿色、环保主张日益深入人心。通过绿色包装、绿色回收、绿色智能，给消费者使用快递带来绿色、环保的体验，成为2018年"双十一"的快递新看点。

从2009年开始，阿里集团都会在每年的11月11日举行大规模的消费者感恩回馈活动。这一天从一个普通的日子逐渐演变成为中国电子商务行业乃至全社会关注的年度盛事，每年的成交额呈几何级增长。毋庸置疑，物流对"双十一"的贡献起着决定性作用。电子商务的高速发展，离不开高效物流的有力支撑，电子商务与物流就像孪生兄弟一样，你离不开我，我离不开你，和谐共生。

3. 营销服务机构分析

营销服务机构是指协助厂商推出并促销其产品的机构，如市场调研公司、营销咨询公司、广告公司和传播公司等。这些机构提供的专业服务对企业的营销活动产生直接的影响，如市场调研公司通过市场调研来为企业经营决策服务；广告公司为企业产品进行大量的宣传活动；等等。一些大企业往往自己建立有关的机构来承担营销服务机构的功能，但对于大多数中小企业来说，委托外部营销服务机构代理有关业务是企业营销活动中不可缺少的，最重要的是在企业的营销活动中，企业面对众多的服务机构要进行全面的比较，看它们谁最具有创造性、服务质量最好、服务价格最适合等，从中选择最适合本企业并能有效提供所需服务的机构。

4. 财务中介机构分析

财务中介机构是指协助厂商融资或分担货物购销储运风险的机构，如银行、保险公司等。财务中介机构不直接从事商业活动，但对工商企业的经营发展至关重要。在市场经济中，企业与金融机构或保险机构关系密切，企业间的财务往来要通过银行结算，企业财产和货物要通过保险取得风险保障，而贷款利率与保险费率的变动也会直接影响企业成本，信贷来源受到限制更会使企业陷入困境。

三、顾客

顾客通常是指用户、消费者，或者说是企业的目标市场，是企业服务的对象，也是营销活动的出发点和归宿。企业的一切营销活动都应以满足顾客的需要为中心。因此，顾客是企业最重要的环境因素。

顾客的范围非常广泛，为便于深入研究各类顾客的特点，按购买动机可以将顾客市场分为五种类型。

1. 消费者市场

消费者市场是指个人或家庭为了生活消费而购买或者租用产品或劳务的市场。

2. 生产者市场

生产者市场是指生产者为了进行再生产而购买产品的市场。

3. 中间商市场

中间商市场是指批发商或零售商等中间商为了转卖、取得利润而购买产品的市场。

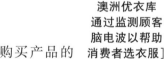

[线上学习：澳洲优衣库通过监测顾客脑电波以帮助消费者选衣服]

4. 政府市场

政府市场是指政府和非盈利机构为了提供公共服务而购买公用消费品的市场。

5. 国际市场

国际市场是指由国外的消费者、生产者、中间商、政府机构等所组成的市场。

各类市场都有其独特的顾客，他们变化着的不同需求，要求企业以不同的方式提供相应的产品或服务，从而影响企业营销决策的制定和服务能力的形成。

四、竞争对手

竞争对手是指向企业所服务的市场提供相同或相似产品，并对企业构成威胁的企业或个人。

市场经济是竞争经济，企业在目标市场进行营销活动过程中，不可避免的要面对形形色色的竞争对手。在竞争性的市场上，企业要成功，要占有更高的市场份额，不仅要在满足消费者需要和欲望方面比竞争对手做得更好，而且还要加强对竞争对手的研究，了解对本企业形成威胁的主要竞争对手及其策略、力量对比如何，知己知彼，扬长避短，才能在顾客心目中强有力地确定其所提供产品的地位，以获取战略优势。一般来说，从消费需求的角度划分，竞争对手主要有以下几种：

1. 愿望竞争者

愿望竞争者是指提供不同产品，以满足消费者不同需求的竞争对手。比如，对于一个消费者来说，周末可以去健身，可以去购物，可以去看电影，可以去餐馆改善生活……这些都是他的需要，能够满足这些需要的企业之间就形成了一种竞争关系，即愿望竞争者关系。

2. 平行竞争者

平行竞争者是指提供不同产品以满足消费者同一种需求的竞争者。比如，为满足消费者身体保健的需要，那么生产保健品、健身器材和生产某些具有保健功能服装的企业之间就形成了平行竞争的关系，即平行竞争者关系。

3. 产品形式竞争者

产品形式竞争者是指满足消费者同一产品需要，但是具有不同产品形式（规格、款式、型号等）的竞争者。比如，同是治疗感冒的药物，有丸剂、片剂、散剂、胶囊等各种剂型，它们之间的竞争关系就是产品形式竞争者关系。

4. 品牌竞争者

品牌竞争者是指满足消费者同一种形式的产品的不同品牌之间的竞争者。比如，同是中成药六味地黄丸，有同仁堂和汇仁堂等不同品牌的生产企业，这些企业之间的竞争关系就是品牌竞争者关系。

五、社会公众

社会公众是指对企业实现营销目标的能力有实际或者潜在利害关系和影响力的团体或个人。企业面对的广大社会公众的态度，会协助或妨碍企业营销活动的正常开展。所有的企业都必须采取积极措施，树立良好的企业形象，力求保持和主要社会公众之间的良好关系。

1. 融资公众

指影响企业融资能力的金融机构，如银行、投资公司、证券经纪公司、保险公司等。企业可以通过发布乐观的年度财务报告，回答社会上关于财务问题的询问，稳健地运用资金，在融资公众中树立信誉。

2. 媒介公众

主要是报纸、杂志、广播电台和电视台等大众传播媒体。企业必须与媒体组织建立友善关系，争取有更多更好的有利于本企业的新闻、特写乃至社论。

3. 政府公众

指负责管理企业营销业务的有关政府机构。企业的发展战略与营销计划，必须与政府的发展计划、产业政策、法律法规保持一致，注意咨询有关产品安全卫生、广告真实性等法律问题，倡导同业者遵纪守法，向有关部门反映行业的实情，争取立法等有利于产业的发展。

4. 社团公众

包括保护消费者权益的组织、环保组织及其他群众团体等。企业营销活动关系到社会各方面的切身利益，必须密切注意来自社团公众的批评和意见。

5. 社区公众

指企业所在地邻近的居民和社区组织。企业必须重视保持与当地公众的良好关系，积极支持社区的重大活动，为社区的发展贡献力量，争取社区公众理解和支持企业的营销活动。

6. 一般公众

指上述各种关系公众之外的社会公众。一般公众虽未有组织地对企业采取行动，但企业形象会影响他们的惠顾。

7. 内部公众

企业的员工，包括高层管理人员和一般职工，都属于内部公众。企业的营销计划，需要全体职工的充分理解、支持和具体执行。经常向员工通报有关情况，介绍企业的发展计划，发动员工出谋献策，关心职工福利，奖励有功人员，增强内部凝聚力。员工的责任感和满意度，必然传播并影响外部公众，从而有利于塑造良好的企业形象。

上述社会公众与企业存在着相互作用、彼此相连的利益关系，它们对企业的各项营销活动既可能产生积极的推动作用，也可能出现消极的妨碍作用。因此，企业必须密切关注各类社会公众的态度，运用公共关系手段加强与各类社会公众的交流和沟通，争取得到广大社会公众的关心、理解和支持，为企业创造出一个适宜于健康发展的环境。

任务四 市场营销环境的分析方法

由于营销环境对企业营销工作会产生一系列的影响，所以企业必须对营销环境进行分析，按照环境提供的条件、要求及其发展变化的趋势来制定营销战略。

在进行环境分析的时候，由于构成环境的因素很多，涉及的范围广，在有限的时间内和有限的费用条件下，不可能对全部环境因素进行调查，企业可以根据分析的目的，选择对企业影响较大因素进行调查和分析。目前最常用的环境分析方法有环境"稳定程度—复杂程度"分析和SWOT分析。

一、"稳定程度—复杂程度"分析

这一分析方法把环境归纳为两个方面，即"简单—复杂"和"静态—动态"（图4-2）。其中，"简单—复杂"环境表明了企业营销面临环境因素的多寡程度，以及这些因素质的相似性程度；"静态—动态"环境表明企业营销环境各因素变化的剧烈程度，如果一个企业环境因素随着企业发展并没有发生多大变化，我们称之为静态，反之则是动态的。

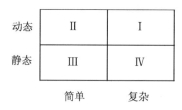

图4-2　"稳定程度—复杂程度"分析矩阵图

由上述二维组合可以得出四种企业营销环境：

1. 第Ⅰ象限是"动态—复杂"环境。这一环境的特点是：环境的组成因素数量多，相互间关联性小，且环境组成因素处于连续不断变化之中。处于这种环境中的企业，营销决策中的不确定性最大，风险最大。应该指出，在营销实践中，营销人员在环境分析中往往会着眼于"动态—静态"因素上，而对于"简单—复杂"因素则往往会忽视。

2. 第Ⅱ象限是"动态—简单"环境。这一环境的特点是：环境的组成因素数量少，互相之间差别不大，且环境处在连续不断的变化过程之中。处于这种环境的企业，决策时遇到的不确定性中等偏高。

3. 第Ⅲ象限是"静态—简单"环境。这一环境的特点是：环境的组成因素数量少，这些环境组成因素之间差别不大，且环境的组成因素基本保持不变。对于这种环境中的企业，营销决策时遇到的不确定性最小，即风险程度最低。

4. 第Ⅳ象限是"静态—复杂"环境。这一环境的特点是：环境的组成因素数量多，这些因素之间互不相同，且环境的组成因素基本保持不变。处在这样环境的企业，决策中遇到的不确定性程度中等偏低。

二、SWOT分析

市场营销环境分析另一常用的方法为SWOT法，它是英文Strength（优势）、Weak（劣势）、Opportunity（机会）、Threaten（威胁）首字母的组合。其中优势、劣势分析（SW）主要着眼于企业自身的实力及其与竞争对手的比较，而机会、威胁分析（OT）则将注意力集中在外部环境的变化及对企业的可能影响上。企业内部要素的评价和外部环境分析构成了SWOT分析的方法基础，因此SWOT分析法实际上是企业内部环境要素分析和外部环境要素分析的组合分析。

（一）优势与劣势分析（SW）

优势与劣势分析主要指的是企业的内部分析。优势是指一个企业超越其竞争对手，实现其企业目标的能力。它可以表现在超越于其竞争对手的任何方面。例如，当两家企业处在同一市场，或者说它们都有能力向同一顾客群体提供产品和服务时，如果其中的一家企业有更高的盈利率、更快的增长速度或更多的市场份额，则该企业比另外一家企业就更有竞争优势。

[线上学习：为自己做一个SWOT求职分析]

在做优势劣势分析时，必须从整个价值链的每个环节上，将企业与竞争对手进行详细的对比。企业管理者可通过定期检查自己企业的营销、财务、制造和组织等能力，最终确定企业的优势与劣势。如果一家企业在某一方面或几个方面的优势正是该行业企业应具备的关键成功要素，那么，该企业的综合竞争优势就强。虽然优势指的是一家企业比其竞争对手有较强的综合优势，但是明确企业究竟在哪个方面具有优势则更有意义，因为只有这样，企业才可以扬长避短。

但是值得注意的是，企业不应该去纠正它的所有劣势，也不应该对其优势不加利用。关键问题是企业应研究，它究竟是应该只局限在已拥有优势的机会中，还是去获取和发展一些优势以找到更好的机会。

有时，企业发展慢并非因为其各部门缺乏优势，而往往是因为它们不能很好地协调配合。例如，有一家大电子公司，其工程师轻视销售员，视其为"不懂技术"；而销售人员则瞧不起服务部门的人员，视其为"不会做生意"。因此，评估内部各部门的工作关系作为一项内部审计工作是非常重要的。

波士顿咨询公司的负责人乔治·斯托克提出，能获胜的公司是取得公司内部优势的企业，而不是只抓住公司核心能力。每一家公司都必须管好某些基本程序，比如新产品开发，原材料采购，对订单的销售引导，对客户订单的现金实现，顾客问题的解决时间，等等。每一道程序都创造价值，都需要内部各部门协同工作。虽然每个部门都可以拥有一个核心能力，但如何管理这些部门的优势能力开发仍是一个挑战。斯托克把它称为能力基础的竞争。

（二）机会与威胁分析（OT）

机会与威胁分析主要指的是对企业外部环境的分析。外部环境的变化是复杂的、客观的，它既可以给企业带来市场机会，也可以给企业构成威胁，但并不是所有的市场机会都具有同样的吸引力，也不是所有的环境威胁都具有同样的挑战。企业必须抓好市场营销的外部环境分析，做到趋利避害。

1. 市场机会分析

（1）什么是市场机会

市场机会，也称环境机会，是指由环境变化造成的对企业营销活动富有吸引力和利益空间的领域。在这些领域，存在着尚未满足的需求，且企业拥有竞争优势。

如果企业经过环境分析和评估，确认市场对某种产品存在需求，企业也有营销能力，就应该积极地创造和适时地利用这一市场机会。机不可失，时不再来，有些机会犹如"昙花一现"，若不及时发现并抓住，就可能坐失良机，造成"机会损失"。例如，利用社会影响较大的政治事件、社会事件以及国内外知名人士的生活习惯和兴趣爱好等来创造营销机会，利用社会上某部热门电影的放映，某项重大体育比赛的举行和某些时尚的流行，来创造商品销售机会，都会受到显著的效果。

（2）如何进行市场机会分析

同样的环境对于不同的企业，其市场机会和市场容量往往大小不一，由此带给各企业的潜在利润就不一样，当然，其潜在吸引力也就不同。据此，企业可以运用市场机会矩阵图对企业所面临的市场机会进行分析。市场机会分析是综合市场机会的潜在吸引力和成功的可能性两个因素对市场机会进行的评估，具体方法是按潜在吸引力大小和成功可能性大小绘制出市场机会矩阵，如图4-3所示。

成功概率

```
         大 ←——→ 小
潜     ┌─────┬─────┐
在     │  Ⅱ  │  Ⅰ  │ 大
吸     ├─────┼─────┤ ↕
引     │  Ⅲ  │  Ⅳ  │ 小
力     └─────┴─────┘
```

图4-3　市场机会分析矩阵图

在市场机会矩阵中，纵轴表示潜在的吸引力，即潜在的赢利能力，具体可以用利润额表示。横轴表示成功的可能性，用成功概率值表示。市场机会矩阵图中的四个不同区域，其潜在吸引力和成功可能性是不同的。

区域Ⅰ属于潜在吸引力大、可行性弱的市场机会。一般来说，这种市场机会的价值不会很大。除了少数好冒风险的企业外，一般企业不会将主要精力放在此类市场机会上。但是，企业应时刻注意决定其可行性大小的内、外环境条件的变动情况，并做好当其可行性变大进入区域Ⅱ时的准备。

区域Ⅱ属于潜在吸引力、可行性俱佳的市场机会，这类市场机会的价值最大。通常，此类市场机会既稀缺又不稳定。企业营销人员的一个重要任务就是要及时、准确地发现有哪些市场机会进入或退出了该区域。该区域的市场机会是企业营销活动最理想的经营内容，企业应全力以赴地加以发展。

区域Ⅲ属于潜在吸引力小、可行性大的市场机会。这类市场机会虽获利能力较小，但风险也很低，所以对于实力雄厚的大型企业来说，遇到这样的机会，往往是观察其变化趋势，而不是积极加以利用；但对于相对稳定或者实力薄弱的中小企业来说，因其产生的利润空间已经足够企业生存和发展，所以中小企业总是积极加以利用。

区域Ⅳ属于潜在吸引力、可行性皆差的市场机会。通常企业不会去注意这类价值最低的市场机会。此类市场机会不大，但有可能直接跃居到区域Ⅰ中，它们通常需经由区域Ⅱ、Ⅳ才能向区域Ⅰ转变。当然，也有可能在极特殊的情况下，该区域的市场机会的可行性、潜在吸引力突然同时大幅度增加。企业对这种现象的发生也应有一定的准备。

需要注意的是，该矩阵是针对特定企业的。同一市场机会在不同企业的矩阵中出现的位置是不一样的。这是因为对于不同经营环境条件的企业，市场机会的利润率、发展潜力等影响吸引力大小的因素状况以及可行性均会有所不同。

 知识拓展

美国著名市场营销学者西奥多·莱维特曾告诫企业家们，要小心仔细地评价市场机会。他说："这里可能是一种需要，但是没有市场；或者这里可能是一个市场，但是没有顾客；抑或这里可能是一类顾客，但目前实在不是一个市场。又如，这里对新技术培训是一个市场，但是没有那么多的顾客购买这种产品。那些不懂得这种道理的市场预测者对于某些领域（如闲暇产品、住房建筑等）表面上的机会曾做出惊人的错误估计。"

2. 环境威胁分析

（1）什么是环境威胁

环境威胁是指营销环境中限制企业发展，对企业营销不利的各种趋势所形成的挑战。这种环境威胁，主要来自两个方面：一方面，环境因素直接威胁着企业的营销活动，如政府颁布的《环境保护法》，它对造成环境污染的企业来说，就构成了巨大的威胁；另一方面，企业的目标、任务及资源与环境机会相矛盾,比如,人们对自行车的需求转为对摩托车的需求,这使自行车厂的目标与资源同这一环境机会形成矛盾。自行车厂要将"环境机会"变成"企业机会",必须淘汰原来的产品,更换全部设备,必须培训、学习新的生产技术,这对自行车厂而言无疑是一种威胁。摩托车的需求量增加,自行车的销售量必然减少,这给自行车厂又增加一份威胁。

(2) 如何进行环境威胁分析

环境威胁对于企业来说是客观存在的,其对企业营销活动的影响程度也明显不同,有的影响轻一些,有的影响则严重一些,因此,可以按环境威胁的潜在严重性和它出现的可能性列成环境威胁分析矩阵来进行分析,如图4-4所示。

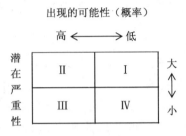

图4-4 环境威胁分析矩阵图

在环境威胁矩阵图中,纵轴表示威胁潜在的严重性,即环境威胁出现后给企业带来利益损失的大小;横轴表示威胁出现的可能性,一般用概率值表示,数值越大,表示出现威胁的可能性越大,反之则越小。在环境威胁的潜在严重性和出现威胁的可能性是不同的。

区域Ⅰ:潜在严重性大,出现威胁的可能性小,但一旦出现环境威胁,会给企业造成较大的利益损失,因此,企业不可掉以轻心。

区域Ⅱ:潜在严重性和出现威胁的可能性均大,一旦出现环境威胁,将会给企业造成极大的利益损失,企业应予高度重视。

区域Ⅲ:潜在严重性小,出现威胁的可能性大,环境威胁出现以后对企业造成的损失虽小,但企业也应加以注意。

区域Ⅳ:潜在严重性小,出现威胁的可能性也小,该环境威胁一般不构成对企业的威胁,是最佳的市场营销环境。

在环境威胁分析中,企业应特别重视区域Ⅰ、区域Ⅱ的营销环境威胁,要把主要精力放在对这两种环境威胁的监测和应对上,防止威胁给企业带来的营销风险。

3. 机会/威胁分析矩阵

在现实生活中,机会和威胁往往是并存的。通过对市场机会与环境威胁的分析,企业可以准确地找到自己面临的市场机会和环境威胁的区位,确定主攻方向,同时,对市场机会和环境威胁进行比较,分析是机会占主导地位还是威胁占主导地位,还可以确定企业的发展前景。如果将市场机会矩阵和环境威胁矩阵结合起来分析,就可以得出机会/威胁分析矩阵,如图4-5所示。

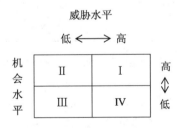

图4-5 机会/威胁分析矩阵图

在机会/威胁分析矩阵中,纵轴代表机会水平,横轴代表威胁水平,通过机会/威胁分析矩阵,可以总结出以下四种不同的环境状况:

区域Ⅰ:机会水平高,威胁水平高。对企业而言,这属于冒险业务,面对高利润与高风险,既不宜盲目冒进，也不应迟疑不决、坐失良机，应全面分析自身的优势与劣势，扬长避短，创造条件，争取突破性的发展。

区域Ⅱ：机会水平高，威胁水平低。对企业而言，这属于理想业务，企业必须抓住机遇，迅速行动；否则，丧失战机，将后悔无及。

区域Ⅲ：机会水平低，威胁水平低。对企业而言，这属于成熟业务，机会与威胁处于较低水平，可作为企业的常规业务，用以维持企业的正常运转，并为开展理想业务和冒险业务准备必要的条件。

区域Ⅳ：机会水平低，威胁水平高。对企业而言，这属于困难业务，此时企业要么努力改变环境，走出困境或减轻威胁；要么立即转移方向，摆脱无法扭转的困境。

案例链接4-6

南宋绍兴十年（1140）七月的一天，杭州城最繁华的街市失火，火势迅速蔓延，数以万计的房屋商铺置于火海之中，顷刻之间化为废墟。

有一位裴姓富商，其苦心经营了大半生的几间当铺和珠宝店，也恰在那条闹市中。火势越来越猛，眼看他大半辈子的心血将毁于一旦，但是他并没有让伙计和奴仆冲进火海，舍命抢救珠宝财物，而是不慌不忙地指挥他们迅速撤离，一副听天由命的神态，令众人大惑不解。

然后裴姓富商不动声色地派人从长江沿岸平价购回大量木材、毛竹、砖瓦、石灰等建筑用材。当这些材料像小山一样堆起来的时候，他又归于沉寂，整天品茶饮酒，逍遥自在，好像失火一事压根儿与他毫无关系。

大火烧了数日之后被扑灭了，曾经车水马龙的杭州，大半个城已是墙倒房塌，一片狼藉。不几日朝廷颁旨：重建杭州城，凡经营销售建筑用材者一律免税。于是杭州城内一时大兴土木，建筑用材供不应求，价格陡涨。裴姓商人趁机抛售建材，获利巨大，其数额远远大于该富商被火灾焚毁的财产。

（三）SWOT分析

在现实生活中，环境因素对企业的影响是非常复杂的，是由内、外环境因素共同作用的，因此在对企业环境进行分析时，必须将企业外部环境所提供的有利条件（机会）或不利条件（威胁）与企业内部条件形成的优势或劣势结合起来分析，这样才有利于企业制定出正确的经营战略。企业内部环境分析矩阵（SW）和企业外部环境分析矩阵（OT）结合起来就形成了SWOT矩阵，见表4-2。

表4-2 SWOT分析矩阵

企业外部因素	企业内部因素	
	优势（S）	劣势（W）
机会（O）	SO策略	WO策略
威胁（T）	ST策略	WT策略

SWOT分析法形成了四种可以选择的经营策略，企业可以根据其所处的区域拟定企业的营销战略。

优势—机会（SO）策略：企业业务面临的市场机会较多，威胁很少，同时企业在市场上又有竞争优势，这时企业应采取扩张策略。企业可多考虑集中资源在此业务上重点扩张，推动业务快速发展。

劣势—机会（WO）策略：企业业务面临的市场机会多于威胁，但企业在市场竞争中处于劣势，这时企业应采取防卫策略。

优势—威胁（ST）策略：企业业务面临的市场威胁多于机会，但企业在市场竞争中具有竞争优势,这时企业可采取分散战略。

劣势—威胁(WT)策略:企业业务面临的市场威胁多于机会,同时企业在市场竞争中处于劣势,这时企业应采取退出策略。

案例链接4-7

2013年8月5日上午,腾讯的微信5.0版本正式开始开放更新,迅速成为当天最热门的话题。易观智库根据微信的发展历程、5.0版本新变化、商业模式分析、SWOT分析、同类产品对比分析等多个维度对其市场环境进行了分析研究。

微信5.0 SWOT分析法简要构成如下:

S——以腾讯作为强大的支撑,在用户资源上具有巨大优势。

W——功能交叉重合;与腾讯QQ、腾讯微博重合,两套品牌,自我斗争;商业模式尚未清晰。

O——智能手机普及,用户对多元沟通方式的需求更为强烈。

T——微信等OTT对运营商传统通信业务造成冲击,运营商或对微信采取限制措施。

(案例来源:梅花网 https://www.meihua.info/article/3273230467058688. 有删改)

项目小结

市场营销环境是指与企业营销活动紧密相关,直接或间接影响企业营销活动的各种因素的总和。根据影响企业市场营销的各种因素与企业营销活动的密切程度不同,我们把市场营销环境分为微观市场营销环境和宏观市场营销环境两大类。微观市场营销环境是指与企业紧密相联,直接影响企业营销能力的各种因素,主要包括企业内部环境和企业外部的供应商、营销中间商、竞争对手、顾客、社会公众等;宏观市场营销环境是指间接影响企业营销能力的各种因素,主要包括政治法律环境、人口环境、经济环境、科学技术环境、自然环境和社会文化环境等。

市场营销环境具有客观性、差异性、动态性和相关性等特征。环境分析方法有环境"稳定程度—复杂程度"分析和SWOT分析。"稳定程度—复杂程度"分析是将"简单—复杂"和"静态—动态"结合起来对企业进行环境因素分析的方法,可分为"动态—复杂"环境、"动态—简单"环境、"静态—简单"环境和"静态—复杂"环境。SWOT分析是英文Strength(优势)、Weak(劣势)、Opportunity(机会)、Threaten(威胁)的缩写。其中,优势—劣势分析(SW)主要着眼于企业自身的实力及其与竞争对手的比较,而机会—威胁分析(OT)则将注意力集中在外部环境的变化及其对企业的可能影响上。SWOT分析法是一种企业内部环境要素分析和外部环境分析的综合分析法。

思考与练习

一、判断题

1. 微观环境与宏观环境之间是一种并列关系,微观营销环境并不受制于宏观营销环境,两者各自独立地影响企业的营销活动。(   )

2. 面对目前市场疲软、经济不景气的环境威胁,企业只能等待国家政策的支持和经济形势的好转。(   )

3. 文化对市场营销的影响多半是通过直接的方式来进行的。(   )

4. 宏观环境一般以微观环境为媒介去影响和制约企业的营销活动,因而宏观环境也称为间接营销环境。(   )

5. 在一定条件下,企业可以运用自身的资源,积极影响和改变环境因素,创造更有利于企业营

销活动的空间。（　　）

6. 产品形式竞争对手是指提供不同产品形式以满足同一需求的竞争对手。（　　）

7. 顾客是企业最重要的微观环境因素。（　　）

8. 一般情况下，营销环境都是机会与威胁并存、利益与风险结合在一起的综合环境。（　　）

9. 理想环境是机会水平和威胁水平都比较低的环境。（　　）

10. 许多国家政府对自然资源管理的干预有日益加强的趋势，这意味着市场营销活动将受到一定程度的限制。（　　）

二、单项选择题

1. 与企业紧密相联，直接影响企业营销能力的各种参与者，被称为（　　）。
   A. 营销环境　　　　B. 宏观营销环境　　　C. 微观营销环境　　　D. 营销组合

2. 旅游业、体育运动消费业、图书出版业及文化娱乐业因争夺消费者而相互竞争，它们彼此之间是（　　）。
   A. 愿望竞争者　　　B. 属类竞争者　　　　C. 产品形式竞争者　　D. 品牌竞争者

3. （　　）是向企业及其竞争对手提供生产经营所需资源的企业或个人。
   A. 供应商　　　　　B. 中间商　　　　　　C. 广告商　　　　　　D. 经销商

4. （　　）主要指协助企业促销、销售和经销其产品给最终购买者的机构。
   A. 供应商　　　　　B. 制造商　　　　　　C. 营销中间商　　　　D. 广告商

5. 威胁水平和机会水平都高的业务，被叫作（　　）。
   A. 理想业务　　　　B. 冒险业务　　　　　C. 成熟业务　　　　　D. 困难业务

6. 影响消费需求变化的最活跃的因素是（　　）。
   A. 个人可支配收入　　　　　　　　　　　　B. 可任意支配收入
   C. 个人收入　　　　　　　　　　　　　　　D. 人均国内生产总值

7. 恩格尔定律表明，随着家庭收入的增加，家庭用于住宅建筑和家务经营的支出占家庭收入的比重（　　）。
   A. 下降　　　　　　B. 大体不变　　　　　C. 上升　　　　　　　D. 趋向于零

8. （　　）主要指一个国家或地区的民族特征、价值观念、生活方式、风俗习惯、宗教信仰、伦理道德、教育水平和语言文字等的总和。
   A. 社会文化　　　　B. 政治法律　　　　　C. 科学技术　　　　　D. 自然资源

9. （　　）指人们对社会生活中各种事物的态度和看法。
   A. 社会习俗　　　　B. 消费心理　　　　　C. 价值观念　　　　　D. 营销道德

10. 威胁水平高而机会水平低的业务是（　　）。
    A. 理想业务　　　　B. 冒险业务　　　　　C. 成熟业务　　　　　D. 困难业务

三、多项选择题

1. 对于一个消费者来说，周末可以去健身，可以购物，可以去餐馆……这些都是他们的需要，能够满足这些需要的企业之间形成的竞争关系属于（　　）；如果只是要满足健身的需要，可以选择保健品，可以选择健身器材，可以购买具有保健功能的服装……生产这些的企业之间形成的竞争关系属于（　　）；如果都是减肥的保健产品，有片剂的，有冲剂的，有胶囊剂型的……它们之间的竞争关系属于（　　）；如果同是减肥茶，有碧生源牌的，还有梅山牌的……它们的竞争关系又属于（　　）。
   A. 形式竞争者　　　B. 品牌竞争者　　　　C. 愿望竞争者　　　　D. 平行竞争者

2. 市场机会分析矩阵一般根据（　　）两个指标进行分析。
   A. 成功的可能性　　B. 顾客的多少　　　　C. 潜在吸引力　　　　D. 潜在利益的大小

3. 微观环境指与企业紧密相连，直接影响企业营销能力的各种参与者，包括（　　）。
   A. 企业本身　　　　B. 市场营销渠道企业　C. 顾客　　　　　　　D. 竞争对手

E. 公众
4. 对社会购买力直接或间接影响的因素有（　　）。
   A. 消费者收入　　　B. 价格水平　　　C. 储蓄　　　D. 信贷
   E. 市场规模大小
5. 企业营销管理部门在进行经济环境分析时应着重分析的经济因素（　　）。
   A. 消费者需求的变化　　　　　　　B. 消费者收入的变化
   C. 消费者支出模式的变化　　　　　D. 消费者储蓄情况的变化
   E. 消费者信贷情况的变化
6. 企业对面临的环境威胁可供选择的对策有（　　）。
   A. 反抗　　　B. 减轻　　　C. 保持　　　D. 收割
   E. 转移
7. 市场营销环境（　　）。
   A. 是企业能够控制的因素　　　　　B. 是企业不可控制的因素
   C. 可能形成机会，也可能造成威胁　D. 是可以了解和预测的
   E. 通过企业的营销努力是可以在一定程度上去影响的
8. 市场营销环境的特征是（　　）。
   A. 客观性　　　B. 差异性　　　C. 多变性　　　D. 稳定性
   E. 相关性
9. 营销中间商主要指协助企业促销、销售和经销其产品给最终购买者的机构，包括（　　）。
   A. 中间商　　　B. 物流公司　　　C. 营销服务机构　　　D. 财务中介机构
   E. 证券交易机构
10. 营销者对环境威胁的分析，一般着眼于（　　）。
    A. 威胁是否存在　　　　　　　B. 威胁的潜在严重性
    C. 威胁的征兆　　　　　　　　D. 预测威胁到来的时间
    E. 威胁出现的可能性

四、问答题
1. 市场营销环境有何特征？为什么要分析市场营销环境？
2. 市场营销环境有哪些内容？
3. 市场营销环境分析的常用方法有哪些？

五、案例分析题
案例资料：

宝洁（中国）公司市场环境分析与市场定位

始创于1837年的宝洁公司，是世界上最大的日用消费品公司之一，位列《财富》杂志全球500家最大工业/服务业企业前100名。宝洁公司全球雇员近10万名，在全球80多个国家设有工厂及分公司，所经营的300多个品牌的产品畅销160多个国家和地区，其中包括织物及家居护理、美发美容、婴儿及家庭护理、健康护理、食品及饮料等。1988年，宝洁在中国建立合资企业，广州宝洁有限公司注册成立。在中国销售的品牌有玉兰油、海飞丝、沙宣、伊卡璐、飘柔、潘婷、舒肤佳、激爽、佳洁士、护舒宝、帮宝适、碧浪、汰渍等。

（一）宝洁公司宏观环境分析

企业营销活动的宏观环境因素是指给企业带来市场机会，同时也有可能对企业营销活动产生威胁的各种力量。它主要包括人口因素、经济因素、政治与法律因素、社会文化因素、科学技术因素和自然环境因素。

(1) 人口因素

中国人口规模大，消费群庞大，对日用品的需求量大，但就当时的日化行业而言，国内尚不存在一个能覆盖全国的企业和品牌，各个企业往往是安于服务一方百姓。另外，中国目前处于城市化进程中，农村人口大量涌入城市，成为宝洁的一大潜在消费者。

(2) 经济因素

中国近年来经济增长快，人民收入有所增加，生活水平不断提高，对物质的要求水品也不断提高，为宝洁进驻中国提供了一定的条件。

(3) 政治与法律因素

自中国加入WTO后，外资零售企业在中国的经营限制完全取消，为外资企业全面进入中国在政治和法律上开辟了一条渠道。

(4) 社会文化因素

当宝洁进驻中国时，由于受传统的生活和消费观念影响，大多数消费者还在使用洗发膏和散装洗发水，为宝洁扩张市场提供了有利条件。

(5) 科学技术因素

随着科学技术不断进步，各领域的专业研究人才层出不穷，这为宝洁建立一流的研究体系和规模提供了有利条件，宝洁可以根据不同地区消费者的需求研究和开发不同的新品。

(6) 自然环境因素

自然环境发生变化，污染越来越严重，人们在日常生活受到相应的影响，例如皮肤、头发等出现的问题越来越多，而宝洁抓住这一商机，根据不同的需求开发不同的市场，扩大自己的市场占有率。

在以上因素中，人口因素、科学技术因素以及政治法律因素对宝洁的影响最为关键，因为庞大的消费群是企业得以生存的基本条件，而在中国的日化市场上，消费者对日用品有极大的需求量。另外，产品质量对于一个企业而言是至关重要的，由于宝洁拥有一流的研发体系与庞大的研发规模，才使得他能够不断向各个细分市场扩张自己的市场。最后，唯有一国的政治和法律对外企进驻本国的条件相对宽松时，外企才得以进驻，并不断发展其规模。

(二) 宝洁公司的主要竞争对手分析

(1) 宝洁中国的最大竞争对手是联合利华（力士、夏士莲、清扬等品牌）

宝洁与联合利华是处于同一商业领域的日化公司，彼此实力相当，在全球范围内互为竞争对手；丝宝集团的舒蕾通过有效的营销手段，规避宝洁的强势风头，从"农村包围城市"，与飘柔、海飞丝一起进入洗发水市场的前三名；拥有好迪、亮庄、拉芳、蒂花之秀等品牌的广东集团也形成了对宝洁的围攻之势。

(2) 宝洁与联合利华优劣势分析

① 宝洁在全球率先推出了品牌经理制，实行一品多牌、类别经营的策略，每一品牌都具有明确的市场定位和独特市场形象，满足了人们的不同需求，虽然在自身产品内部形成竞争，但宝洁的各路队伍在竞争中又彼此合作，行动一致，使宝洁产品在日用消费品市场中占有绝对领导地位。而联合利华下属的子公司各行其道，彼此竞争。

② 宝洁注重广告宣传的方式和力度，宝洁公司每年的广告宣传费用占其全年销售总额的八分之一，其广告覆盖面几乎遍及人们生活的各个角落；它通过在全国范围内聘请形像代言人、在高校设立奖学金、与国家相关部门搞公益活动等来提高其品牌的认知度。虽然联合利华的品牌代言人一贯是中外著名女明星，但对讲求实惠的中国人而言，宝洁的做法更有亲和力和感召力。

③ 相对于联合利华，宝洁公司则更注重消费者，为深入了解中国消费者，宝洁公司在中国建立了完善的市场调研系统，开展消费者追踪并尝试与消费者建立持久的沟通关系。

宝洁存在的劣势是：

① 大量的广告投入造成其成本上升；

② 宝洁多品牌产品易使消费者产生品牌混淆；

③ 宝洁向低端市场延伸将会使高端市场销售额下降。宝洁一旦走入大众消费市场，将会挫败一些高收入人群的自我张扬以及年轻一代追求个性的消费心理，使得其高端市场的销售额下降。

（三）市场细分及目标市场定位分析（以洗发水行业为例）（说明：以下部分案例内容与本书第六章内容有关）

1. 宝洁公司的市场细分

宝洁公司在进入中国的洗发水行业时，首先将整个中国洗发水市场划分为高档、中档和低档市场，同时又在各个细分市场以不同的变量划分出更细的细分市场，比如根据不同发质和消费者的不同喜好将市场细分为各种专用功能市场（销售去屑、柔顺、滋润等不同功能的洗发水），根据市场的人口密度变量将市场细分为都市、郊区和乡村市场，根据消费者的年龄变量将市场细分为青年市场、中年市场和老年市场等。

2. 宝洁公司的目标市场选择

宝洁公司进入中国市场后的首选目标市场是城市市场上收入水平较高、比较注重个人形象和生活品味的青年人群，宝洁公司抓住了青年人求新、好奇、透支消费、追求名牌、喜欢广告、注重自我等心理，研制和开发了满足年青年人消费需求的产品，利用具有青春活力的青年男女做广告，引导和刺激青年人的消费心理。

3. 宝洁公司的目标市场定位

宝洁公司一直奉行"生产和提供世界一流的产品与服务，以美化消费者的生活"为公司宗旨，崇尚消费者至上原则。宝洁将自己的品牌定位为"以高取胜"，产品一向以高价位、高品质著称，因此宝洁一直将自己的目标市场定位于中高档市场。近几年，宝洁不断扩大自己的目标市场，开始发展中国庞大的低档市场，宝洁开始由原来的高端走向大众人群，特别是向农村市场渗透。

分析思考：

1. 营销环境的分析对宝洁集团目标市场的选择有何重要意义？
2. 宝洁与其竞争对手联合利华相对比之下，应如何发挥自身优势、改善自身劣势？

（资料来源：http://www.docin.com/p-1008915335.html.）

项目五 市场购买行为分析

学习目标

知识目标：
1. 理解消费者市场的含义。
2. 认识消费者的购买行为及类型。
3. 掌握影响消费者购买行为的因素。
4. 掌握消费者购买决策过程的五个阶段。
5. 理解生产者市场、中间商市场、政府市场各自的含义和基本特征。

能力目标：
1. 能够基本准确地判断特定消费者的购买类型，并提出有针对性的营销策略。
2. 能够利用消费者行为的基本模式，并根据影响消费者行为的主要因素全面观察和认识特定消费者的行为特点。
3. 根据消费者购买决策过程五个阶段的行为特点和要求，分别形成企业相应营销策略的基本思路。
4. 能进行组织市场内三种组织机构即生产者市场、中间商市场、政府市场的购买行为分析。

思政目标：
1. 遵守职业道德，具有社会责任感。
2. 具备敏锐的观察力。
3. 具备良好的语言表达和沟通能力。
4. 具备分析问题、解决问题的能力。

知识导图

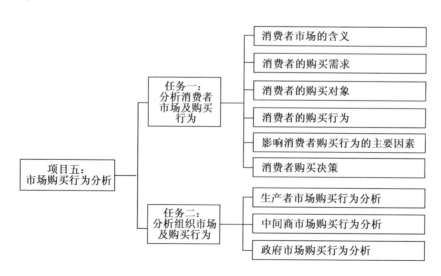

项目五 市场购买行为分析

项目导入

"大宝"紧跟市场潮流

在国内化妆品市场竞争异常激烈的情况下，大宝不仅没有被击垮，反而逐渐发展成为国产名牌。大宝系列化妆品自1985年诞生至今，适应了不同时期、不同层次的消费需求，已陆续形成护肤、洗发、美容修饰、香水、特殊用途共五大类100多个品种。

大宝的成功，首先归因于其首选的"群众路线"——选择了普通工薪阶层作为销售对象。大宝在注重质量的同时，坚持按普通工薪阶层能接受的价格定价。其主要产品"大宝SOD蜜"市场零售价不超过10元，日霜和晚霜也不过是20元。价格同市场上的同类化妆品相比占据了很大的优势，再加上人们对国内品牌的信任，大宝很快赢得了顾客。许多顾客都是全家使用大宝产品，且消费者年龄在35岁以上者居多，这一类消费者群体性格成熟，接受一种产品后一般很少更换。这种群体向别人推荐时，又具有可信度，而化妆品的口碑好坏对销售起着重要作用。大宝正是靠着群众路线获得了市场。

以顾客需求为中心，不断创新，这是大宝成功的又一重要因素。大宝先是推出速消眼角皱纹蜜、老年斑霜、眼袋霜、减肥霜、美乳霜、生发灵等长销不衰的产品。紧接着推出具有养颜、防晒、增白等多重功效的SOD系列化妆品。继而推出美容日霜、晚霜；加速营养物质渗透到皮肤内部、防止皮肤老化的MT系列；将整枝东北人参放入产品、具有消除疲劳、强身健体之功效的"人参香波、人参浴液体"；以水解蛋白为原料天然萃取的手足护理霜；不添加化学防晒剂的物理防晒霜；对头发和皮肤几乎没有一点儿刺激的物美价廉的亮爽去屑洗发露、焗油香波；大宝全系产品更换年轻现代、便捷安全、防护翻盖、环保无纸盒的全新包装，以全新形象继续带给消费者熟悉的关爱和滋润。

于细微中见关爱，于平凡中见关爱；关爱看得见，大宝，天天见！

大宝的成功告诉我们：产品最终走向的是消费者，只有赢得消费者，才能赢得市场。熟悉消费者的购买行为、市场的特点以及各种影响因素是企业成功的关键。

（资料来源：https://baike.so.com/doc/6435536-6649214.html.）

任务一 分析消费者市场及购买行为

一、消费者市场的含义

消费者市场又称最终消费者市场、消费品市场或生活资料市场，是指个人或家庭为满足生活需求而购买商品和服务的市场。消费者市场是市场体系的基础，是最终的产品市场，是实现企业利润的最终环节，是市场运行的出发点和落脚点，对企业的营销活动起着决定性作用。

具体来说，消费者市场具有以下几个方面的特征：

① 消费者市场人数众多，但数量零星，需求量大；
② 消费者需求复杂，呈多样性和多变性的特征；
③ 消费者市场差异性大，供需矛盾表现频繁；
④ 消费者市场上的购买者多属非专业性购买。

企业并非只能被动地适应消费者的购买行为，而是能够通过适当的营销活动主动地影响消费者的购买行为的。

案例链接 5-1

把哈雷摩托车卖的比普通轿车还贵！

哈雷摩托曾经两度濒临破产边缘，差点儿将经营权拱手让人。然而今天，哈雷摩托车不仅成功击败日本摩托车的猛烈攻击，更建立了忠诚的客户群，成为全球知名品牌，最让人惊讶的是哈雷摩托车的售价竟然比普通的汽车还要贵。

哈雷摩托年产摩托车24.3万辆，况且其中几乎一半是每辆价值1.5万美元的大功率重型摩托车。另外约有30%为豪华型高档摩托车，配有车载计算机和高级音响设备，价值在2.2万美元以上。如今哈雷摩托已经行销到200多个国家和地区。尽管经济萧条，哈雷年销量仍以15.7%的比例增长。

在美国，有一句谚语："年轻时有辆哈雷，年老时有辆凯迪拉克，则此生了无他愿。"哈雷摩托是世界上最有号召力的摩托车品牌。谁在骑哈雷？并非是身材魁梧、穿着黑皮夹克的叛逆者和初骑摩托车者。哈雷对富有的"城市骑车者"比对叛逆者吸引力更大。为了更深层次地了解顾客的消费动机，哈雷公司组织了市场调研，调查发现，人们认为有了一辆哈雷，就可以成为"那个街区最坏、最难应付的家伙，无论你是一名牙科医生，还是会计师，都没有关系，骑在上面，你（感觉）自己坏坏的"。哈雷不是摩托车，在哈雷迷心里，它是宝贝，是玩具，更是象征自由的精神，哈雷创造了一个将机器和人性融合为一体的精神象征，并深刻地影响了其目标消费群的生活方式、价值观、衣着打扮。哈雷·戴维森标志，是当今世界上最多的被其目标群纹在身上的品牌之一，同样，消费者对它的品牌忠诚度也是最高的。

哈雷之所以历经百代而不衰，在于它从制造第一辆车开始就致力于创造一种凝聚年轻一代梦想、反叛精神、奋斗意识的"摩托文化"。经过百年不断的沉淀和提纯，哈雷·戴维森品牌成为年轻人尽情宣泄自己自由、反叛、竞争的精神和彰显富有、年轻、活力的典型标志。

这就是哈雷摩托车的品牌影响力，而要做到这一点，哈雷摩托车公司以品牌战略为核心分别从产品开发、生产、营销等各方面进行了全方位的再造，逐步地累积品牌资产，进而更好地满足消费者的需求，获得消费者的肯定和支持。

（资料来源：http://blog.sina.com.cn/s/blog_4c561eeb010007vw.html.）

二、消费者的购买需求

现代市场营销的口号是"顾客至上""顾客是上帝"。因此，一切企业，无论是生产企业、流通企业，还是服务企业，都必须全面、动态地分析消费者的购买需求、购买对象和购买行为，只有这样，才能更好地满足消费者的需求，从而在激烈的市场竞争中立于不败之地。

现代市场营销理论的核心是满足消费者的需求，而消费者的需求往往呈现多样化和复杂化的状态，即消费者既有物质需求，又有精神需求；既有生理需求，又有心理需求；既有生存发展的需求，又有享受的需求，从而形成了消费者需求的鲜明特点。

1. 消费者需求的多样性

消费者市场人数众多，规模庞大，但是由于地理位置、民族传统、宗教信仰、生活习惯、兴趣爱好、年龄性别、职业特点等方面的影响，消费者对不同商品或同类商品不同品种、规格、性能、式样、服务、价格等方面会有多种多样的需求。例如，对服装鞋帽，每个人在款式、质量、价格、颜色等方面的要求千差万别，而且随着生产的发展、消费水平的提高和社会习俗的变化，消费者需求在总量、结构和层次上也将不断发展，日益多样化。消费者需求的这种多样化特征，要求企业在对消费市场进行细分的基础上，根据自身条件准确地选择目标市场。

2. 消费者需求的扩展性

人们的需求是无止境的，永远不会停留在一个水平上。随着社会经济的发展和消费者收入的提高，对商品和劳务的需求也将不断地向前发展。例如，过去在我国未曾出现过的高档消费品，现在已经开始进入消费领域；过去由家庭承担的劳务，现在已部分转向由社会服务行业来承担。消费者的一种需求满足了，又会产生出新的需求，循环往复，以至无穷。因此，市场营销者要不断开发新产品，开拓新市场。

3. 消费者需求的多层次性

消费者需求总是在一定的支付能力和其他条件的基础上形成的。尽管人们会有多种多样的需要，但这些需要不可能同时得到满足，总要按照个人的收入情况、支付能力和客观条件的承受力，根据需要的轻重缓急，有序地逐步实现。这便是消费者需求的多层次性。在同一商品市场上，不同消费者群体由于社会地位、收入水平或文化素养的差异，其需求也会表现出多层次性的特点。例如，对于手机，有些消费者需要普通的，有些则需要智能的。

4. 消费者需求的可诱导性

消费者需求的产生，有些是本能的、生而有之的，但大部分是与外界的刺激诱导有关的。经济政策的变动，生产、流通、服务部门营销活动的影响，社会交际的启示，广告宣传的诱导，等等，都会使消费者的需求发生变化或转移，潜在的需求可以变为现实的需求，微弱的欲望可以变成强烈的购买欲望。可见，消费者需求是可诱导和调节的，具有较大的弹性。消费者需求的这一特征，要求市场营销者不仅要适应和满足消费者的需求，而且应该通过各种促销途径正确地影响和引导消费。

案例链接 5-2

脑白金：用礼品概念引导消费者需求

"年轻态、健康品！""今年过节不收礼，收礼还收脑白金！"在保健品市场上刮起阵阵旋风的脑白金，在两至三年内即创造了十几亿的销售奇迹，给保健品行业重新树立了信心。脑白金的营销之道，值得我们细细品味。

脑白金的营销策划遵循了"追踪消费模式"，一切以消费者为中心，把消费者的需求放在第一位。在策划产品与市场时，百分之百地按照消费者的需求去创意，在营销战略上实行了"卖方市场"向"买方市场"的转移。

益寿延年，是人类生生不息的追求。女人怕容颜易逝、更年期到来、体态臃肿、美丽不再；老人害怕疾病缠身、老态龙钟、卧床不起。脑白金把握住了这些深层次的心理需求，创出了"年轻态"的大概念。

"礼尚往来""来而不往非礼也"，道出了中国人的礼品情结。脑白金将一个保健品，提升到礼品的高度，不仅为自己赢得了市场，而且也为健康品开创了礼品市场。之后，其他保健品的广告宣传，都能见到礼品诉求的影子。

脑白金"礼品"的知名度远远高于其"功效"的知名度。调查数据显示，脑白金的礼品销量是功效市场的两倍。

5. 消费者需求的分散性

消费者往往是以个人或家庭为基本单位进行购买和消费的，一般都是小批量、多批次的零星购买，尤其是购买日常消费品，表现尤为频繁。另外，由于消费者在空间位置上也比较分散，因而消费者需求具有分散性的特性。

6. 消费者需求的时代性

消费者需求不仅受到消费者内在因素的影响和制约，而且还经常会受到时代精神、风尚和环境等因素的影响。时代不同，人们的消费需求也会有所不同，比如在服装的款式、住宅的装修风格上，这表现得非常明显。

7. 消费者需求的季节性

消费者需求的季节性主要表现在三个方面：一是季节性气候变化引起的季节性消费；二是季节性生产引起的季节性消费；三是风俗习惯和传统节日引起的季节性消费。

掌握消费者需求的这些特点，对一切市场营销者都是十分必要的。只有了解它，适应它，企业才能更长远地发展。

三、消费者的购买对象

消费者的购买对象是指满足个人或家庭生活需要的产品和服务，即消费品。消费品种类繁多，范围广泛，涉及人们生活的方方面面，包括吃、穿、用、住、行等方面成千上万的花色品种和千变万化的式样。对这些消费品通常有以下分类方法。

（一）依据人们购买、消费的习惯分类，可将消费者的购买对象（即消费品）分为日用品、选购品和特殊品

1. 日用品

日用品是指消费者日常生活中必需而且经常重复购买的商品，比如香烟、肥皂、报纸、食盐等。消费者对这类商品一般比较熟悉，具有一定的商品知识，在购买时不大愿意或没有必要花费太多的时间来比较价格和质量，多属于习惯性购买，比如，在购买肥皂时，消费者总是喜欢购买某种品牌，用不着挑挑拣拣。但是，也有些消费者属于冲动购买，即消费者不做事先计划，看到商品的颜色、味道、形状、低价就引起购买欲望。为此，那些形状、色彩特殊的小商品也会吸引许多消费者。针对日用品的这些特点，企业需要采取相应的营销策略，比如广设销售网点，保证消费者能随时随地地购买到商品。

2. 选购品

选购品是指消费者在选购过程中，对产品的适用性、质量、价格和式样等基本方面要做有针对性比较的产品，比如服装、家具、家用电器等。一般来说，选购品的价格较高，消费者对这类商品的了解也不多，购买频率低，而且消费者对这类产品产生需求时，并不会像对日用品那样希望立即购买，往往会对多家商家出售的同类商品加以比较。因此对于选购品，企业一方面必须备有丰富的花色品种，以满足不同消费者的爱好；另一方面，在销售网点选择时要尽量铺设在商业网点相对集中的地区，便于消费者进行商品的比较和选择，而且还要拥有受过良好训练的推销人员，为顾客提供信息和咨询。

3. 特殊品

特殊品是指具有独特的品质、风格、造型、工艺等特性，或者消费者对其有特殊偏好，习惯上愿意花费很多时间和精力去选购的商品，比如高级服装、轿车、专业摄影器材等。这类商品一般价格贵、档次高、使用寿命长、购买频率低。消费者在购买前也往往对这些商品已经有了一定的认识，或者是对某些特定的品牌和商标有特殊偏好，不愿意接受代替品。因此，对于特殊品，企业应树立品牌意识，争创名牌产品，赢得消费者的青睐和忠诚，并加强广告宣传，扩大企业及其产品的知名度。

（二）依据消费者购买对象（即消费品）的耐用性分类，可将消费者的购买对象（即消费品）分为耐用品和非耐用品

耐用品一般是指能多次使用、寿命较长的商品，比如冰箱、电视机、高档家具等。此类商品一般价格较高，消费者在购买这类商品时，往往考虑的时间比较长，决策比较慎重。生产这类商品的企业要注重技术创新，提高商品质量，努力降低商品成本，同时要做好促销宣传和售后服务，充分满足消费者的信息需求和服务需求。

非耐用品一般是指只能使用一次或几次就需要更换的商品，比如食盐、牙膏、肥皂等。此类商品消费快，购买频率高，因此生产这类商品的企业应该采取的营销策略是：使消费者能在许多地点方便地购买到这类产品；价格中包含的盈利要低；加强广告宣传以吸引消费者试用并形成偏好。

（三）依据消费者购买对象（即消费品）有形与否分类，可将消费者的购买对象（即消费品）分为有形产品（物品）和无形产品（服务）

有形产品是指使用价值必须借助有形物品才能发挥其效用，且该有形部分必须进入流通和消费过程的产品。上文提到的耐用品和非耐用品都是有形产品。但值得注意的是，消费者在购买有形产品的同时，并不是单独拥有有形产品本身而是用它来满足自己的欲望，比如消费者购买化妆品是为了满足美容的欲望，购买洗衣机是为了得到洗涤的服务。因此，生产者在对待有形产品时，不要只关心产品本身而忽略了消费者购买产品的真正目的。

服务，也称无形产品，是指一方能向另一方提供的基本上无形且不导致任何所有权的产生的活动或利益。服务是无形的，市场和消费是不可分离的、可变的和易消失的。比如，理发、修理、培训教育等。作为一种活动的结果，消费者一般要求更多的质量控制、供应者信用能力和适用性。

四、消费者的购买行为

（一）认识消费者的购买行为

消费者购买行为是指消费者为获取、购买、使用、评估和处置预期能满足其需要的产品和服务所采取的各种行为。认识分析消费者的购买行为，有利于企业更好地掌握消费者的需求，从而为企业的决策提供参考。

（二）认识消费者的购买行为的类型

消费者的购买行为因购买对象的不同而不同，这其中主要是因为做出购买决定的过程不同，有的商品价格低，消费者比较熟悉而有经验，做出购买决定的过程简单，购买行为也随之简单；有的商品昂贵，或消费者缺乏相应的购买经验，做出购买决定的过程复杂，购买行为也随之烦琐。因此，可以从不同的角度认识消费者的购买行为。

1. 四分法

根据消费者行为的复杂程度（花费时间精力的多少与谨慎程度）和所购商品本身的差异性大小，可将消费者购买行为分为复杂型、和谐型、习惯型和多变型四种。

（1）复杂型购买行为

消费者初次购买差异性很大的耐用消费品时发生的购买行为。消费者购买的产品价格较昂贵，不经常购买，不同品牌的产品间存在明显的差异，对产品又不甚了解，这时候购买的风险性就比较高。消费者需要花费大量时间与精力，收集有关产品的信息，了解其性能。经过反复探索、询问、比较，形成一定的信息和态度后，才做出购买决定。比如购买录像机、组合音响等大件消费品，就属于这种类型。

（2）和谐型购买行为

消费者购买差异性不大的商品时发生的一种购买行为。由于商品本身的差别不明显，消费者一般不必花费很多时间去收集并评估不同品牌的各种信息，而主要关心的是价格是否优惠，购买时间、地点是否便利等。因此，和谐型购买行为从引起需要和动机到决定购买所用的时间较短，比如购买一般的纸笔等文化用品就属于这一类型。

（3）习惯型购买行为

这是一种简单的购买行为，一种常规的反应行为。消费者已熟知商品特性和各主要品牌特点，并已形成品牌偏好，因而不需要寻找、收集有关信息。往往到附近商店任意购买。一般是指价值较低、购买频率较高的商品，比如每天买一包香烟，每月买两块肥皂等。

（4）多变型购买行为

对于不同品牌间存在明显差异的商品，消费者为了满足自己的求新心理，喜欢经常更换品牌。在购买新产品时，未进行深入细致的选择。比如，消费者看到某种品牌饼干，想尝尝其口味，会毫不犹豫购买。这种消费行为的目的是为了寻求品牌的多样化，并非对原有的品牌不满意。

2. 六分法

根据消费者性格分析，可将消费者购买行为分为六种类型：

(1) 习惯型购买行为

这类消费者忠于某一种或某几种品牌，有固定的消费习惯和偏好，购买时心中有数，目标明确。

(2) 理智型购买行为

这类消费者做出购买决定之前经过仔细比较和考虑，胸有成竹，不容易被打动，不轻率做出决定，决定后也不轻易反悔。

(3) 冲动型购买行为

这类消费者易受产品外观、广告宣传或相关人员的影响，决定轻率，易于动摇和反悔。这是企业在促销过程中可大力争取的对象。

(4) 经济型购买行为

这类消费者特别重视价格，一心寻求最经济合算的商品，并由此得到心理上的满足。企业在促销过程中要使消费者相信，其所选中的商品是最物美价廉的、最合算的，要称赞其是很内行、很善于选购的顾客。

(5) 想象型购买行为

这类消费者想象力十分丰富，注重商品的外观、颜色和装潢等外在因素等。

(6) 不定型购买行为

这类购买行为一般发生在年青的、新近才开始独立购物的消费者，他们易于接受新的东西，消费习惯和消费心理正在形成之中，尚不稳定，缺乏主见，没有固定偏好。

3. 五分法

根据消费者在购买现场情感反应的强度，可将消费者购买行为分为五种类型：

(1) 沉静型购买行为

这类消费者灵活性低、反应迟缓、沉默寡言。在购买过程中，情感不外露，态度持重，不善于与营业员或其他消费者沟通，遇有过于热情或言语不当的营业员，容易产生反感。

(2) 活泼型购买行为

这类消费者灵活性高、热情开朗、擅长交际。在购买过程中，主动与营业员或其他消费者攀谈，介绍自己的消费经验，喜欢从别人那里了解商品用途。

(3) 温顺型购买行为

这类消费者具有多血质和黏液质的某些气质特征，对外界刺激反应不外露，内心体验持久。在购买过程中，注重服务质量，对营业员的接待有信任感，很少亲自重复检查所购买商品的质量，做出购买决定较快。

(4) 逆反型购买行为

这类消费者经常进行"逆情思维"，情绪高度敏感，善于体察外界环境的细微变化。在购买过程中，对营业员的介绍抱有警觉的态度，往往不予信任，其信条是"买的不如卖的精"。对其他消费者的意见与主意亦采取抗拒态度。

(5) 冲动型购买行为

这类消费者情绪变化迅速而强烈，购买态度在感情支配下，短时间内可能出现剧烈变化。在购买过程中，容易被周围环境所感染，草率做出购买决定，往往买下自己不需要或不适用的商品，购买后常发生退货和遗憾。

营销者应了解自己目标市场的消费者行为属于哪种类型，然后有针对性地开展促销活动。

（三）分析消费者购买行为模式

消费者购买行为模式，是指消费者做出购买决定后，具体决定将在何时、何地、如何购买及由谁购买等状况。通过对消费者购买行为模式的分析研究，可以使企业进一步了解和把握目标市场的特征，更好地开展营销活动。

分析消费者的购买行为模式，主要从以下七个问题入手。

1. 消费者市场由谁构成？（Who）——购买者（Occupants）

从表面上看，购买活动似乎仅是单个人的行为，但实际上有好几个人参与购买活动，其中包括起不同作用的五种角色：发起者、影响者、决策者、执行者和使用者。

消费通常是以家庭为单位进行的，但做购买决定的一般是家庭中的某一个或几个成员。究竟谁是决策者，要依不同商品而定。有些商品在家庭中的发起者、决策者、使用者和实际购买者，往往是不一致的，营销者必须了解谁是决策者，谁是影响者，谁参与购买过程，从而有针对性地开展促销活动，才能取得最佳效果。

2. 消费者购买什么？（What）——购买对象（Objects）

这是做购买决定最基本的任务之一。营销者只有清楚地认识到消费者购买什么，才能了解消费者的真正需求是什么，只有这样，企业才能赢得更多的消费者。

3. 消费者为什么购买？（Why）——购买目的（Objectives）

消费者的购买目的主要是由消费者的购买动机引起的，消费者的购买动机就是指推动消费者实行某种购买行为的愿望或念头，它反映了消费者对某种商品的需要。营销者必须充分研究其购买动机，采取相应的策略，才能更好的迎合消费者。如果消费者的购买行为是用于馈赠的话，产品包装上就要设计精美一些。

4. 消费者市场的购买活动有谁参与？（Who）——购买组织（Organizations）

分析消费者市场的购买活动有谁参与，这主要是为了更好地了解竞争对手。俗话说："知己知彼，百战百胜。"营销人员只有了解竞争对手在营销过程中采用的方法和手段，才能适时地调整自己的策略，满足消费者的需求。

5. 消费者什么时间购买？（When）——购买时间（Occasions）

消费者的购买习惯，往往有时间的规定性。而消费者购买商品的时间又受到消费地区、商品性质、季节、节假日的忙闲等因素的影响，形成一定的消费习惯。商品的性质不同，消费者购买的时间也不一样。比如，日用消费品，以工作劳动之余购买为多；高档耐用消费品，则大多在节假日购买。市场营销者必须研究和掌握消费者购买商品的时间、习惯，以便在恰当的时间将产品推出市场。

6. 消费者在何地购买？（Where）——购买地点（Outlets）

消费者在何地购买，包括在何地决定购买和在何地实际购买。消费者在何地购买同商品类别有密切联系，有些商品，如一般日用消费品和食品，一般是在购买现场做出决定，现场购买；而另一些商品，比如家用电器、成套家具、高档服装等，消费者在实际购买前，往往先在家中做出决定，然后再去购买。企业在拟订促销计划时，应考虑这两种情况。如果是属于在现场做出购买决定的商品，应注重包装、陈列，加强现场广告宣传，以促进消费者现场决定购买；如果是属于在家中做出购买决定的商品，则应通过各种传播媒体来介绍商品性能、特点和服务措施等，来影响消费者家庭以使其做出购买本企业产品的决定。

7. 消费者怎样购买？（How）——购买方式（Operations）

消费者的购买方式涉及零售企业的经营方式和服务方式，不同的消费者或者同一消费者购买不同的商品，都有不同的要求。例如，有些消费者愿意在超级市场自选，有些消费者愿意就近购买或通过电话电视在家购物；有些消费者专门去处理品商店买廉价品，有些消费者则愿意到百货商店、专业商店充分挑选；有些消费者愿意一次付清货款，有些消费者则需要分期付款；等等。此外，消费者对不同种类的商品，购买方式也有所不同。

西方市场营销学家将上述7个问题归纳成研究消费者市场的"6W1H"研究方法，也称为"7O"架构。对于上述7个问题的研究，企业可以了解消费者购买什么，何时何地购买等问题。这些问题都是消费者显现出来的购买行为，研究起来比较容易，但是要了解消费者购买行为中"为什么购买"的问题就困难得多，它往往是购买者复杂的内心作用的结果。为研究消费者购买行为，专家们建立了一个"刺激—反应模式"来说明营销环境刺激与消费者反应之间的关系（图5-1）。

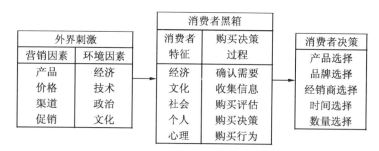

图 5-1　消费者购买行为模式

"刺激—反应模式",简称"S-R"模式,也称"购买者行为模式分析"。从这一模式中我们可以看到,具有一定潜在需要的消费者首先是受到企业营销活动的刺激或各种外部环境因素的影响而产生购买意向的,而不同特征的消费者对于外界的各种刺激和影响又会基于其特定的内在因素或决策方式做出不同的反应,从而形成不同的购买意向和购买行为。这就是消费者购买行为的一般规律。

在这一购买行为模式中,"营销因素"和"环境因素"是可以看到的,购买者的决策也是可以看到的,但是购买者如何根据外部的刺激进行判断和决策的过程却是看不见的。这就是心理学中所谓的"黑箱"效应。购买者行为分析就是要对这一"黑箱"进行分析,设法了解消费者的购买决策过程以及影响这一决策过程的各种因素的影响规律。所以,对于消费者购买行为的研究主要包括两个部分:一是对影响购买者行为的各种因素包括经济因素、文化因素、社会因素、个人因素、心理因素等的分析;二是对消费者购买决策包括认识需要、收集信息、评价选择、购买决策、购后感受五个阶段的分析。

五、影响消费者购买行为的主要因素

消费者行为取决于他们的需要和欲望,而人们的需要和欲望以及消费习惯与行为,是在许多因素的影响下形成的。这些因素可分为经济因素、文化因素、社会因素、个人因素和心理因素,如图 5-2 所示,且每种因素对消费者购买行为的影响程度都有所不同。除了经济因素比较容易理解而无需赘言之外,下面分别阐述其余四方面因素的具体内容及其对消费者购买行为的影响。

文化因素				
	社会因素			
		个人因素		
			心理因素	
文化 亚文化 社会阶层	相关群体 家庭 角色与地位	年龄与生命周期 职业 收入 生活方式 个性与自我观念	动机 感知 学习 信念与态度	购买者

图 5-2　影响消费者行为的因素

(一) 文化因素

1. 文化

文化属于企业宏观环境因素之一,是影响人们需求和行为的最基本因素。人们的风俗习惯、伦理道德、价值观念和思维方式等,都受传统文化的制约,在不同文化的人群之间有重大差别。例如,在我国市场上常有一些产品注明是为老年人专用的,很受老年人欢迎,但在美国等西方国家,这样的商品肯定要受冷落,像"老先生、老太太"这样的称呼,在我国表示尊重,到西方则要引起对方反感。传统文化也不是凝固不变的,在各种复杂因素的影响下也会发生变化,但这需要一个漫长的过程。

2. 亚文化

每一种文化群体内部又包含若干亚文化群,亚文化是指存在于一个较大社会中的一些较小群体

所特有的特色文化，表现在语言、价值观、信念、风俗习惯等方面的不同。亚文化群主要有四种：

（1）民族亚文化群体

几乎每个国家都存在不同的民族，比如，美国有爱尔兰人、犹太人、波多黎哥人等多种民族；我国除汉族外还有 55 个的少数民族。由于自然环境和社会环境的差异，不同的民族有着独特的民族习惯、生活方式和文化传统。

（2）宗教亚文化群体

一个国家往往同时存在不同宗教信仰的人群，比如，我国就有天主教徒、基督教徒、伊斯兰教徒和佛教徒等，每个宗教各有其尊崇和禁忌，形成一定的宗教文化，制约着教徒的消费内容和消费方式。

（3）种族亚文化群体

种族是不同肤色的人类群体。世界上有白种人、黄种人、黑种人等，各自有不同的文化传统，对商品的需求和评价存在很大差异。

（4）地理区域亚文化群体

地理环境上的差异也会导致人们在消费习俗和消费特点上存在不同。长期形成的地域习惯，一般比较稳定。自然地理环境不仅决定着一个地区的产业和贸易发展格局，而且间接影响着一个地区消费者的生活方式、生活水平、购买力的大小和消费结构，从而在不同的地域可能形成不同的商业文化。比如，美国的南部各州、加州与新英格兰州等地区，均各有不同的生活习惯和口味；我国地广人多，各地区素有不同的习俗与爱好，如菜肴风味有川、鲁、粤、苏四大菜系，各具特色。

3. 社会阶层

所谓社会阶层，是指由具有相似社会经济地位、价值观念和生活方式的人们组成的群体。不同社会阶层的人们经济状况、价值观念、生活方式、消费特征和兴趣各有不同，他们对品牌、商店、闲暇活动、大众传播媒体等都有各自不同的偏好，有不同的消费需要和购买行为。

在不同的社会制度下，社会阶层的划分有着不同的标准。例如，美国学者把当代美国社会划分为 7 个阶层：上上阶层、上下阶层、中上阶层、中间阶层、劳动阶层、下上阶层、下下阶层。其中，人数最多的是中间阶层和劳动阶层，约占美国总人口的 2/3 以上；最富有的上上阶层占总人口不到百分之一，但他们的消费行为和偏好在全社会影响很大，常被其他阶层的人们竞相效法。不同阶层消费者需要和行为的差异，不仅在于购买力水平的不同，而且还在于各阶层心理上的差异，比如，在西方社会，上层消费者往往追求新颖奇特，唯我独有，而不计贵贱；中下层消费者较注重经济实惠。

在我国，社会阶层目前仍然存在，不同社会阶层的消费者由于在职业、收入、教育等方面存在明显差异，因此即使购买同一产品，其趣味、偏好和动机也会不同。比如，同样是购买牛仔裤，劳动阶层的消费者可能看中的是它的耐用性和经济性，而上层社会的消费者可能注重的是它的流行程度和自我表现力。事实上，对于市场上的现有产品和品牌，消费者会自觉或不自觉地将它们归入适合或不适合哪一阶层的人消费。例如，在中国汽车市场，消费者认为宝马和奔驰更适合上层社会的人消费，而捷达则更适合中下层社会的人消费。因此，企业必须适当区分不同阶层的消费者，尽量分别满足他们不同的需要和偏爱。

 知识拓展

表 5-1　中国社会阶层的划分

社会阶层	主要成员	占人口比重
国家和社会管理者	机关、事业和社会团体中行使实际的行政管理职权的领导干部	2.1%
经理人员	大中型企业中非业主身份的高层或中层管理人员	1.5%

续表

社会阶层	主要成员	占人口比重
私营业主	拥有一定数量私人资本或固定资产并进行投资以获取利润的人	0.6%
专业技术人员	在各种经济成分的机构中专门从事各种专业性工作和科学技术的工作人员	5.1%
办事人员	协助部门负责人处理日常行政事务的专职办公人员	4.8%
个体户	拥有较少量私人资本并投入经营活动或金融债券市场而且以此为生的人	4.2%
商业服务业员工	在商业和服务行业中从事非专业性的、非体力的和体力的工作人员	12%
产业工人	在第二产业中从事体力或半体力劳动的生产工人、建筑业工人及相关人员	22.6%
农业劳动者	承包集体所有的耕地，以农（林、牧、渔）业为唯一或主要的职业，并以农（林、牧、渔）业为唯一收入来源或主要收入来源的农民	44%
城乡无业、失业、半失业者	指无固定职业的劳动年龄人群（排除在校学生）；体制转轨和产业结构调整导致的处于失业或半失业状态的工人和商业服务业人员	3.1%

以上这些文化和亚文化因素，都对消费者的行为有直接或间接的影响。因为人的行为大部分是后天学习而来的，不像低级动物那样完全受本能支配，人们从小在一定的文化环境中成长，自然形成了一定的观念和习惯。因此，营销者在选择目标市场和制订营销方案时，必须了解各种不同的文化环境对其产品处于什么样的发展与兴趣阶段。例如，电子计算机对中非偏远部落的居民往往是毫无意义的。

（二）社会因素

每个消费者都是社会的一员，他的行为不可避免地受到社会各方面因素的影响和制约。消费者的购买行为受相关群体、家庭和角色和地位等社会因素的影响。

1. 相关群体

相关群体是指对消费者的态度、意见和偏好有直接或间接影响的群体。一般来说，一个人的消费习惯、生活方式、对产品品牌的选择，都在不同程度上受相关群体的影响。相关群体主要分为三类：一是对个人影响最大的群体，如家庭、亲朋好友、邻居和同事等；二是影响较次一级的群体如个人所参加的各种社会团体；三是个人并不直接参加，但影响也很显著的群体，如社会名流、影视明星、体育明星等，这些被称为崇拜性群体，崇拜性群体的一举一动常会成为人们模仿的样板，因此，一些厂商花高价请明星们穿用他们的产品，这可收到显著的示范效应。相关群体对消费者的影响，往往因购买的商品不同而有所不同，对价值小和使用时不易被他人觉察的商品（如洗衣粉、卫生用品、食品等）影响较小，而对价值大和使用时易为他人觉察的家用电器、服装鞋帽、手表等商品影响较大。此外，在产品生命周期的不同阶段，相关群体的影响也不尽相同。一般来说，在介绍期只对品种选择有强烈影响；在成长期对品种选择和品牌选择都有很强的影响；在成熟期只对品牌选择有强烈影响；而在衰退期对产品和品牌选择的影响都很小。

2. 家庭

家庭是社会的细胞，也是社会基本的消费单位。家庭成员对消费者的购买行为起着直接和间接的影响，但是其影响程度因不同的家庭形态、不同的家庭生命周期阶段、不同的家庭角色而呈现出不同的特点。

家庭形态不同，家庭消费结构会表现出很大差别。如一对年轻夫妇，如果没有孩子，他们可能会把大部分闲暇时间和金钱花在娱乐、学习或旅游上；而对于有孩子的家庭，则会对儿童食品、服装和玩具等有较大需求。

在家庭生命周期的不同阶段，家庭对消费的需求有明显的变化。这一方面是由于家庭收入和经济实力的变化而引起的需求变化，另一方面也是由于家庭成员随着年龄和阅历的增长而在消费兴趣与爱好上发生了改变。同时，家庭结构的变化也会导致家庭消费的重大变革。

☞ **案例链接 5-3**

一项调查表明：在普通家庭中，日用品的购买决策一般由妻子做出，而耐用消费品的购买决策由丈夫做出；在收入和受教育程度较高的家庭，贵重物品的购买决策一般由妻子做出，而日用品的购买决策其他家庭成员都可以做出。

3. 角色和地位

角色，是周围人对一个人的要求或一个人在各种不同场合应起的作用。它是与人们的某种社会地位或身份相一致的一整套权利、义务的规范与行为模式，是人们对具有特定身份的人的行为期望。

企业常把自己的产品或品牌变成某种角色和地位的标志或象征，来吸引特定目标市场的顾客。

一个人在群体中的影响可用角色和地位来确定。每一个角色都伴随着一种地位，反映了社会对他的总评价。消费者做出购买选择时往往会考虑自己的身份和地位。

(三) 个人因素

1. 年龄和生命周期

消费者处于不同的年龄阶段，其消费需求和购买行为是不同的，如年轻人容易受外界各种刺激的影响，产生冲动性购买；老年人经验丰富，不容易受广告等商业信息的影响，多属于习惯性购买。

将年龄和家庭相结合，划分出生命周期，一般划分如下：

(1) 单身期

离开父母独居的青年。他们要么在大学读书，要么刚离开校门开始工作，虽然收入不高，但是也没有太多的经济负担，通常拥有较多可自由支配的收入。这一时期购买重点主要以满足个人需要为主，崇尚娱乐和休闲。

(2) 新婚期

新婚的年轻夫妻，无子女。这一时期的经济状况较有子女时要好，购买重点以组织家庭为主。该时期是购买耐用消费品最多、购买频率最高的阶段。

(3) "满巢" Ⅰ期

养育孩子初期，子女在六岁以下，即学龄前儿童。这一时期家庭负担较重，购买重点是婴幼儿用品。

(4) "满巢" Ⅱ期

养育孩子中期，子女大于六岁，已入学。经济情况好转，购物喜欢大包装、多容量，以适应孩子在成长中日益增大的需要，购买重点除了大量食品外，以教育培养孩子的产品为主。

(5) "满巢" Ⅲ期

养育孩子晚期，子女已长大，但仍需抚养。经济情况仍然较好，有的孩子已经参加工作，负担减轻，购物转向档次高、新式雅致的产品。

(6) "空巢" Ⅰ期

结婚已很久，子女已成人分居，夫妻仍有劳动能力，经济情况好。消费的重心是度假、购买奢侈品。

(7) "空巢" Ⅱ期

已退休的老年夫妻，子女早已离家分居。收入大幅度减少，购买的重心是医药保健品。

不同阶段的家庭有不同的需求特点。例如，新婚期家庭同子女已离家的老年夫妻家庭，肯定有不同的需求和不同的消费行为。营销者只有明确自己的目标市场处于家庭生命周期的什么阶段，并据以发展适销的产品和拟订适当的营销计划，才能取得成功。

除自然年龄外，还要注意消费者心理生命周期的阶段，有些人心理年龄同他们的实际年龄很不一致，这就要适应他们心理年龄上的需要。

2. 职业

由于所从事的职业不同，人们的价值观念、消费习惯和行为方式存在着较大的差异。一方面，不同职业的消费者需求的主要内容不同，体力劳动者对劳动保护用品及运输服务有普遍需求；而脑力劳动者则主要需要服饰、书籍及其他学习用品。另一方面，不同职业的消费者对同类商品的兴趣、偏好也有所差异，比如同样是对服饰、家具及家庭装饰用品，教师、医生等职业的消费者喜欢素雅、别致的花型，而农民、工人等职业则追求华丽、红红火火类的图案。

3. 收入

消费者收入水平是决定消费者购买行为根本性的经济因素。不同的收入水平，决定需求的不同层次和倾向。因此，企业对那些受收入水平影响较大的商品或服务，要密切关注目标市场消费者收入状况的变化，以便采取相应的策略，对产品或服务进行重新定位、调整价格，以便继续吸引目标消费者。

4. 生活方式

生活方式是指人们花费时间和金钱的态度及其所选择的消费模式。生活方式对人们消费需求的影响是显而易见的。有些人虽然有相似的教育背景，年龄相仿，职业和收入也一样，但是由于有不同的生活方式，他们的社会活动、兴趣和见解可能完全不同。因此，了解目标消费者的生活方式，对营销者很有意义。

5. 个性与自我观念

个性是指一个人的性格特征，如外向或内向、自信或自卑、活泼或稳重、急躁或冷静、倔强或随和等。个性使人对环境做出比较一致和持续的反应，可以直接或间接地影响其购买行为。比如，外向的消费者比较愿意接受新鲜事物，容易产生冲动性购买；而内向的消费者却不愿意轻易尝试，往往购买大众化的产品或服务。自信或急躁的消费者在购物时会很快做出购买决策；而缺乏自信或慢性子的消费者做出购买决策就较长，要反复比较权衡，不容易拿定主意。

自我观念是指自己或别人怎样看待自己。一般而言，人们总希望保持或增强自我形象，并把购买行为作为表现自我形象的重要方式，因此，消费者一般倾向选择符合或能改善其自我形象的商品或服务。

（四）心理因素

消费者购买行为会受其心理的支配，正如恩格斯所指出的，推动人去从事活动的一切，都要通过人的头脑，甚至吃喝也是由于通过头脑感觉到的饥渴而开始，并且同样由于通过感觉到饱足而停止。影响消费者购买行为的心理因素包括动机、知觉、学习、信念与态度四个因素。

1. 动机

动机是一种升华到足够强度的需要，它能够及时引导人们去探求满足需要的目标。动机的产生必须具备两个条件：一是具有一定强度的需要；二是具有满足需要的目标和诱因。

消费者的动机一般分为三种类型：感情动机、理智动机和惠顾动机。

感情动机是指消费者对产品、生产销售的企业以及需要能否得到满足，都有亲疏好恶的态度，从而产生肯定或否定的感情体验。

理智动机是消费者对产品有了客观清醒的认识，经过理性的分析比较后产生的购买动机。它具有客观性、周密性和可控性的特点。

惠顾动机是消费者由于对特定的产品或生产销售企业的特殊信任和偏好而形成的购买动机。具有排他性和不可替代性的特点。

心理学认为，人类行为是由动机支配的，而动机是由需要引起的。购买行为也不例外，需要，是人感到缺少些什么从而想获得它们的状态。例如，当人们感到饥饿时会产生对食物的需要，感到寒冷时会产生对御寒衣物的需要，感到孤独时会产生对交往、娱乐活动的需要。正是为了满足形形色色的需要，消费者才会努力实施相应的消费行为。而当一种需要得到满足后，消费者又会产生另一种新的需要，如此往复，形成连续无尽的消费行为。消费者的需要是复杂多变的，并且是多层次的。多层次的需要决定了购买动机的丰富性和购买行为的多样性。

许多营销学者认为,"人类需要层次理论"对解释消费者的购买行为是有用处的。例如:处于低层次的消费者,将收入的大部分花在购买食品、衣着上;处于恋爱阶段的年轻人,在衣着上比别人考究得多;希望在某学科上做出成就的学者,其购书的费用大于其他人。

每个人在特定的时间里有许多需要,但大部分需要不会形成动机,不会激发人们为满足需要而采取行动,只有当某种需要达到很强烈的紧张程度时,才转化为动机。可见,动机是一种被刺激的需要。消费者购买动机是由人们的需要引发起来的,是推动人们购买某种商品需要的内在动力。

2. 感知

感知是指消费者感官直接接触刺激物所获得的直观的、形象的反映,属于感性认识。任何消费者购买商品,都要根据自己的感官感觉到的印象,来决定是否购买。由于不同消费者对同一商品(或商店)的印象可能有很大差别,因而所形成的感知也有很大差异。例如,甲乙二人同时进入某一商店购买同一种商品,甲的印象很好,乙却认为不好。同一刺激物为什么会产生不同的反映、不同的感知结果呢?心理学认为,感知过程是一个有选择性的心理过程,主要包括三个方面:选择性注意、选择性曲解和选择性记忆。

(1) 选择性注意

选择性注意是指在众多信息中,人们通常会更多地注意他们所期待的,或者是与他们当前需要相关的,以及与正常情况相比有较大差别的刺激物。

人的一生中时刻面临着许多刺激物,以商业广告来说,现代人每天都会见到成百上千条的广告,这些广告不可能都引起他们的注意,绝大多数广告只是一闪即逝,留不下什么印象。人们总是有选择地注意一些刺激物,有三种情况较能引起人们的注意:一是与目前需要有关的,如正要购买电视机的人就对电视机的广告特别注意;二是预期将出现的,如早已等待观看的节目;三是变化幅度大于一般的、较为特殊的刺激物,比如,降价50%的广告比降价5%的广告会引起人们更大的注意。

案例链接5-4

泰国首都曼谷有一家酒吧的主人,在门口放着一个巨型酒桶,外面写着几个醒目的大字:"不准偷看!"许多过往行人十分好奇,偏偏非要看个究竟不可。哪知道,只要把头探进桶里,便可闻到一种清醇芳香的酒味,还可以看到桶底隐约显现着"本店美酒与众不同,请享用"的字样,不少大叫"上当"的人,却在粲然一笑之后顿觉酒瘾大发,于是进店去试饮几杯。

(2) 选择性曲解

人们面对客观事物,不一定都能正确认识、如实反映,往往是按照自己的偏见或先入为主的见解来曲解客观事物,即人们有一种将外界输入的信息与头脑中原有信念系统的信息相结合的倾向。这种按个人信念曲解信息的倾向,称为选择性曲解。例如,某一名牌商品在消费者心目中早已树起信誉,形成品牌偏好,就不会轻易消失;另一新的品牌即使实际质量已优于前者,消费者也不会轻易认同,总以为原先的那个名牌商品会更好些。

(3) 选择性记忆

人们对所了解到的东西,不可能统统记住,而主要是记住那些符合自己信念的东西。例如,人们只记住自己所喜欢的品牌的优点,每次需要再购买时,就想起了这个品牌而不及其他。这种心理机制,就是选择性记忆。

上述三种心理过程告诉我们,市场营销者只有以不断重复的、有吸引力的强刺激,加深消费者的直观印象,才能突破其牢固的知觉壁垒。例如,"今年过年不收礼,收礼只收脑白金"等广告语言的长期重复出现,都较成功地利用了上述心理过程,给人们留下了深刻印象。有些企业在商标设计或产品包装上极力模仿名牌,也是企图利用消费者的上述心理过程,但这不是一种好办法,有追求的企业应当致力于创新。

3. 学习

消费者在购买和使用商品的实践中，逐步获得和积累经验，并根据经验调整购买行为的过程，称为学习。人类的行为有些是本能的、与生俱来的，但大多数行为（包括消费行为）是从"后天经验"中得来的，即通过学习、实践得来的。在后天经验理论中，应用比较普遍的是"刺激—反应"（S-R）模式。这种理论认为，人的学习过程通过驱动力、刺激物、提示物（诱因）、反应等因素的相互影响、连续作用而形成的（图5-3）。

图5-3　学习模式

企业营销人员要善于把学习与驱动力联系起来，运用刺激性暗示和提供积极的强化手段来建立消费者对产品的需求，不断加深消费者对产品和企业的良好印象，从而帮助顾客完成学习过程，成为现实的顾客。

4. 信念和态度

外界事物的刺激，可使消费者产生一定的信念和态度，从而影响消费者的行为。

信念是指人们对事物所持的认识。消费者对商品的信念可以建立在不同的基础之上：有的建立在科学的基础上，有的建立在某种见解的基础上，有的建立在信任（如对名牌货）的基础上，有的则可能基于偏见、讹传。不同的信念可导致人们不同的态度、不同的倾向，比如消费者对名牌商品争相选购，而对不熟悉的新产品则犹豫观望、疑虑重重，很难做出决定。消费者一旦形成对某种产品或商标的态度，往往不易改变，企业应设法适应消费者持有的态度，而不要勉强去改变消费者的态度。当然，也可通过各种广告宣传手段，改变人们的信念和态度，但这要付出很大代价，企业要权衡得失再做出决策。例如，日本本田公司的摩托车进军美国市场时，曾面临公众对摩托车持否定的态度，把它同流氓犯罪活动联系在一起。要扩大市场，就必须设法改变公众的态度。该公司以"你可在本田车上发现最温雅的人"为主题，大力开展促销活动，广告画面上的骑车人都是神父、教授、美女等，于是逐渐改变了公众对摩托车的态度。

消费者的态度一般有三个主要来源：一是消费者与商品或劳务的直接接触；二是受其他消费者（如亲友或团体中的其他成员）的直接或间接的影响；三是家庭教养和社会经历。分析研究影响消费者行为的内在心理因素，目的是为了采取适当的营销技巧，以诱导消费者做出对企业有利的购买决策。

综上所述，消费者的购买行为是经济因素、文化因素、社会因素、个人因素和心理因素之间相互影响和作用的结果。其中很多因素是市场营销者无法改变的，但这些因素在识别那些对产品有兴趣的购买者方面颇有益处。所以，现代企业应更加重视研究产品开发、价格确定、广告设计、商品陈列、营销网点设置和品牌包装等营销刺激因素与消费者反应的关系，深入探讨影响消费者需求和购买行为的各种因素。

案例链接 5-5

在世界大部分地区，夏季都是巧克力的销售淡季，澳大利亚夏季漫长，气候炎热，这对巧克力的销售当然更不利。过去巧克力商发现，在夏季，巧克力的销售量通常要下降60%左右。是不是夏天人们不喜欢吃巧克力？马氏公司经过市场调查发现，问题不是出在夏天巧克力的滋味，而是人们觉得夏天巧克力会融化，吃起来黏黏糊糊的很麻烦，而且夏天巧克力也很难保存好。

于是，马氏公司开始行动。他们首先让销售商把马氏巧克力保存和摆放在雪柜里，然后发动一场大规模的公关活动，告诉公众有一种夏日品尝巧克力的方法：冷藏后再吃。在"冷吃"的号召下，一些消费者被邀请亲口尝一包冷藏的马氏巧克力同时，公司还组织了一系列围绕着凉爽夏日游乐的马氏巧克力宣传活动。头一个夏天，马氏巧克力的销售量成百万单位地增加，以后每年夏天都是畅销货。

思考：
巧克力在夏季销售不利是受哪种因素的影响？马氏公司的巧克力在夏季旺销的原因是什么？

六、消费者购买决策

（一）消费者购买决策的参与者

消费者的购买活动和产品消费虽然是以一个家庭为单位的，但是参与购买决策的通常并非是一个家庭的全体成员，许多时候是一个家庭的某个成员或某几个成员，而且由几个家庭成员组成的购买决策层，其各自扮演的角色也是有区别的。根据购买决策的参与者在购买活动中所起的作用，消费者购买决策的参与者形成以下五种角色。

① 发起者：是第一个建议或想到要购买某种产品或服务的人。
② 影响者：是对最后决策有直接或间接影响的人。
③ 决策者：是对是否购买、怎样购买有权进行最终决策的人。
④ 购买者：是执行具体购买任务的人。
⑤ 使用者：是实际消费或使用产品或服务的人。

了解每一购买者在购买决策中扮演的角色，并针对其角色地位与特性采取有针对性的营销策略，就能较好地实现营销目标。

案例链接5-6

有一次，我去一位客户家进行拜访，在我与客户谈到最后阶段时，他的儿子从外面回来，当看到他的父亲所选的商品时，一口就否定了："这种太难看了，而且用着也不方便，别要了。"

客户的儿子大概有十七八岁的样子，我知道这样的孩子正处在自以为是的年龄。于是我发觉这次销售的成功与否，关键在这个孩子身上。

我随即见风使舵与这个孩子聊了起来，我把产品的大样图纸拿出来让他选看，他一下子看中一个精致小巧的商品。

"这个还可以。"他指着那款设计精美，但容积很小的商品说。

"哦，这个的确很美观，但不太适合人多的家庭使用。"我看到他认同地点点头。"不如这一款，"我指着另外一个相同样式但容积较大的商品说，"你看，这个就比较适合你们家使用。"随即，我又说道："看，你已经是一个大小伙了，那口小锅做的饭还不够你一个人吃的呢。"他听后不好意思地笑了起来。

最后他做了决定，买下了我推荐的商品，他的父亲很高兴地付了账。

当你与一对夫妇或一群人进行洽谈时，如果你看错目标，那么你不但浪费时间，而且会让人轻视你，这样一来，你的交易势必失败。当然这就需要你耐心观察。

（二）分析消费者的购买决策

在购买时，消费者要经过一个决策过程，包括引起需要、搜集信息、评价选择、决定购买和购后感受（图5-4）。营销者应该了解每一个阶段中的消费者行为，以及哪些因素在起影响作用，这样就可以制订针对目标市场的行之有效的营销方案。

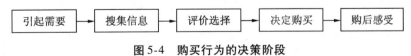

图5-4 购买行为的决策阶段

1. 引起需要

引起需要是购买决策过程的起点。当消费者感受到一种需要并准备购买某种商品以满足这种需要时，购买决策过程就开始了。这种需要，可能是由内在的生理活动引起的；也可能是受外界的某种刺激引起的，如看到别人穿新潮服装，戴金首饰，自己也想购买；或者是由内外两方面因素共同作用的结果。

营销者在此应注意的是，不失时机地采取适当措施，唤起和强化消费者的需要。例如，时令性商品要在相应的季节到来之前，及时宣传，及时备货。

2. 搜集信息

搜集信息是购买决策过程中的调研阶段。如果唤起的需要很强烈，可满足需要的商品易于得到，消费者就会希望马上满足他的需要。但在多数情况下，消费者的需要并非马上就能获得满足。他必须积极寻找或搜集信息，以便尽快完成从知晓到确信的心理程序，做出购买决策。消费者获取信息的来源一般有以下四个途径：

① 个人来源，即从家庭、朋友、邻居和其他熟人处得到信息。

② 商业来源，即通过广告、售货人员介绍、商品展览或陈列、商品包装和说明书等途径得到信息。

③ 公众来源，即从报刊、电视等大众传播媒介的宣传报道和消费者组织的有关评论中得到信息。

④ 经验来源，即通过自己参观、试验和实际使用商品得来的经验。在这一阶段中，市场营销者既要千方百计地做好商品广告宣传，吸引消费者的注意力；又要努力搞好商品陈列和说明，使消费者迅速获得对企业有利的信息。

3. 评价选择

消费者得到的各种有关信息，可能是重复的，甚至互相矛盾的，因此还要进行分析、评估和比较，这是决策过程中的决定性一环。

消费者的评估选择过程，有以下几点值得营销者注意：第一，产品性能是购买者所考虑的首要问题；第二，不同消费者对产品的各种性能给予的重视程度不同或评估标准不同；第三，消费者中既定的品牌信念（品牌形象）与产品的实际性能，可能有一定差距；第四，消费者对产品的每一属性都有一个效用函数；第五，多数消费者的评选过程是将实际产品同自己理想中的产品相比较。

据此，营销者可采取如下对策，以提高自己产品被选中的机率：

① 修正产品的某些属性，使之接近消费者理想的产品。这是"实际的重新定位"。

② 改变消费者心目中的品牌信念，通过广告和宣传报道努力消除消费者不符合实际的偏见。这是"心理的重新定位"。例如，某种产品确实是物美价廉，而有些消费者却以为价廉的一定不如价高的质量好；某种国产货已经达到或超过进口货水平，而有些消费者却总是迷信进口货，认为该国产货不如进口货好。因此，营销者要在这方面进行广泛的宣传，改变消费者的偏见。

③ 改变消费者对竞争品牌的信念。当消费者对竞争品牌的信念超过实际时，可通过比较性广告，改变消费者对竞争品牌的信念。这是"竞争性反定位"。

④ 通过广告宣传，改变消费者对产品各种性能的重视程度，设法提高自己产品占优势性能的重要程度，引起消费者对被忽视的产品性能（如耐用、省电、易于维修等）的注意。

⑤ 改变消费者心目中的理想产品的标准（如要求电冰箱既无霜又省电，事实上不太可能）。

4. 决定购买

消费者在评价选择阶段通过分析、评价商品已经形成了初步的购买意图，但是，在购买意图与决定购买之间，有两种因素还会产生影响作用。第一种因素是其他人的态度，第二种因素是未预期到的情况。这两种因素若对购买意图有强化作用，则购买决策会顺利实现，反之，则购买决策受阻（图5-5）。

决定购买是消费者购买决策过程中的关键阶段，在这一阶段，营销者一方面要向消费者提供更多更详细的商品信息，以便使消费者消除各种疑虑；另一方面要通过提供各种销售服务，方便消费者选购，促进消费者做出购买本企业产品的决定。

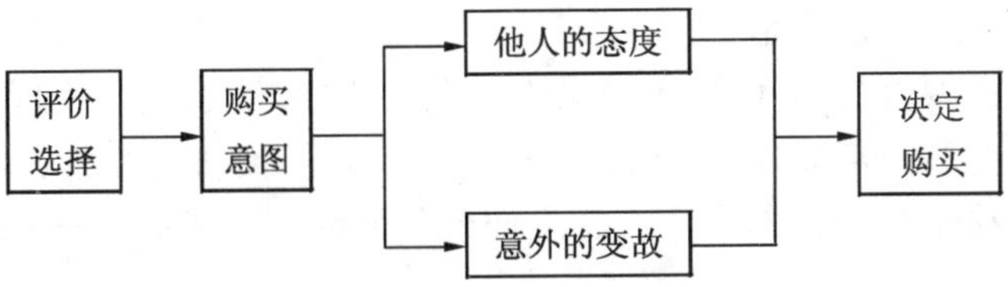

图 5-5 影响购买决策的因素

5. 购后感受

购后感受是消费者对已购商品通过自己使用或通过他人评估，对满足自己预期需要的反馈，重新考虑购买了这种商品是否正确选择、是否符合理想等，从而形成的感受。这种感受，一般表现为满意和不满意两种情况（图 5-6）。消费者购后感受的好坏，会影响到消费者今后是否会重复购买，并将影响到他人的购买决策，对企业信誉和形象关系极大。消费者的满意程度，取决于消费者对产品的预期性能与产品使用中的实际性能之间的对比。也就是说，如果购后在实际消费中符合预期的效果，则感到基本满意；超过预期，则很满意；未能达到预期，则不满意或很不满意。实际效果同预期效果差距愈大，消费者不满意的程度也就愈大。根据这种观点，营销者对其产品的广告宣传必须实事求是、符合实际，以便使购买者感到满意。有些营销者对产品性能的宣传甚至故意留有余地，以增加消费者购买后的满意感。

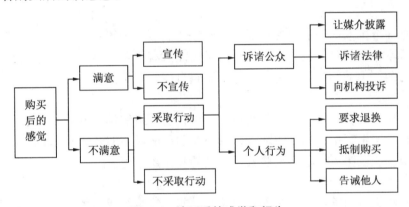

图 5-6 购买后的感觉和行为

购买者购后感受是企业产品是否适销的一种极为重要的反馈信息，它关系到这个产品在市场上的命运。西方许多企业信奉的名言是："最好的广告是满意的顾客。"因此，企业要注意及时收集信息，加强售后服务，采取相应措施，进一步改善消费者购后感受和提高产品的适销程度。

从以上分析可见，购买者决策过程中的每一阶段，都会影响其购买决策，研究这一过程，就是为了针对每一阶段的特点采取适当营销措施，积极地诱导消费者行为，更好地满足消费者的需要。

任务二　分析组织市场及购买行为

组织市场是由各种组织机构形成的对企业产品和服务需求的总和。组织市场与消费者市场相对应，主要包括生产者市场、中间商市场、政府市场以及其他非营利机构市场。以下主要介绍前三种组织市场。

一、生产者市场购买行为分析

生产者市场，又叫产业市场，是指一切购买产品和服务并将之用于生产其他产品或服务，以供销售、出租或供应给他人的个人和组织。通常由农业、林业、水产业、制造业、建筑业、通信业、公用事业、银行业、金融业和保险业、服务业等产业组成。

（一）生产者市场的特征主要有：

生产者市场的特征主要有：① 购买者数量少，购买规模较大；② 地理位置相对集中；③ 其需求由消费者市场需求派生和引申而来；④ 需求波动性较大，且缺乏弹性；⑤ 专业购买，参与人员多，决策时间长；⑥直接采购，长期合作；⑦生产资料的购买要求较为严格。

（二）生产者市场的购买类型

一般来说，生产者市场的购买可分为三种类型。

1. 直接重购

直接重购也称连续重购，即生产者市场的用户根据过去和供应商打交道的经验，按既定方案，不做任何修订，直接进行的重新订购业务。

2. 修订重购

修订重购也称变更重购，即生产者市场的用户为了更好地完成采购任务，修订采购方案，适当改变产品的规格、型号、价格、数量和条款，或寻求更合适的供应者。

3. 新购

新购即生产者市场的用户第一次采购某种产业用品。

（三）影响生产者市场购买行为的因素

影响生产者市场购买行为的主要因素可归纳为以下四大类。

1. 环境因素

环境因素包括一个国家的经济发展状况、政治法律制度、技术革新水平、市场供给状况、市场需求水平、货币成本、市场竞争趋势等。生产者必须注意有关环境因素的发展变化，并就其对自身需求与购买行为可能产生的影响做出判断，进而调整自己的营销活动。

2. 组织因素

组织因素包括用户的营销目标、采购政策、工作程序、组织结构和管理机制等，从不同的侧面对生产者的购买行为产生直接和具体的影响，并涉及购买的具体对象、评价的标准与要求、参加购买决策过程的人员构成及决策权限、采购人员受到的具体约束等。

3. 人际因素

生产者市场的购买行为常常受企业内人际关系、非正式组织成员的影响，尤其是采购中心的人员之间关系的影响。相关人员在企业中的实际地位、职权、威信、感染力、说服力等方面各不相同，相互之间的关系也有所不同，这些都会影响生产者市场的购买行为。

4. 个人因素

个人因素包括年龄、职位、受教育程度、阅历、动机、认识能力、个性和对风险的态度等。这些因素会使企业的决策参与者对要采购的产品及供应商形成不同的看法，并最终影响生产者市场的购买行为。

（四）生产者购买决策的过程

生产者市场的购买决策过程与消费者市场的购买决策过程有一些相似之处，但也有许多不同。生产者购买决策过程大致可以分为以下八个阶段。

1. 认知需求

认知需求是生产企业购买决策的开始。一般由两种刺激引起：① 内部刺激。企业开发、生产新产品需要购置新设备和原材料；设备淘汰报废，需要购买零部件或新设备；已购生产资料存在缺陷，需要更换供应商；等等。② 外部刺激。企业发现可采购的新生产资料；工程技术人员发现更好的代用品；等等。

2. 确定需求

认知需求产生后，企业需要确定所要购买产品的种类、特征、数量等要素。采购人员应和工程技术人员、使用者共同分析、确定所需产品的基本要素。

3. 拟定规格要求

需求确定后，还要对所需产品的规格、型号等技术指标做出详细说明。要在技术性、经济性、适用性等方面做出整体性评价，写出技术说明书，以便由采购中心的有关人员选择和确定最佳的采购方案。

4. 寻找供应商

采购企业通常利用工商企业名录、商业广告、行业及企业网站、搜索引擎、贸易展览会等途径寻找供应商，了解供应商的实力及信誉状况，并根据企业需要对符合条件的供应商进行初步筛选。

5. 征求供应信息

对初步选出的供应商提出要求，征求他们的信息和建议，请他们尽快寄来样品或说明书、价目表等有关资料。大批量的采购往往采用招标的形式，采购企业发放招标信息，供应商根据招标要求制作标书。

6. 选择供应商

采购企业在得到供应商的有关资料（如标书等）后，通过比较分析选择供应商。在选择过程中，主要考虑以下因素：① 产品质量、价格、规格；② 生产技术水平；③ 交货能力；④ 结算方式；⑤ 维修服务能力；⑥ 企业信誉；⑦ 企业管理和财务状况；⑧ 地理位置；等等。其间，采购方会通过面谈的形式，与意向合作企业进行谈判，以取得最低的价格和最好的服务。同时，为保证主动权，采购企业往往采取多家供货的方式，便于供货方互相竞争，提高产品质量，提高服务水平。

7. 签订合同

采购企业选定了供应商以后，就可以发订单，与供应商签订供货合同，明确所需产品的规格、数量、要求、交货期、保修条件、结算方式等。

8. 绩效评估

购进产品以后，采购部门要主动与使用部门联系，了解、检查所购产品的使用情况，评估、检查供应商合同履行情况，为后期采购提供依据。

当然并不是每一次采购过程都要经过这八个阶段，而要根据不同类型的采购业务和决策来决定取舍。一般来说，上述过程主要适用于新购产品，对其他类型的购买可省去其中某些环节。

> **案例链接 5-7**
>
> #### "同仁堂"绝妙的采购法
>
> 河北省安国县的庙会，是全国有名的药材集散市场。每年冬、春两季，各地药农、药商云集于此。北京同仁堂的药材采购员在采购中使用了一连串的技巧，并善于积极反馈信息，所购的药材比别的店家便宜许多。他们初到安国，并不急于透露自己需要采购什么，而是先注意收集有关信息。一开始只是多少购进一点儿比较短缺的药材，以"套出"一些"信息"。例如，本来需要购进10 000斤黄连，他们往往只买进100斤上等货，而且故意付高价。"价高招商客"，外地的药商、药农闻讯，便纷纷将黄连运到安国。这时同仁堂的采购员却不再问津黄连，而是抓市场上其他滞销的且又必然购买的药材大量买进。等其他生意做得差不多时，再突然反回来采购黄连。此时，他们已得到信息反馈：黄连由于大量涌进市场，形成滞销之势。各地来的药商，为了避免徒劳往返，多耗运输，或者怕卖不出去亏本，都愿意低价出售。经过这一涨一落，同仁堂就大量购买了市场上各种滞销的药材。药商们吃了亏，影响到第二年药农的积极性，自然就会减少产量。同仁堂的采购员又能够预测到明年的药材供应情况。这样一来，这些减产的药材第二年又会因大幅度减产而价格暴涨，而这时同仁堂的库存早已备足。

二、中间商市场购买行为分析

中间商市场，亦称转卖者市场，是由所有以营利为目的从事转卖或租贷业务的个体和组织构成，包括批发商和零售商。

（一）中间商市场的特点

中间商市场的特点是：① 购买者数目较多，供应范围较广泛；② 对商品的需求由消费者市场需求引发而来；③ 批量购买、组合配置、定期进货；④ 对交货期、信贷条件等要求较高。

（二）影响中间商市场购买行为的主要因素

中间商作为组织购买者之一，其购买行为要受到环境因素、组织因素、人事因素和个人因素的影响。同时还要受到以下三个因素的制约。

1. 购买者需求

中间商购买什么、购买多少、以什么价格购买，都必须考虑其购买者——消费者个人及家庭、生产企业的需求和愿望，按照他们的需求和愿望制定购买决策。

2. 存货管理

储存是中间商的基本职能之一。储存什么、储存多少是影响中间商购买行为的重要因素。

3. 供应商的策略

中间商购买商品是为了转售给他人，供货条件、价格折让、运费折让、促销津贴等供应商的策略对其商品转售有直接关系，因而影响中间商的购买决策。

（三）中间商市场购买决策的主要内容

一般来说，中间商从事采购业务，需要做出以下四项主要购买决策。

1. 决定购买时间和购买数量

中间商本身"转手买卖"的特点使其对购买时间的要求极其严格。中间商常将提交订单的时间延迟，以便更准确地把握消费者和其他买主的需要，使购买商品适销对路，避免库存积压的风险。一旦提交了订单，中间商又往往要求尽快到货，转手卖给买主，以免占用资金。

一般来说，中间商做出的购买数量决策依据的是现有的存货水平和预期的需求水平。它往往受到两种不同的影响：大量订购，可降低采购成本，并获得较大的折扣；小量订购，则可以减少库存成本。中间商据此进行成本与效益比较，然后做出有利于自己的决策。

2. 选择供应商

面对众多上门推销产品的供应商，多根据交易的优惠条件、合作的诚意以及所处市场环境、产品的销路、经营的能力、本身的经营风格等来加以甄选供应商。

3. 选择购买条件

购买条件的优劣直接影响中间商的经济效益，因此中间商总是力争从其供应商身上得到尽量多的优厚的购买条件。如价格折扣、推迟付款和广告补贴；交货及时、迅速；充分的使用保证；无条件承担质量责任；等等。

4. 选择购买商品的编配组合

对企业经销的商品进行合理的编配组合，是中间商最基本、最重要的购买决策。

中间商可采取的商品编配组合有：① 独家编配（中间商只经销某一家厂商的产品）；② 深度编配（中间商同时经销多家厂商生产的多种不同规格型号、不同花色款式的同类产品）；③ 广度编配（中间商在营销范围内同时经销多家厂商生产的多种同类产品）；④ 综合编配（中间商同时经销多家厂商生产的互不相关的多种类、多规格的产品）。

 知识拓展

转卖者市场——超市买手

转卖者市场由所有那些获取商品是为了在获利基础上将其再售或者租给别人的个人或组织构成，转卖者不提供形式效用，只提供时间、地点和占有方面的效用。转卖者采购两类商品和服务，一类是为了再售，另一类是为了经营。后一类再卖者是以"生产者"的角色购买的。这里我们将讨论范围限制在前一类商品,即为再卖而购的商品。

超市买手,他们有三寸不烂之舌,他们有火眼金睛,他们有杀价高招。在各大超市活跃着这么一批人,手握数亿采购大单,周旋于各供应商之间,与竞争对手展开厮杀。他们,就是超市里的"超级买手"。虽然顾客能买到什么样的商品,主要由他们来决定,但他们也有有常人难以承受的压力:搜集一切与商品有关的信息,每年保持销售额快速增长。马上快到年货季,面对琳琅满目的商品,哪些可以进入超市销售?哪些促销组合能卖得最好?他们才是打赢这场商超年货大战的幕后推手。

(资料来源:http://yieraiyi.cn.b2b168.com/)

三、政府市场购买行为分析

政府市场是为满足各级政府部门的日常工作及公共消费需要而购买、租用产品和服务的各级政府单位。在许多国家,政府部门是产品和服务的主要购买者。

(一)政府市场购买的目的

政府市场的购买目的通常有:① 履行政府职能;② 刺激国内需求,保护民族工业的发展;③ 节约财政开支,提高资金使用效率。

(二)政府市场的特点

政府市场具有如下特点:① 需求受到较强的政策制约;② 需求的计划性较强,规模较大;③ 购买方式多样,以招标采购为主;④ 购买应受到社会公众的监督;⑤ 购买目标的多重性(经济性、政治性、军事性、社会性等)。

(三)政府市场的主要购买方式

1. 公开招标竞购

公开招标竞购是指政府部门以向社会公开招标的方式择优购买产品或服务。一般的程序是先由政府的采购机构在媒体上刊登广告或在政府采购网站上发布招标公告,说明要采购商品的名称、品种、规格、数量等具体要求,邀请供应商在规定的期限内投标,最后由政府的采购机构在规定的日期开标,选择报价最低又符合要求的供应商成交。

2. 议价合约选购

议价合约选购是指政府采购机构和一个或几个供应商接触,经过谈判协商,最后只和其中一个符合购买条件的供应商签订合同,进行交易。一般用于计划复杂、风险较大、竞争性较小的采购业务。

3. 例行选购

政府部门维持日常政务正常运转所需的办公用品、易耗物品和福利性用品,多为经常性、常规性连续购买,花色、品种、规格、价格、付款方式等都相对稳定,大多采取例行选购的方式,向熟悉的和有固定业务联系的供应商购买。

案例链接 5-8

有效最低报价法

在政府集中采购工作中,除采用公开招标采购方式外,许多采购项目由于金额小、批次多,大多采用的是询价采购方式(依法"成立询价小组"、确定被询价的供应商名单和询价后,根据符合采购需求、质量和服务相等且报价最低的原则确定成交供应商)。在实际操作过程中,由于除报价之外很难根据其他不确定因素对供应商的产品质量和服务情况做出准确评价,导致询价采购实质上往往以最低报价原则确定成交供应商,这在无意中助长了恶意竞价的势头。

那么,如何才能遏制恶意竞价行为,杜绝类似问题的发生呢?有人提出了"有效最低报价法"就是将所有参与询价采购的供应商的报价从高至低依次排列,分别去掉最高报价和最低报价,求其余报价的综合平均值。在综合平均值的基础上分别上、下浮动一定的百分比(此百分比为市场调查基础上的合理百分比),以确定有效报价范围。凡在此范围内的所有报价为有效报价,超出此范围的报价为无效报价,取有效报价中的最低报价为成交价,以此来确定成交供应商。

例如,某采购中心为甲单位询价采购一批印刷业务,参与询价的供应商名单确定之后,应到供应商6名,实到供应商6名。6名供应商的报价依次为:82 800元;78 240元;79 200元;74 100元;73 200元;84 000元。

去掉最高报价84 000元和最低报价73 200元,求其余报价的综合平均值为78 585元,在78 585元的基础上,分别上下浮动6%(根据印刷市场行情调查,可以在综合平均值的基础上,分别上、下浮动6%左右)确定有效报价范围,有效报价上限为83 300.10元,有效报价下限为75 441.60元,74 100元报价超出有效报价范围,为无效报价,其余报价为有效报价。取有效报价中的最低报价78 240元为成交价,确定了成交供应商。

问题分析:
1. 你认为在政府公开采购中采用"有效最低报价法"能否遏制恶意竞价行为的产生和蔓延?
2. 采用"有效最低报价法"确定成交供应商有哪些好处?

(资料来源:https://wenku.baidu.com/view/a1638f15195f312b3069a546.html.)

项目小结

在市场营销中,市场是指某种产品现实购买者和潜在购买者需求的总和,是由人口、购买力和购买欲望三个主要因素所构成的。

市场是一个有机的整体,随着交换关系的发展也越来越复杂,从不同的角度来分析,市场可以分为多种类型。可根据顾客购买产品或服务的目的、市场的国域界限、商品的种类、市场竞争程度等进行分类。市场具有交换功能、反馈功能、调节功能等功能。

分析消费者的购买行为首先要了解消费者的购买需求和购买对象。消费者的购买需求具有多样性、扩展性、多层次性、可诱导性、分散性、时代性、季节性等特点。

消费者的购买对象是指满足个人和家庭生活需要的产品或服务,即消费品。消费品通常有三种分类方法,即依据人们购买和消费的习惯分类,或者依据消费者购买对象的耐用性分类,抑或依据消费者购买对象有形与否分类。

消费者的购买行为是指消费者为获取、购买、使用、评估和处置预期能满足其需要的产品或服务所采取的各种行为。可以根据消费者行为的复杂程度和所购商品本身的差异性大小、消费者性格分析、消费者在购买现场情感反应的强度等进行多种分类。

分析消费者的购买行为模式,主要从6W1H入手,专家们建立了一个"刺激—反应模式"来具体说明营销环境刺激与消费者反应之间的关系。消费者的购买行为是在许多因素的影响下形成的,这些因素可分为经济因素、社会因素、文化因素、个人因素和心理因素等。

分析消费者的购买决策首先要分析消费者购买决策的参与者形成五种角色,即发起者、影响者、决策者、购买者、使用者。其次还要分析消费者的决策过程,包括引起需要、搜集信息、评价选择、决定购买和购后感受。营销者应该了解每一个阶段中的消费者行为,以及哪些因素在起影响作用。这样就可以制订针对目标市场的行之有效的营销方案。

组织市场是由各种组织机构形成的对企业产品或服务需求的总和。组织市场与消费者市场相对应,主要包括生产者市场、中间商市场、政府市场以及其他非营利机构市场。

思考与练习

一、判断题
1. 尽管消费品种类繁多,但不同品种甚至不同品牌之间不能相互替代。(　　)

2. 研究消费者购买行为的理论中最有代表性的是刺激—反应模式。（　　）
3. 同类产品不同品牌之间差异小，消费者购买行为就复杂。（　　）
4. 通常企业并不试图去改变消费者对其产品、服务的态度，而是使自己的产品、服务和营销策略符合消费者的既有态度。（　　）
5. 归属于不同生活方式群体的人，对产品和品牌有着相同的需求。（　　）
6. 顾客的信念并不决定企业和产品在顾客心目中的形象，也不决定他的购买行为。（　　）
7. 企业正确地辨认购买决策者，有助于企业将营销活动有效地指向目标顾客，制定正确的促销策略。（　　）
8. 复杂性购买行为是指消费者购买时介入程度低且品牌之间差异大的购买行为。（　　）
9. 消费者对其购买产品满意与否直接决定着其以后的购买行为。（　　）
10. 生产者市场的特征是购买者数目较多，供应范围较广泛。（　　）

二、单项选择题

1. 个人为了人身安全和财产安全而对防盗设备、保安用品、保险产生的需要是（　　）。
   A. 生理需要　　　　B. 社交需要　　　　C. 尊重需要　　　　D. 安全需要
2. 满足最终消费者的需求，是市场营销活动的（　　）。
   A. 起点　　　　　　B. 中间点　　　　　C. 终点　　　　　　D. 起点和终点
3. 人们之所以对同一刺激物产生不同的知觉，是因为人们要经历三种知觉过程，即选择性注意、选择性曲解和（　　）。
   A. 选择性记忆　　　B. 选择性专业化　　C. 选择分销　　　　D. 选择定位
4. 消费者需求的产生，有些是本能的、生而有之的，但大部分是与外界的刺激诱导有关的。这体现了消费者市场的（　　）特点。
   A. 异变性　　　　　B. 多变性　　　　　C. 专业性　　　　　D. 可诱导性
5. 根据购买者的介入程度和品牌之间的差异程度，消费者购买食盐这一行为属于（　　）。
   A. 复杂型购买行为　　　　　　　　　　B. 变换型购买行为
   C. 协调型购买行为　　　　　　　　　　D. 习惯性购买行为
6. 购买决策过程为（　　）。
   A. 收集信息→引起需要→评价选择→决定购买→购后感受
   B. 收集信息→评价选择→引起需要→决定购买→购后感受
   C. 引起需要→收集信息→评价选择→决定购买→购后感受
   D. 引起需要→决定购买→收集信息→评价选择→购后感受
7. 购买者对其购买活动的满意与否，取决于消费期望与实际效用是否一致。若消费期望小于实际效用，则（　　）。
   A. 消费者会满意　　B. 消费者不满意　　C. 消费者会非常满意　D. 消费者无所谓
8. 下列不是影响消费者购买行为的主要因素的是（　　）。
   A. 文化因素　　　　B. 社会因素　　　　C. 自然因素　　　　D. 个人因素
9. 消费者的购买单位是个人或（　　）。
   A. 集体　　　　　　B. 家庭　　　　　　C. 社会　　　　　　D. 单位
10. 在消费者购买决策中，对是否买、为何买、如何买、何处买等购买决策做出最终决定的人是（　　）。
    A. 购买者　　　　　B. 发起者　　　　　C. 使用者　　　　　D. 决策者

三、多项选择题

1. 消费者信息的主要来源有（　　）。
   A. 个人来源　　　　B. 生理来源　　　　C. 公众来源　　　　D. 经验来源
   E. 商业来源

2. 影响消费者购买行为的主要因素为（　　）。
   A. 文化因素　　　　B. 环境因素　　　　C. 社会因素　　　　D. 个人因素
   E. 心理因素

3. 人们之所以对同一刺激物产生不同的知觉，是因为人们要经历三种知觉过程，即（　　）。
   A. 选择性注意　　B. 选择性分析　　C. 选择性曲解　　D. 选择性记忆
   E. 选择性遗忘

4. 在消费者购买决策过程中，参与购买的角色有（　　）。
   A. 发起者　　　　B. 影响者　　　　C. 购买者　　　　D. 使用者
   E. 决策者

5. 消费者停止、推迟或回避做出某一购买决定，往往是受（　　）的影响。
   A. 别人的态度　　B. 意外情况　　　C. 可察觉风险　　D. 产品属性
   E. 竞争者

6. 对于习惯型购买型行为，市场营销可以采用的策略有（　　）。
   A. 占据有利货架位置　　　　　　B. 电视广告
   C. 价格优惠　　　　　　　　　　D. 销售促进
   E. 独特包装

7. 个人因素指消费者的（　　）等因素对购买行为的影响。
   A. 经济状况　　　　　　　　　　B. 年龄及生命周期阶段
   C. 个性和自我观念　　　　　　　D. 身份角色
   E. 生活方式

8. 消费者购买行为受（　　）心理因素的影响。
   A. 动机　　　　　B. 感觉　　　　　C. 学习　　　　　D. 熟悉
   E. 信念和态度

9. 生产者市场的主要特点有（　　）。
   A. 参与人员少　　　　　　　　　B. 地理位置相对集中
   C. 购买者数量少　　　　　　　　D. 需求波动性较大
   E. 购买需求要求不严格

10. 政府市场的主要购买方式有（　　）。
    A. 公开招标竞购　　　　　　　　B. 议价合约选购
    C. 例行选购　　　　　　　　　　D. 日常购买
    E. 直接重购

四、问答题
1. 影响消费者购买行为的因素有哪些？
2. 消费者购买决策的主要内容有哪些？购买决策过程的主要阶段有哪些？
3. 生产者市场的购买类型有哪些？

五、案例分析题
案例资料：

限量销售的奥秘

在消费领域，"限量"可谓无处不在，无论是在快速消费品领域，还是在奢侈品、收藏品领域，都闪现着"限量"的光芒：逢年过节和遇到重大赛事，可口可乐都会推出"限量版"的纪念瓶罐，限量发售，引得消费者争相收藏；售价高达108元一碗的康师傅私房牛肉面也制定了每店每天限量10碗的策略，店员称基本每天都能卖掉；即使是像涪陵榨菜这样的大众食品，如今也玩起了限量销售，推出的限量版八年陈的榨菜售价高达2 200元一包。

据报载，日本汽车公司推出极具古典浪漫色彩的"费加洛"车时，宣布全部汽车只有两万辆并保证此后绝不再生产。消息传出，在广大消费者中造成轰动效应，定单像雪片一般飞来。但该公司却慢条斯理地采取接受预约的方式，并分批进行抽签，中签的"幸运儿"欣喜万分，而未能如愿者（估计至少1万人）则怨声载道。无独有偶，日本奥林帕斯公司推出一种价值5万日元的"欧普达"相机。公司只生产2万台，其中1.2万台在日本国内销售。结果，半个月内就有两万多人申请预购，只好抽签配售，现在这种相机价钱每台已超过8万日元。

国外一家制造CD唱片的佛伦斯公司，为了推广爵士钢琴巨星迪克海曼的作品，决定采用限量发售策略，全球只发行2.5万张，并宣称以后绝不再版。为了取信消费者，该公司特地在每张CD唱片上烙印了号码以强化限量的真实性，此举大获成功。

更热衷于推限量版的是国际知名奢侈品牌：GUCCI配有刺绣的运动鞋全球仅有10双；Dior推出的用白金和钻石编制的限量版手袋价值两万美元；卡地亚Santos Dumont的金钻系列腕表采用了十分稀有的短吻鳄鱼皮，每只成年鳄鱼只能做出三条皮带……限量版几乎成了天价的代名词。

上海生产的某种衬衣曾享誉海内外，售价是普通衬衫的5倍，销售对象是"白领"阶层。有关部门觉得有利可图，便增加生产大量出口，还降价推销，结果"白领"阶层见"蓝领"人员也穿着同样的衬衫，马上就不要了，这使得这种品牌衬衫身价跌落，由"宝"变"草"，有关部门方才追悔莫及。

限量、提价，通过制造稀缺达到畅销的目的，限量营销的整个过程需要一个完美的结局。

分析思考：

1. 限量销售成功的奥秘是什么？
2. "稀缺"战略对任何产品都适用吗？它与薄利多销相违背吗？
3. 此案例给你什么样的启示？

（资料来源：https://wenku.baidu.com/view/3c19b0df284ac850ac024258.html.）

项目六

目标市场战略决策

学习目标

知识目标：
1. 分别掌握目标市场营销战略过程的三个步骤即市场细分、目标市场选择和市场定位的含义。
2. 理解市场细分的概念、细分变量和细分市场描述的方法。
3. 掌握目标市场的评估方法，目标市场的选择策略及选择模式。
4. 熟悉市场定位的概念，掌握市场定位的方式和市场定位的依据及市场定位的步骤。

能力目标：
1. 能够运用所学知识，对企业面对的市场进行细分，并选择恰当的目标市场。
2. 能够根据周围营销环境的变化，针对产品选择的目标市场，对产品进行合适的市场定位。

思政目标：
1. 培养按照客观规律逐步分解和分析问题的意识。
2. 养成努力利用所学营销知识和自身营销能力为社会需求者更好地进行服务的良好品质。

知识导图

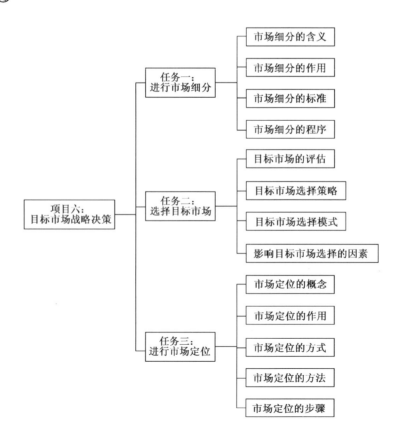

项目导入

阿里、拼多多正面开战

2019年"6·18"之后,国内主流电商平台之间的战火依旧在延续,围绕在阿里与拼多多之间的明争暗斗继续撩拨着众人的心弦。

日前,阿里与拼多多均计划将旗下表现好的业务成立单独事业群,以应对彼此挑战的消息在同一天释放出来,引发业内广泛关注。坊间消息称,阿里聚划算将从淘宝天猫独立出来,成立大聚划算事业群,以进一步覆盖下沉市场;而拼多多方面考虑将"限时秒杀"频道升级为"秒拼"事业群,进军一二线城市。

从策略来看,本次双方都选择直接入侵对方腹地,其中阿里主攻下沉市场,拼多多则发力上行,可谓是正面开战。不过,业内人士表示,拼多多和阿里面对的用户群体仍存在显著差异,双方挑战彼此可能都无法施力,只能是尽可能挤压对方的市场空间。

聚划算曾错失下沉先机,出手牵制拼多多能否如田忌赛马?

近日有消息称,为了挑战拼多多,阿里正在考虑将聚划算彻底从淘宝天猫独立出来,成立大聚划算事业群,以进一步覆盖下沉市场。对此,阿里方面相关人士对记者回应称不予置评。不过业内有观点认为,盒马成立独立的事业群意味着这一创新项目已被认可,在阿里内部得到重视;若其他项目能够发挥更大价值,不排除也将得到升级。

"自从拼多多打开下沉增量市场,聚划算便开启复兴之路。从今年阿里重启聚划算,并给予该平台更多资源倾斜的角度看,目前聚划算在阿里内部拥有重要的战略价值,未来的地位无疑将得到逐步提升。"一位电商行业观察人士指出。

其实,主打团购与性价比的聚划算早在2010年就已成立,并于2011年10月正式独立运营。在拼多多崛起之前,聚划算曾有机会攻下下沉市场,但却失了先机。香颂资本董事沈萌对此分析称:"聚划算之前主要依附于淘宝和天猫,没有独立成军,各方面资源都依赖淘宝、天猫的主业务,所以一直没有得到全力发展,恰恰被拼多多抢得先机。但如今淘宝与天猫的增长空间逐渐饱和,阿里需要新的增长点。"

直到拼多多的迅速崛起,才让各方注意到下沉市场的魅力,而主攻下沉市场的聚划算2019年开始得到阿里重用,丝毫不让人意外。据悉,2019年3月聚划算与天天特卖、淘抢购合并,并在新版手淘六宫格上占据半壁江山,阿里对聚划算的支持力度不言而喻。

网经社—电子商务研究中心主任曹磊认为,聚划算的全面复兴,最重要的原因无疑是下沉市场的全面兴起。无论是从下沉市场异军突起的各大社交电商,还是老牌综合性电商平台淘宝,都将三四五线城市、县域和乡镇农村市场作为新客的主要来源。

此后,聚划算不负众望,作为阿里"下沉"的主力军,在"6·18"年中大促中也发挥重要作用。据天猫方面公布的数据,2019年"6·18"期间,聚划算为品牌带来3亿以上新客,三线到五线城市购买用户数、成交额同比增长均超100%,天天特卖给商家带来4.2亿订单。

如今,"复出"后的聚划算能否牵制拼多多,成了众人关注的焦点之一。沈萌认为,聚划算的优势在于可以借助淘宝和天猫的成熟用户群体,但它是否能够牵制住拼多多还不好说。

而在曹磊看来,聚划算对阿里来说是一个类似去库存、特价甩卖的平台,而拼多多则是全力在打。换言之,阿里相当于是用"田忌赛马"的方式与拼多多竞争,这个举动还算高明,但能否达成预期效果还有待观察。

拼多多亟需上行改善利润,进军中高端能否分羹聚划算?

巧合的是,就在上述消息传出的同一天,蓝鲸TMT记者从拼多多内部人士处获悉,拼多多正考虑将"限时秒杀"频道升级为"秒拼"事业群。据悉,该事业群将进军一二线城市,以应对聚划算的挑战。

2019年"6·18"期间,拼多多"限时秒杀"负责人曾介绍道,拼多多的"限时秒杀"已成为平台的流量引擎,整体数据直逼聚划算。具体而言,"6·18"期间"限时秒杀"订单增幅同比达320%,超过拼多多同期GMV整体增速,成为拼多多最重要的留存复购流量池。

此外,拼多多大数据研究院副院长陈秋透露,秒杀其实相当于传统商超的特价抢购,拼多多增加了拼购等玩法,既能实现高留存又兼容了低成本拉新功能,对平台有一定的外部引流效果。QuestMobile发布的数据显示,截至2019年6月15日,拼多多日活(DAU)已高达1.26亿,5月的月活(MAU)增长至3.36亿,单月净增4 000万活跃用户。

"从艾媒北极星系统后台数据看,拼多多和淘宝的用户重合度近70%,早期的拼多多切中的是中低端淘宝,它已经把这块市场服务地很好了,但在高端市场的布局是相对缺失的。"艾媒咨询CEO张毅表示:"拼多多逐步从低端往中高端走,过去由于它的利润数据不算太好看,采用'农村包围城市'路线、通过中高端市场获取更高的利润是可以期待的。"

根据财报数据,2019年第一季度,拼多多平台经营亏损为21.2亿元,NON-GAAP下经营亏损为16.2亿元,较上一季的26.4亿元和21.1亿元亏损额有所收窄,但同比上年的2.53亿元及2.39亿元亏损额均有所扩大,分别扩大737.9%和577.8%。相比之下,阿里同期盈利200.56亿元,同比增长42%。

张毅认为,由于拼多多和淘宝用户的重合度较高,双方的这一战在所难免,接下来可能还会在其他维度继续。对阿里而言,目前靠重启聚划算抢回中低端和下沉市场确实有些晚,但不管此举能否获得预期的效果,至少能达到两个效果:在尽量狙击和牵制拼多多的同时,还能够培养用户习惯,吸引更多商家选择聚划算。

而在沈萌看来,拼多多和聚划算面对的群体还存在显著差异,拼多多要比聚划算的消费层级更低一些,所以两者去挑战对方可能都无法施力,只能是尽可能挤压对方的市场空间。此外,阿里业务更丰富,聚划算只是其中一块,对业绩的波动吸收力更强,而拼多多是输不起的。

(资料来源:21商评网 http://www.21cbr.com/article/81837.html. 有删改)

目标市场营销又称STP营销或STP三步曲,这里"S"指Segmenting Market,即市场细分;"T"指Targeting Market,即选择目标市场;"P"为Positioning,即市场定位。正因为如此,营销大师菲利普·科特勒认为,当代战略营销的核心,可被定义为STP(目标市场营销)。

任务一 进行市场细分

一、市场细分的含义

市场细分(Segmentation Market)是指营销者通过市场调研,依据消费者的需要和欲望、购买行为和购买习惯等方面的差异,把每一产品的市场整体划分为若干消费者群的市场分类过程。每一个消费者群就是一个细分市场,或称一个子市场,每一个细分市场都具有需求倾向相似的消费者构成的群体。市场细分概念是美国市场学家温德尔·史密斯(Wendell R. Smith)于1956年提出来的。

准确掌握市场细分的含义要明确注意:市场细分并不是通过产品分类来细分市场,而是指企业根据顾客对同类产品需求所表现出的差异性,将所有顾客划分成若干个群体,因此,市场细分的实质是将顾客进行分类。营销学家认为,市场包含着无数的购买者,不同的购买者的需求和欲望千差万别。他们的购买着眼点各不相同,这就是消费需求的"异质性"理论,它是市场细分的基础和依据。按商品类别,市场可分为同质市场和异质市场。所谓同质市场,就是顾客对商品的要求或对营销刺激的反应具有一定的共同性的市场,比如食盐、食油、钢材等市场,所有的顾客对这些商品的需求特征基本相同。但实际上只有很少一部分商品市场属于同质市场。在大部分商品市场上,由于顾客所处的地理环境、社会环境，所接受的教育和自身的心理素质、购买动机等不同，他们对产品的价格、质量、款式、服务等方面的要求也不尽相同，存在着需求的差异性。这类商品市场就叫异质市场。但是，在异质市场上也总有一些顾客由于同处一个地理环境，或接受了同样的教育，或具有相似的心理素质，因而他们对产品各方面的要求大致相似，这样的一些顾客就构成了一个细分市场。也就是说，各细分市场内部顾客的需求具有相似性，而各细分市场之间顾客需求存在较大差异。

二、市场细分的作用

市场细分是企业开展市场营销的前提和基础，是市场营销全过程的首要环节。市场细分是企业市场营销的核心内容，并成为营销成败的关键性问题。它对于企业改善经营管理，更好地为顾客服务，具有重要现实意义和重要作用。

（一）有利于企业认识市场

市场由消费者组成，而每一个消费者都是集多种特征于一身；每一种特征都可能与一部分的消费者相一致，而与另一部分的消费者不一致。消费者的不同特征和不同需求纵横交错，市场因此极其复杂。若不进行深入分析，那么要深刻认清如此混沌的市场整体是不可能的。市场细分为我们提供了极好的分析工具，通过按不同标准把复杂的市场细分开来，再拼起来，既清晰地认识了每一个部分，又了解了各部分之间的联系。企业只有在市场细分的基础上，才能对市场整体有既清晰又全面的把握。企业可以详细分析每一个细分市场层面的需求及其满足情况，寻找适当的市场机会。

[线上学习：体验营销——市场细分与顾客价值]

（二）有利于企业发掘新市场，选择新的目标市场

企业通过市场调查与研究，根据市场的竞争状况，分析各细分市场消费需求的满足程度，从而发现那些尚未得到满足或满足不够的需求，这往往是企业成功的良机，如果企业能够抓住这个机会，并制定相应的营销策略，就能在竞争中处于有利地位。某些时候，一次独到的市场细分就能为企业创造一个崭新的市场。

（三）有利于企业制定有效的营销策略

通过市场细分，企业能够深入了解顾客需要，结合企业的优势和市场竞争情况，进行分析比较，从细分市场中选择确定企业的目标市场。企业的经营服务对象已定，就能有的放矢，有针对性地制定有效的市场营销组合策略，提高企业经营管理水平，增强市场竞争力。

（四）有利于中小企业竞存共进

在现代社会，每个国家都存在大量的中小型企业，这些企业的资金和经营能力很有限，往往在整体市场上缺乏竞争力，但是这些为数众多的中小企业在激烈的竞争中不但没有被吞并，而且以它们的生存和发展极大地促进了社会经济的发展。原因就在于它们具有灵活转向的特点，可以在营销过程中不断发现市场空隙，拾遗补缺。而市场空隙的发现就有赖于在市场细分基础上发掘那些特定顾客来满足其需求，推出相应的产品和服务。

（五）有利于发挥本企业的优势，提高企业竞争能力和应变能力

在每个细分市场上，竞争者的优势与弱点能明显地暴露出来，企业只要看准时机，针对竞争对手的弱点，利用本企业的资源优势，推出更适合消费者需要的产品，就能用较少的资源把竞争对手的原有顾客和潜在顾客转变为本企业产品的购买者。

（六）有利于企业发掘隐性的市场营销机会，及时调整营销策略

市场需求是瞬息万变的，在整体市场中各个细分市场的变化又是不同的，通过市场细分，企业就能较好地掌握每个细分市场的变化特点，及时调整市场营销策略，使企业有较强的应变能力。

三、市场细分的标准

（一）消费者市场细分标准

消费者市场细分可以按照地理环境因素、人口因素、心理因素、行为因素等进行细分。

1. 按地理位置细分

处于不同地理环境下的消费者，由于气候、生活习惯、经济水平等不同，对同一类产品往往会有不同的需求和偏好，以至于其对企业的产品、价格、销售渠道及广告等营销措施的反应也常常存在差别。

（1）消费者居住的地区

比如我国的茶叶市场，南方消费者喜欢红茶和绿茶，华北、华东地区消费者喜欢花茶，而少数民族地区的消费者喜欢砖茶。再比如食品，不同地区的人有不同的口味，所谓"东甜南辣西酸北咸"；南方以米饭为主食，北方以面粉为主食。

（2）地形气候

地形可分为山区、平原、丘陵；气温可分为热带、温带、寒带；湿度可分为干旱地区、多雨地区。比如风扇市场，热带地区一室多扇，而寒带地区则可以常年不需要风扇。再比如洗衣机市场，多雨地区湿度大，消费者喜欢有脱水、烘干功能的洗衣机。

案例链接6-1

麦当劳根据地理要素细分市场

不管是在国内还是国外，人们都有各自不同的饮食习惯和文化背景。麦当劳在进行地理细分时，主要是分析各区域的差异。比如美国东西部的人喝的咖啡口味是不一样的。通过把市场细分为不同的地理单位进行经营活动，从而做到因地制宜。

每年，麦当劳都要花费大量的资金进行认真而严格的市场调研，研究各地的人群组合、文化习俗等，再书面整理出详细的细分报告，以使每个国家甚至每个地区都有一种适合当地生活方式的市场策略。

麦当劳刚进入中国市场时大量传播美国文化和生活理念，并以美国式产品牛肉汉堡来征服中国人。但中国人爱吃鸡，与其他洋快餐相比，鸡肉产品也更符合中国人的口味，更加容易被中国人所接受。针对这一情况，麦当劳改变了原来的策略，推出了鸡肉产品。在全世界从来只卖牛肉产品的麦当劳也开始卖鸡了。这一改变正是针对地理要素所做的，它加快了麦当劳在中国市场的发展步伐。

（资料来源：http://wmzh1114.blog.163.com/blog/static/69109886201031413253 86/）

---

2. 按人口因素细分

不同的年龄、性别、收入、职业、教育、宗教、种族或国籍的顾客，会有不同的价值观念、生活情趣、审美观念和消费方式，因而对同一类产品，必定会产生不同的消费需求。

（1）年龄

人们在不同的年龄阶段，由于生理、心理等因素的不同，对商品的需求和欲望有着很大的区别。比如玩具市场，因年龄的不同，应有启蒙、智力、科技、消遣、装饰等功能不同的玩具。

（2）性别

男性和女性在不少商品的使用上存在很大的区别。比如服装市场、化妆品市场，一般可以按照性别的不同，分为女性市场和男性市场。

（3）收入

收入水平不同的顾客，在购买时对商品的要求也不同，高收入的顾客，对产品比较注重"质"的需求，购物场所习惯到百货公司和专卖店；低收入的顾客，则侧重"量"的需求，通常喜欢到廉价的货仓商场、超市及普通商店。但若以收入作为细分标准，不应忽视低收入群由于"补偿"心理或自身水平有限，也会购买高质量、高价格的产品。

（4）文化程度和职业

不同文化程度的人，他们的价值观、信念、习惯等存在较大的差异；不同职业的特点，也会使人们有很多购买上的差异。比如工人、农民、教师、艺术家、干部、学生，对报纸、书刊的消费分别有明显的不同。

（5）家庭生命周期

一个家庭，按年龄、婚姻和子女状况，可划分为七个阶段（详见本书项目五任务一的相关内容）。在不同阶段，家庭购买力、家庭人员对商品的兴趣与偏好会有较大差别。

▶ **案例链接6-2**

麦当劳根据人口要素细分市场

通常人口细分市场主要根据年龄、性别、家庭人口、生命周期、收入、职业、教育、宗教、种族、国籍等相关变量，把市场分割成若干整体。而麦当劳对人口要素细分主要是从年龄及生命周期阶段对人口市场进行细分，其中，将不到开车年龄的划定为少年市场，将20~40岁之间的年轻人界定为青年市场，还划定了中老年市场。

人口市场划定以后，要分析不同市场的特征与定位。例如，麦当劳以孩子为中心，把孩子作为主要消费者，十分注重培养他们的消费忠诚度。在餐厅用餐的小朋友，经常会意外获得印有麦当劳标志的气球、折纸等小礼物。在中国，还有麦当劳叔叔俱乐部，参加者为3~12岁的小朋友，定期开展活动，让小朋友更加喜爱麦当劳。这便是相当成功的人口细分，抓住了人口细分市场的特征与定位。

3. 按心理因素细分

以上地理因素、人口因素相同或相近的消费者，对同一产品的爱好和态度仍然会截然不同，这主要是受心理因素的影响。

（1）生活方式

生活方式是人们生活的格局和格调，表现在人们对活动、兴趣和思想的见解上，人们形成的生活方式不同，消费倾向也不一样。比如深圳的高级白领就很少去深圳东门一带购物，这就和他们的生活格调相关；妇女服装可根据消费者的不同生活方式，分别设计出朴素型、时髦型、新潮型、保守型、有男子气型。

（2）购买动机

是指消费者购买行为的直接原因。有些人为实用而购买，有些人为价格便宜而购买，有些人为追赶时髦而购买。

（3）性格

可分为内向与外向；追求独特与愿意依赖；乐观与悲观。不同性格的消费者对产品的要求不同。如对产品的色彩，内向的人比较喜欢冷色调，外向的人却喜欢暖色调；对产品的款式，追求独特的人喜欢标新立异，保守依赖的人却爱跟随众人。

▶ **案例链接6-3**

麦当劳根据心理要素细分市场

根据人们生活方式划分，快餐业通常有两个潜在的细分市场：方便型和休闲型。在这两个方面，麦当劳都做得很好。

例如，针对方便型市场，麦当劳提出"59秒快速服务"，即从顾客开始点餐到拿着食品离开柜台标准时间为59秒，不得超过1分钟。

针对休闲型市场，麦当劳对餐厅店堂布置非常讲究，尽量做到让顾客用餐觉得舒适自由。麦当劳努力使顾客把麦当劳作为一个具有独特文化的休闲好去处，以吸引休闲型市场的消费者群体。

4. 按行为因素细分

行为因素是按照消费者购买过程中对产品的认知、态度、使用来进行细分。

(1) 购买时机

按消费者对产品的需要、购买、使用的时机、认知等作为市场细分的标准。比如，旅行社可在每年的几个长假为公众提供专门的旅游线路和品种，为中小学生每年的寒暑假提供专门的旅游服务。公共汽车公司根据上下班高峰期和非高峰期这一标准，把乘客市场一分为二，分别采取不同的营销策略。比如在上下班高峰期加派客车、非高峰期减少客车，以降低成本，提高效益。

(2) 追求利益

根据消费者购买产品所追求的不同利益来细分市场。比如钟表市场，购买手表的消费者追求的利益大致可以分为三类：一是追求价格低廉；二是侧重耐用性和产品的质量；三是注重产品品牌的声望。因此，生产钟表的企业，如果用追求的利益来细分市场，就必须了解消费者在购买某种产品时所追求的主要利益是什么；了解追求某种利益的消费者主要是哪些人；还要了解市场上满足这种利益的有哪些品牌；消费者的哪种利益还没有得到满足，然后确定自己的产品应突出那种特性。最大限度地吸引某个消费者群体。美国学者 Haley 曾运用消费者追求利益对牙膏市场进行细分而获得成功。他把牙膏需求者寻求的利益分为经济实惠、防治牙病、洁齿美容、口味清爽等四种，从而有针对性地满足消费者的需求，获得了成功。

(3) 使用情况

许多产品可以按照消费者对产品的使用情况进行分类。使用情况可以分为：从未使用过、曾经使用过、准备使用、初次使用、经常使用五种类型。对于不同的使用者情况，企业所使用的策略是不相同的。一般而言，资力雄厚、市场占有率高的企业，特别注重吸引潜在购买者，通过他们的营销策略，把潜在使用者变为实际使用者。一些中、小型的企业，主要是吸引现有的使用者，提高他们对产品的使用率及对品牌的信赖和忠诚；或让使用者从竞争对手的品牌转向本企业的品牌。

 知识拓展

表 6-1 市场细分标准

细分变数	举 例
1. 地理变数	
气候区别	热带、温带、寒带
地形区别	山区、平原
国家区别	发达国家、发展中国家
城乡状况区别	大城市、中小城市、乡镇、农村
2. 人口变数	
年龄	老年、中年、青年、少年、儿童、婴幼儿
性别	男性、女性
职业	工人、农民、公务员、教师等
收入	高收入、中等收入、低收入
受教育程度	大学及以上、大专、中专、高中、初中、小学
家庭规模	5 人及以上、4 人、3 人、2 人、1 人
家庭生命周期	单身、成家、满巢、空巢
民族	汉族、回族、蒙古族、壮族等
宗教	佛教、伊斯兰教、基督教等
3. 心理变数	
性格	外向型、内向型、理智型、冲动型、冒险型、守旧型
生活方式	奢侈、豪华、实用、节俭
购买动机	求实、求安、求新、求美、怀旧、慕名、从众
4. 行为变数	
使用动机	日常购买、应急购买、冲动购买、慎重购买
消费利益	主要利益、次要利益
使用者状况	非使用者、曾使用者、潜在使用者、初次使用者、经常使用者
使用程度	大量使用、中量使用、少量使用

(二) 生产者市场细分标准

生产者市场的细分标准，有一些与消费者市场的细分标准相同，比如追求利益、使用者情况、地理因素等；但还有一些不同的标准。

[线上学习：基于市场细分的卷烟营销战略研究（上）：卷烟市场细分之操作论]

1. 最终用户

不同的最终用户对同一产品的市场营销组合往往有不同的要求。产品的最终用户不同也是生产者市场细分的标准之一。工业品用户购买产品，一般都是供再加工之用，对所购产品通常都有特定的要求。比如，同是钢材用户，有的需要圆钢，有的需要带钢；有的需要普通钢材，有的需要硅钢、钨钢或其他特种钢。企业此时可根据用户要求，将要求大体相同的用户集合成群，并分别据此设计出不同的营销策略组合。

2. 用户规模

很多企业也根据用户规模的大小来细分市场。在生产者市场中，有的用户购买量很大，而另外一些用户购买量很小。以钢材市场为例，像建筑公司、造船公司、汽车制造公司对钢材需求量很大，动辄以数万吨计购买，而一些小的机械加工企业，一年的购买量也不过几吨或几十吨。企业应当根据用户规模的大小来细分市场，并根据用户或客户的规模不同，企业的营销组合方案也应有所不同。比如，对于大客户，宜于直接联系、直接供应，在价格、信用等方面给予更多优惠；而对众多的小客户，则宜于使产品进入商业渠道，由批发商或零售商去组织供应。

3. 用户的地理位置

用户的地理位置对于企业的营销工作，特别是产品的上门推销、运输、仓储等活动，有非常大的影响。按照消费者所处的地理位置、自然环境来细分市场，比如，根据国家、地区、城市规模、气候、人口密度、地形地貌等方面的差异，将整体市场划分为不同的小市场。地理变量之所以作为市场细分的依据，是因为处在不同地理环境下的消费者对于同一类产品往往有不同的需求与偏好，他们对企业采取的营销策略与措施会有不同的反应。比如，在我国南方沿海一些省份，某些海产品被视为上等佳肴，而在内地，许多消费者则觉得味道平常。又如，由于居住环境的差异，城市居民与农村消费者在室内装饰用品的需求上大相径庭。

地理变量易于识别，是细分市场应予考虑的重要因素，但处于同一地理位置的消费者需求仍会有很大差异。比如，在我国的一些大城市，比如北京、上海，其流动人口逾百万，这些流动人口本身就构成一个很大的市场，很显然，这一市场有许多不同于常住人口市场的需求特点。所以，简单地以某一地理特征区分市场，不一定能真实地反映消费者的需求共性或差异，企业在选择目标市场时，还需结合其他细分变量予以综合考虑。

 知识拓展

市场细分时需考虑的因素

1. 动态性

细分的标准和变量不是固定不变的，如收入水平、城市大小、交通条件、年龄等，都会随着时间的推移而变化。因此，应树立动态观念，适时进行调整。

2. 适用性

市场细分的因素有很多，各企业的实际情况又各异，不同的企业在细分市场时采用的细分变量和标准不一定相同，究竟选择哪种变量，应视具体情况加以确定，切忌生搬硬套和盲目模仿。

3. 组合性

要注意细分变量的综合运用。在实际营销活动中，一个理想的目标市场是有层次或交错地运用上述各种因素的组合来确定的。如某化妆品的经营者将18～45岁的城市中青年妇女确定为目标市场，就运用了四个变量：年龄、地理区域、性别、收入（职业妇女）。

四、市场细分的程序

市场细分是企业决定目标市场和设计市场营销组合的重要前提。参照美国学者伊·杰·麦卡锡（E. Jerome Mccarthy）的市场细分程序，可分为7个步骤。

（一）依据需求选定产品市场范围

每一个企业都有自己的任务和追求的目标，并将之作为制定发展战略的依据。它一旦决定进入哪一个行业，接着便要考虑选定可能的产品市场范围。产品市场范围应以市场的需求而不是产品特性来定。比如一家住宅出租公司，打算在乡间建造一幢简朴的小公寓。从产品特性如房间大小、简朴程度等出发，它可能认为这幢小公寓是以低收入家庭为对象的，但从市场需求的角度来分析，便可看到许多并非低收入的家庭，也是潜在顾客。举例来说，有的人收入并不低，在市区已有宽敞舒适的居室，但又希望在宁静的乡间再有一套房间，作为周末生活的去处，所以公司要把这幢普通的小公寓，看作是整个住宅出租业的一部分，而不应将其孤立地看成只是提供低收入家庭居住的房子。

（二）列举潜在消费者的基本需求

选定产品市场范围以后，公司的市场营销专家们可以通过"头脑风暴法"，从地理变数、行为和心理变数几个方面，大致估算一下潜在的消费者有哪些需求，这一步能掌握的情况有可能不那么全面，但为以后的深入分析提供了基本资料。比如，上述这家住宅出租公司可能会发现，人们希望小公寓住房满足的基本需求，包括遮蔽风雨、停放车辆、安全、经济、设计良好、方便工作、学习与生活，不受外来干扰，足够的起居空间，满意的内部装修、公寓管理和维护，等等。

（三）分析潜在消费者的不同需求

公司再依据人口变数做抽样调查，向不同的潜在消费者了解上述需求哪些对他们更为重要。比如，在校外租房住宿的大学生，可能认为最重要的需求是遮风蔽雨、停放车辆、经济、方便上课和学习等；新婚夫妇的希望是遮蔽风雨、停放车辆、不受外来干扰、满意的公寓管理等；较大的家庭则要求遮蔽风雨、停放车辆、经济、足够的儿童活动空间等。这一步至少应进行到有三个分市场出现。

（四）移去潜在消费者的共同需求

现在公司需要移去各分市场或各消费者群的共同需求。这些共同需求固然很重要，但只能作为设计市场营销组合时的参考，不能作为市场细分的基础。比如说，遮蔽风雨、停放车辆和安全等项，几乎是每一个潜在消费者都希望的。公司可以把它用作产品决策的重要依据，但在细分市场时则要移去。

（五）为分市场暂时取名

公司要对各地市场不同的需求做进一步分析，并结合各分市场的消费者特点，暂时安排一个名称。

（六）进一步认识各分市场的特点

现在，公司还要对每一个分市场的消费者需求及其行为，做更深入的考察。看看各分市场的特点掌握了哪些，还要了解哪些。以便进一步明确，各分市场有没有必要再做细分，或重新合并。比如，经过这一步骤，可以看出，新婚者与老年人的需求差异很大，应当作为两个分市场。同样的公寓设计，也许能同时迎合这两类消费者的需求，但对他们的广告宣传和人员销售的方式都可能不同。企业要善于发现这些差异。要是他们原来被归属于同一个分市场，现在就要把他们区分开来。

（七）测量各分市场的大小

以上步骤基本决定了各分市场的类型。公司紧接着应把每个分市场同人口变数结合起来分析，以测量各分市场潜在消费者的数量。因为企业进行市场细分，是为了寻找获利的机会，这又取决于各分市场的销售潜力。不引入人口变数是危险的，有的分市场或许根本就不存在消费者。

案例链接 6-4

手机厂商的性价比之争：渠道和细分人群夺位赛

如果说，高端机型是手机厂商间关于前沿技术的研发之争，旗舰机型是厂商对主流技术、配置和市场判断的综合之争，那么在性价比市场，暗含的则是厂商关于生态体系的把控之战，这或许才是竞争最激烈的所在。

2018年年初，强于线下的vivo推出首款主要面向线上的Z系列新品，下半年，同出一脉的OPPO也随后推出主打线上的K系列。在此之前，OPPO旗下的A系列和vivo旗下的Y系列已经在市场有所探索。在今年，vivo还陆续推出U系列和面向自拍市场的S系列新品。

这都是价格区间在1 000～2 000元的市场，也是分析机构认为是当前增长最快的市场。而在这些头部厂商之外，一些小而美品牌也对此价格区间发起进攻。

新一轮细分市场争夺战正悄然打响。

在2018年下半年推出首款K系列新品之后，OPPO进行了快速迭代。

近日，OPPO宣布新推出主打线上的K系列新品OPPO K3。配备今年OPPO普遍采用的升降式摄像头，最高达到8+256GB内存。价格区间分为1 599～1 899～2 299元三档。搭载高通骁龙710处理器和屏下光学指纹识别芯片。

从当前的产品系列来看，OPPO旗下除了代表前沿技术的Find X和旗舰机型Reno之外，还有主打线上市场的K系列和着重传统线下优势的A系列。A和K这二个系列都主打性价比定位，但又分别在具体产品侧重方向上有所差异。

比如不同于相对低调的A系列，K系列发布会上，OPPO还借势《高达》面市40周年，推出联名款移动电源；此外，虽然官方并未将K3定位为游戏手机，但也将打游戏时的团战调度、跟手度等维度进行了优化。

这背后有其必然逻辑。有分析人士指出，1 500～2 000元价格段市场空间仍在不断增长，明确在这一领域的卡位尤为重要。

巧合的是，就在此后一天，vivo主打线上的Z系列也推出了新一代产品。之所以将这一系列命名为"Z"，是在于公司方面认为，以95后为代表的年轻人是互联网原住民，习惯网络购物，是社会消费主力。其价格同样定在1 398～1 998元之间。

vivo尤其在今年，还相继推出了聚焦"自拍体验"的S系列、主打大容量电池的千元机U系列，此前在1 500元的中端市场，vivo也有Y系列压阵。

近期宣布从海外市场包抄回归国内的realme，表现也异曲同工。其新推出的realme X同样主打1 500～1 800元价格区间，并搭载升降摄像头和最高8+128GB内存组合。

对于如此激烈的竞争环境，Canalys分析师贾沫向《21世纪经济报道》记者分析道，头部品牌都在让自己旗下的产品线更加多元化，华为很早就这么做了，所以目前市场占有率很高；OV和小米也在跟进，意味着头部厂商在调整自己的战略。他指出，目前厂商机海战术的策略表现越来越明显，即使是定价接近的两个系列，也会在渠道、覆盖用户群等方面进行差异化的配置考虑。

"这意味着要考虑全市场、全渠道的用户群覆盖。但挑战也存在，比如vivo目前已经推出5～6个系列，但如果想要带来的成果要大于此前3个系列的量，那么用户是否得到充分教育，明确哪些系列是针对哪些人群，还要确保各个子系列之间不会互相伤害出货量，这一点同样值得关注。"贾沫如此说道。

（资料来源：《21世纪经济报道》、21世纪财经APP）

任务二 选择目标市场

所谓目标市场，就是企业在市场细分的基础上，经过评估和筛选所选定的，并将以相应的产品或服务满足其需求的某一个或多个消费者群体。企业一切营销活动都是围绕目标市场进行的。选择和确定目标市场，明确企业具体服务对象，是企业制定营销策略的首要内容和基本出发点。

一、目标市场的评估

企业在市场细分的基础上，根据市场潜量、竞争对手状况、企业自身特点所选定和进入的市场。

进行市场细分以后，并不是每一个细分市场都值得进入的，企业必须对其进行评估。企业选择目标市场，应注意考虑以下三个问题。

（一）细分市场的潜量

细分市场潜量是在一定时期内，在消费者愿意支付的价格水平下，经过相应的市场营销努力，产品在该细分市场可能达到的销售规模。

对细分市场潜量分析的评估十分重要。如果市场狭小，没有发掘潜力，企业进入后没有发展前途。当然，这一潜量不仅指现实的消费需求，也包括潜在需求。从长远利益看，消费者的潜在需求对企业更具吸引力。细分市场只有存在着尚未满足的需求，才需要企业提供产品，企业也才能有利可图。

（二）细分市场的竞争状况

企业要进入某个细分市场，必须考虑能否通过产品开发等营销组合，在市场上站稳脚跟或居于优势地位。所以，企业应尽量选择那些竞争者较少、竞争者实力较弱的细分市场作为自己的目标市场。那些竞争十分激烈、竞争对手实力十分雄厚的市场，企业一旦进入后就要付出昂贵的代价。当然，对于竞争者已经完全控制的市场，如果企业有条件超过竞争对手，也可设法挤进这一市场。

（三）细分市场具有的特征是否与企业优势相吻合

企业所选择的目标市场应该是企业力所能及的和能充分发挥自身优势的市场。企业能力表现在技术水平、资金实力、经营规模、地理位置、管理能力等方面。所谓优势是指上述各方面能力较竞争者略胜一筹。如果企业进入的是自身不能发挥优势的细分市场，那就无法在该市场上站稳脚跟。

[线上学习：基于市场细分的卷烟营销战略研究（下）：卷烟营销战略的选择之案例篇]

二、目标市场选择策略

企业在决定目标市场的选择和经营时，可根据具体条件考虑三种不同策略。

（一）无差异市场策略

无差异市场营销策略，是把整个市场作为一个目标市场，着眼于消费需求的共同性，推出单一产品和单一营销手段加以满足。

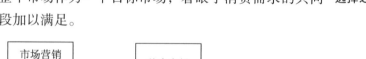

图 6-1 无差异市场营销策略

无差异营销策略的优点是可以降低成本。这是因为：① 由于产品单一，企业可实行机械化、自动化、标准化大量生产，从而降低产品成本，提高产品质量；② 无差异的广告宣传，单一的销售程序，降低了销售费用；③ 节省了市场细分所需的调研费用、多种产品开发设计费用，使企业能以物美价廉的产品满足消费者需要。

无差异营销策略也有其不足：① 不能满足不同消费者的需求和爱好。用一种产品、一种市场营销策略去吸引和满足所有顾客几乎是不可能的,即使一时被承认,也不会被长期接受。②容易受到竞争对手的冲击。当企业采取无差异营销策略时,竞争对手会从这一整体市场的细微差别入手,参与竞争,争夺市场份额。

案例链接 6-5

可口可乐是世界上最畅销的软饮料之一,自 1886 年问世以来,一直奉行无差异市场策略。

百事可乐公司的创建比可口可乐公司晚 12 年,为了争夺市场份额,百事可乐公司展开了激烈的挑战。除了强调便宜、争取年轻人外,还执行了差异化战略,即推出七喜汽水,争取"非可乐"细分市场,开展一场"无咖啡因"广告运动,对可口可乐造成巨大冲击。可口可乐在此打击下,不得不放弃无差异市场策略,也推出雪碧、芬达、雪菲力等各种风格和口味的饮料,以满足不同市场的需要。

(资料来源:http://www.doc88.com/p-997310990194.html.)

(二)差异性市场策略

差异性市场策略是充分肯定消费者需求的异质性,在市场细分的基础上选择若干个细分子市场为目标市场,分别设计不同的营销策略组合方案,满足不同细分子市场的需求。

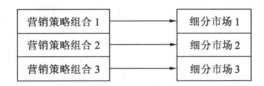

图 6-2 差异性市场营销策略

差异性市场策略是目前企业普遍采用的策略,这是科技发展和消费需求多样化的结果,也是企业之间竞争的结果。不少企业实行多品种、多规格、多款式、多价格、多种分销渠道、多种广告形式等多种营销组合,满足不同细分市场的需求。

对于企业来讲,营销的目的在于销售,而营销的过程却是个极其关键的步骤,然而面对激烈的市场竞争,如何将所要销售的产品或服务的卖点做到极致就成为其营销策略的一部分。

其一,在原料方面差异化。

依云矿泉水是世界上最昂贵的矿泉水,据说每一滴依云矿泉水都来自阿尔卑斯山头的千年积雪,然后经过 15 年缓慢渗透,由天然过滤和冰川砂层的矿化而最终形成。大自然赋予的绝世脱俗的尊贵,加之成功治愈患病侯爵的传奇故事,依云水成为纯净、生命和典雅的象征,公司以 10 倍于普通瓶装水的奢侈价格来销售。

哈根达斯宣传自己的冰激凌原料取自世界各地的顶级产品,比如,来自马达加斯加的香草代表着无尽的思念和爱慕,比利时纯正香浓的巧克力象征热恋中的甜蜜和力量,波兰的红色草莓代表着嫉妒与考验,来自巴西的咖啡则是幽默与宠爱的化身,而且这些都是 100% 的天然原料。"爱我,就请我吃哈根达斯。"自 1996 年进入中国后,哈根达斯的这句经典广告语席卷各大城市。一时之间,哈根达斯成了城市小资们的时尚食品。而看看哈根达斯的定价,就该让工薪阶层咋舌了,最便宜的一小桶也要 30 多元,贵一点的冰激凌蛋糕要 400 多元。

[线上学习:产品宣传片摄制如何找准市场"切入点"]

国内企业方面,养生堂买断了浙江千岛湖 20 年的独家开发权之后,发动了针对纯净水的舆论战。广告词"农夫山泉有点甜"带有明显的心理暗示意味,为什么甜?因为是天然矿泉水,因为含有多种微量元素,所以在味道上不同于其他水。又如蒙牛、伊利很多广告将来自大草原的优质奶源作为卖点。

其二,在设计方面差异化。

苹果公司的产品一向以设计见长,随着 iMac 台式电脑、iPod 音乐播放器、iPhone 手机、iPad

上网本，一个个让人耳目一新的产品冲击着用户的心理防线，将苹果品牌变身为时尚与品位的先锋。

Swatch 手表创新性地定位于时装表，以充满青春活力的城市年轻人为目标市场。以"你的第二块手表"为广告诉求，强调它可以作为配饰，搭配不同服装，可以不断换新，而在潮流变迁中永不过时。Swatch 的设计非常讲究创意，以新奇、有趣、时尚、前卫的一贯风格，赢得"潮流先锋"的美誉。而且不断推出新款，并为每一款手表赋予别出心裁的名字，5 个月后就停产。这样，其个性化的色彩更浓，市场反应更加热烈，甚至有博物馆开始收藏，有拍卖行对某些短缺版进行拍卖。

其三，在制作工艺方面差异化。

真功夫快餐挖掘传统烹饪的精髓，利用高科技手段研制出"电脑程控蒸汽柜"，自此决定将"蒸"的烹饪方法发扬光大。为了形成与美式快餐完全不同的品牌定位，真功夫打出了"坚决不做油炸食品"的大旗，一举击中洋快餐的"烤、炸"等工艺对健康不利的软肋。

在环境危机日益加重、人们健康意识不断提升的情况下，乐百氏纯净水"27 层净化"的传播口号，能给焦虑的人们带来稍许安全感。

其四，在渠道方面差异化。

戴尔电脑的网络直销消除了中间商，减少了传统分销花费的成本和时间，库存周转与市场反应速度大幅提高，而且能够最清晰地了解客户需求，并以富有竞争性的价位，定制并提供具有丰富选择性的电脑相关产品。想订购的顾客直接在网上查询信息，5 分钟之后收到订单确认，不超过 36 小时，电脑从生产线装上载货卡车，通过快递网络送往顾客指定的地点。由于互联网技术的日益普及，利用网络渠道营销的企业越来越多，比如携程旅行、京东和淘宝等。

安利和雅芳的人员直销，与走大卖场、专柜路线的化妆品和保健品形成了差异化。当然这种差异化是否对顾客创造了额外的价值，则仁者见仁，智者见智。

其五，在功能方面差异化。

顾客选购商品是希望具有所期望的某种功效，如洗发水中飘柔的承诺是"柔顺"，海飞丝是"去头屑"，潘婷是"健康亮泽"，舒肤佳强调"有效去除细菌"，沃尔沃汽车定位于"安全"等，就是基于这一策略，只要在顾客需求的某方面占据顾客心中的第一位置，就有机会在竞争中胜出。

王老吉原本是区域性的中药凉茶，在香港加多宝的运作之下，淡化其成分，凸显其功能，从而创造出一个新品类——预防上火的饮料！"上火"是人们可以真实感知的一种亚健康状态，"降火"的市场需求日益庞大。而凉茶的"预防上火"和"降火"功效，是其他饮料不具备的核心优势，因此重新定位之后的王老吉畅销全国。

养生堂的"朵尔"是专门针对女性细分市场，紧扣女性对美丽的渴望，在概念营造上棋高一招，提出"由内而外地美丽"。言外之意就是别人都在做表面功夫，而"朵尔"可以内外兼修，立即就会打动顾客的心。还有比如红牛的补充能量定位，脑白金的礼品定位，等等，都是直接从用途上与竞争对手差异化。

其六，在服务方面差异化。

迪士尼公司认为首先应该让自己的员工心情舒畅，然后他们才能为顾客提供优质服务；首先让自己的员工们快乐，然后他们才能将快乐感染给所接待的顾客。别忘了人们来到迪士尼就是为了寻找欢乐，如果迪士尼提供的服务不能令人们满意，扫兴而归，那么还会有什么人再来迪士尼呢？因此公司注重培训员工，提升员工福利，重视构建团队及伙伴关系，以此提高服务水准。

海底捞火锅连锁店为劳动密集型企业尊重和激励员工做出了表率，其管理层认为，客人的需求五花八门，仅仅用流程和制度培训出来的服务员最多只能及格。因此提升服务水准的关键不是培训，而是创造让员工愿意留下的工作环境。和谐友爱的企业文化让员工有了归属感，从而变被动工作为主动工作，变"要我干"为"我要干"，让每个顾客从进门到离开都能够真切体会到其"五星"级的细节服务。这些付出也为海底捞带来丰厚的回报，旗下 30 多家连锁店，一直稳稳占据着所在城市"服务最佳"的榜首位置。

其七，形象方面差异化。

形象因素与设计和制作工艺有一定的联系，但也可以独立出现。万宝路让同质化的香烟与众不同，其秘诀就在于为品牌注入了豪迈阳刚的牛仔形象。赋予品牌某种精神和形象，可以满足顾客的某些精神需求，这种精神沟通以实体商品为基点，又脱离于商品实体之外，为顾客创造了附加的心理价值，可以建立与顾客之间更加牢固、更加密切的情感联系。

哈雷·戴维森摩托在两次世界大战中成为美国军用摩托，所以成为退伍老兵的最爱，那张扬的外形、轰鸣的声音代表了一种激情、冒险、挑战传统的精神，最终这种品牌主张向社会扩散，许多年轻人也借哈雷来表达自己自由、梦想、激情、爱国等种种情感。而哈雷摩托车的售价大多超过两万美元，贵过普通的轿车，虽然如此，但成千上万的哈雷迷们依旧是无怨无悔。

差异性市场策略的优点是：① 由于企业面对多个细分市场，某一细分市场发生剧变，也不会使企业全盘陷入困境，大大减少了经营风险。② 由于能较好地满足不同消费者的需求，争取到更多的顾客，从而扩大销售量，获得更大的利润。③ 企业可以通过多种营销组合来增强企业的竞争力，有时还会因在某个细分市场上取得优势、树立品牌形象而带动其他子市场的发展，造成连带优势。

差异性市场策略的不足之处在于，由于目标市场多，产品经营品种多，因而渠道开拓、促销费用、生产研制等成本高。同时，经营管理难度较大，要求企业有较强的实力和素质较高的经营管理人员。

案例链接6-6

差异化策略：让您的产品快速脱颖而出的秘诀！

有两个独特的企业，它们的产品价格高得离谱，却让很多客户心甘情愿地购买，乐此不疲地购买。

第一个企业是：哈根达斯。

"爱她，就带她去吃哈根达斯"，以爱情为营销密码的冰激凌，以其高价格、高定位、高品位取胜于市场，被称为冰激凌中的劳斯莱斯。哈根达斯的一份85克的冰激凌球价格高达34元，冰激凌套餐在80元以上，一般人均消费60~70元。恋爱中的男女，买不起高昂的礼物，但一定会去体验一次哈根达斯，这是一种最直接的表达爱的方式，也是体验浪漫爱情的心灵旅程。

一句有魔力的广告语，配合独特的定位，实现了比同行多出30倍的利润。

第二个企业是：ROSEONLY。

近几年兴起的玫瑰花专卖的网络平台ROSEONLY，在ROSEONLY这个平台上，客户一生只能赠送玫瑰花给一个女生，以此表达坚贞不渝的爱情。很多女生都期待收到男朋友通过ROSEONLY平台送来的花，其中不乏一些明星。玫瑰花有多奇特？花七八十块钱，你随处都能买到12朵。然而，ROSEONLY这家公司卖的12朵玫瑰花你却要花999块钱才能买到，不仅消费者趋之若鹜，这个买卖也成了城市话题。

是什么原因这让两家企业能够在市场中轻松地获得高额利润，轻松规避竞争对手，轻松占领客户消费心智？

答案是：差异化的市场竞争策略。

跳出产品竞争，我们可以看到，哈根达斯卖的不是冰激凌，卖的是爱情密码；ROSEONLY卖的不是玫瑰花，卖的是坚贞不渝的爱情。如果你还在想从产品这一层面与竞争对手PK，那么很有可能就是价格战，或品牌宣传广告战，最终资本雄厚的一方将获胜。卖产品只是三流的企业，你要跳出这个初级的竞争。客户买的不仅仅是产品，更重要的是使用产品背后的归属感、愉悦感、身份象征，或者是产品所代表的独特理念、内涵价值。

有形的产品竞争是用金钱来决定胜负的，无形的理念竞争是以差异化策略来开辟新市场的。

用"差异化"重新定义市场

RoseOnly重新定义了玫瑰花市场，这个市场叫"专爱表达解决方案市场"。她不再是玫瑰花供应商，玫瑰花供应商也不再是她的竞争对手。这玫瑰是有些特别：花来自厄瓜多尔；新鲜达到可食用级别；花瓣比普通玫瑰更舒展，花期长达一周。这是有些特别，但还没有特别到足以把价格一步登天地抬高到999块的地步。关键因素藏在这句购前必读："我们的玫瑰一生只能送给一人，落笔为证，不能更改。如发现你的订单商品送给不同的人，我们将不予发货。"她就是ROSEONLY，拥有独特的价值观，帮助人们"在这个滥情的时代矫情地表达专情"。他们不仅重构了客户的需求，而且提供截然不同的解决方案。如果你的客户的需求和解决方案都已截然不同，传统的竞争对手就已经被消灭了，他们无法与你竞争。

如何玩转"差异化市场策略"？

在这个竞争激烈的商业环境里，你需要运用差异化策略重新定义市场，重写市场游戏规则。

以下是三条关于差异化市场策略的重要原则。

原则一：跳出产品竞争，从产品战场转移到客户心智战场。

原则二：细分独特市场，重构客户内心需求并提出独特购买观点。

原则三：提供独特的解决方案，在客户心中形成强烈的品牌印象。

差异化之"细"

在使用差异化市场策略时，你必须深入体会到"细"这个字的奇妙用处！你必须细分市场，细到在某一个领域你拥有足够的话语权与主导权。也就是说，你要选择某一个细分市场，在这个市场里你是老大。

细分客户

细分客户是一种选择差异化市场的策略。在2018年淘宝上，"大码男装"变得十分热销，从这里我们可以看出，一些品牌男装，细分选中了肥胖男士人群，给这一细分人群提供优雅、时尚的服装。通过细分客户，可以使客户在那里找到归属感与认同感。客户似乎找到了心中消费的家，这种归属感驱动他们长期消费，并相互介绍。在细分客户过程中，你可以以年龄、性别、职业、某些特征（比如肥胖），抑或某些属性（比如专注于做李宇春粉丝喜欢的美容产品。）

细分情感

ROSEONLY细分了玫瑰花的市场，选用的就是细分其中重要的情感，它用玫瑰花来表达永不改变的爱情。

细分情感可以使客户深刻体会到产品背后的文化内涵，并吸引一群客户追随这一内涵，这种文化内涵经过长期传播，甚至形成了一种价值观——客户愿意自主捍卫的价值观。宝马公司营销总监曾说：我们每年的营销工作主要在于让一批批年轻人把买宝马车当成奋斗的目标，把开上宝马车当成一种荣耀。细分情感可以从产品所代表的情感（比如爱情、道歉、孝顺等），或产品所代表的身份（比如荣耀、身份、特权等），通过这些方面来重新定义市场。

细分领域

细分领域是从竞争市场中分出一个小战场，在这个小战场里你拥有独特的优势。

有这样一个案例：一大学生创业团体是做家教服务的，周围所有家教中心，几乎都在经营各种各样的家教介绍，比如小学语数外3门课、初中6门课，高中9门课，还有艺术课。他们深入分析后，选取的细分领域是：专注于英语家教。做某一区域的英语家教第一品牌。此时竞争对手舍不得那些老业务的诱惑，依然坚持大而全的产品体系，而他们通过切割细分，坚持"单品突破"策略，快速在家长心中建立了品牌印象。所以，细分领域要求你要懂得舍弃，懂得利用自己的优势去专注在你最有优势的领域，或者你最想专注的领域。要想成为第一，你就不能负重太多！用起切割的武器，勇敢舍弃一些不必要的业务。

差异化之"第一"

差异化的目的就是找一个别人不敢与你竞争的位置。在这个位置上，客户认为你是第一！你可以成为第一个专注服务于某一类别的客户的商家，你也可以第一个提出某一情感标签的商家，你也可以第一个专注于某一领域的商家……你必须第一个提出，而且你必须第一个进入客户的心目中，客户在决定购买某个产品之前,他已经开始形成购买观念了。谁最早影响客户的购买观念,谁就能成为优先选择品牌。客户最开始在市场上寻找的并不是产品,而是帮助他们解决问题的观点和方案。

总结:
① 差异化市场策略就是颠覆传统思维,以客户为核心,重构客户内心需求,提出独特的消费观点,形成独特的利益市场。
② 独特的需求定位+独特的消费观点+独特的解决方案=独特的利益市场。
③ 你必须用起"细分、切割"这两个工具去寻找独特领域,以专注为宗旨,形成别人无法超越的竞争优势。

(资料来源:http://www.sohu.com/a/296841878_120021884. 有删改)

(三)集中性市场策略

集中性市场策略是企业集中设计生产一种或一类产品,采用一种营销组合,为一个细分市场服务。

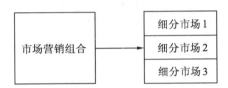

图 6-3 集中性市场营销策略

集中性市场策略与无差异性市场策略的区别是,后者追求整个市场为目标市场,前者则以整个市场中某个小市场为目标市场。这一策略不是在一个大市场中占有小份额,而是追求在一个小市场上占有大份额。其立足点是,与其在总体上占劣势,不如在小市场上占优势。

集中性市场策略优点很明显:① 由于市场集中,便于企业深入挖掘消费者的需求,能及时得到反馈意见,使企业能制定正确的营销策略。② 生产专业化程度高,企业可有针对性地采取营销组合,节约成本和费用。③ 目标市场较小,可以使企业的特点和市场特征尽可能达成一致,从而有利于充分发挥企业自身的优势。④ 在细分市场上占据一定的优势后,可以集聚力量,与竞争者抗衡。⑤ 能有效地树立品牌形象,如老庙黄金、全聚德烤鸭、张小泉剪刀等品牌几乎家喻户晓。

表 6-2 三种营销策略对比

	追求利益	营销稳定性	营销成本	营销机会	竞争强度	管理难度
无差异策略	经济性	一般	低	易失去	强	低
差异性策略	销售额	好	高	易发展	弱	高
集中性策略	形象和小市场占有率	差	低	易失去	强	低

当然,集中性策略也有缺点:① 由于市场较小,空间有限,企业发展往往受到一定的限制。② 如果有强大对手进入,风险很大,很可能陷入困境,缺少回旋余地。

三、目标市场选择模式

企业在选择目标市场时,有以下5种模式可供参考。

(一)"产品—市场"集中化

该模式只生产一种产品,供应某一顾客群,以取得某一特征市场的优势。比如某纸张厂只选择一个细分市场,即专门生产供应给企事业单位的复印纸。这一策略通常被小企业采用。

(二)产品专业化

即以一类产品供应给不同的顾客群。比如造纸厂专业生产复印纸,它分别向企事业单位、出版社、中间商等供应复印纸。这一策略容易树立某一领域的声誉,但是如果该产品被市场淘汰,企业就会发生经营滑坡的危险。

(三) 市场专业化

市场专业化是企业专门为满足某个顾客群体提供各种产品。比如造纸厂专门为出版社提供复印纸、书写纸、牛皮纸等。如果企业专门为某个顾客群提供系列产品,就容易和这类顾客建立并保持良好的关系,获得良好的声誉。

(四) 选择专业化

企业选择若干细分市场,其中每一个市场在客观上都有吸引力,但各个细分市场之间很少有联系。

(五) 市场全面化

即企业用各种产品满足各种顾客群体的需要。具体策略可以通过无差异市场策略或差异性市场策略来实施,一般只有大企业才能采用这样的策略。

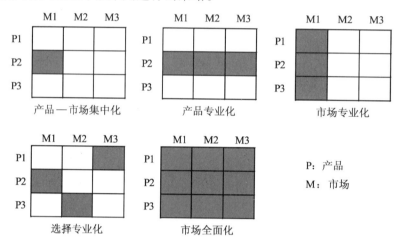

图6-4 目标市场选择模式类型图

四、影响目标市场选择的因素

无差异市场策略、差异性市场策略和集中性市场策略各有利弊,各自适合不同的情况,一般来说,在选择目标市场策略时要考虑以下因素。

(一) 企业资源

如果企业资源丰富,实力雄厚(包括生产经营规模、技术力量、资金状况等良好),具有大规模的单一流水线,拥有广泛的分销渠道,产品标准化程度高,内在质量好,品牌商誉高,就可以采用无差异市场策略。

如果企业具有相当的规模,技术设计能力强,管理素质较高,就可实施差异性市场策略。

反之,如果企业资源有限,实力较弱,难以开拓整个市场,则最好实行集中性营销策略。

(二) 产品特点

产品具有同质性,即消费者购买和使用时对此类产品特征感觉相似,其需求弹性较小,比如食盐、石油等,企业可采取无差异市场策略。产品具有异质性,消费者对这类产品特征感觉有较大的差异,比如服装、家具、化妆品等,其需求弹性较大,企业可采取差异性或集中性策略。

(三) 市场特征

如果消费者的需求和爱好相似,购买行为对市场营销刺激的反应基本一致,企业可以采取无差异策略。

消费者需求偏好、态度、购买行为差异很大,企业宜采取差异性策略或集中性策略。

(四) 产品生命周期

处于产品生命周期不同阶段的产品,要分别采取相应的目标市场策略。处在"导入期"或"成长期"的企业宜采取无差异市场策略。因为一方面消费者初步接触新产品，对其不甚了解，消费需求还停留在初浅层次；另一方面，企业由于种种原因也难以一下子推出多种品种。

在"成熟期""衰退期"，企业宜采取差异性策略和集中性策略。这是由于企业生产已定型，消费已成熟，需求向深层次多样化发展，竞争也日趋激烈。企业采取差异性策略可以开辟一个又一个新市场，或者采取密集型策略，稳固市场地位，延长产品生命周期。

（五）竞争对手策略

企业采取任何目标市场策略，通常还要分析竞争对手的策略，知己知彼，百战不殆。如果竞争对手采取无差异市场策略，企业应考虑差异性市场策略，提高竞争能力；如果竞争对手采取差异性策略，则企业应进一步细分市场，实行更有效的集中性策略，使自己产品与竞争对手有所不同。

任务三 进行市场定位

企业选择和确定了目标市场后，就进入了目标市场营销的第三个步骤——市场定位。市场定位是目标市场营销战略重要的组成部分。它关系到企业及其产品在激烈的市场竞争中，占领消费者心理，树立企业及产品形象，实现企业市场营销战略目标等一系列至关重要的问题。

一、市场定位的概念

市场定位（Marketing Positioning），通常也被称为产品定位或竞争性定位。市场定位是在 20 世纪 70 年代由美国营销学家艾·里斯和杰克·特劳特提出的，其含义是指企业根据竞争者现有产品在市场上所处的位置，针对顾客对该类产品某些特征或属性的重视程度，为本企业产品塑造与众不同的、给人印象鲜明的形象，并将这种形象生动地传递给顾客，从而使该产品在市场上确定适当的位置。

[线上学习：洗牌！汽车品牌营销问题到底出在哪?]

作为市场营销理论的重要概念和方法，市场定位是根据竞争对于现有产品在市场上所处的地位和消费者对产品某一特征或属性的重视程度，努力塑造出本企业产品与众不同的、给人印象鲜明的个性或形象，并把这种形象和个性特征生动有力地传递给目标消费者，使该产品在市场上确定强有力的竞争位置。也就是说，市场定位是塑造一种产品在市场上的位置，这种位置取决于消费者或用户怎样认识这种产品。这表明，市场定位是通过为自己的产品创立鲜明的特色或个性，从而塑造出独特的产品市场形象来实现的。产品的特色或个性，可以从产品实体上反映出来，比如豪华、朴素、时髦、典雅等；还可以表现为价格水平、质量水准等。

企业在进行市场定位时，一方面要了解竞争对手的产品具有何种特色，另一方面要研究目标顾客对该产品的各种属性的重视程度（包括对实物属性的要求和心理上的要求）。在对以上两方面进行深入研究后，再选定本企业产品的特色和独特形象。至此，就可以塑造出一种消费者或用户将之与其他同类产品联系起来，按一定方式去看待该产品，从而完成该产品的市场定位。

 知识拓展

市场定位理论奠基者

艾·里斯被称为定位理论的创始人，享誉世界的营销大师。1950 年艾·里斯毕业于 Depauw 大学，之后进入通用电气纽约分公司的广告与销售部门工作。1972 年，他和杰克·特劳特在《广告时代》杂志上发表了《定位新世纪》一文，令"定位"一词开始进入人们的视野。1980 年他们再度联手合作，出版了《定位：头脑争夺战》，再次引领市场营销学界的"定位"潮流，该书也成为广告学界经久不衰的畅销书。1999年，艾·里斯被《公共关系周刊》杂志评为20世纪100个最有影响力的公关人物之一。

杰克·特劳特被称为定位之父，全球最顶尖的营销战略家。他创建的特劳特伙伴公司是当今世界上最为著名的营销咨询公司之一。特劳特伙伴服务的客户有AT&T、IBM、汉堡王、美林、施乐、默克、莲花、爱立信、Repsol、惠普、宝洁、西南航空和其他一些世界500强企业。他曾使莲花公司绝处逢生，造就了美国最值得尊敬的公司——西南航空，使七喜汽水一跃成为仅次于可口可乐与百事可乐之后的美国饮料业的第三品牌。

二、市场定位的作用

（一）定位能创造差异，有利于塑造企业特有的形象

通过定位向消费者传达定位的信息，使产品的差异性清楚地凸现于消费者面前，从而引起消费者注意你的品牌，并使其产生联想。若定位与消费者的需求吻合，你的品牌就可以留驻在消费者心中。比如，在有众多品牌的洗发水市场上，海飞丝洗发水定位为"去头屑的洗发水"，这在当时是独树一帜，因而海飞丝一推出就立即引起消费者的注意，并认定它不是普通的洗发水，而是具有去头屑功能的洗发水，当消费者需要解决头屑烦恼时，便自然第一个想到它。

（二）适应细分市场消费者或顾客的特定要求，以更好地满足消费者的需求

每一产品不可能满足所有消费者的要求，每一个企业只有以市场上的部分特定顾客为其服务对象，才能发挥其优势，提供更有效的服务。因而明智的企业会根据消费者需求的差别将市场细分，并从中选出有一定规模和发展前景并符合企业的目标与能力的细分市场作为目标市场。但只是确定了目标消费者是远远不够的，因为这时企业还是处于"一厢情愿"的阶段，只有使目标消费者也同样以你的产品作为他们的购买目标才更为关键。为此企业需要将产品定位在目标市场消费者所偏爱的地位，并通过一系列的营销活动向目标消费者传达这一定位信息，让消费者注意到这一品牌并感觉到它就是他们所需的，这才能使产品真正占据消费者的心，使你所选定的目标市场真正成为你的市场。

（三）定位能形成竞争优势

比如广告语"可口可乐才是真正的可乐"，这一广告在消费者心目中确立了"可口可乐是唯一真正的可乐"这一独特的地位，于是，其他可乐在消费者心目中只是可口可乐的模仿品而已，尽管几种可乐产品在品质或价格等方面几乎不存在差异。

三、市场定位的方式

在企业的目标市场中，竞争对手的产品通常已经在顾客心目中树立起了一定的形象，占有一定的位置。企业要想在目标市场上成功地树起自己产品独特的形象，就需要针对这些企业的产品，进行适当的定位。产品市场定位的基本方式主要有以下几种。

（一）从时间过程来看，定位方式可以分为最初定位和重新定位

最初定位，即企业向市场推出一种新产品之前对其进行的第一次定位。

重新定位也称为二次定位，是指企业改变产品特色或改变目标顾客对产品原有的印象，使目标顾客重新认识其新形象的过程。当产品最初定位不合适，消费者或用户的需求与偏好发生了变化，竞争者推出的产品侵占了本企业品牌的部分市场时，企业往往调整定位。不过，有时重新定位也并不是因为产品陷入困境了，而是因为产品意外地扩大了销售范围引起的。例如，专为青年人设计的某种款式的服装在中老年消费者中也流行起来，那么该服装可能需要重新定位。

（二）从竞争的内容来看，即从企业定位时侧重于强调安排哪些定位对象因素的角度来考察，市场定位的方式可以划分为若干种

企业可以选择产品的某一种或几种因素，来为企业的产品定位。例如，奔驰汽车强调其经典与豪华，宝马汽车强调操控与运动性，沃尔沃汽车则宣传其安全性和环保耐用性。企业应根据市场需求情况与本身条件，尽量突出其产品的特色。

（三）从竞争的关系来看，定位方式可以分为避强定位和迎头定位

避强定位，这是一种避开强有力的竞争对手的定位方式。企业通过分析市场中竞争对手的产品的定位状况，从中找出尚未被占领，但又为许多消费者所重视的"空白点"，来为本企业产品做市场定位。采用这种定位方式一般能够比较迅速地进入目标市场、站稳脚跟，并能较快地在消费者或用户中树立起鲜明的形象。

迎头定位策略是指企业选择靠近现有竞争者或与现有竞争者重合的市场位置，争夺同样的消费者，彼此在产品、价格、分销及促销等各个方面差别不大。迎头定位策略就是与市场上最强的市场竞争对手"对着干"的定位方式。在采用这种定位方式时，必须对企业和竞争对手的实力做出客观的分析与评价。这种定位方式虽然有较大的风险性，然而一旦成功就会取得较大的市场优势。采用这种策略不一定要打垮对手，只要能够平分秋色就是很大的成功。例如百事可乐与可口可乐之间的长期争斗，日本丰田汽车进入美国、西欧市场，都是采用竞争性市场定位的成功范例。

市场定位的过程就是企业差别化的过程，如何寻找差别、识别差别和显示差别？在今天同类产品太多的情况下，消费者如何选择？消费者购买的理由是什么？差别化主要体现在以下几个方面。

产品差异：企业可以使自己的产品区别于其他产品。

服务差异：除了靠实际产品区别外，企业还可以使其与产品有关的服务不同于其他企业。

人员差异：企业可通过雇用和训练比竞争对手好的人员取得很强的竞争优势。

形象差异：即使竞争的产品看起来很相似，购买者也会根据企业或品牌形象观察出不同来。因此，企业通过建立形象使自己不同于竞争对手。

四、市场定位的方法

企业推出的每种产品，都需要选定其特色和形象。现有产品在其原有定位已经不再具有生命力时，亦需要重新做出定位决定，对产品的市场定位，可以应用多种方法，归纳起来讲有以下五种。

（一）根据产品的特色定位

这种定位可以强调与其他同类产品不一样的某一特征。

如白加黑，感冒药数以百计，但多数产品含有一种对中枢神经系统作用的药物成分，服用后精神萎靡不振、嗜睡，直接影响工作与学习。白加黑感冒药就避免了此现象。

[线上学习：预算转移？快消品抓住"轻顾客"]

再如中国闽东电机公司，以东南亚别墅用户为目标市场，设计推出 ST 系列三相发电机。这种发电机电力负荷较大，符合当地用户习惯与汽车发动机配套的特殊要求，表面光洁度高，外表漆上玫瑰红、翡翠绿、孔雀蓝等鲜艳颜色，深受别墅用户的喜欢。公司对产品的这些特色广为宣传，在目标顾客中形成突出的形象，结果在香港市场获得极高的占有率。

（二）根据为顾客带来的利益、解决问题的方式定位

产品本身的属性及由此获得的利益、解决问题的方法及需求满足的程度，能使顾客感受到它的定位。例如，在汽车市场，德国的"大众"享有"货币的坐标"之美誉，日本的"丰田"侧重于"经济可靠"，瑞典的"沃尔沃"讲究"安全耐用"。在有些情况下，新产品更应强调某一种独特属性。如果这种属性是竞争者无暇顾及的，那么这种策略就越容易见效。

（三）根据产品的使用场合和产品的专门用途定位

这是产品定位的好方法。为老产品找到一种新用途，也是为该产品创造新的市场定位的好方法。

比如石膏，建筑业作装饰材料，日用化工企业做化妆品原料，食品行业作添加剂，医疗单位作治疗骨折的夹板。再比如泛酸钙（即维生素 B5）——永乐几十年的老药，近年发现其有广泛的药理作用，可用于白内障、类风湿关节炎及某些皮肤病等许多中老年常见病的防治，所以临床应用日渐增多。再比如，格兰仕微波炉——家庭中的小厨房；亚都加湿器——给皮肤喝点水；等等，都是如此定位的。

（四）按用户种类定位

即由产品使用者对产品的看法确定产品形象。如维生素 C 和含维生素 C 的产品已进入大众的日常生活，人们已经不再将其看作是药品，而是作为营养品、添加剂，甚至作为保持好身材的助手，西方许多企业在奶制品、水果、蔬菜、粮食、化妆品、牙膏、点心和动物饲料中添加。

法国有一个制药厂，生产一种具有松弛肌肉和解热镇痛效能的药品。该药厂针对不同用户进行不同内容的宣传。法国人饮酒过量者较多，厂方便宣传这种药品可以帮助酒后恢复体力；英、美洲人最怕感冒，厂方便说明此药可以治疗头疼感冒；芬兰滑雪运动盛行，厂方便强调该药品有助于消除疲劳；在意大利胃病较多，厂方便再三解释该药品的止疼功能。因此，这种本来并不复杂的药品在不同市场上获得最适宜的形象，畅销许多国家。

（五）与竞争同类产品对比定位

这是与竞争对手产品相比较后而进行的市场定位，具体有两种方式：一是迎头定位，即与竞争对手对着干。比如百事可乐的市场定位是针对可口可乐而言的。二是避强定位，即避开竞争锋芒，另辟蹊径，占领被竞争者忽略的某一市场空隙，突出宣传本产品在某一方面的特色。

☞ 案例链接 6-7

抖音爆火背后：归功于"定位"取胜

2018 年 3 月 19 日下午 2 时许，抖音在微信群开了一场发布会。在发布会上，抖音发布了新 Slogan（口号）："记录美好生活。"在此之前，抖音并没有官方发布的 Slogan。

上线一年多，抖音在春节期间下载使用量爆增，用户从 4 000 万暴涨了 50%，达到 6 000 万量级。而近期也盘踞在 APP 应用商店榜单前列。同时，在大量的综艺、网站也能看到抖音的品牌出现，包括浙江卫视《王牌对王牌》中抖音达人的出场。在这一综艺节目中，还有今日头条系的火山小视频。

抖音短视频产品负责人王晓蔚评价抖音时称："抖音是一个非常年轻的产品，满打满算，从上线到今天才一年多。抖音也是一个成长特别快的产品，快到别人用好几年才走完的路，我们去年一年就走完了。"

抖音爆红之后，关于其崛起的分析与报道屡见不鲜。"媒体给了我们很多定义，很多标签，赋予很多意义。"抖音短视频总经理张楠在交流中称，大家把抖音想得太复杂了。她将抖音的崛起与爆红归功于定位："抖音就只做高清视频 + 高清音频的录制与分享。这让我们的用户体验，一下子和同类短视频产品拉开了距离。"

张楠这样解读抖音的蹿红：抖音开始推向市场的时候，恰逢手机硬件的一次消费升级，高清屏开始从高端手机往中低档手机普及。新的手机硬件配置，需要与此前完全不同的短视频录制、分享、观看体验。抖音"记录美好生活"的出现恰逢其时。

（资料来源：经济观察网 http://www.eeo.com.cn/2018/0319/324829.shtml. 有删改）

五、市场定位的步骤

实现产品市场定位，需要通过识别潜在竞争优势、企业核心优势定位和制定发挥核心优势的战略三个步骤实现。

（一）识别潜在竞争优势

这是市场定位的基础。通常企业的竞争优势表现在两个方面：成本优势和产品差别化优势。成本优势使企业能够以比竞争者低廉的价格销售相同质量的产品，或以相同的价格水平销售更高质量水平的产品。产品差别化优势是指产品独具特色的功能和利益与消费者需求相适应的优势，即企业能向市场提供在质量、功能、品种、规格、外观等方面具有比竞争对手更能满足消费者需求的能力。为实现此目标，企业首先必须进行规范的市场研究，切实了解目标市场需求特点以及这些需求被满足的程度。一个企业能否比竞争者更深入、更全面地了解消费者，这是企业能否取得竞争优势、实现产品差别化的关键。另外，企业还要研究主要竞争对手的优势和劣势，知己知彼，方能战而胜之。可以从以下三个方面评估竞争者。

① 评估竞争对手的业务经营情况，譬如，估测其近三年的销售额、利润率、市场份额、投资收益率等；

② 评价竞争对手的核心营销能力，主要包括其产品质量和服务水平等；

③ 评估竞争对手的财务能力，包括其获利能力、资金周转能力、偿还债务能力等。

（二）企业核心优势定位

所谓核心优势是与主要竞争对手相比（比如在产品开发、服务质量、销售渠道、品牌知名度等方面），在市场上可获取明显的差别利益的优势。显然，这些优势的获取与企业营销管理过程密切相关。所以在识别企业核心优势时，应把企业的全部营销活动加以分类，并将各主要环节在成本和经营方面与竞争对手进行比较分析，最终定位和形成企业的核心优势。

（三）制定发挥核心优势的战略

企业在市场营销方面的核心优势不会自动地在市场上得到充分表现。对此，企业必须制定明确的市场战略来充分表现其优势和竞争力。譬如，通过广告传导企业的核心优势战略定位，使企业核心优势逐渐形成一种鲜明的市场概念，并使这种概念与顾客的需求和消费者追求的利益相吻合。

☞ 案例链接 6-8

企业占据了品类核心属性，定位就靠谱了

有个做水暖建材的企业觉得现在的建材市场竞争太激烈了，想做建材市场的后端，也就是厨电、卫浴的后期维修服务，并自我定位为"四通水电快修"，向专家进行咨询。专家在分析了这个市场后认为市场容量还是挺大的，但这个定位是有问题的，因为水电快修在顾客的认知里是水路和电路的维修，水管和电线都埋到地下了，还需要什么维修，难道要把埋的管线都刨开吗？这肯定不行。

后来该企业是怎么定位的呢？在专家的建议下，该企业将定位改为"四通厨卫快修"。这个定位功能诉求很清晰，老百姓一看厨房、卫浴出问题了就会想到这家企业。为什么？厨卫的修理确实是个痛点，冰箱、电饭煲等大件还可以，有厂家售后，可水龙头坏了、下水道堵了、橱柜拉篮坏了、油烟机该清理了、煤气灶打不着火了……厨房经常会出现这些烦心事，该找谁？不是58同城就是楼道里的小广告。其中，58同城收费贵，小广告不靠谱。企业定位"厨卫快修"，一下子就把偌大的后建材市场给占住了。并且突出强调"快修"，符合消费者的核心诉求，厨房出问题就想着快点儿解决，全家都等着开锅做饭呢！

另外，明确定位之后还要有两大支撑点，"快修"不能只停留在口头上，要落实到执行环节，企业开发了让顾客"一键线上报修"的线上报修体系。同时，考虑到厨电主要针对老人或家庭主妇，她们对价格敏感，还提出了省钱，"明码标价，每项服务都比58同城更便宜"。

如此定位"四通厨卫快修"，既占据了后建材市场的大市场厨卫维修，又占据着厨电维修这个品类的核心属性"快修"，同时还强调了"便宜"这一最具诱惑性的因素。

不到3个月，该企业给专家反馈，他们那个地区的厨电维修，已经被他们占了一半市场，58同城都开始跟他们谈合作了。

一旦定位能够占据核心属性，就是这么神奇。

[资料来源：《销售与市场》（管理版）2019年第6期，有删改]

项目小结

一般情况下，任何一家企业都无法满足整个市场的需要，因而，准确的选择目标市场，有针对性地满足某一消费层次的特定需求，是企业成功进入市场的关键，企业只有进行市场细分，把握市场机会，才能选好目标市场，迈向成功之路。

所谓市场细分，是指营销者通过市场调研，依据消费者的需要和欲望、购买行为和购买习惯等方面的差异，把每一产品的市场整体划分为若干消费者群的市场分类过程。

一个完整的市场细分过程，需要通过下列几个步骤：划定细分范围、确认细分依据、权衡细分变量、实施市场调查、评估细分市场、选择目标市场、设计营销策略。另外，在进行市场细分过程中，还应当遵循四条基本原则。

消费者市场细分的依据有：地理因素、人口统计因素、心理因素和其他因素。其他因素包括行为因素、受益因素等。产业市场的细分依据主要有：用户要求、用户规模和用户地点等。

根据上述市场细分程序和细分依据，将一个整体市场细分为若干子市场。然后，对各个子市场进行价值评估，选择其中的最有价值的市场作为目标市场。评价一个市场是否有价值，主要取决于该市场的需求状况和竞争状况，再结合本企业产品、资源、营销能力等，对企业的营销总成本和盈利水平进行预测，即可确定该市场的价值量。

对最佳目标市场的选择通常有三种策略，即无差异性营销策略、差异性营销策略和集中性营销策略。在选择时必须考虑有关影响因素。

最后，企业必须研究竞争对手的定位和其自身的最佳定位，即在市场上树立企业和产品形象，使顾客能认识企业产品与其竞争者的差异。在实际工作中，市场定位的策略大致有避强定位和迎头定位两种。一个完整的定位过程包括三个步骤。

思考与练习

一、判断题

1. 在同类产品市场上，同一细分市场的顾客需求具有较多的共同性。（   ）
2. 市场细分对中小企业尤为重要。（   ）
3. 市场细分标准中的有些因素相对稳定，多数则处于动态变化中。（   ）
4. 通过市场细分过程，细分出的每一个细分市场对企业市场营销都具有重要的意义。（   ）
5. 市场专业化是一种最简单的目标市场模式。（   ）
6. 同质性产品适合于采用集中性市场营销战略。（   ）
7. 集中性市场战略适合于资源薄弱的小企业。（   ）
8. 市场定位、产品定位和竞争性定位分别具有不同的含义。（   ）
9. 企业采用服务差别化的市场定位战略之后，就可以不再追求技术和质量的提高。（   ）
10. 企业在市场营销方面的核心能力与优势，会自动地在市场得到表现。（   ）

二、单项选择题

1. 消费需求客观存在（   ）。
   A. 绝对差异性　　　　B. 相对同质性　　　　C. 相对差异性　　　　D. A 和 B
2. 下列不属于有效市场细分必须满足的条件的一项是（   ）。
   A. 可衡量性　　　　　B. 差异性　　　　　　C. 可对比性　　　　　D. 可赢利性
3. 采用无差异性营销战略的最大优点是（   ）。
   A. 市场占有率高　　　B. 成本的经济性　　　C. 市场适应性强　　　D. 需求满足程度高
4. 同质性较高的产品，宜采用（   ）。

A. 产品专业化　　　　B. 市场专业化　　　　C. 无差异营销　　　　D. 差异性营销

5. 目标市场营销策略的第三个步骤是（　　）。

A. 市场细分　　　　B. 目标市场选择　　　　C. 市场定位　　　　D. 执行和控制

6. 下列不属于消费者市场细分依据的一项是（　　）。

A. 地理细分　　　　B. 人口细分　　　　C. 用户行业　　　　D. 行为细分

7. 当市场产品供不应求时，其一般宜实行（　　）。

A. 无差异市场营销　　B. 差异市场营销　　C. 集中市场营销　　D. 大量市场营销

8. 当产品处于导入期或成长初期时，企业一般采用（　　）策略。

A. 无差异市场营销　　B. 差异市场营销　　C. 集中市场营销　　D. 大市场营销

9. 消费者对某种产品的使用率属于（　　）。

A. 地理因素　　　　B. 人口因素　　　　C. 心理因素　　　　D. 行为因素

10. 企业从各方面赋予产品一定的特色，树立产品鲜明的市场形象，以求在消费者心目中形成一种稳定的认知和特殊的偏爱，这种做法就是（　　）。

A. 市场细分　　　　B. 市场定位　　　　C. 市场选择　　　　D. 市场拓展

三、多项选择题

1. 目标市场营销策略的主要步骤有（　　）。

A. 市场细分　　　　B. 目标市场选择　　　　C. 市场定位　　　　D. 市场营销组合

E. 大市场营销

2. 企业在选择目标市场策略时需要考虑的主要因素有（　　）。

A. 企业资源　　　　B. 产品特点　　　　C. 市场特点　　　　D. 产品生命周期阶段

E. 竞争对手的策略

3. 人口细分的因素有（　　）。

A. 年龄　　　　　　B. 家庭规模　　　　C. 宗教　　　　　　D. 使用情况

E. 生活方式

4. 按照消费者对某种产品的使用率，可以将消费者划分为（　　）。

A. 曾经使用者　　　B. 非使用者　　　　C. 潜在使用者　　　D. 首次使用者

E. 经常使用者

5. 有效市场细分必须具备的条件包括（　　）。

A. 变动性　　　　　B. 可进入性　　　　C. 差异性　　　　　D. 可衡量性

E. 可盈利性

6. 无差异营销战略的特点有（　　）。

A. 具有成本的经济性　　　　　　　　B. 不进行市场细分

C. 适宜于绝大多数产品　　　　　　　D. 只强调需求共性

E. 适用于小企业

7. 在现代市场营销学中，市场定位是一个多维的过程，其含义包括相互关联的（　　）层次。

A. 产品定位　　　　B. 品牌定位　　　　C. 功能定位　　　　D. 服务定位

E. 企业定位

8. 企业在市场定位的全过程包括（　　）。

A. 确认本企业潜在竞争优势　　　　　B. 准确地选择相对竞争优势

C. 展现独特的竞争优势　　　　　　　D. 充分强调本企业产品的质量优势

E. 避开竞争者的市场定位

9. 企业在决定为多个子市场服务时可采取的策略有（　　）。

A. 大量市场营销　　B. 无差异市场营销　　C. 差异市场营销　　D. 集中市场营销

E. 大市场营销

10. 企业采用差异性营销战略时（　　　）。
   A. 一般只适合于小企业
   B. 要进行市场细分
   C. 有较高的适应能力和应变能力
   D. 能更好的满足市场深层次的需求
   E. 以不同的营销组合针对不同的细分市场

四、问答题

1. 市场细分对企业市场营销有何积极意义？
2. 简述企业目标市场战略的三种模式。
3. 企业应该怎样进行市场定位？

五、案例分析

案例资料：

"互联网+"酒店：特色细分市场如何掘金？

近年来风靡一时的经济型酒店扩张收缩，利润开始走下坡路。由于对目标市场细分不够细致，产品设计缺乏层次，难以满足细分人群对酒店服务的需求，经济型酒店进入洗牌期。同时，我国在线旅游市场增长迅猛，OTA平台为酒店带来客流，也导致价格战不断扩大。当下，万达抛售77个酒店项目业务，更是把酒店行业推到了风口浪尖。

酒店行业真的不行了吗？

在传统连锁酒店陷入困局的大背景下，旅游酒店消费需求却日趋多样，木屋、帐篷、集装箱等非标准住宿表现抢眼。

传统酒店如何"+互联网"成为突破口。在酒店细分市场机会凸显的背景下，酒店行业究竟如何抓住机遇突围？

"互联网+"酒店的四大趋势

1. "互联网+"酒店移动化

如今，自助选房、微信支付、开锁退房、呼叫客服等功能均可在手机上实现。以华住世界（Hworld）、如家家联盟为代表的自建OTA平台，用移动互联网降低住客成本，满足用户便捷化使用，顺带提升酒店效率。同时，酒店推出O2O体验购物，发布印有二维码的酒店产品，可实现微信一键支付。酒店大堂开设礼品选购区，包含创意礼品、当地特产，为亲友购置礼物还可快递到家，实现用户购买便捷化。

此外，还有出行移动化。如家酒店与滴滴出行公司达成战略合作，滴滴出行公司为如家提供酒店出行服务。2015年年底，如家酒店集团旗下4个品牌近3 000家门店与快的公司达成了战略合作。入住如家客户将享受快捷叫车服务，实现"一键叫车"。

2. "互联网+"酒店智慧化

在消费升级大环境下，年轻人的消费需求被重视，符合年轻人消费口味的产品在未来将有更大市场。华住在汉庭1 300多家门店推出门店自助Check-in服务，顾客可以通过终端机完成预订、选房、支付整个流程，最后到前台取房卡和发票，实现酒店智慧化。

在阿里旅行未来酒店2.0方案中，"刷脸自助入住"，接入公安部门、银联、PMS、身份信息读取、护照扫描等的合作，连接物联网系统，让去实体化运营的无人酒店成为可能。

同时，VR、AR等新技术被运用到新兴酒店，为提升客户体验服务。例如，如家集团在全国首推VR虚拟实景旅行创意体验房，华侨城酒店集团深圳蓝溪精品酒店客房推出虚拟体验装备，带来4D体验感受，为体验虚拟现实旅行服务。AR技术、蛋壳机、互联技术展示产品、游戏体验、360度IPTV，这些使打造智慧化体验式酒店成为可能。部分酒店运用机器人来提供个性化服务，在未来也或成常态。

3. "互联网+"酒店个性化

互联网将促进传统酒店行业再次变革，凸显个性化，实现体验为王。格局、摆设、用具千篇一律，容易让用户产生疲倦。在体验为王时代，设计师在丰富房型下挥洒创意，打造主题迥异的客房，带来差异化的客房观感和优质体验。

亚朵酒店（Atour Hotel）是以阅读和人文摄影为主题的中高端精品酒店。凭借着"24小时图书馆""属地摄影"两大主题，亚朵成为行业内发展最快、第三方顾客点评最好的连锁人文酒店。亚朵将酒店大堂开辟成藏书千册的24小时免费阅读空间，提供免费茶水，还可借书并在异地酒店归还。摄影也是增强用户黏性的途径，突出打造摄影主题，以聚拢爱好者，收集有城市特色风土古迹、人文风貌的摄影作品，创造摄影师归属感，带顾客了解城市。

上海The Drama戏剧酒店已在筹备服务自驾游的汽车旅馆，专供老年游客的酒店、接待女性旅游者的酒店和家庭出游的公寓酒店等兴起，都传达着行业越来越细分与个性化的信息。

4. "互联网+"酒店融合化

体验式旅游兴起，游客希望更融入目的地的生活。酒店经营思维方式，不再是把酒店与所在社区隔离，更要创造一个共融的社交场所。酒店宴会厅可举办社区艺术展览，邀请客户与社区居民举办骑行活动，让酒店成为社区文化交流场所。

浙江德清民宿房客与房东的轻社交，让房客感受当地人文环境，"一间房，一种生活"让旅客更放松、更温情。亚朵酒店作为酒店行业的星巴克，其大堂书店作为社区书店功能，辐射附近居民看书无须押金，定期邀请作者来书店分享。同样，纽约的Ace酒店欢迎当地人来闲逛，带笔记本电脑来大堂工作。Crosby酒店每周日放映电影，酒店拓展社交功能，并服务周边居民，成为融合化的典型。

酒店的融合除了表现在功能性上将社区与酒店融合，在生活方式上让游客与本地居民融合以打通社交链条，实现沉浸式体验之外，还包括酒店与其相关业态的融合，在旅游这条大产业链条下，酒店成为客流入口，更好地与后续服务链接互动，盘活整个链条。

"互联网+"让酒店移动化、智慧化、个性化、融合化日趋凸显，想俘获互联网原住民的青睐，需要开阔思维以满足年轻人的消费需求，传统酒店才能有更大的市场可能。不断地拥抱新变化，才能在市场中愈战愈勇，获得自己的生存空间。

然而，"互联网+"时代，酒店市场究竟如何才能掘金呢？

酒店市场如何掘金？

在传统酒店亟须转型之际，新兴酒店已经迅速崛起，不把握时机快速反应，思维陈旧、反应迟钝的酒店只能被市场淘汰。亲的客栈连锁酒店立足于乌镇等目的地，打造动漫系连锁民宿，市场反应火爆；安吉竹海科技概念切入的零碳星球度假村及酒店被广泛关注；驴妈妈旅游网集团旗下的帐篷客凸显野奢度假酒店一夜难求……然而，特色酒店如何打造才能在市场中取得成功？其背后是怎样的思考逻辑？形成一套行之有效的酒店细分市场掘金模式至关重要。

1. 清晰的品牌顶层设计

产品同质化是传统酒店的致命缺陷。如何选对细分市场和差异化产品是酒店经营者必须面对的问题。

新兴酒店在崛起，比如，老年游客市场有山屿海康养为代表的候鸟式旅居度假，以you+为代表的"青年公寓+创客空间"，以希岸连锁酒店为代表的女性旅居度假跨界酒店。通过对市场及消费人群的深刻理解及深入的调研分析，找到最契合的切入点成为传统酒店转型的关键。

除了清晰的品牌定位外，酒店行业作为一种无形服务和有形产品的行业品牌建设尤其重要。建立酒店品牌的细分差异化、顾客忠诚度、产品极致化、服务人性化，才能获得稳定客源在市场上站稳脚跟。同时，取好一个品牌名能让品牌打造变得事半功倍。好的品牌名需要满足"有意思""有趣""够酷"的原则，得好懂又好记。

2. 具备互联网思维的人才

未来，酒店行业或将吸纳一批胆大、敢玩、具有互联网特质的年轻人参与到酒店项目的设计及落实中，以期为酒店行业带来新面貌。

在酒店经营过程中，基础硬件很关键，比如选好一个客流聚集的地址是一项长期投资，影响运营效益，企业可以终身受益。但更为重要的还是酒店的软性服务，如何切中年轻人的脉搏，提供打动他们的产品。希岸连锁酒店是铂涛集团大胆起用的"80后"陆斯云，一个没有酒店行业经验，不懂酒店，但懂品牌和时尚，也懂消费者的"新锐"，创办了全球第一家专门宠爱女性的酒店——希岸。希岸提出改善女性旅居生活，用甜点点亮每一天，用Spa抚平疲惫，强调用私密空间包容任性，注重用高品质睡眠唤醒心情，最终女性入住率高出一般酒店30%。

3. 营造用户体验场景

打造爆款的"互联网+"酒店特色产品，酒店的外观设计和内部设计都很重要。外观设计上，帐篷客时尚简约，非诚勿扰木屋别致，零碳星球科技十足。内部设计上，亲的客栈动漫暖心，莫干山民宿雅致。火爆民宿通过设计打造场景感已成标配，只有具备内外一体化场景体验才能留住消费者。

走进如家精选酒店，驼色与白色背景搭配明亮软装的英伦时尚，休息区有桂花树飘香，周末在公共区域播放老电影带给顾客"小确幸"。首创电量统计碳积分鼓励节能环保，低耗能者实行积分奖励，引导顾客参与让入住酒店变得更好玩。华住则推出星程以注重房间个性，铂涛则将咖啡与酒店结合，满足个性化场景体验。

4. 打造品牌、引爆传播

帐篷客、零碳星球、裸心谷都是特色酒店市场营销成功的典范，但还必须拥有自传播力，从酒店外观设计，到营销卖点的打造，到体验式的互动装修，再到节假日营销的策划，必须让顾客觉得"有意思、好玩、有趣"，顾客愿意自发拍照、自动为你做传播。比如驴妈妈推出帐篷客进军野奢酒店新领域，独特的外观自带话题性，并且引领了景区内酒店的新风潮，掀起预订热潮一晚难求。引起情侣体验热、妈妈带宝宝体验等，其自传播能力和精心策划的传播活动让帐篷客飞速发展。

亚朵酒店的另辟蹊径也成为营销典范，亚朵在淘宝众筹平台发起回报众筹，项目获得5387人支持，并筹得资金超过660万元，超出预期金额330%。亚朵众筹的目的不只是融资，每次通过众筹，其会员高速增长达10万人以上。亚朵通过众筹连接用户，参与众筹的会员黏性强，平均住宿次数超过了10次。用户被亚朵所倡导的"第四空间，成就一种生活方式"的理念影响，成为粉丝，重度参与亚朵产业链打造。

5. 回归产品与服务本质

互联网时代下，酒店、餐饮、娱乐等行业都涌现出大量的互联网企业，它们的典型特质有个性化，体验好，有互动，够劲爆。然而，无数噱头也可能像雕爷牛腩、北大米线那样，在火热后业绩遇冷。相比于花哨的包装，优质的产品和服务最能俘获客户，实现以良好的口碑传播，维持高预订率和持续火爆。做优质的产品和从消费者角度考虑的服务，才是特色酒店的常胜之道。

四季酒店因为产品和服务大热，在酒店市场表现亮眼。不同区域四季酒店设计反映当地风情而非无趣标准设计。杭州西湖主打江南庭院，上海浦东体现现代感，北京重视艺术品……场景差异化提供优质体验。同时，员工能入住以体验酒店服务，充分激发热情。员工反馈用户需求，管理层不断改进和创新服务，让用户感知到最佳的服务效果和产品。

"互联网+"在各行各业风起云涌，市场火爆程度让人咋舌。同时，也提供了巨大的发展契机。"互联网+"酒店的打造离不开清晰的顶层设计，需要有互联网精神的人支持项目落地，通过服务营造消费场景，强化传播引爆品牌，最终回归产品与服务本质。

入局者如何通过自我革新拥抱"互联网+"时代，适应移动化、个性化、智慧化、融合化的发展趋势，成为传统酒店及新兴酒店需破解的重要命题。

分析思考：

在"互联网+"的背景下，酒店服务行业企业在市场细分、目标市场选择和市场定位方面各产生了哪些变化？

[资料来源：《销售与市场》（管理版）2017年第10期]

项目七

市场营销策略

学习目标

知识目标：

1. 理解产品、产品组合、产品生命周期、新产品及产品品牌、商标、包装的概念。
2. 掌握并理解产品组合、产品生命周期、新产品的开发及推广、品牌和包装等策略。
3. 了解企业产品定价的影响因素，掌握产品定价程序及方法、定价策略和调价策略。
4. 掌握分销渠道的类型与选择影响因素，分销渠道建立、调整、开拓和渗透策略。
5. 理解促销、促销组合等概念，掌握促销组合、广告宣传、人员推销、营业推广、公共关系等策略。

能力目标：

1. 能够判断产品的生命周期，选择正确的应对策略，完成产品开发与推广及其品牌、包装的设计活动。
2. 能够选择正确的定价方法，通过模拟训练实现产品价格调整。
3. 能够为企业建立、选择、调整分销渠道进行决策与实施，能够对中间商进行有效的沟通与管理。
4. 能够选择合适的促销组合，撰写促销活动策划书，完成促销模拟活动。

思政目标：

1. 增强市场经济意识，明确以消费者为核心的现代营销观念。
2. 诚实守信、遵纪守法，在社会主义市场经济制度和环境下合理选择市场营销策略组合，开展营销活动。
3. 发挥创新精神，在4P's组合的基础上积极拓展社会化营销、新媒体营销等技术手段，开展现代营销。
4. 增强社会责任感，与企业内外部公众达成良好的公共关系。

知识导图

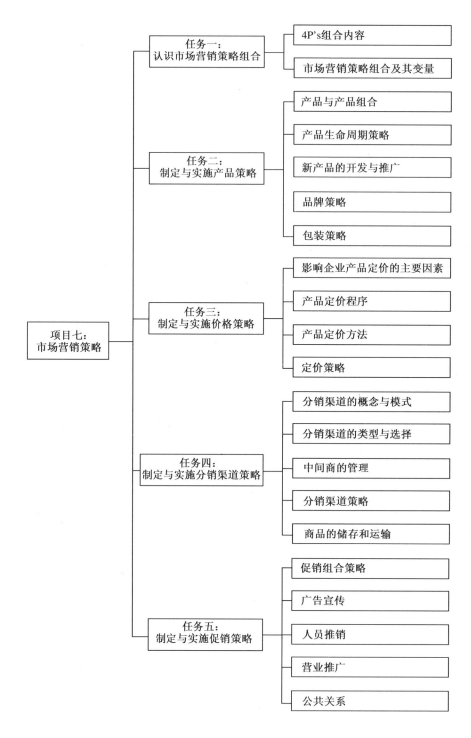

项目导入

华为的营销策略

1. 华为的产品策略

华为深深地了解到,要想彻底打破外国的垄断局面就必须找准用户需求,以实用性、系列化产品来赢得市场,形成自己产品真正的规模化应用;也只有在形成规模化应用之后,才能真正打破垄断,才能在激烈的市场竞争上占据一席之地,创造一个新的高科技的市场,并取得更好更快的发展。

2. 华为的定价策略

了解华为的历史就会发现,低价策略曾经一度是华为在国内外市场竞争中制胜的一个重要法宝,即使到了今天,华为在关键的投标中还是偶尔会使用这个武器。

3. 华为的分销渠道策略

作为国内较早建立营销渠道管理部的电信企业,华为在不同阶段提出了不同的渠道销售策略。到今天,华为着手打造的全面的分销渠道平台,是基于销售与服务合作伙伴、培训合作伙伴及直接用户而建立的一个较为完善的体系。

4. 华为的促销策略

华为的广告策略是指利用广告活动来造成产品差异化,以显示产品的特色,使产品更具有吸引力,促进产品的销售。其根本目的就是促进产品销售,揭示市场营销、品牌战略、广告创意、媒体组合等整合营销手段相互之间以及与广告受众之间的关系及其规律,为企业把产品品牌全面推向市场所做的一系列营销活动做好广泛层面上的铺垫。

(资料来源:http://www.xuexila.com/lunwen/shichangyingxiao/2285487.html.)

任务一 认识市场营销策略组合

市场营销组合是企业市场营销战略的一个重要组成部分,是指将企业可控的基本营销措施组成一个整体性活动。市场营销的主要目的是满足消费者的需要,而消费者的需要很多,要满足消费者需要所应采取的措施也很多。因此,企业在开展市场营销活动时,就必须把握住那些基本性措施,合理组合,并充分发挥整体优势和效果。因此,市场营销组合指的是企业在选定的目标市场上,综合考虑环境、能力、竞争状况等企业自身可以控制的因素,加以最佳组合和运用,以实现企业的目的,完成企业的任务。

一、4P's 组合内容

市场营销组合是制定企业营销战略的基础,做好市场营销组合工作可以保证企业从整体上满足消费者的需求。市场营销组合是企业对付竞争者强有力的手段,是合理分配企业营销预算费用的依据。

市场营销组合这一概念是由由美国哈佛大学教授尼尔·鲍顿(N. H. Borden)于 1964 年最早采用的,并确定了营销组合的 12 个要素。随后,理查德·克莱维特教授把营销组合要素归纳为产品、订价、渠道、促销。

20 世纪 60 年代是市场营销学的兴旺发达时期,其突出标志是市场态势和企业经营观念的变化,即市场态势完成了由卖方市场向买方市场的转变,企业经营观念实现了由传统经营观念向新型经营观念的转变。与此相适应的是,营销手段也多种多样,且十分复杂。1960 年,美国市场营销专家麦卡锡（E. J. Macarthy）教授在人们营销实践的基础上，提出了著名的4P's营销策略组合理论，即产品（Product）、定价（Price）、地点（Place）、促销（Promotion）。"4P's"是营销策略组合通俗经典的简称，它奠定了营销策略组合在市场营销理论中的重要地位，它为企业实现营销目标提供了最优手段，即最佳综合性营销活动，也称整体市场营销。

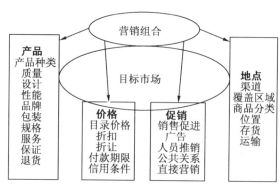

图7-1　4P's组合

麦卡锡认为，企业从事市场营销活动，一方面要考虑企业的各种外部环境，另一方面要制定市场营销组合策略，通过策略的实施，适应环境，满足目标市场的需要，实现企业的目标。麦卡锡绘制了一幅市场营销组合模式图，图的中心是某个消费群，即目标市场，中间一圈是四个可控要素：产品、地点、价格、促销，即4P's组合。在这里，产品就是考虑为目标市场开发适当的产品，选择产品线、品牌和包装等；价格就是考虑制定适当的价格；地点就是通过适当的渠道安排及运输储藏等把产品送到目标市场；促销就是考虑如何将适当的产品，按适当的价格，在适当的地点通知目标市场，包括销售推广、广告、培养推销员等。图的外圈表示企业外部环境，它包括各种不可控因素，包括经济环境、社会环境、文化环境、政治法律环境等。麦卡锡指出，4P's组合的各要素将要受到这些外部环境的影响和制约。

二、市场营销策略组合及其变量

1. 市场营销策略组合

影响企业营销有两类因素，一类是企业外部环境给企业带来的机会和威胁，这些是企业很难改变的；另一类则是企业本身可以通过决策加以控制的。企业本身可以控制的因素归纳起来主要有以下四个方面。

（1）产品策略

产品策略包括产品发展、产品计划、产品设计、交货期等决策的内容。其影响因素包括产品的特性、质量、外观、附件、品牌、商标、包装、担保、服务等。

（2）价格策略

价格策略包括确定价格目标、制定产品价格原则与技巧等内容。其影响因素包括付款方式、信用条件、基本价格、折扣、批发价、零售价等。

（3）促销策略

促销策略是指主要研究如何促进顾客购买商品以实现扩大销售的策略。其影响因素包括广告、人员推销、宣传、营业推广、公共关系等。

（4）分销策略

分销策略是指主要研究使商品顺利到达消费者手中的途径和方式等方面的策略。其影响因素包括分销渠道、区域分布、中间商类型、运输方式、存储条件等。

上述四个方面的策略组合起来总称为**市场营销策略组合**。市场营销策略组合的基本思想在于：从制定产品策略入手，同时制定价格、促销及分销渠道策略，形成市场营销策略总体组合，以便实现以合适的商品、合适的价格、合适的促销方式，把产品送到合适地点的目的。企业经营的成败，在很大程度上取决于这些组合策略的选择和它们的综合运用效果。

2. 市场营销策略组合的变量

构成营销组合的"4P's"的各个自变量,是最终影响和决定市场营销效益的决定性要素,而营销组合的最终结果就是这些变量的函数,即因变量。从这个关系看,市场营销组合是一个动态组合。只要改变其中的一个要素,就会出现一个新的组合,产生不同的营销效果。

市场营销组合由许多层次组成,就整体而言,"4P's"是一个大组合,其中每一个P又包括若干层次的要素。这样,企业在确定营销组合时,不仅表现得更为具体和实用,而且表现得相当灵活;不但可以选择四个要素之间的最佳组合,而且可以恰当安排每个要素内部的组合。

企业必须在准确地分析与判断特定的市场营销环境、企业资源及目标市场需求特点的基础上,才能制定出最佳的营销组合。所以,最佳的市场营销组合的作用,绝不是产品、价格、渠道、促销四个营销要素的简单数字相加,即 $4P's \neq P+P+P+P$,而是使它们产生一种整体协同作用。就像中医开出的重要处方,四种草药各有不同的效力,治疗效果不同,所治疗的病症也相异,而这四种中药配合在一起的治疗,其作用大于原来每一种药物的作用之和。市场营销组合也是如此,只有它们实现最佳组合,才能产生一种整体协同作用。正是从这个意义上讲,市场营销组合又是一种经营的艺术和技巧。

市场营销组合作为企业营销管理的可控要素,一般来说,企业具有充分的决策权。例如,企业可以根据市场需求来选择确定产品结构,制定具有竞争力的价格,选择最恰当的销售渠道和促销媒体。但是,企业并不是在真空中制定的市场营销组合。随着市场竞争和顾客需求特点及外界环境的变化,必须对营销组合随时纠正、调整,使其保持竞争力。总之市场营销组合对外界环境必须具有充分的适应力和灵敏的应变能力。

☞ **案例链接 7-1**

日本电视机厂商根据目标市场制定战略

1979 年,中国放宽对家用电器产品的进口。日本电视机厂商就开始研究分析中国市场,认为中国人收入虽低,但有储蓄习惯,有一定的购买力,对电视有一定需求,存在很有潜力的黑白电视机市场。于是日本电视机厂商根据目标市场的特点,运用营销因素组合,制定了一套销售战略:

1. 产品策略

日本电视机要想适合中国消费者的需要,必须具备以下条件:

① 中国电压系统与日本不同,必须将 110 伏改为 220 伏;
② 电视机要有稳压装置;
③ 要适应中国电视频道情况,电视机耗电量要低,音量却要求较大;
④ 以 12 英寸电视机为主,要提供质量保证和售后服务。

2. 销售渠道策略

当时没有中国国营公司作为正式渠道进口,就通过以下渠道:

① 由港澳地区的国货公司以及代理商、经销商推销;
② 通过港澳地区中国人携带入内地;
③ 由日本厂商用货柜车直接运到广州流花宾馆发货。

3. 促进销售

日本代理商在香港媒体上开展广告攻势。

4. 定价策略

考虑到当时中国市场上无其他进口品牌电视机竞争,因此价格比中国国产电视机稍高,人们也会乐意购买。

由于日本电视机厂商协调地使用营销因素组合策略,日本电视机一度在中国市场占据相当大的优势。

(资料来源:https://wiki.mbalib.com/)

任务二 制定与实施产品策略

一、产品与产品组合

（一）产品的整体概念

产品是企业从事生产经营活动的直接成果，是买卖双方从事市场交易活动的基础。产品是市场营销策略四大要素中的基础和支柱，在市场营销业务活动中占据首要的地位。

1. 产品的概念

通常产品是指通过生产劳动创造出来的，具有一定形状和用途的物体，如食物、服装、交通工具等。但是从市场营销的角度看，产品是指能够提供给市场被人们使用和消费，并满足人们某种需要的任何东西，包括有形物品、服务、人员、观念及其组合。

在现代市场营销学中，产品概念具有宽广的外延和深刻的内涵。产品是通过交换而获得的需求满足，即凡是提供给市场的，能满足顾客需求和欲望的任何有形产品与无形服务均为产品，这就形成了产品的整体概念。

2. 产品的整体概念

产品的整体概念包括核心产品、形体产品和附加产品三个层次，如图 7-2 所示。

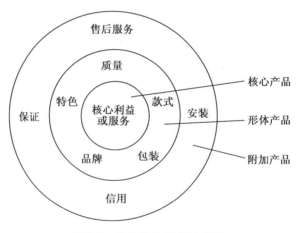

图 7-2 产品整体概念示意图

（1）核心产品

核心产品是满足顾客需要的核心内容，是顾客所需要购买的实质性的东西，是产品最基本的层次。例如，粮食的核心是满足充饥和营养的需要，服装的核心是保护和美化身体的需要。顾客购买产品不是只为了获得产品本身，而是为了满足他们的某种欲望和需要，营销人员的任务就是要发现隐藏在产品背后的真正需要，把顾客所需要的核心利益和服务提供给顾客。

（2）形体产品

形体产品是指呈现在市场上的产品的具体形态，是核心产品的物质承担者，一般是以产品的外观、质量、特色、包装、品牌等形式表现出来，是顾客购买产品时选择、鉴别的依据。市场营销人员应首先着眼于顾客的实际利益，更好地满足顾客需求，然后去寻求实际利益得以实现的最佳形式，进行产品设计。

（3）附加产品

附加产品是指产品提供给消费者的各种附加服务或利益，包括免费运送、安装、咨询服务、产品保证、技术培训、维修等在消费领域中所给予顾客的好处。在各企业产品更新换代能力逐步接近的情况下，利用形体产品本身的因素赢得竞争主动权的机会越来越小，经营者争夺消费者的主战场将逐步转移到相关服务上来。

案例链接 7-2

如何用产品整体概念分析来分析一场演唱会

某次课堂上，老师提出一个问题：如何用产品整体概念分析来分析一场演唱会？同学们纷纷讨论起来，其中刘思思同学的答案是这样的：

① 歌手唱了、观众听了，演员演了、观众看了，该请的嘉宾请了、说好的歌单唱了，这就有了核心产品。

② 舞台炫酷华丽、音响效果震撼，演唱会主题突出、气氛良好，这些都属于有形产品。

③ 歌迷可以自愿选择多花钱坐前面，再多花钱可以与明星互动、参与抽奖、拍照留念之类的，还有演唱会推出相关的签售、粉丝见面会、演唱会预热直播之类的就属于附加产品。

④ 通过大麦网卖票隔绝黄牛党炒票，确保粉丝买票的安全感；演出经纪公司安排得妥当、经纪人给演员拉来靠谱的资源给自家粉丝带来的信任感；明星在现场与粉丝互动感动落泪让观众感受到其真诚、"宠粉"等特质；等等，这些在观众心中的印象加分的项目就属于心理产品范畴。

老师追问她以上几层产品的区别与联系时，刘思思同学是这样回答的：

基本效用必须做到，否则观众不满意，所以核心产品是基础；有形产品可以用来宣传、传播，用来提升观众体验，基本效用要靠这些来实现，所以必须有，但是每场演唱会、每个主办方都可以在这方面做点儿差异化的文章；附加产品不是必须有，但是可以单独收费，提升客单价创造超额利润；心理产品属于公关范畴，为公司提升影响力，为明星提升人气，为巡演打下口碑，让粉丝忠诚于明星，短期内不一定能赚钱，但是从长期看可以稳固关系，发展粉丝经济。

分析思考：

① 刘思思同学将产品整体分成了几个层次？各层次之间有着怎样的区别与联系？

② 如果让你来回答老师的提问，你会提出哪些与刘思思不同的观点？

总之，产品整体概念包括有形的与无形的、物质的与非物质的、核心的与附加的等多方面的内容，它不仅要给顾客以生理上、物质上的满足，还要给予心理上、精神上的满足。产品整体概念体现了以顾客为中心的现代市场营销观念，只有懂得产品整体的含义，才能真正贯彻市场营销观念的要求，全面满足顾客的需要，才能提高企业的声誉和效益。因此，制定营销组合策略首先要树立产品整体概念。

知识拓展

表 7-1 产品的有形特征和无形特征

有形特征		无形特征	
物质因素	具有化学成分、物理性能	信誉因素	知名度
经济因素	效率、维修保养、使用效果	保证因素	"三包"和交货期
时间因素	耐用性、使用寿命	服务因素	运送、安装、维修、培训
操作因素	灵活性、安全可靠		
外观因素	体积、重量、色泽、包装、结构		

3. 产品分类

产品可以从不同角度进行分类，在市场营销观念下，产品分类的思维方式是要求每一个产品类型都要有与之相适应的市场营销策略。

(1) 按产品的有形性和耐用性，可将产品分为耐用品、非耐用品和劳务

耐用品是指在正常情况下能够长久使用、价格较高的有形物品，比如生产设备、家具、住房、汽车等。消费者对耐用品的质量要求较高，需要有较多人员的进行推销和服务，企业要注意树立良好的形象。

非耐用品是指在正常情况下消费周期短，容易消耗掉的有形物品，比如文化用品、日常生活用品等。非耐用品是消费者经常使用的低值易耗品，企业应该多设零售网点，方便消费者；实行低价政策，薄利多销；大量运用广告来吸引消费者试用，促使消费偏好的形成。

劳务是指为提供出售的活动、服务或享受，比如修理、诊疗、咨询、家政等服务。劳务具有无形、易变、不可储存等特点，企业应注意服务的宣传，加强对服务质量的控制，提高供应商的信誉。

(2) 按消费者购买习惯划分，可将产品分为便利品、选购品、特殊品和未寻求品

便利品是指消费者经常使用和随时购买的产品，比如食品、卫生清洁用品等。便利品的销售，最重要的是在时间、地点和销售方式上为顾客提供最大限度的便利。

选购品是指消费者在选购过程中，对产品的质量、价格、款式等方面需要进行权衡比较才能决定是否购买的产品，比如贵重首饰、高档服装等。企业经营这类产品，应在质量和特色方面特别注意，配备训练有素的推销人员，为消费者提供信息服务和咨询服务。

特殊品是指特定品牌或独具特色的产品，是消费者愿意花较多费用、精力和时间去购买的产品，比如名烟、名酒、名茶等。企业不需要太多的销售点，但必须注意品牌的创立和宣传，培养消费者对品牌的忠诚度。

未寻求品是指消费者不知道或者知道而没有兴趣购买的商品，比如刚上市的新产品。企业必须加强对产品的广告宣传和推销工作，使消费者对产品有所了解，发生兴趣，以吸引潜在的顾客，扩大销售。

(二) 产品组合及相关概念

企业为了满足目标市场的需要、扩大销售、增加盈利，必须根据市场需要和企业资源等条件，确定产品组合。产品组合是指一个企业生产经营的全部产品线和产品项目的有机结合，即企业的业务经营范围。产品组合的相关概念包括产品线、产品项目及产品组合的宽度、深度和关联度等。

1. 产品线

是指企业生产或经营的一组密切相关的、具有相同或类似的使用功能、能满足顾客同类需求的产品。

2. 产品项目

是指产品线中各种不同型号、规格、款式的特定产品。

3. 产品组合

包括宽度、深度和关联性三个因素。

(1) 产品组合的宽度

是指一个企业的产品线的数量，它反映了一个企业市场服务面的宽窄程度和承担投资风险的分散能力。宽的产品组合，可以充分利用企业资源，满足多方面需求，减少经营风险；窄的产品组合，可以集中企业能力，专业化经营，提高企业声誉。

(2) 产品组合的深度

是指企业每一产品线中产品项目的数量，反映了一个企业在同类细分市场中满足顾客需求的程度。通过计算每一条产品线中产品项目数，可以得出产品组合的平均深度。深的产品组合，能满足同类产品的不同消费需求，扩大市场占有率；浅的产品组合，便于企业发挥优势，创立名牌产品。

(3) 产品组合的关联性

是指企业各系列产品在生产条件、最终用途、销售渠道等方面的相关程度。产品组合的关联性强，有利于企业巩固市场地位，提高企业声誉，充分利用企业资源。

产品组合包含的因素不同，就构成了不同的产品组合。示意图7-3是某饲料厂的产品组合：

从图中可以看出，该企业的产品组合有4条产品线，就是说产品组合的宽度为4；猪料产品线包括4个产品项目，即该产品线深度为4；该企业产品组合的深度为12，则其产品组合的平均深度为3；产品组合的关联性很强。

图7-3　产品组合示意图

（三）产品组合策略

产品组合策略主要有多系列全面型、市场专业型、产品专业型、特殊专业型等几种。

1. 多系列全面型策略

多系列全面型策略是指企业尽可能地增加产品线的宽度和深度的产品组合，向消费者提供更多更全面的产品。提供的产品既可以是关联性强的产品，也可以是不同行业的产品。采取多系列全面型策略，可以扩大营销规模，增强营销能力，提高企业的市场占有率。但要求企业要有充足的人力、物力、财力和技术力量，能够生产经营各种产品和服务，否则企业经营面过大，很容易陷入困境。

2. 市场专业型策略

市场专业型策略即企业以某一特殊细分市场作为服务对象，为其提供所需要的各种产品。这种策略，以满足同一类消费者的需要为出发点，而不考虑产品系列之间的关联性，有利于企业占领专业市场，提高企业知名度，增强市场竞争力。

3. 产品专业型策略

产品专业型策略是指企业只生产经营某一类产品，来满足消费者的需要。这种组合的产品关联性较强，可以有效地提高企业在某一特定市场上的产品占有率。

4. 特殊专业型策略

特殊专业型策略即企业根据自身的专长只生产经营少数几个项目的产品，以满足少数特殊的细分市场的需要。采用这种组合方式，专业化程度较高，易于管理，因而它适合小型企业。

（四）产品组合调整策略

产品组合确定后并不是一成不变的，需要根据市场环境、企业经营策略等因素及时进行调整。产品组合的调整策略包括产品线延伸策略、产品线扩充策略、缩减产品组合策略等。

1. 产品线延伸策略

产品线延伸是指将产品线加长，增加经营品种，扩大经营范围，包括向下延伸、向上延伸和双向延伸三种策略。

（1）向下延伸

原来生产或经营较高档次产品的企业，根据市场需要增加生产经营较低档次的产品。向下延伸通常适合于以下几种情况：一是高档产品受到竞争者的威胁；二是高档产品销售量下降；三是企业早有准备要向下发展，原来高档产品的经营只是为了树立企业形象；四是发现低档产品的市场空缺。但向下延伸策略也可能会产生一些相反的作用，比如可能会影响企业形象，使原来高档商品的市场更加萎缩，或导致竞争对手参与高档产品的竞争。

案例链接 7-3

派克笔走下神坛

美国"派克牌"金笔很久以来一直是世界上最著名的老牌产品之一。拥有派克笔是身份和体面的标志。许多社会上层人物都喜欢带一支派克笔。1983年，为了占领更大的市场份额，派克公司将产品向3美元一支的低档产品延伸，并且迅速扩大了产量，结果不但没有顺利进入低档笔市场，反而丧失了一部分高档笔市场，市场占有率大幅度下降。

盲目地延伸品牌，扩充产品线，大举进入低端市场，最终损害了原品牌的高贵形象，失去了高端市场的霸主地位，削弱了品牌力，使优秀品牌大幅贬值，沦为"大路货"。派克笔在低价上寻求市场，无异于自取其辱。派克公司本来是生产高档产品的公司，并且一贯以质优价高著称。

依据消费者的心理，派克公司应该继续走高端路线，不断巩固自己的市场地位，提升品牌和产品形象，赢得消费者的长期青睐；如今突然寻求低价市场，不仅令消费者怀疑这批低价产品的质量，影响新产品销售，更为糟糕的是，这会引起连带效应，使派克公司的盖世英名毁于一旦，派克公司几乎濒临破产。

（2）向上延伸

原本生产经营低档产品的企业，增加高档商品的生产和经营，称为向上延伸。向上延伸适用于以下几种情况：一是为了追求高档商品较高的回报；二是为了形成完整的产品线，节约企业资源；三是为了改变企业形象。但向上延伸策略也有一定的风险，比如可能导致部分企业采用向下延伸策略，威胁本企业现有市场；消费者对企业的高档化是否信任；企业原有的技术及销售人员能否适应这种变化；等等。

（3）双向延伸

即原来生产中档产品的企业，在一定条件下，向高档化和低档化两个方向延伸。企业进行双向延伸的主要目的在于扩大市场范围，开拓新市场，适应不同的市场需求，但其承担的经营风险也更大。

2. 产品线扩充策略

产品线扩充即增加产品项目，主要方式有以下三种。

（1）平行式扩充

即企业在综合力量允许的范围内，挖掘生产经营潜力，开辟新的生产线，扩大产品组合的宽度。

（2）系列式扩充

即充分利用现有的生产能力，发挥自身的特长和优势，发展多种型号、规格、款式的产品，增加产品组合的深度。

（3）综合式扩充

即企业综合利用原料及设备，生产与原有产品关联不大甚至无关的产品，通常与费料处理及防治污染结合进行。

扩充产品线的目的主要包括以下几种：一是为了增加利润；二是为了满足经销商的要求；三是为了利用过剩的生产经营能力；四是试图在行业中取得主导地位；五是为了阻止竞争者的进入。但要注意，过多的产品项目，也会造成产品的相互冲突，影响消费者的选择。

3. 缩减产品组合策略

缩减策略就是缩小产品组合的宽度和深度，实行集中经营。这种策略适用于企业经营不景气或市场环境恶化时采用，或是企业要在产品组合中剔除一些获利较小的项目，从而集中资源开发盈利能力强的产品。

采用这种策略具有以下优点：集中力量，降低消耗；减少资金占用，加速资金周转；进行专业化生产，提高劳动生产率；广告效果集中，营销配置更加完善。但应当注意，企业不能消极地缩减产品组合，而应该以退为进，积极地变被动为主动。

二、产品生命周期策略

产品在市场上销售量和盈利率会随着时间的推移而变化，企业必须通过判断产品所在阶段及未来趋势，根据产品特性和市场需求改变产品的市场营销战略，才能在动态市场中生存和发展。

（一）产品生命周期的概念

产品生命周期，又称产品寿命周期，是指一种新产品研制成功后，从进入市场到退出市场的全过程。在一般情况下，根据产品销售变化的情况，可以把整个产品生命周期划分为四个阶段，即投入期、成长期、成熟期和衰退期，如图7-4所示。

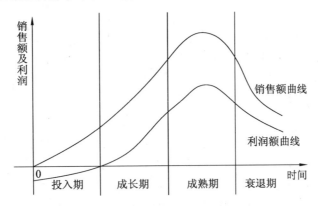

图7-4 产品生命周期示意图

1. 产品生命周期概念的理解。理解产品生命周期的概念，就注意以下几个问题：

（1）产品市场寿命与产品使用寿命是两个不同的概念

产品使用寿命是产品的自然寿命，是产品从投入使用到损环报废为止所经历的时间，实际上是指产品的耐用程度。产品的市场寿命是产品在市场上的变化过程，是产品的经济寿命。二者之间没有必然联系。

（2）对产品生命周期的分析，必须把产品种类、产品品种和产品品牌区分开来

一般来说，产品种类的市场寿命最长，因为人的基本需要是长存的；产品品种的市场寿命周期最接近典型模式，寿命的长短取决于科技进步的速度；产品品牌的市场寿命比较短，主要取决于市场竞争状况。

（3）产品的生命周期曲线与正态公布正弦曲线有别

产品生命周期曲线作为反映产品在市场上变化情况的模型，与正态分布正弦曲线相似，但这只是一条理论上的典型化的曲线。在实际市场营销活动中，许多产品的生命周期及经历的时间长短是不同的。

2. 产品生命周期的判断

为了保证营销人员所做的决策与产品生命周期的所处阶段相适应，对产品生命周期阶段的判断就显得十分重要。

（1）曲线图判断法

曲线图判断法是将产品的销量、利润数据绘制成曲线图，与产品生命周期标准曲线相对照，从曲线走向判明产品处于生命周期的阶段及其未来走向。这种判断法比较直观、形象、简单可行。但局限性大，没有把许多变形曲线形态及成因考虑在内。

（2）类比判断法

根据市场上同类产品生命周期发展趋势，来对比本产品，判断其所处阶段。运用这种方法，首先要获取完整、可靠的资料，而且产品生命周期走向明显，否则没有类比价值。

（3）经验判断法

经验判断法又称智能判断法，是凭借判断者的经验或分析能力来判断产品所处的阶段。这种方法简单，不需要复杂的绘图或计算，但有时可靠程度不高。

（4）销量增长率判断法

销量增长率判断法首先要列出产品生命周期各阶段销量增长率的理论值，然后将产品销售的实际增长率与理论值对照，就可以判明产品所处的阶段。实际销量增长率的公式为：

$$销售增长率 = \frac{本期销量 - 上期销量}{上期销量} \times 100\%$$

一般来说，产品销售增长率大于10%为成长期，小于0为衰退期，处于0.1%至10%之间为成

熟期。

（二）产品生命周期各阶段的特点

1. 投入期的特点

投入期是指产品刚刚进入市场，处于向市场推广介绍的阶段。这时，消费者对产品还不了解，销量很低，可能只有少量消费者购买，销售增长率低。为了扩大销售，需要大量的促销费用，对产品进行宣传。由于技术上的原因，投入期的产品不能大批量生产，导致生产成本较高，销售额增长缓慢，企业只获微利甚至亏损。

2. 成长期的特点

成长期是指产品已经为广大消费者接受，销售量迅速增加的阶段。这时，消费者对产品已经了解并开始接受，销量大大增加，市场逐步扩大。产品已经具备大批量生产条件，生产成本相对下降，产品价格趋于下降，销售金额迅速增加，利润也迅速增长。但随之而来的是日渐激烈的竞争，销量及利润的增加会导致大批企业进入市场，参与竞争。

3. 成熟期的特点

成熟期是指产品在市场上已经普及，市场容量基本达到饱合，销量变动较小的阶段。此时市场需求趋于饱和，潜在消费者已经很少，销售量及利润增长缓慢甚至有可能停止或下降。竞争非常激烈，促销费用大大增加，利润下降。

4. 衰退期的特点

衰退期是指产品已经过时，新产品或替代品的出现使产品销售量迅速下降的阶段。竞争的加剧，将导致有些消费者的选购偏好转向，销售量迅速下降，利润额迅速减少，企业陷入困境。

（三）产品生命周期各阶段的策略

1. 投入期

对于处在投入期的产品，企业营销重点主要集中在促销费用和价格上。其主要策略包括：

（1）快速掠取策略

快速掠取策略即采取高价格、高促销费用的策略。企业在制定高价格的同时，开展大规模的促销活动，以求迅速扩大销量，占领市场。比如流行商品、特有产品可以采用这种策略。它适用于求新为主，愿出高价的消费群体。

（2）缓慢掠取策略

缓慢掠取策略即采取高价格、低促销费用的策略。这种策略可以使企业获取更多的利润。它适用于市场规模小，消费者对价格不敏感、竞争不激烈的产品。

（3）快速渗透策略

快速渗透策略即采取低价格、高促销费用的策略。这种策略的目的是迅速扩大市场、占有最大的市场销售份额。其适用的条件是：产品市场容量大，消费者对价格较敏感，潜在竞争比较激烈，单位产品生产成本将会随着产量的扩大而明显下降。

（4）缓慢渗透策略

缓慢渗透策略即采取低价格、低促销费用的策略。目的是在市场竞争中以低价取胜，稳步前进。其适用的条件是：产品市场容量大，消费者对价格较敏感，潜在竞争者较多。

2. 成长期

对于处在成长期的产品，企业的重点是继续扩大市场占有率，树立产品和企业形象。主要策略包括：

（1）改善产品品质

如改进产品质量，增加产品品种和花色等，来提高产品的竞争能力，满足消费者更广泛的需求，吸引更多的顾客。

（2）寻求新的细分市场

企业通过加强市场调研，运用细分策略，找到新的尚未满足的细分市场，根据市场需要组织生产，增加销售网点和代理机构，开辟新市场。

（3）改变宣传重点

广告促销要从介绍产品转移到宣传特色、树立新产品形象上来，确立产品的知名度，维系老顾客，吸引新顾客。

（4）适当采取降价策略

企业通过采用适时、适度的降价策略，激发那些对价格比较敏感的消费者产生购买动机并实施购买行为。

3. 成熟期

对于处在成熟期的产品，企业重点应放在保持产品市场销售份额上，尽量延长产品的生命周期。主要策略有：

（1）市场改良策略

企业通过发现产品的新用途或改变推销方式，使产品销量增大。可以从三个方面进行改良：一是寻找新的细分市场，发现产品的新用途，延长成熟期；二是寻找刺激消费、增加产品使用频率的方法；三是重新进行市场定位，寻找潜在顾客。

案例链接 7-4

从豆浆到维他奶的案例分析

一碗豆浆、两根炸油条，三顿美餐中的第一餐，这是长期以来中国人形成的饮食习惯。豆浆，以大豆为原料，是豆腐作坊的副食品，在中国已经有两千多年的历史，以前，喝它的人都是中国的老百姓。豆浆的形象与可乐、牛奶相比，浑身上下冒着"土气"，但是现在，豆浆在美国、加拿大、澳大利亚等国的超级市场上都能见到，与可乐、七喜、牛奶等国际饮料并列排放，而且价高位重。

它改了名，叫维他奶。

豆浆改名维他奶，是香港一家有几十年历史的豆品公司为了把街坊饮品变成国际饮品，顺应不断变化的价值观和现代人的生活方式，不断改善其产品形象而采取的策略。维他来自拉丁文 Vita，英文 Vitamin，意为生命、营养、活力等，而舍浆取奶，则来自 soybean milk（豆奶，即豆浆）的概念。

维他奶豆奶于 1940 年 4 月 3 日面世，首家维他奶工厂位于香港岛铜锣湾记利佐治街，首天只售出 6 瓶豆奶，售价为港币 6 元。维他奶早期是由售货员以自行车逐户派送，加上早期维他奶没有经过消毒杀菌处理，产品容易变质，需要即日饮用，因此未受消费者欢迎，第二次世界大战前每日约售 1 000 瓶。

维他奶，现在生产厂房遍及中国大陆、香港、澳大利亚和美国，由香港上市公司维他奶国际集团有限公司管理，该公司也以"维他"作为旗下其他饮料产品，包括果汁、牛奶、茶类饮品，汽水、蒸馏水及豆腐等产品的品牌。维他奶之所以能够取得今天的辉煌成绩，与其适时调整品牌定位、内涵与核心价值，顺应消费者心理需求变化有着密切联系。

（一）曾经的牛奶替代——穷人的牛奶

70 年前，香港人生活不富裕，营养不良，各种疾病普遍。当时生产维他奶就是要为营养不良的人们提供一种既廉价又有营养价值的牛奶替代品。维他奶豆奶由创办人罗桂祥博士研制，希望能够为香港一般家庭提供一种廉价而蛋白质丰富的饮品，作为价格较为昂贵的牛奶的替代品。直至 20 世纪 70 年代，维他奶都是以普通大众的营养饮品这个定位出现于市场，是"廉价饮品"的形象。

由于维他奶推出时一直标榜自己的健康形象，以"点只汽水咁简单"（岂止汽水这般简单）的口号作为招徕手段，故不少校规比较严的学校亦破例容许维他奶在学校小卖部寄卖。学校里售卖的维他奶一般为玻璃樽装。在寒冷的冬季，喝小卖部出售的热维他奶，是不少香港人的童年回忆。

（二）穷人剧减，营养不缺的年代

到了 20 世纪 70 年代，香港人的生活水平大大提高，一般来说，营养并不缺乏。也就是说，消费者的经济条件改善以后，对产品的需求也随之改变。豆奶公司通过观察发现，在汽水摊位前，喝汽水特别是外国汽水的人"大模大样"，十分潇洒；而喝维他奶的人，就在一旁遮遮掩掩，怕被人看见。于是，豆奶公司的业绩陷入了低潮。

（三）年轻人的"休闲饮品"

为摆脱危机，豆奶公司对维他奶重新定位，以年轻一代为目标市场，使维他奶像其他汽水一样，与年轻人多姿多彩的生活息息相关。

相应的广告诉求也与该定位吻合。比如当时的一个电视广告，背景为现代化城市，一群年轻人拿着维他奶随着明快的音乐跳舞……

（四）树立"经典饮品"的形象

到了80年代，香港的年轻人对维他奶的"休闲饮品"的定位已经不再满足。于是，为了满足顾客需求，从1988年开始，广告重点突出维他奶亲切、温情的一面。对许多香港人来说，维他奶伴随着个人的成长，因此他们对维他奶有特殊的亲切感和认同感。维他奶是香港本土文化的一个组成部分，是香港饮食文化的代表作之一。维他奶对香港人就像可口可乐对美国人一样。

（五）打入国际市场

针对美国等国际市场上的消费者脂肪过多的问题，维他奶的定位转为高档的"天然饮品"，即没有加入色素和添加剂等人工成分，脂肪含量低，这一定会大受国际市场的欢迎。结果，维他奶演绎了历史性的趣事，从低价格的穷人"牛奶"到高价格的低脂健康"牛奶"。

分析思考：

① 为什么豆浆改为维他奶能长期占领市场？
② 香港豆品公司是如何调整经营策略的？
③ 随时间推移，维他奶的市场前景如何？为什么？
④ 怀旧情绪对企业的市场营销活动有什么影响？举若干事例说明。

（资料来源：《现代交际》2007年第3期）

（2）产品改良策略

以产品自身的改变来满足消费者不同的需要，吸引有不同需求的消费者，做到人无我有、人有我优。

（3）市场营销改良策略

通过改变市场营销组合因素延长成熟期。比如降低价格、增加销售网点、改进宣传、加强售后服务等。

4. 衰退期

对于处在衰退期的产品，企业要认真地进行分析，选取应对的策略。主要策略有：

（1）持续营销策略

即继续沿用以前的策略，在营销组合上保持原状。由于过多的竞争者退出市场，企业可以通过提高服务质量、发挥经营特色等手段，将现有的顾客集中到自己的营销范围内。

（2）集中营销策略

企业把营销能力和资源集中到最合适的细分市场来，缩短经营渠道，减少目标市场，从而维持产品的经营。

（3）缩减营销策略

精简营销人员，降低促销费用，从忠实于本企业产品的顾客中获取眼前利润。

（4）放弃营销策略

企业放弃原有产品的经营，停止生产，将资源致力于新产品的开发与推广。

三、新产品的开发与推广

因为绝大多数产品都具有生命周期特性，特别是新技术的应用，使得产品的更新换代更为迅速。企业要在激烈的市场竞争中生存和发展，就必须不断地开发新产品。可以说，新产品开发过程就是企业创造生命力的过程。

（一）新产品的概念和种类

新产品是指产品整体概念中任何一部分的创新或改变，具体包括以下几类：

1. 全新产品（新发明的产品）

全新产品是由于科学技术的突破、新材料和新技术的应用而制造生产的市场上从来没有出现过的产品。这类新产品是很难开发的，因为一项科学技术的发明，要用很长的时间，有一个从理论到实践、从实验室到企业生产的过程，要花费大量的人力和资金。所以，全新产品往往会改变人们的生产方式和生活方式，但这类产品进入市场时，要有一个接受和普及的过程。

2. 换代新产品

换代新产品是指部分采用新材料、新技术或新原件制成的，使原有产品性能和效用有飞跃性提升的产品。比如某些优质抗病作物，是在人工接种鉴定筛选及其遗传规律研究的基础上，杂交而成的，其品质、抗病性、丰产性都优于原作物，即为新产品。这类新产品与全新产品相比，开发难度较小，便能适合新用途，满足新需要，应是企业重点研究和开发的项目。

3. 改进新产品

改进新产品是在原有产品的基础上，从结构、质量、款式、品种、功能等方面加以改进的产品。比如将某些鲜果通过加工，制成果汁、果酱或其他果产品的开发就形成了改进新产品。改进新产品是市场上大量出现新产品的主要来源，也是企业开发的重点，因其研制更为容易，也更容易被顾客接受，所以竞争也更为激烈。

4. 仿制新产品

仿制新产品是指对现有产品只做很小改变，突出某个特点来形成新产品，或对市场某种畅销产品进行仿制，标出新牌子而形成的产品。这类新产品与原有产品差别不大甚至没有差别，进入市场后，容易为消费者接受，竞争者也容易模仿，竞争尤为激烈。但企业在开发生产仿制新产品时，要注意产品专利权的问题，不能违法。

（二）新产品开发的意义和原则

1. 新产品开发的意义

新产品开发的意义主要有以下几点：

（1）新产品的开发有利于及时满足消费者需求的变化

企业经营的目的，就是满足消费者的需要，而人们的需要是不断变化的，且变化的周期越来越短。因此，企业只有不断地创新产品，才能不断地适应市场需求变动的趋势。

（2）新产品的开发有利于企业在市场竞争中增强竞争力

开发新产品可以增加企业产品的市场占有率，维护企业在消费者心中的声誉和形象。消费者对产品的评估更注重产品的质量、功效、外观和服务，只有引起消费者兴趣的新产品，才会受到消费者的欢迎。

（3）新产品的开发有利于减少企业风险，充分利用企业的资源，提高企业的效益

在当今市场上，产品生命周期越来越短，一旦企业的主要获利产品进入衰退期后，企业的利润就大受影响。企业只有不断地开发新产品，使企业不断拥有新的产品，才能减少因原有产品疲软而引起的风险。

2. 新产品开发的原则

新产品开发需要遵循以下原则：

（1）产品要有市场

企业必须适应市场发展需要，通过市场调查和预测，力求准确地把握消费者的现实需求和潜在需求及发展趋势，开发适销对路的产品，保证市场有一定的容量。

(2) 企业要有能力

开发新产品不但要符合市场需要，还应能够发挥企业优势。企业应根据自身的技术、设备、原料和资金等条件确定新产品的开发方向，并形成一定规模的生产力。

(3) 产品要有特色

企业推出的产品要有新的性能、用途等。新产品与原有产品相比，要有相对优势，使消费者感觉到不同，从而产生购买欲望。

(4) 经营要有效益

在开发新产品之前，要进行可行性和成本效益分析。既要考虑合适的价格，又要考虑投资和收益的比例。此外，还要注意顾客的安全、健康和社会公众利益。

(5) 开发要有方向

随着科学技术的发展和市场需要的变化，新产品的需求是多样的。从消费者的心理分析上看，新产品的开发主要有以下几个方向：

① 多能化，即扩大产品的使用范围，做到一物多用。
② 微型化，产品在性能不变的情况下，缩小体积，减少重量，便于携带和使用。
③ 简便化，新产品要求结构简单，使用方便，自动化程度高。
④ 多样化，生产多种型号、品种、档次的产品，满足消费者不同层次的需要。
⑤ 健康化，新产品要能给消费者带来健康，要从营养、美观、舒适等方面满足消费者的需求。
⑥ 公益化，新产品应有利于节省能源和材料，在生产和使用过程中不污染环境。

(三) 新产品开发的方式

采用什么样的方式开发新产品，是企业进行新产品开发时需要解决的重要问题，一般有四种方式可供企业选择。

1. 独立研制型

即企业依靠自己的科研、技术力量研究开发新产品。这种方式可以密切结合企业的特点，容易形成本企业的产品系列，使企业在某一方面具有领先地位，但独立研制需要较多的研制费用，适用于实力雄厚的大企业。

2. 引进型

即企业利用已经成熟的制造技术，借鉴别人已经成功的经验开发新产品。采用这种方式不仅可以缩短开发新产品的时间，节约研制费用，还可以促进技术、生产效率及产品质量的提高。但要注意，从生产企业引进的技术，通常是别人用过的，企业要分析自己的竞争能力。

3. 研制与引进相结合型

即在开发新产品的方式上，既重视独立研制，又重视技术引进，二者有机结合，互为补充，会产生更好的效果。目前，这种开发方式较为普遍。

4. 协作研制型

即企业与企业、企业与科研单位、企业与教学部门等之间协作开发新产品。这种方式，有利于充分利用社会的科研力量，弥补企业技术力量的不足，有利于把科技成果迅速转化为生产力，发挥各方面的力量和长处。

(四) 新产品开发的程序

开发新产品是一项十分复杂细致的工作，从营销的角度来看，产品开发主要包括七个阶段。

1. 构思的形成

构思是指企业对满足一种新的市场需求的设想。产品的构思方法主要有：

(1) 产品属性列举法

产品属性列举法即把现有产品的属性一一列出，然后设想改进某种属性，形成构思，比如提高某些食品的药用价值。

(2) 强行关系法

强行关系法即列举若干不同的产品，然后考虑把两种或几种产品结合起来，产生另一种新产品，比如将两种水果嫁接形成新的品种。

(3) 消费者问题分析法

消费者问题分析法即调查了解消费者在使用产品时所发现的问题，然后根据消费者的问题寻求解决的方法，形成新产品的构思。

(4) 聚会激励创新法

聚会激励创新法即将有见解的专业人员集合在一起，提出问题，提出设想和建议，经过分析归纳，形成新的构思。

(5) 征集意见法

征集意见法即通过调查了解消费者的需求，征求科技人员意见，询问专业开发人员想法，长期坚持，形成制度，以发现新的构思。

2. 构想的筛选

企业在形成对新产品构思的基础上，对出现的新产品构思进行筛选，以便将目标集中在有开发前途的产品上。企业在对新产品构想进行筛选时，既要防止对那些好的设想的潜在价值估计不足，又要防止误选缺乏营销前途的设想。为此，企业应制定新产品设想评价表，组织有经验的管理人员和专家参加评价，从质量目标、技术水平、市场规模、竞争状况等方面进行评价，选出好的构思。

3. 概念产品的形成与试验

筛选后的构想经过开发程序，形成具体的概念产品。一种产品构想可能衍生出多个概念产品。概念产品形成后，还要进行概念的检验。这时，企业可以邀请潜在的顾客和专家对概念产品进行讨论评价，根据他们提出的意见，与相似产品的属性进行比较，最后通过实物模型和文字表达出来。

4. 市场分析

市场分析是对已基本定型的产品概念进行分析论证，以便在发生进一步开发费用之前，剔除不能盈利的设计。这一阶段重点是从财务上分析预测新产品的销售量、成本、利润和投资回收期等，对新产品进行更加详细的实质性的经济分析，来判断产品是否有发展前途。常用的效益分析有盈亏平衡销售量法、投资回收期法、资金利润率法、利润贴现法等。

5. 新产品研制

这是把新产品概念转变为新产品实物的过程。这一阶段包括三方面的工作：首先是通过技术设计研制出不同产品因素组合的新产品。然后通过技术检验部门测定和潜在的用户试用，鉴别新产品质量的优劣。最后将定型的新产品送有关部门进行鉴定。

6. 市场试销

市场试销就是把研制出来的产品投放到经过挑选的有代表性的市场，进行小范围的销售试验，以检验在正常条件下顾客的反应。以此来了解新产品的销售情况，检验产品设计的效果，发现存在的问题和销售组织状况。产品试销的方法主要包括标准市场试销法、控制市场试销法和模拟市场试销法。是否需要试销因产品而异，当企业对产品把握不大或生产需要大量投资时，一般需要试销。但试销有时不能正确反映市场需求，且容易泄漏企业信息，被竞争对手所利用。

7. 正式生产

经过试销获得成功的产品，即可大批量投入生产和全面上市，由此新产品进入商业化阶段。新产品上市要注意以下几方面的工作：一是选择有利的投入时机，一般来说，新产品投放要以最快的速度进入市场，但换代产品则不然，要在原有产品进入衰退期时进入市场，否则会减少企业盈利；二是选择适当的投入地区，企业可以先向某一市场推出，取得一定的市场占有率后，再扩大到其他市场；三是选择最有潜力的目标市场，即选择最有潜力的消费者群。

(五) 新产品推广

企业为了尽快使研制的新产品在市场上获得成功，必须根据新产品被消费者接受的规律，利用营销因素组合，大力推销新产品。

1. 消费者接受新产品的一般规律

消费者对新产品的接受过程，客观上存在着一定的规律性，一般表现为五个阶段。

（1）知晓阶段

即消费者通过广告等信息渠道获知市场上出现的新产品信息的初始阶段。

（2）兴趣阶段

由于所获知的新产品的某种特性能够满足消费者的潜在需要，消费者便会对新产品产生兴趣，并积极寻求有关新产品的更为详尽的情报，进而产生购买、试用的动机。

（3）评价阶段

在购买动机支配下，消费者一般要反复权衡使用这种新产品的利弊，比较商品的效用和自身的购买能力，评价购买的意义。

（4）试用阶段

经过对新产品的评价，消费者开始少量试用。通过试用，消费者开始正式评价产品，如果满意就会连续购买或推荐他人购买。

（5）采用阶段

消费者试用满意后，就会正式采用，重复购买，经常使用。这时，新产品才算被消费者接受。

2. 消费者采用新产品的类型

在新产品的市场推广过程中，由于受社会地位、消费心理、产品价值观、个人性格等因素的影响，不同消费者对新产品的接受程度有所不同，一般可以分为以下五类。

（1）创新采用者

这一类消费者对新产品非常敏感，市场信息灵通，经济收入较高，勇于革新冒险，以年轻人居多。

（2）早期采用者

这类消费者喜欢比较，生活条件富裕，以领先使用新产品为荣，在群体中具有较高威信。

（3）中期采用者

这类消费者接触外界事物较多，愿意较早跟上潮流，经济条件比较好，对消费行为有较强的模仿心理。

（4）晚期采用者

这类消费者对外联系活动较少，经济条件差，对新产品的使用持观望态度，待大多数人采用后才采取消费行动。

（5）最晚采用者

最晚采用者比较保守，对新产品总是抱观望和怀疑态度，只有当新产品被一致认可后才会采用。

3. 新产品推广策略

新产品的推广，应将重点集中在创新采用者和早期采用者身上，抓住市场上的早期潜在消费者，在取得成效后，迅速推广，扩大市场占领份额。

（1）渐进推广策略

即企业将新产品首先推入主要的市场，然后逐步扩大，稳步将新产品推广到市场。这种策略比较稳妥，能够使产品销量的增加与市场需求的扩大有机结合起来，有利于企业改进和完善计划，稳定提高企业声誉。但是，采用这种策略推广新产品的速度慢，收益率也较低。

（2）急进推广策略

企业在新产品试销效果非常好的前提下，将新产品快速推进新市场。这一策略的优点是收益快，能有效地防止竞争。但促销费用较大，而且要在正确预计新产品发展前景的情况下才能采用。

无论是采用渐进推广策略，还是采用急进推广策略，都要制订周密的计划，且计划与企业的实际生产能力相协调。

四、品牌策略

(一) 品牌的概念

品牌是生产者给自己的产品所规定的名称和标志的总和，可以是一个名称、词语、标记、符号或图案，或是它们的组合，用于区别竞争者的同类产品。品牌是一个系统的概念，包括品牌名称、品牌标志、商标等组成部分。品牌名称是指品牌中可用语言表达的部分。品牌标志是指品牌中可被识别但不能用语言表达的部分，包括符号、图案或专门设计的颜色、字体等。商标是经政府有关机关注册登记受法律保护的，在商品上使用的具有显著特征并能区别商品来源的标记。商标具有区域性、时间性和专用性的特点。

品牌和商标的区别是：品牌是一个商业名称，主要作用是宣传和区别商品；商标也可以起到宣传和区别的作用，但更重要的是商标可以受到法律的保护。品牌和商标有着密切的联系：品牌的全部或部分作为商标注册后，品牌就具有了法律效力；一般来说，商标是品牌的一部分，商标是品牌，但品牌不一定是商标。但它们的基本作用相同，人们常将其看作是同义词。

知识拓展

菲利普·科特勒的品牌六大含义

第一，属性。一个品牌首先应该给人带来特定的属性。

第二，利益。顾客在购买商品的时候购买的是一组利益，品牌属性需要转换成功能利益和情感利益。

第三，价值。品牌还体现了该制造商的价值感。

第四，文化。品牌象征了一定的文化。

第五，个性。品牌代表了一定的个性。

第六，使用者。品牌还体现了购买或使用这种产品的是哪一种消费者。

(二) 商标的功能与价值

1. 商标的功能

商标被企业广泛采用，成为竞争的重要手段，是由其内在功能决定的。商标具有以下功能：

(1) 便于顾客选购

顾客可以根据商标区别商品的不同来源，准确地识别与挑选商品。

(2) 宣传推广商品

企业通过商标的名称、图案、色彩和形象来标明商品、吸引顾客、刺激购买，容易获得信任，增加购买的安全感。

(3) 承诺产品质量

商标注册时，需要呈报产品质量说明，作为监督、执法的依据，品牌由此成为质量的象征。

(4) 维护专用权利

商标注册人对其品牌或商标享有独占使用权、许可使用权、禁止权和转让权等，受到法律保护。

(5) 增加竞争能力

在市场经济条件下，商标不仅具有维护专利权利的防御作用，还可以充当攻击对手的工具，所以被现代企业所重视。

2. 商标的价值

商标作为一种特殊商品，本身也具有价值。

(1) 经济价值

商标也是一种产品，在它的生产过程中也要投入一定的劳动，这些劳动以货币的形式表现出来，就是商标的经济价值。商标的经济价值由两部分组成：一是商标设计制作过程中的费用；二是商标申请注册时的费用。

（2）信誉价值

商标信誉是指商标在市场上的声誉和知名度，其高低由商标所代表的商品竞争力所决定，是企业的无形财富，可以提高企业和产品的竞争能力。

（3）权利价值

商标具有专用权。商标专用权表现为一种财产权，商标专用权的转移实质是一种财产交换关系，由此表现出商标的权利价值。

（4）艺术价值

商标是知识产品的一种，是人类脑力劳动的结晶，能够引起顾客偏爱，扩大销售。商标本身就是艺术产品，有时其艺术价值会超过商品本身的价值。

（三）品牌策略

1. 品牌化决策

品牌化是品牌的根本决策，即企业要决定其产品是否需要品牌。在市场竞争中，品牌可以收到多方面的效果，但要花费巨额的费用，增加产品的成本。但有些时候、有些产品可以不使用品牌，比如产品本质相同或相似的煤炭、粮食等；工艺简单、选择性小的易耗品等。不使用品牌，降低了宣传费用，使产品有了一定的价格优势。

2. 品牌归属决策

大多数产品及其生产经营企业都要使用品牌。这时，企业要进一步决定使用谁的品牌，即品牌归属问题。品牌的归属有三种选择：即制造商品牌、中间商品牌和混合品牌。

（1）制造商品牌

即把全部产品置于生产者品牌之下，产品的质量是由制造者决定的，所以生产者品牌支配着市场，为绝大多数企业所采用。

（2）中间商品牌

一些实力较弱的小型企业，为集中力量进行生产，解决营销经验不足的缺陷，会采用信誉良好、营销体系完善的大型零售终端的品牌。

（3）混合品牌

采用这种策略的方式有两种：一是生产者在部分产品上使用生产者品牌，另一部分采用经销商品牌，在谋求扩大销路的同时，保持企业的品牌特色；二是产品进入新市场后，先采用中间商品牌，时机成熟后再改为制造商品牌。

3. 家族品牌决策

当企业确定了品牌归属之后，还要对企业的各种产品是否使用统一品牌进行选择。

（1）统一品牌

即企业所有产品都采用同一个品牌。其优点是：推出新产品时可省去命名的麻烦，可节省大量的宣传费用，减少新产品推出的难度。其缺点是：其中任何一种产品的失败都会使整个家族品牌受损失，因此必须对产品的质量严加控制。

（2）个别品牌

即企业的各种产品分别使用不同的品牌。其优点是：可以把个别产品的成败同企业的声誉分开，不至于因个别产品的失败损害企业的形象。其缺点是：每个品牌要分别做广告宣传，费用开支较大。

（3）分类品牌

即企业不同类型的产品使用不同的品牌。当企业生产用途截然不同的产品，就不宜用统一品牌策略。比如一家企业既生产服装又生产化妆品，就应该使用两个不同的品牌，以免消费者产生混淆或误解。

(4) 企业名称加个别品牌

即在每一个别品牌前统一冠以生产企业名称。这样，既可以利用企业声誉推出新产品，节省广告费用，又可以保持每种产品和品牌的相对独立性。比如美国通用公司生产的"凯迪拉克""别克""雪佛兰"等汽车都加上"GM"字样的总牌子。采用这种策略既可区分不同特色的产品，又可分享和扩大企业的声誉。

4. 多品牌决策

多品牌策略是指同一企业在同一种产品上设立多个相互竞争的品牌。这样虽然会使原有品牌的销量减少，但几个品牌加起来的总销量会增加。这种营销实践由美国宝洁公司首创，取得了巨大的成功。

多品牌策略的优点是：一是把竞争机制引进企业内部，提高效率；二是企业可以拥有几个细分市场，各自吸引一部分消费者；三是能有效地多占销售商的商品陈列位置，形成规模效应；四是迎合部分品牌转移者的心理。

但要注意，企业如果推出过多的品牌，会使企业的资源过度分散，很难实现较高的盈利，更要避免造成自己品牌之间的互相倾轧。

案例链接 7-5

宝洁公司认为，单一品牌并非万全之策。因为一种品牌树立之后，容易在消费者当中形成固定的印象，不利于产品的延伸，尤其是像宝洁公司这样横跨多种行业、拥有多种产品的企业更是如此。假设宝洁公司的洗发精只用"海飞丝"一个品牌，就会在消费者心中造成"海飞丝"一个品牌的印象，即"海飞丝"就是洗发精的印象，如果再用"海飞丝"去开辟其他种类的产品，就不易被消费者接受。

五、包装策略

(一) 包装的概念

在现代市场营销中，包装是企业树立形象、扩大销售的重要因素，对美化产品、提高产品附加价值、增加产品利润、指导消费有着重要作用。包装是指产品的容器、包装物及其设计装潢。包装一般包括三个层次：内包装，即产品的直接容器；中层包装，即用于保护产品和促进销售的容器；外包装，又称储运包装，指便于储存和搬运的包装。此外，包装上的标签、装潢也属于包装范畴。

(二) 包装的作用

1. 保护商品

这是包装的基本功能，可以保证商品在储存、运输和销售过程中不致因碰撞、震动、挤压、风吹、日晒、雨淋等造成损坏和变质。

2. 识别商品

通过包装的不同造型、色彩、设计风格，可以使消费者容易区别同类商品，为消费者选购带来便利。

3. 促进销售

在商店，首先进入消费者视觉的，不是商品本身，而是包装。产品经过造型美观、色彩绚丽、设计独特的包装，能够激发消费者的购买欲望，进而产生购买行为。

4. 便于使用

商品的物质形态不同、理化性质各异、外部形状迥然，只有经过适当的包装，才能给消费者带来便利，方便购买、携带和保管。

5. 增加利润

精美的包装，可以提高商品的档次，满足某些消费者的特殊需要，使消费者愿意以较高的价格来购买产品，从而提高产品的经济效益。

（三）包装的设计

1. 产品包装设计的要求

产品包装的设计要注意以下几点：

（1）真实性

即包装设计要与商品的价值和质量水平相当。对于贵重商品，包装要烘托出商品的高雅；对于一般商品，包装不能华而不实。

（2）艺术性

即包装造型要美观大方，图案形象生动，不落俗套，避免模仿雷同。包装设计平庸，就不能引起消费者的注意，难以产生购买欲望。

（3）直观性

即包装设计应显示商品的特点和风格。对于以外形和色彩表现特点与风格的商品，比如艺术品，应考虑能向消费者直接显示商品本身，可采用透明包装或开天窗包装等。

案例链接7-6

"白天吃白片，不瞌睡；晚上吃黑片，睡的香"是感冒药白加黑的经典广告词。而其在包装方面同样采取了"白加黑"的方法，黑白分明的外包装以及药片产生的视觉效果，极大地强化了产品的特点，吸引了不少消费者的眼球。

而当感冒药爆出"PPA"事件时，白加黑第一个在包装上打出"不含PPA"的标识，经过短短的一年，"白加黑"单品销售额由此前不到两千万元，猛增至近三亿元，增长到15倍。

（4）文化性

即包装设计应符合顾客的风俗习惯和心理要求，不与民族习惯、宗教信仰相抵触。

（5）准确性

即包装的文字说明应能增加顾客的信任感，准确指导消费。同时，包装上的文字要注意满足消费心理需要。

（6）便利性

即包装造型和结构设计应便利销售、使用、携带和保管。

2. 产品包装设计的内容

产品包装设计的内容主要包括：

（1）包装形状

产品包装形状主要取决于产品的物理性能，比如固体和液体的包装形状就不相同。包装外形应该满足美化商品、对用户有吸引力、便于运输和携带等要求。

（2）包装尺寸

产品包装的大小，主要受目标消费者的购买习惯、产品有效期的影响，力求让消费者使用方便、经济。比如现在水果的包装应由过去的大型包装向小巧灵活包装转化。

（3）包装构造

产品包装的构造设计，要突出产品的特点，突出产品的特色，使产品的包装和性能完美地统一起来。

（4）包装材料

包装材料的选用，要能充分地保护产品，比如防潮、防震等；要有利销售、方便使用，便于储存和陈列；要节约费用，降低价格；严禁使用有毒材料。

（5）文字说明

文字说明要严谨、扼要。文字说明主要包括产品的名称、数量、规格、成分、产地、用途、使用方法、生产日期和保质期等，对某些商品应标明注意事项、副作用等。

（四）产品包装策略

1. 类似包装策略

类似包装策略也称统一包装策略，是指企业生产的各种产品，其包装采用相同的图案、色彩，使消费者很容易认出是同一企业的产品。其优点是：能利用企业传统产品的信誉，扩大影响，促进销售，节省包装设计费用。但这种策略只适用于相同品质的产品，如产品质量相差太大，优质产品将受到一定影响。

2. 差别包装策略

差别包装策略又称等级包装策略，是指按照产品的质量、性能、规格分成若干等级，对高档产品采用优质包装，一般产品采用普通包装，使包装与质量相符，适应消费者的不同购买目的和购买能力。

3. 配套包装策略

配套包装策略也称组合包装策略，是指将企业生产经营的、在使用上有关联的产品组合配套，置于同一包装内，便于消费者购买和使用。比如将牙刷和牙膏进行组合包装，能方便消费者挑选，节省选购时间，产生良好的效果。

4. 利用包装策略

利用包装策略又称双重用途包装策略，是指商品使用完后，包装容器还能移作他用。这种策略的目的是诱发消费者的购买动机，促使有的消费者甚至只为包装物而产生购买行为。但这种包装成本较高，采用时应做权衡考虑。

5. 附赠品包装策略

附赠品包装策略即在商品的包装物内附有赠品或奖券等。这种策略是利用消费者获取额外利益的心理，吸引消费者购买和重复购买，对扩大企业产品销售有一定的作用。

6. 更新包装策略

更新包装策略是根据市场的变化，对产品包装加以改变。当一种包装形式使用时间太长，或当产品质量与竞争对手相近而影响销售时，都可以考虑推陈出新，改变包装。更新包装会起到扩大销售的作用，但轻易改变消费者习惯的产品包装，会产生负面的影响，必须慎重。

▶ **案例链接 7-7**

吴太感康新包装，既有趣又暖心

吴太集团作为中国知名的医药企业集团，现已发展成为集药品生产、销售、研发为一体的多元化实力派集团，一直在不断创新、不断尝试，希望消费者购买的产品除了品质好以外，还能更实用、更贴心。

2016年奥运会期间，吴太感康推出全新外包装设计，以"金牌"形象出现在大众视野，采用一抽一拉的颠覆性药盒设计和可粘贴独立药片包装，更具人性化的设计引发了大众的兴趣和关注。12粒"小勋章"，每粒都是单独包装，红色的绶带，金色的奖牌。可整体也可拆分粘贴于桌面、杯子及触手可及的地方，具有便于粘贴功能，到了吃药时间药片出现在患者眼前，可以有效提醒患者不会忘记吃药，以免耽误病情。同时，感康的包装升级，品质依然优秀如故，并且价格不变。一枚会粘贴的感冒药，打破医药产品的枯燥无趣，主动走进社交圈，玩各种热

剧中插,玩微博,玩直播,推出各种玩法。

有人说它是有感冒以来的一股清流。其实,除了产品包装的创意设计之外,这也是吴太感康的包装策略的具体应用。吴太感康的创意代理商介陌互动,将这次整合推广定位为"产品社交化",让产品本身成为话题和互动的主角,自动融入社交圈,和用户形成软性社交。

吴太感康成为一种感冒提醒、关爱彼此的新方式。让感冒药通过包装创新出关爱力量。

吴太感康不失时机地利用社交媒体展开大讨论:"当女生说她感冒了,如何回应才能保命!"引发关注,提醒网友去吴太感康找答案。

吴太感康携手柳岩、李诞直播教学:该如何关心感冒中的TA?直播观看量达2 105万,最高同时在线人数达1 347万,点赞量为253.3万,微博话题"会粘贴的感冒药"阅读量达1 140万。

此外,吴太感康在热播剧《无心法师2》和《那年花开月正圆》中,进行创意广告植入。后续感康贴还将推出更多趣味性的玩法和营销动作。一枚会粘贴的感冒药,想要表达的,不再仅仅是关心。

(资料来源: https://www.digitaling.com/projects/23494.html.)

任务三 制定与实施价格策略

在市场营销组合中,价格是其中最敏感、最活跃的因素,直接关系到生产经营者的收益水平。产品价格制定得当,会促进产品的销售,提高市场占有率,增加盈利。定价过高,会制约需求,影响销售;定价过低,会降低收益。虽然非价格因素在购买选择中的作用不断加大,但价格依然是决定企业市场份额及盈利率的最基本因素,是市场竞争的主要手段。

一、影响企业产品定价的主要因素

在市场经济条件下,企业作为独立的商品生产者和经营者,可以自主定价。但价格的制定要受一系列内部和外部因素的影响与制约。

(一) 影响产品定价的内部因素

影响产品定价的企业内部因素有很多,但主要有定价目标、营销组合策略和产品成本等。

1. 定价目标

企业产品的定价目标主要包括以下六种。

(1) 以维持企业生存为目标

当企业产品受到生产能力过剩、销售困难的威胁时,维持生存就成为企业的主要目标。在这种情况下,产品定价应尽量压低,把争取迅速出清存货、收回资金、克服财务困难作为准则。只要能保持经营和库存周转,企业便可继续经营,等待情况改变或问题得到解决,再求发展。

(2) 以争取利润最大化为目标

利润是企业经营效果的一个综合性指标,获得最大的利润是企业生存和发展的前提条件。但最高利润不等于最高价格,因为有时价格越高,需求量越小,而需求越小,单位成本越高。由此推算,可以得出各种可能价格下的销售总收入,及不同价格下的总成本,企业可从中选择出总收入与总成本差额最大的价格,以期获得最大利润。但采取这一目标,需要具备以下条件:产品特色突出,质量优秀;或者竞争对手很少,企业实力雄厚,能在短期内占领市场。

(3) 以提高市场占有率为目标

市场占有率是企业经营状况和企业产品在市场上竞争能力的直接反映,关系到企业的兴衰存亡。尤其是当企业的某种产品处于市场成长阶段时，更应该把保持和提高市场占有率作为定价目标。实力雄厚的企业常常以低价策略来提高其市场占有率。近年来的市场营销研究表明，市场占有率与利润率之间存在着很高的内在关联度，市场占有率越高，企业的投资收益率就越高。因此，以市场占有率为定价目标具有获取长期较高利润的可能性。

（4）以争取产品质量领先为定价目标

采用这一定价目标的企业，一般是在消费者中已享有一定声誉的企业，为了维护和提高企业产品的质量与信誉，企业确定较高的市场销售价格。这样，既可以通过较高的价格带来较高的利润，使企业有足够的资金来保证产品质量的领先，还能以较高的价格在消费者心目中形成高品质、讲信誉的印象，有利于保持产品内在质量和外部形象的统一。

☞ **案例链接7-8**

劳斯莱斯一直坚持高价售卖所产汽车，动辄上百万，甚至千万。一方面显示了其自身的与众不同；另一方面，通过高价使消费者感受产品的高质量。据说该车的许多部件都是手工制作，精益求精。出厂前要经过上万千米的无故障测试。内饰十分豪华。拥有劳斯莱斯的顾客中，2/3 的人自己拥有公司，或者是公司的合伙人；几乎每个人都有多处房产；每个人都拥有一辆以上的高级轿车；50%的人有艺术收藏，40%的人拥有游艇；平均年龄在 50 岁以上。可见，在这些顾客心中，劳斯莱斯已不仅仅是一辆汽车了。

（5）以争取较高的投资收益率为定价目标

企业都希望自己所投入的资金能够获得预期水平的报酬，而预期的报酬水平是通过投资收益来反映的。在定价时，追求这一定价目标的企业往往考虑在总成本之外加上一定比例的预期利润。在产品成本不变的条件下，价格的高低取决于投资收益率的大小。企业确定投资收益率的原则是：投资收益率不应低于银行的贷款利率或其他证券利率。

（6）以应付竞争为定价目标

为了应付竞争，企业一般都非常注意收集同行业同类商品的质量和价格资料，与自己的商品进行比较，然后制定出有竞争力的价格。竞争能力较弱的企业，往往都采取跟随强者或稍低于强者的价格；竞争力较强的企业，则可采取高于竞争对手的价格。

2. 营销组合策略

价格是产品营销组合的要素之一，各个营销因素之间互相联系和制约，当其中一个因素变化时，常常会影响其他因素。因此，在制定价格时，必须考虑到其他营销组合因素。

（1）产品因素

企业在制定价格时，必须考虑产品的属性。具有独特属性的产品，其价格可远远超过创造这种属性所花的成本。

（2）销售渠道因素

产品定价必须考虑到对中间商的经营活动给予适当的补偿。所以，企业定价时，不仅要考虑消费者的支付能力，还要考虑中间商经营商品所需的获利水平。

（3）促销费用因素

促销费用是价格构成的一个重要因素。由于产品的性质不同，或产品所处的生命周期阶段不同，促销费用的支出也不相同，这将影响到产品的价格水平。

3. 产品成本因素

成本是影响产品定价的最基本因素。产品的成本主要包括以下几类：

（1）固定成本

固定成本即为组织一定范围内的生产经营活动所支付的固定数目的费用，包括产品开发费用、资产折旧费用、管理人员工资等，它不随产量的变化而变化。

(2) 变动成本

变动成本即企业支付变动因素的费用，它随着产品产量的变化而变化，包括原材料费用、辅助材料费用、生产工人工资等。

(3) 边际成本

边际成本即每增加或减少单位产量所造成变动的成本。在产量增加初期，边际成本呈下降趋势，导致平均成本下降；当产量超过一定限度，边际成本会高于平均成本，造成平均成本上升。

(4) 机会成本

当企业从事某一项经营活动而放弃另一项经营活动的机会，另一项经营活动所应取得的收益就是机会成本。因而，企业在经营中，要慎重地选择经营方案，使有限的资源得到最合理的利用。

企业对产品进行定价时，以哪种成本为依据是价格决策的重要内容。就长期而言，产品价格应高于平均总成本，否则企业难以生存。如在特殊情况下，价格可低于平均总成本，但必须高于变动成本，以期在销量增加以后，以边际贡献抵偿固定成本，并获取利润。

(二) 影响产品定价的外部因素

在企业外部，也有诸多的因素影响着企业产品的定价，其中主要的外部影响有消费者需求的性质、竞争因素及环境因素等。

1. 消费者需求性质

消费者需求的性质对产品定价的影响，主要是通过需求弹性反映出来。需求弹性是指因价格变动而引起的需求量的变动比率，反映了需求量对价格变动的敏感程度。不同产品的需求弹性不同，要进行具体分析，区别对待。

 知识拓展

需求价格弹性系数

需求价格弹性表示在一定时期内某种商品的需求量变动对于该商品的价格变动的反应程度，表示在一定时期内当一种商品的价格变化1%时所应引起的该商品需求量变化的百分比。需求价格弹性通常用需求价格弹性系数来表示。

$$需求价格弹性系统 = \frac{需求变化量}{价格变化量} = \frac{需求量}{价格}$$

① 当产品的需求弹性等于1时，说明需求量与价格等比例变化，即价格的变化会引起需求量同方向等比例的变化。此时，价格变化对企业销售收入的影响不是很大，企业可选择实现预期利润率的定价目标或采用随行就市的价格策略。

② 当产品的需求弹性大于1时，说明需求量的变化大于价格的变化幅度，即需求量对价格的变动非常敏感，一旦价格出现小幅度的变化，会引起需求量较大幅度的变化。此时，企业应采用低价策略，通过增加销量来获取利润。

③ 当产品的需求弹性小于1时，说明需求量的变化小于价格的变化幅度，即需求量对价格的变动不敏感，只有价格出现较大幅度的变化，才会引起需求量较小幅度的变化。此时，企业可以采用高价策略，通过较高的价格来增加企业的盈利。

2. 竞争因素

产品的定价必然要受到竞争者的影响，竞争的主要影响表现为价格竞争对产品价格水平的约束。因为顾客选购时，总是要在同类产品中比质量、比价格，从中选出既能满足消费需要，又符合其自身支付标准的产品。企业必须照竞争者的成本来检查自己的成本，同时了解竞争对手产品的质量和价格，以便决定本企业定价的目标。如果企业的产品与竞争者相似，就制定一个相近的价格；如果产品优于竞争者，就可以制定一个较高的价格。

3. 环境因素

影响产品定价的环境因素有很多，主要包括政策法规和社会经济状况等。

（1）政策法规因素

每个国家都有自己的经济政策，对市场物价的变动有着相应的限制和规定。同时，国家利用市场、生产、金融、海关等手段，间接调节价格。因此，企业定价必须重视和研究政策因素，进入国际市场更应了解所在国对进口货物的管理，无论是进口配额还是关税的限制，都将影响价格的制定。

（2）社会经济状况

经济水平高、发展速度快的地区，人们的经济收入增长快，购买力强，价格敏感性弱，社会需求量增加，有利于企业较自由地为产品定价；经济不太发达的地区，则正好相反。另外，通货膨胀的出现、银行利率的调整也会影响生产成本和顾客对产品价格的理解，从而影响企业的定价决策。

二、产品定价程序

由于价格涉及企业和顾客的利益，所以掌握产品定价的科学程序，对企业来讲是非常重要的。一般来讲，产品的定价程序包括以下六个步骤：

1. 选择定价目标

企业在定价前，确定定价的目标，就是明确了定价的指导思想。定价目标应与企业整体营销战略目标相一致。定价目标的中心是企业最佳综合经济效益，它在很大程度上决定着企业采用何种定价策略和方法。

2. 确定需求

因为价格将影响需求，而且需求对价格的影响也因产品声誉高低而不同。在一般情况下，价格越高，则需求越低；反之，价格越低，则需求越高。但在名牌产品上则不然，有时提价反而起到刺激需求的作用。

3. 估计成本

这里的成本包括固定成本和变动成本。大规模生产的成本低于小规模生产，原因在于分摊到单位产品上的固定成本小，在制定价格时要把这个因素考虑在内。为了合理定价，生产企业要了解不同生产水平下产品成本是如何变化的。

4. 分析竞争对手的产品与定价

企业的产品价格因市场需求的差异而不同，但在竞争条件下，竞争对手的价格对本企业的影响，也是产品定价的重要依据之一。企业可以通过市场调研，了解消费者对竞争对手产品价格的态度和质量的评价，以便于企业利用价格给自己的产品定位，在竞争中取得主动。

5. 选择定价方法

价格的确定要考虑以下三个因素：产品成本、竞争对手产品及代用品的价格、本企业产品的特点。然后根据综合评价的结果，选择出适合产品的定价方法，为合理定价做好准备。

6. 选定最终价格

企业选定了定价方法，缩小了决定最终价格的范围，从而能从中选出一个最终价格。选定最终价格，不单纯是考虑经济因素，还要注意顾客的心理因素及所定价格对各方面的影响，保证渠道的畅通和竞争的领先。

三、产品定价方法

定价方法是产品生产经营者在特定的定价目标指导下，对产品价格进行计算的具体方法。产品定价方法主要包括成本导向定价法、需求导向定价法和竞争导向定价法。

（一）成本导向定价法

成本导向定价法是以产品的成本为依据，分别从不同的角度制定对企业最有利的价格。这种方法操作简便，是企业常用的定价方法。

1. 成本加成定价法

成本加成定价法是以产品成本为基础，再加上一定比例的利润率来确定产品价格的方法。其计算公式为：

$$单位产品价格 = 单位产品成本 \times (1 + 成本利润率)$$

例：某企业生产一种新产品，投入了200 000元的固定成本，预计一年的产量是80 000件，单位产品的变动成本是2.3元，预期成本利润率是20%，每件产品的价格是：

单位产品成本 = 固定成本 ÷ 产量 + 单位变动成本
　　　　　　 = 200 000 ÷ 80 000 + 2.3
　　　　　　 = 4.8(元)

单位产品价格 = 单位产品成本 × (1 + 成本利润率)
　　　　　　 = 4.8 × (1 + 20%)
　　　　　　 = 5.76 (元)

但对于一些产品生产和经营企业来说，常常利用销售利润率来计算商品的价格，公式如下：

$$单位产品价格 = \frac{单位产品成本}{1 - 销售利润率}$$

在上例中，如果企业确定的预期销售利润率是20%，则产品的价格是：

单位产品价格 = 单位产品成本 ÷ (1 - 销售利润率)
　　　　　　 = 4.8 ÷ (1 - 20%)
　　　　　　 = 6 (元)

2. 目标利润定价法

目标利润定价法是在一定产品产量或销售量条件下，以企业总成本与销售收入保持平衡的基础上加上一定的目标利润来确定价格的方法。其计算公式如下：

$$单位产品价格 = \frac{总成本 + 目标利润}{预期销售量}$$

$$单位变动成本 + \frac{固定成本 + 目标利润}{预期销售量}$$

例：某企业生产一种反季水果，投入固定成本60万元，变动总成本为40万元，预计产量（销量）为8万斤。如果企业的目标利润额为20万元，则该水果的价格为：

单位产品价格 = (总成本 + 目标利润) ÷ 预期销售量
　　　　　　 = [(600 000 + 400 000) + 200 000] ÷ 80 000
　　　　　　 = 15(元)

目标利润定价法操作简单，确保企业在销量达到一定数量时实现利润目标。但是这种方法只考虑企业的利益，没有考虑竞争对手和市场需求的实际情况，而且在不能保证产品全部销售出去的情况下不适用。

3. 边际成本定价法

边际成本定价法是以变动成本为基础，而不计算固定成本的一种定价方法。其计算公式为：

$$单位产品价格 = 单位变动成本 + 单位边际贡献$$

单位边际贡献是指每增加一单位产品销售量对企业经济收入所做的贡献，它等于每增加一单位产品销量所增加的销售收入与单位变动成本之差。

例：某企业生产的一种产品的单位变动成本为24元，预计销量为20 000件，预期的边际贡献为320 000元，则这种产品的价格为：

单位产品价格 = 单位变动成本 + 单位边际贡献
　　　　　　 = 24 + 320 000 ÷ 20 000
　　　　　　 = 40 (元)

采用边际成本定价法的优点是定价灵活性较大，不受固定成本限制，适用于竞争激烈的环境。

按照边际成本定价，只要产品价格高于变动成本，就可获得一部分边际贡献来弥补固定成本，可以在逆境中减少企业的亏损，维持企业的生存，为企业重新崛起赢得资金和时间。

（二）需求导向定价法

需求导向定价法是根据消费者对产品价格的感受和需求强度来确定产品的价格，而不是根据产品的成本来定价。这种定价方法的核心是消费者对产品的认知价值。

1. 理解价值定价法

所谓"理解价值"是指消费者对商品的价值的主观评价，它与产品的实际价值常常发生偏离。所以，企业必须搞好产品的市场定位，从质量、性能、服务等方面突出本企业产品的特征，加深顾客对产品的理解和印象，使消费者感到购买本企业产品能获得更多的相对利益。

2. 需求差异定价法

需求差异定价法的要点是根据消费者对产品需求强度的不同而制定不同的价格。这是一种以需求对象、需求地点、需求时间的差异为依据，来制定产品价格的方法。需求对象不同，其收入、职业、年龄上也有明显差别，对产品的接受能力就不同。需求地点不同，各地消费者生活水平不同，企业给产品的定价也就要有区别。需求时间不同，也应有不同的价格，旺季价格可高些，淡季可低些。

采用需求差异定位法应具备以下条件：一是市场可根据需求强度进行细分；二是各细分市场相对独立，不互相干扰；三是价格差异适度，不会引起顾客的反感。

（三）竞争导向定价法

企业和产品的竞争往往在价格方面表现得更为直接和敏感，企业根据竞争对手的产品价格来确定自己产品的价格，这也是一种常见的方法。竞争导向定价法是依据竞争的价格来定价，视其产品质量和需求情况，采用与竞争对手相同或不同的价格。

1. 随行就市定价法

随行就市定价法又称通行价格定价法，即按照目标市场上产品的市场价格水平来定价。在竞争激烈的市场，销售某些同类产品的企业在定价时，实际上没有太多选择的余地，只能按照行业的现价定价。比如日常生活用品，在质量相差不大的情况下，定价过高会造成销售困难，定价过低会导致竞相降价，两败俱伤。因此，为了获得稳定、合理的收益，少担风险，企业就要与同类企业和平共处，由市场机制形成市场价格，使生产者有利可图，消费者也能接受。

2. 差别定价法

差别定价法是通过不同的营销努力，使同种同质的产品在消费者心目中树立起不同的形象，根据自身特点，选取低于或高于竞争对手的价格为产品定价。这种定价方法的运用要求营销者具备一定的实力，在目标市场上占有较大的销售份额，消费者能够将其质量与企业实力联系起来。

四、定价策略

企业为其产品定出基本价格后，在营销过程中还需要根据市场的供求状况、交易条件、竞争程度等因素的变化，及时选择和调整产品的价格，以取得营销的主动。

（一）产品定价策略

企业必须运用灵活的定价策略，针对不同的消费心理、销售条件和方式等具体因素，对已经确定的价格适时进行修正。

1. 心理定价策略

心理定价策略即企业利用购买者的心理进行定价的策略。心理定价策略主要包括尾数定价策略、整数定价策略、声望定价策略、习惯定价策略等几种。

（1）尾数定价策略

尾数定价是针对顾客求廉的心理制定产品价格。在定价时，不用整数而留有尾数，会使消费者认为企业定价认真、价格低廉，从而激发顾客对企业的信任感，促进销售。尾数定价策略一般适用于中、低档商品及需求弹性大的产品。

案例链接 7-9

比如将饮料的零售价定为 1.99 元而不是 2 元。虽然前后仅相差 1 分钱，但会让消费者产生一种前者便宜很多的错觉。这是利用了左位数效应——人的大脑面对复杂数字时通常会记住前几位。iPhone X 64g 官网售价 999 美元，实际约等于 1 000 美元，但他们放弃了 1 000 美元的定价，原因在于 4 位数的价格会超过消费者的心理预期。

而且价格为尾数让消费者觉得其价格是经过企业仔细算出来的，给人以货真价实的感觉。比如房产中介在跟客户报价的时候，报价 732 600 房产比报价 730 000 的房产更让客户觉得真实可信。

有时候尾数的选择完全是出于满足消费者的某种风俗和偏好，如西方国家的消费者对"13"忌讳，日本的消费者对"4"忌讳。美国、加拿大等国的消费者普遍认为单数比双数少，奇数比偶数显得便宜。我国的消费者则喜欢尾数为"6"和"8"。

当然，企业要想真正地打开销路，占有市场，还是得以优质的产品作为后盾，过分看重数字的心理功能，或流于一种纯粹的数字游戏，只能哗众取宠于一时，从长远来看却于事无补。

---

(2) 整数定价策略

整数定价是在商品定价中不留尾数的定价策略，一般多用于高档、贵重或优质的产品。通过定价以显示商品的品牌和优质特点，从而提高商品的身份，来显示购买者的地位。比如奢侈品的报价很少出现零头，这是价格自信的一种体现。

(3) 声望定价策略

声望定价策略是适应消费者优质优价的心理来定价的策略。对市场上有一定声誉的优质产品，采取高价的策略，迎合部分消费者求名和炫耀的心理。价格常被当作商品质量的直观反映，特别是质量不易鉴定的产品，比如钻石，尽管全世界各地相继发现不少钻石矿，储量之丰富早已打破了当年供不应求的状态，但是消费者还是需要买品牌钻石、需要用证书证明其品质，所以钻石的购买渠道非常有限，而且后期营销又将钻石与永恒的真爱捆绑在一起，让世界范围内源源不断产生大量需求，所以钻石定价的门道就非常多了。

(4) 习惯定价策略

在消费者心中，对日常消费品的价格形成了一种习惯性标准，比如生活必需品。符合其标准的价格才能被消费者顺利接受，偏离其标准的价格则会引起反感。企业对这类商品的价格应尽量保持稳定，避免因价格波动而带来损失。

2. 折扣定价策略

折扣定价是指企业按照定价方法制定出基本商品价格后，根据商品交易的情况，给予购买者一定的价格优惠。折扣定价策略主要包括现金折扣策略、数量折扣策略、季节折扣策略、功能折扣策略等几种。

(1) 现金折扣策略

现金折扣策略即企业为了鼓励中间商早日付款，规定在付款期前提早付款的，给予一定的折扣。采用这种方式，可以提早收回货款，加速资金周转，减少坏账的风险。如果"2/10，1/20，净 30 天"的折扣方式，表示付款期为 30 天；如果在 10 天内付款，给予 2% 的折扣；如果在 10 到 20 天内付款，给予 1% 的折扣。

(2) 数量折扣策略

企业为了刺激客户大量购买而给予一定的折扣，购买量越大，折扣越大，但要注意折扣数额不可超过因大量销售所节省的费用。数量折扣通常又分为累计数量折扣和一次性数量折扣，分别适用于鼓励消费者长期购买和大量集中购买的情况。

(3) 季节折扣策略

也称季节减价策略，是企业为了保持均衡生产，对销售淡季的购买者，给予折扣优惠，鼓励中间商和消费者及早购买，减轻企业的仓储压力，加速资金周转。这种策略主要适用于季节性较强的商品。

(4) 功能折扣策略

功能折扣策略又称交易折扣策略，是生产企业根据各类中间商在营销中的作用和功能差异，分别给予不同的折扣。一般给予批发商的折扣较大，给予零售商的折扣较小。通常的作法是先定好零售价格，然后按不同的差价率，制定各种批发价和零售价。

3. 地区定价策略

地区定价策略是指经营者在产品的销售过程中，根据不同地区的特点，制定不同的价格。地区定价策略主要包括产地定价策略、统一交货定价策略、区域定价策略、基点定价策略等。

(1) 产地定价策略

产地定价即以产地价格或出厂价格为标准，运杂费及运输损失等费用由买方承担。卖方负责将产品装运到产地的某种运输工具上交货，并承担此前的一切风险和费用。产地定价策略适用于市场供应紧张的商品，但对于路途遥远、运费和风险大的买主是不利的，容易丧失这部分顾客。

(2) 统一交货定价策略

统一交货定价策略是卖方对不同地区的消费者，不论其远近，实行全国统一的交货价格，运输费用按平均运费计算。这种策略有利于赢得各个地区的消费者，保持并扩大其市场份额，但对本地和较近地区的顾客不利。

(3) 区域定价策略

区域定价策略即将本企业产品的销售地区，按照地理位置划分为几个区域，在同一区域实行同一价格，地区越远价格越高。区域定价策略的优点是便于企业管理和全地区内统一进行广告宣传。

(4) 基点定价策略

基点定价是企业选定几个城市做为基点，以基点进行运费计价，然后以城市作为计费的起点，对不同地方的消费者在价格上按产地价加上基点至买方所在地运费来定价。这种策略有利于企业开拓较远地区的市场，扩大销售。

4. 差别定价策略

差别定价策略是根据交易对象、时间及地点的不同，对一种产品制定出不同的价格，满足不同的需求。差别定价策略主要包括顾客差别定价策略、产品差别定价策略、时间差别策略、部位差别定价策略等。

(1) 顾客差别定价策略

顾客差别定价策略即同样的商品对不同的消费者群采用不同的价格。比如在旅游行业，就可以采取本地游客、外地游客和外国游客不同的消费价格，从而保证旅游客源的充足。

(2) 产品差别定价策略

产品差别定价策略即同样质地和成本的商品，因其花色或式样的差别而采取不同的价格。比如某些手工制作的高档轿车，可按照颜色的差异，定出不同的价格，满足不同的需要，增加产品的利润。

(3) 时间差别定价策略

有些产品，不同的季节可以制定不同的价格，比如新鲜的海产品、反季的果蔬往往可以卖出较高的价格，而顾客也乐于接受。

(4) 部位差别定价策略

即同一产品的不同部位，价格不同。比如猪、鸡等动物不同部位的肉，售价也不相同，有时其至相差较大。

(二) 产品调价策略

市场供求关系是变化的，生产成本和市场竞争等其他因素也是动态的，所以产品的价格不是一成不变的。当所处的环境发生变化时，企业必须及时对产品的价格进行调整，保证销售的稳定，或提高市场占有率。

1. 产品价格调整策略

产品价格调整无外乎降价和提价两种选择。

（1）降价策略

企业降价的原因主要有以下几种：产量过多，库存积压，运用其他的营销手段没有效果；面临激烈的价格竞争，市场份额逐渐丧失；企业的生产成本比竞争者低，以降价来控制市场，提高市场占有率。

降价策略会引起竞争的加剧，因此企业在做出此决策时必须权衡利弊，考虑到市场上各种力量的关系，把握好降价的时机和幅度，以达到预期的目标。

 知识拓展

低价不一定好卖

降价需要讲究时机和方式，一味靠降价促销可能要面临以下几个负面影响：

① 让顾客产生"便宜没好货"的联想。

② 破坏客户的价格满足感，比如"名贵的西装使我在宴会上显得非常有身份"。

③ 让顾客误以为商品是过期品、残次品或低档品。

④ 破坏市场信心或放出错误信号，反而造成消费者持币待购，期盼继续降价。

⑤ 让用户怀疑厂商经营能力和产品迭代，担心售后问题。

因此企业降价的条件是消费者对产品的质量和性能十分熟悉，比如某些日用品和食品降价后，消费者仍对产品保持足够的信任度；能够向消费者充分说明产品价格降低的理由，并使他们接受；企业及其品牌的信誉度很高，消费者很放心。

（2）提价策略

企业提价的原因有以下两个：一是产品供不应求，不能满足全部顾客的需要，用提价来抑制需求，提高企业收益；二是出现通货膨胀，物价上涨，经营成本提高。而高价策略是奢侈品维护其高端地位的方式。有报道称，2018年，LV时隔四年宣布再次涨价，因为奢侈品消费者的品牌忠诚度很高，是品牌偏好者，他们不会因为涨价而轻易改变购买习惯；他们相信产品具有特殊的使用价值或更优越的性能，是其他产品所不能替代的；奢侈品消费者有求新、求奇、追求名望、好胜攀比的心理，愿意为自己喜欢的产品付出更多的钱；他们可以理解产品涨价的原因，能够容忍价格上涨带来的生活消费支出的增加。

和产品降价一样，在对产品提价时，也需要把握时机、注意幅度，并掌握一定的技巧。首先，需控制好涨价的幅度，因为相比较产品的降价来说，消费者对于产品涨价将更为敏感，因此提价的幅度不宜过大，可以采取循序渐进的小幅度提价方式。有国外心理学家研究得出，一般产品的提价以5%作为界限，他们认为这样比较符合消费者的心理承受能力。其次，使用适当的涨价技巧。通常情况下，涨价有两种方式，即直接涨价和间接涨价。直接涨价就是在原有价格的基础上一定幅度提高产品的标价；而间接涨价则是指产品的市面标价不变，但企业通过对产品本身进行一些改动，比如更换产品的型号、规格、花色和包装等，来达到实际提价的效果。

企业在提价时，应通过各种传播媒介沟通信息，向顾客说明情况，争取消费者的理解，尽可能降低由于提价而引起的负面效应。

案例链接 7-10

10 多年来都未涨过价的可口可乐，2018 年突然宣布涨价！！！

可口可乐已成为许多国家市场上最畅销的品牌之一。据统计，世界各地一秒钟就能销售出近 2 万瓶可口可乐。10 年来，油条的价格翻了两番，早餐价格上涨了 10 倍。而在过去 10 年中，可口可乐基本上没有涨过什么价，一直保持每瓶 3 元左右的价格。

可口可乐也有伪装的盈利手段，比如瓶容量从 600 毫升减少到 500 毫升，糖含量也减少，这是可口可乐保持原价的手段之一。

可口可乐官方表示，因原材料、劳动力、运输成本的快速上涨，导致其生产成本大幅上升，2018 年 5 月 18 日起 600ml 可口可乐、雪碧的终端零售价调整为每瓶 3.5 元。随后又发函澄清，此次价格调整范围仅限于北京餐饮渠道客户的 3 款易拉罐产品，是公司就特定销售渠道的个别产品制定的营销策略。

此前可口可乐不涨价是因为其作为快消领域巨头，能够凭借庞大销量实现薄利多销。但随着近年来饮料市场环境产生巨变，可口可乐的市场份额被即饮产品、凉茶、功能性饮料等快速抢占，导致其必须寻找合适涨价方式以保证利润。

分析思考：
可口可乐本轮涨价是属于直接涨价还是间接涨价方式？会对市场及消费者产生怎样的影响？

2. 顾客对调价的反应

企业调价之后，要注意分析顾客的反应，以采取及时的应对策略。由于顾客对调价的理解不同，往往不时会出现始料不及的反应，需要认真研究。

降价的目的是吸引顾客购买，增加销量，但有时顾客会产生相反的理解，比如：产品降价预示着新产品的问世，值得等待；降价的产品质量也会下降；价格可能还会下降；等等。因此，有时不适当的降价反而导致销量的减少。

提价的目的是抑制购买，但有时顾客的理解是：涨价的商品现在不买将来可能买不到；涨价的商品有特殊价值；可能还会涨价，多买点保存起来；等等。在通货膨胀的情况下，消费者常常抢购保值商品和生活必须品。

3. 竞争对手对调价的反应

企业在调整价格之前，必须建立有效的市场情报系统，掌握主要竞争者的状况，尽量避免与其发生正面冲突。

当企业面对多个竞争对手时，必须估计到每个竞争者的反应。如果竞争者的反应类似，那么只要分析一个典型的对手即可。如果竞争者的情况有较大的差异，其反应也必然不同，就需要分别做出分析。

案例链接 7-11

奢侈品为什么不降价促销？

据统计，中国如今已经成为仅次于美国的全球第二大奢侈品消费市场。爱马仕、LV 这些大牌商品很少打折，尤其在专柜一丁点儿折扣都没有，能正价买得到就不错了。奢侈品巨头爱马仕在法国巴黎一般一年会搞一次特卖会，参加特卖的东西很多，服装、鞋子、丝巾、简单的皮具，还有一些入门级的包包，折扣一般在 6 折左右，但在特卖会上想买到铂金包、凯莉包等热销商品是不可能的。然而瞬息万变的时尚背后，是宁愿烧掉卖不完的产品，都绝不降价的骄傲。

据报道，英国经典品牌 Burberry，2018 年销毁了价值 2 860 万英镑的产品。这些产品都是些崭新的衣服、首饰，甚至香水。"品牌这么做，是因为不想市面上充斥着自己的打折产品，从而自降身价。"

瑞士的历峰集团，是世界第二奢侈品公司，旗下拥有一系列奢侈品牌的钟表和珠宝系列，包括卡地亚、梵克雅宝、江诗丹顿、万宝龙等，而正是这样一个价值545亿美元的大型公司，2018年回购了价值2.03亿欧元的全新手表。从1 000英镑的普通款，到20 000英镑的镶钻机械表，只要没卖出去，一律都买回来重新拆解回收，回收不了的，直接销毁。而在奢侈品行业，销毁滞销产品，秉持着绝不降价理念的行为，并不罕见。据报道，过去两年，历峰已经销毁了价值5亿欧元的设计钟表，但与此同时，它的年销售额接近18亿欧元。销毁卖不出去的产品，以保护其知识产权和品牌价值。设计师品牌不希望其产品在其他地方以折扣价出售，也不希望在"新兴灰色市场"中向"错误的人"出售，从而使品牌贬值。

对奢侈品品牌来说，明确分销网络的设定，严格把控过季商品在市场上的流通，是维护品牌形象、打击假冒产品和保护其产品市场价格的重要手段。

任务四　制定与实施渠道策略

在市场经济条件下，绝大多数企业是通过各种不同的营销中介机构将其产品出售给最终消费者或用户。销售渠道策略是营销组合的四要素之一，生产企业采用不同的销售渠道出售产品，其成本和利润常常会有一定的差异。要解决生产与消费分离造成的对企业的不利影响，就要通过销售渠道把生产者的商品转移到消费者身边或者消费者手上，以便商品能够被消费者使用。

一、分销渠道的概念与模式

分销渠道是指产品在从生产领域向消费领域转移过程中，由具有交易职能的中间商连接的通道。在多数情况下，这种转移活动需要经过包括各种批发商、零售商、商业服务机构在内的中间环节，也包括为加快所有权转移，节省流通费用而确定的产品流动路线、分配方式、促进流动的环节等。

（一）分销渠道的作用

分销渠道主要由中间商组成，中间商在商品流通过程中承担着大量的工作，具体包括买进、分级、搭配、储存、运输、融通资金、分担风险和出售等多个方面的工作，有的商品还需要进行加工、包装等。可见，分销渠道在市场营销中起着重要的作用。

1. 促进生产，引导消费

产品只有通过市场交换，才能到达消费者手中，才能实现其价值和使用价值，企业才能盈利。营销渠道就是完成产品从生产者到消费者的转移，起到桥梁的作用。因此，对于生产者来说，不仅要生产满足消费者需要的产品，还要正确选择自己的营销渠道，做到货畅其流，发挥促进生产、引导消费的作用。

2. 吞吐商品，平衡供求

产品营销渠道是由一系列中间商组成的，这些中间商类似大大小小的蓄水池，在产品供过于求的地区或季节，将产品蓄积起来，在供不应求的地区或季节销售出去，起到平衡的作用。产品市场的地区性和季节性越明显，中间商的作用也就越突出。

3. 加速商品流通，节省流通费用

一个企业依靠自己的力量出售自己的全部产品是不现实的，这需要相当多的人力、财力、物力和时间。选择合适的营销渠道，利用中间商的力量销售产品，一方面可以缩短流通时间，相应地缩短生产周期，促进生产的发展；另一方面可以减少在流通领域中占压的商品和资金，加速资金周转，扩大商品流通，节省流通费用。

4. 扩大销售范围，提高产品竞争能力

企业不能依靠自己的力量出售产品，而通过合理的营销渠道，将产品交给中间商进行销售，就能够到达所有的目标市场，扩大商品销售的范围。同时，中间商为了自身的利益也乐于为产品做广告，起到商业宣传的作用，有效地增加销售数量，提高商品的市场竞争能力。

（二）分销渠道的模式

在庞大的社会产品流通网络里，营销渠道十分复杂，企业的市场营销活动选择什么样的营销渠道模式，对企业的营销活动影响巨大。根据产品的特点，分销渠道的主要模式有以下几种。

1. 生产者→消费者（用户）

这是直接渠道模式，生产者将产品直接出售给消费者或用户。比如农民在市场上摆摊，将蔬菜、水果、禽蛋等生鲜产品直接销售给消费者。这种模式只适用于很小规模的销售活动。

2. 生产者→零售商→消费者（用户）

这是一层渠道模式，生产者将产品出售给零售商，再由零售商转卖给消费者。比如在水果上市旺季，果农将水果批发给水果店，通过水果店进行销售。这种模式限于较小范围的销售活动。

3. 生产者→批发商→零售商→消费者（用户）

这种模式是生产者将大宗的产品出售给批发商，由批发商将货物批发到零售商手中，再由零售商完成销售活动。这是一种大量产品销售的渠道，为绝大部分生产企业所采用。

4. 生产者→代理商→批发商→零售商→消费者（用户）

这种模式是在生产者和批发商之间增加了代理商。比如我国有些地区，生猪收购环节就由专门代购员为某些经营企业进行代理收购；有些产品生产基地的大批产品销售也需要通过代理商进行分销，基地可以集中精力进行生产。

除了以上四种基本模式外，有的分销渠道还增加了收购商或加工商来完善销售环节，也有的将基本模式进行了改变，形成了有自己特色的分销渠道。

二、分销渠道的类型与选择

（一）分销渠道的类型

产品销售渠道有许多类型，不仅不同的商品有不同的渠道，即使相同的商品也会因不同原因选择不同的渠道。

1. 直接渠道和间接渠道

这两种类型是以生产者是否利用中间商来划分的。

（1）直接渠道

直接渠道是指产品从生产领域转移到消费领域时不经过任何中间环节的分销渠道，是企业采用的产销合一的经营形式。

直接销售渠道的优点是：通过与顾客直接见面，企业能够快速、具体地了解消费者的需要，及时做出相应的调整；便于全面周到地为顾客服务。尤其是一些特殊性服务，能够切实满足消费者需要，有效防止假冒伪劣产品对企业的影响。由于没有中间环节，可以减少流通费用，缩短流通时间，提高市场竞争力。

直接销售渠道的缺点是：企业必须把一部分资源投入流通领域，这会影响生产规模；企业不可能在各个区域设置推销机构，产品的销售范围和数量受到较大局限；企业要承担产品销售中的全部风险。

（2）间接渠道

间接渠道是指产品从生产领域转移到消费领域时经过若干中间环节的分销渠道，是产销分离的一种形式。

间接销售渠道的优点是：利用众多的企业外资源，在广阔的市场空间进行商品销售，既可以减少企业对流通领域的投入，又可以扩大商品销售量，能大大提高企业的生产规模，增加规模经济效益，促进生产的发展；中间商可以帮助企业进行资金融通，更加有效地推销商品，加快商品流通速度，并承担部分分销职能，分担市场风险。

间接销售渠道的缺点是：由于增加了中间商环节，必将增加商品流通领域的交易次数，从而增加流通费用；使生产管理和控制销售渠道、向顾客提供专业服务变得困难；产销信息沟通变得不方便。

案例链接 7-12

"戴尔"公司的直销

个人计算机产业最根深蒂固的惯例之一，就是通过一支日益壮大的分销商大军进行产品销售。然而，戴尔公司却打破传统，另辟路径，通过"直销"这种独特的策略进行计算机销售，由此戴尔公司脱颖而出，其业务获得了迅速的增长。戴尔公司的理念非常简单，就是"和客户彼此间建立的直接关系令我们能够推进我们所做的一切"，即按照客户要求生产计算机，并向客户直接发货。这使戴尔公司能够更有效和更明确地了解客户需求，继而迅速做出回应。

2. 长渠道和短渠道

这是以商品从生产者向消费者转移过程中所经过的中间环节数目多少划分的。

（1）长分销渠道

长分销渠道是指经过两个或两个以上中间环节，把商品销售给顾客的渠道模式。

企业选择长分销渠道的原因有以下几个：生产与消费的时间差距较长、空间距离较远；目标市场较大，且比较分散；生产的是价格低廉、消费者需要经常购买的商品；商品设计和质量较为一致的商品；季节性生产或季节性消费的商品；售中或售后不需要进行技术指导与服务的商品。

（2）短分销渠道

短分销渠道是指没有中间环节或只经过一个中间环节，把商品销售给顾客的渠道模式。

企业选择短分销渠道的原因有以下几个：生产者与消费者的距离很近；目标市场比较小或者比较集中；生产的是价格较高、消费者需要经过多次挑选才能购买的选购品；容易过时的商品；品种多样化、需求变化大的商品；售中和售后需要进行技术指导和服务的商品。

3. 宽渠道和窄渠道

这是以在特定市场直接利用中间商数量的多少为标准来划分的。

（1）宽分销渠道

当产品经过一个流通环节，生产者同时选择多个同类中间商的销售渠道模式，这就是宽分销渠道。

宽分销渠道的优点是：可以使商品迅速转移到流通领域，加快生产的进行；通过多个中间商，迅速把商品提供给消费者；可以对中间商进行比较评价，选择效率高的中间商，淘汰效率低的中间商；有利于中间商之间开展竞争，不断提高中间商的效率。

宽分销渠道的缺点是：中间商多，生产企业与中间商联系松散，企业容易失去效率较高的中间商。

（2）窄分销渠道

在特定市场里，生产企业在一个流通环节只选择极小量的中间商的销售渠道模式，这就是窄分销渠道。窄分销渠道适用于技术性能较强的产品。

窄分销渠道的优点是：生产企业与中间商联系密切，相互依赖关系强，有利于产品的销售。

窄分销渠道的缺点是：生产企业对中间商依赖太强，一旦失去，对产品的销售影响很大。

（二）影响分销渠道选择的因素

企业在选择分销渠道时，应对产品、市场和自身的各种因素进行综合分析，然后采用最有利的分销渠道。

1. 产品因素

影响分销渠道选择的产品自身因素包括：

（1）产品的理化性能

对一些易损产品、危险品，应尽量避免多次转手、反复搬运，宜选用短分销渠道。一些体积和重量较大的商品，应减产中间环节，尽量采用直接渠道。

（2）产品的价格

一般来说，产品价格越低，渠道越长；而价格昂贵的耐用品和享受品，则应减少中间环节，采用短分销渠道。

（3）产品的式样

式样花色多变、时尚程度高的产品，应采用短分销渠道，避免过时；款式不易变化的产品，渠道可以长些。一些非标准品或特殊产品，可以采用直销模式。

（4）产品的技术和服务要求

产品的技术程度越高，或对售中、售后服务要求越多的商品，渠道越短越好，以保证技术和服务的质量，避免因中转过多而影响用户对产品的了解。

（5）产品的消费效用

与人们生活相关性强的产品，要求选择宽分销渠道，保证消费者随时随地可以买到。反之，对于非生活必须品，其销售渠道可窄一些。

2. 市场因素

影响分销渠道选择的市场因素包括：

（1）市场的大小

市场范围大的产品，需要中间商提供的服务较多，一般要通过批发商再分配到零售商。反之，市场范围小的商品可以采用较短、较窄的分销渠道。

（2）市场的位置

市场比较集中的产品，宜选择短分销渠道；如果市场较为分散，则需要中间商进行分配，应选择长分销渠道策略。

（3）市场的季节性

季节性强的产品，一般应充分利用中间商进行分配；季节性不强的产品，则不受此约束。

（4）市场竞争

在考虑渠道竞争对策时，有两种不同的做法：一是在竞争对手分销渠道的附近设立销售点，正面竞争，以优取胜，即正位渠道竞争；二是避开竞争对手的分销渠道，在市场的空白点另辟渠道，避开其锋芒，即错位渠道竞争。选择哪一种策略，要根据企业间的实力对比，以竞争者的渠道策略为转移点。

3. 企业自身因素

影响分销渠道选择的企业自身因素包括：

（1）企业的实力和信誉

信誉程度高、规模大、实力雄厚的企业，对分销渠道的选择有较大的自由度，很容易取得与中间商的合作。有些企业甚至可以建立自己的销售系统，不需要其他的中间商。而一些实力较弱的中小型企业，最好依赖中间商来销售产品。

（2）企业的经营能力

企业如果有足够的销售人员，且具备较为丰富的经验和开拓精神，能为顾客提供较好的服务，可考虑建立自己的销售系统，或选择较短、较窄的间接渠道；相反，缺乏经营实力和营销经验的企业，只能争取优秀的中间商，协助企业进行分销。

（3）企业对渠道的控制程度

如果生产企业的营销策略要求严格控制商品的零售价格或保证商品的新鲜程度，就必须选择短而窄的分销渠道；反之，企业就可以选择长而宽的分销渠道。

（4）企业提供的服务质量

中间商一般希望生产企业能承担更多的广告、展览、培训费用，经常派驻人员负责咨询或维修，为产品销售创造条件。如果企业能提供这些服务，就能增强中间商经销的兴趣，否则，企业就只能自行销售了。

4. 经济效果因素

企业可以通过测算，比较采用不同的渠道策略时企业的销售收入的变化，从中选择利润较高的销售渠道。

案例链接7-13

某企业生产A产品，成本为每件24元。如果企业自行销售，销售价每件32元，销售费用为每月4 800元；如果间接销售，出厂价为每件28元。请问采用哪种分销形式比较好？

解：设两种销售方式的利润平衡点为x，那么可列出以下方程：

$$(32-24)x - 4\,800 = (28-24)x$$

得出：$x = 1\,200$（件）

或用下图进行理解：

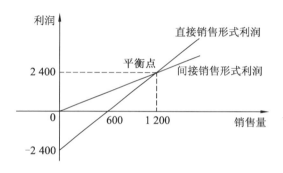

从以上两种方法可以分析得出：两种销售方式的利润平衡点是1 200件。也就是说，当每月销量大于1 200件时，应采用直接销售方式；当每月销量小于1 200件时，应采用间接销售方式；如果每月销量低于600件，采用直接销售方式就要亏损。

5. 社会环境因素

政治、经济、文化、自然环境及国家的有关法律、法规，也是选择分销渠道时必须考虑的因素。

对有些实行国家专卖的商品，比如烟草，销售渠道较为狭窄。对实行计划供应政策的商品，就会形成定点的单一渠道。对国家实行开放政策的商品，就会形成开放型的渠道。从经济环境考虑，在经济繁荣时，市场销售旺盛，分销渠道的选择余地较大；当经济萧条时，市场销售困难，要求企业采用较短的分销渠道。

企业只能综合分析各种影响渠道选择的因素，分析利弊，优中选优，才能提高企业的经济效益，促进企业的发展。

三、中间商的管理

中间商是指介于产品生产企业和消费者之间，主要从事产品流通活动，促成交易行为发生和实现的组织或个人的总称。中间商按是否拥有商品所有权，可分为经销商和代理商。经销商是指专门从事商品买卖并拥有商品所有权的中间商，主要包括批发商和零售商两种。

（一）中间商的作用

1. 减少交易次数，降低流通费用

商品交易过程中如果没有中间商，企业采用直接销售的方式，商品的流通活动将大大增加，其复杂程度难以想象。中间商的作用见图 7-5。

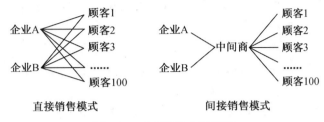

图 7-5 中间商作用示意图

通过示意图，可见第一种模式发生的交易次数为 200 次，第二种模式发生的交易次数为 102 次，顾客越多，中间商所起的作用也就越大。交易次数的减少，伴随着运输和流通费用的节约，加速商品流通。

2. 解决产销矛盾

中间商通过分级、集中、分配和搭配活动调节生产和销售之间在花色、品种、数量上的矛盾。

3. 实现商品的运输和储存

运输是使大规模生产和地理上的专业化成为可能，储存能保证生产和消费的连续性。不同类型的中间商实施运输和储存的功能，可以克服生产和销售之间的空间障碍和时间障碍，保证物流顺畅。

4. 扩大产品销量

中间商具有信息快、交际广、渠道多的特点，且在资金筹措、商品储运方面有着巨大的优势。通过中间商进行销售，不但能加速商品流通，还可以扩大商品的销售量。

5. 传递和反馈信息

中间商利用其所处的位置，一方面将生产企业的产品和营销信息传递给消费者，另一方面又将市场变化与消费者需求变化的信息反馈给生产企业，化解商品供求矛盾。

（二）批发商

批发商是指将产品销售给为了转卖或其他商业用途而进行购买的个人或组织。

1. 批发商的特点

批发商一般具有以下六个特点。

① 交易次数少而单次交易数量大，有一定的批发起点，以批发价格出售产品；
② 交易对象稳定，对交易的产品有深入的了解，具备一定的专门知识；
③ 资金雄厚，可以承担较大的风险；
④ 活动范围广，实现远距离的商品转移；
⑤ 对市场变化的反应非常敏感；
⑥ 进货渠道比较稳定，与生产者关系密切。

2. 批发商的功能

批发商的功能主要包括：

（1）促进销售

批发商的销售力量使生产企业能以较小的成本接触更多的中小顾客，运用合理的流通渠道，缩短了商品流通的时间，且更能得到买方的信任，增加产品的销售量。

（2）储存货物

批发商因经营的关系必须保持一定的库存，这样，既可以减轻生产企业的库存压力，还可以为顾客经常、及时地提供货源，充分发挥了批发商的空间效用。

（3）运输商品

批发商的介入，使产品大规模的运输成为可能，产品通过批发商运往各个目标市场，扩大了其市场范围，也扩大了消费者的购买选择范围。

（4）资金融通

批发商通过与生产企业、零售商及大用户之间的互相融通资金，成为一个整体，使社会上闲置的资金得以充分利用，创造更大的经济效益。

（5）承担风险

批发商大批量地进出货物和储存商品，为产品生产企业和客户承担了许多市场风险。

（6）沟通信息

批发商处于生产者与零售商之间，能及时地了解市场需求和价格变动的信息，快速反馈消费者的意见，成为产销之间的桥梁。

（7）提供服务

批发商能够帮助企业引进新产品、介绍新技术，对产品的改进提出建议；还能为零售商提供商品的有关知识，帮助零售商改善经营、做好宣传。

3. 批发商的类型

批发商的类型主要分为商业批发商、代理批发商和其他批发商。

（1）商业批发商

商业批发商是独立的产品经营者，对所经销的产品拥有所有权。商业批发商又可分为完全服务批发商和有限服务批发商。完全服务批发商为生产者和零售商提供全面的服务，为产销双方提供收购、整理、分级、储存和送货等一系列的服务，是批发商中普遍的形式。有限服务批发商是执行一部分服务职能的批发商，在交易过程中几乎不与用户和零售商发生直接联系，以与完全服务批发商之间的交易为主。

（2）代理批发商

代理批发商对所经销的产品没有所有权，仅依靠信息、知识和劳务，促进产品的销售，从中取得佣金。代理批发商又可分为企业代理商、销售代理商和经纪人。企业代理商可以代表一家或几家生产企业代销商品，按销售金额取得佣金。销售代理商独立接受委托，负责代理包销生产企业的全部产品，有一定的定价权。经纪人负责向买卖双方提供市场信息，促使双方成交，收取委托方的佣金，本身不承担风险。

（3）其他批发商

其他批发商主要是指存在于某些特殊领域的专业批发商。比如收购企业、拍卖公司等。

（三）零售商

零售商是指从事产品零售业务为主要经济来源的组织和个人。

1. 零售商的特点

零售商一般具有以下特点：

① 交易对象是最终消费者，通过化整为零的销售满足消费者需求；

② 经营的产品种类较多，消费者购买量小，但购买频率高；

③ 一般有特定的交易场所和设施；

④ 零售商在销售过程中通过宣传和服务扩大销售，对产品消费有指导功能。

2. 零售商的功能

零售商的功能主要包括：

（1）为消费者提供服务

零售商通过提供数量充足、品种齐全的商品，为消费者提供服务，及时、准确地满足消费需求。这是零售商的主要功能。

（2）为生产企业和批发商服务

零售商通过销售实现产品的转移，实现了商品的价值，保证了生产的进行，还能为生产企业和批发商提供信息反馈，有利于安排生产和组织市场供给，指导消费和激发消费。

(3) 提供销售服务，平衡供求

零售商根据市场供求及营销经验的积累，能对市场需求有较为准确的预测，为生产者、批发商节省促销费用，满足市场需求，对供求平衡起到至关重要的作用。

3. 零售商的类型

零售商种类繁多，主要有以下几种：

(1) 百货商店

百货商店的特点是经营商品范围广，有助于顾客同时选购多种商品的需要，一般开设在城市的繁华地段。其优点是：商品种类齐全；质量有保证；装潢和陈列讲究；重视商业道德；能够提供全面优质的服务。其缺点是：管理难度大；费用太大导致售价较高；规模过大容易造成产品积压。

(2) 专营商店

专营商店是指专门经营一种或几种产品的零售商店。专营商店一般面积较大，雇员较少，销售效率高，营业费用低。

(3) 超级市场

超级市场简称超市，是主要出售家庭日常用品的大型零售商店。其特点是自动售货、薄利多销、一次性结算。超市的营业面积大、进货量大、普遍增设服务性项目。

(4) 连锁商店

连锁商店是在统一管理下分开设置的统一命名的商店组织形式。连锁商店统一进货，价格上可享受优惠，在存货、市场预测和宣传方面有较高的管理水平，主要优势是成本较低，主要缺点是缺乏灵活性。

(5) 方便商店

方便商店是设在居民区的小型商店，营业时间长，销售家庭常用的商品，能够满足消费者临时的需求。

(6) 摊贩

摊贩从批发商那里批发产品，经过分级和整理，以不同的价格销售给消费者。其特点是量小、灵活，对市场需求反应迅速，能及时满足消费需求。

(四) 中间商的选择与管理

1. 企业对中间商的选择

中间商的效率如何，将直接影响产品的销路及经济效益。在对中间商进行选择时，就注意以下八个方面的条件。

(1) 目标市场

企业选择的中间商，其服务对象应与目标市场相一致，即中间商所联系的顾客，是企业希望的销售对象。

(2) 地理位置

良好的地理位置对于选择中间商显得特别重要，这是因为商店的位置常常与期望的目标市场有密切的联系。零售商应处于顾客流量大的地区，批发商应有较好的交通运输及仓储条件。

(3) 经营范围

企业应选择经营有相互连带需要商品的中间商，一般不选择经销竞争对手产品的中间商。但如果本企业产品质量好于竞争对手的产品，也可选择经销竞争对手产品的中间商，但价格不要相差太大。

(4) 促销措施

企业要考虑选择的中间商是否愿意承担部分促销费用。一般来说，拥有独家经销权的中间商，会负责部分广告活动，或与企业合作进行促销活动。

(5) 相关服务

部分产品的销售，需要与相关的服务相配合，比如技术支持、财务帮助等。所以，在选择中间商时要考虑其是否具备提供相关服务的条件。

(6) 管理能力

企业选择的中间商应该具有较高的管理能力，能有效快速地安排各项工作。管理能力的强弱对产品销售的数量和经济收益的高低有着直接的关系。

(7) 财务状况

财务力量较强、财务状况较好的中间商不仅可以按期结清货款，还能预收货款，为企业提供财务帮助；相反，则会给企业带来不应有的损失。

(8) 储运条件

中间商尤其是批发商要有良好的运输和储存的设备与条件，这对于一些鲜活产品的经营者来说，是选择中间商的一个决定性条件。

2. 企业对中间商的激励

企业对于选定的中间商，必须尽可能调动其积极性，对其进行有效的激励。可以采用的激励措施有以下五种。

(1) 提供物美价廉、适销对路的产品

这是激励中间商的重要措施，为此，企业要根据市场需求及中间商的要求，适时适当地调整生产计划，提高产品质量，为中间商创造良好的销售条件。

(2) 合理分配利润

企业要充分运用定价策略，考察各中间商的综合能力，按照不同情况，分别给予不同的折扣。同时，要充分考虑市场需求和中间商的利益，对价格随时进行调整，合理分配利润。

(3) 开展促销活动

企业应利用各种方式大力宣传其产品，给予中间商一定的支持。对于技术性强的产品，企业应为中间商进行人员培训，或者派出技术人员协助中间商进行相关服务，帮助中间商进行营业推广。

(4) 提供资金支持

中间商有时需要生产企业提供一定的资金支持，比如采取售后付款或先付部分货款待产品售完后再结算的方式，以解决中间商资金不足的问题，促使其主动进货，积极推销产品。

(5) 提供市场信息

市场信息是企业开发市场营销活动的重要依据，企业应将所掌握的市场信息及时传递给中间商，使其心中有数，以及时调整和制定销售策略。企业可以邀请中间商座谈，共同研究市场动态，制定销售措施，为其合理安排销售提供信息支持。

3. 企业对中间商的评估

为了保证销售渠道的畅通和运行的效率，企业要对中间商进行评估，制定一系列的考核标准，检查、评估中间商的表现。这些标准包括：销售指标的完成情况、平均存货水平、交货的快慢程度、对企业宣传和培训的合作情况等。经过一段时期后，企业可公布考核结果，激励优秀的中间商保持声誉，鞭策表现一般的中间商不断努力。

四、分销渠道策略

分销渠道的选择，不仅要求保证产品及时到达目标市场，而且要求选择的分销渠道销售效率高，销售费用少，能取得最佳的经济效益。因此，企业在进行分销渠道选择前，必须综合分析企业的战略目标、营销组合策略及其他影响分销渠道选择的因素，然后再做出相关决策。

(一) 建立分销渠道的基本策略

1. 直接销售与间接销售的选择策略

企业在选择时，必须对产品、市场、企业营销能力、控制渠道能力、财务状况等方面进行综合分析。一方面，虽然中间商对企业和消费者来说有很大的好处，但没有中间商的介入也具有很多优点。另一方面，直接销售使产品的整个销售职能完全落在生产企业身上，其销售费用也完全由企业自身承担，而且有些生产量大、销售面广、顾客分散的产品，企业不可能将产品送到每一个消费者手中。二者之间各有利弊，要根据实际情况进行最佳选择。在产品的实际销售中，对于直接与间接渠道的选择可以参考以下意见：

① 对于一些产品的原材料来说，其用户购买量很大，购买次数较少，用户的数量有限，适合采用直接销售渠道策略。

② 作为生产资料的产品，其技术较为复杂，价格相对较高，用户对产品规格、技术性能有较高要求，需要相关的服务，交易和谈判的时间较长，适合采用直接销售渠道策略。

③ 一些容易变质或容易损坏的生活用品，因其特殊的物理和化学性质，为了保证产品完好和使用安全，宜采用直接销售渠道策略。

④ 对于时尚用品来说，因其生命周期较短，适宜采用直接销售渠道策略。

⑤ 对于高档消费品来说，价格比较昂贵，使用者较少，销量不大，也宜采用直接销售渠道策略。

⑥ 对于大多数产品来说，尤其是日常生活用品，可以采用间接销售渠道策略。

案例链接 7-14

"雅芳"的直销队伍

"雅芳"牌化妆品，自打入广州市场后，未见他们举办轰轰烈烈的促销活动，静悄悄地占领了广州这个化妆品名牌荟萃的市场。其成功的秘诀是，该公司拥有一支庞大的直销队伍——"雅芳美容顾问"。"雅芳"就是以此打入市场，赢得顾客的。"雅芳"是以直销为特点的企业，它的产品不经批发、零售等环节，而直接由"美容顾问"销给顾客。

"雅芳"美容顾问的招聘方法，也与其他的企业不同。应聘人员不受年龄、语种、学历等条件的限制。只要有兴趣充当美容顾问，无论在职，还是待业者均可应聘。

"雅芳"对"美容顾问"的管理也别具一格，富有特色。应聘人员接受短期培训后，可开始工作，其工作时间可自由安排。按销售数额计算聘金，超过一定数量计发奖金。至于"美容顾问"以什么方式、通过什么渠道推销"雅芳"产品，公司不给指示，但有一条限制，即"雅芳"产品不得进入商店柜台摆卖。"雅芳"正是在这支庞大的直销队伍推销下，使自己的产品静悄悄地占领了市场。

2. 分销渠道长短的策略选择

分销渠道越短，企业承担的任务就越多，信息传递就越快，销售越及时，就越能有效地控制渠道。分销渠道越长，中间商承担的任务就相对越少，信息传递就越慢，流通时间越长，企业对渠道的控制就越弱。生产者在选择时，应综合考虑生产者、产品、中间商、竞争对手的特点，然后进行选择。

一般来说，适宜采用长分销渠道的产品有：销量较大、目标市场比较分散的产品；价格较低的、作为日常生活用品的产品；生产具有季节性而销售不分季节的产品，或生产不分季节但使用具有季节性的产品；技术性不强的产品；不需要售后服务的产品；等等。反之，宜采用相对较短的渠道策略。

3. 分销渠道宽窄的选择策略

分销渠道宽窄的选择策略主要包括：

（1）普遍性分销渠道策略

普遍性分销渠道策略又称广泛分销策略，是指生产者尽可能通过更多适当的中间商推销其产品的策略。在通常情况下，日常使用的产品或生产中经常耗用的产品适应实行这种策略。因为这些产品适用范围广，消费者希望能迅速而方便地买到，并不计较是否为名牌，也不需要到大商店去购买。

普遍性分销策略的优点是：产品与顾客接触机会多，广告的效果好。其缺点是：生产者很难控制渠道,与中间商的关系也比较松散,生产者要负担较高的促销费用,去设法鼓励和刺激中间商积极推销产品。

(2) 选择性分销渠道策略

选择性分销渠道策略是指生产企业在某一地区仅通过少数几个精心挑选的、比较合适的中间商来推销其产品的策略。产品中的一些选购品,由于消费者常对某种品牌的产品发生偏好,尤其适用选择性分销渠道策略。

选择性分销渠道策略的优点是:加强了生产者与中间商的联系,每个中间商可获得较大的销售量,有利于双方合作,提高渠道的运转效率,有利于保护产品在用户中的声誉,便于生产者对渠道进行控制。有些生产者在新产品上市时,采用普遍性销售渠道策略,以期产品能迅速进入市场。经过一段时间后,则会改用选择性销售渠道策略,逐步淘汰不理想的中间商,以减少费用,保持产品的声誉。

案例链接 7-15

美国通用公司的选择性分销

美国通用公司的食品公司在美国的销售业绩高达几十亿美元,在这一市场中,其营销渠道直接而宽广。通用食品公司在另一个大市场日本也开展经营,但它在日本的规模却相对较小,所占的市场份额仅仅只是它在咖啡和食品加工业上的主要竞争对手雀巢公司的一个零头。通用与雀巢这两家公司都实行从工厂直接到达零售商手中的短渠道形式,但通用食品公司的业务规模较小,因此这种分销无利可图。为了达到这种分销模式所必需的业务规模,通用食品公司最终同一个规模是其日本分公司20倍的H食品公司达成了协议,双方进行合资经营。通过其日本合作者的广泛的分销网络,通用食品公司的成本大大降低了,其市场份额和利润都有了明显的提升。

(3) 专营性分销渠道策略

专营性分销渠道策略又叫独家分销渠道策略,是指生产者在一定地区、一定时间内,只选择一家经验丰富、信誉良好的中间商推销其产品的策略。生产企业和中间商通过协商签订独家经营合同,规定中间商不得再销售其他竞争者的产品。需要进行售后服务的产品多使用这种分销渠道策略。

专营性分销渠道策略的好处是:易于控制产品的销售价格,在广告与其他促销活动方面,易于与中间商取得合作,由于发货、运送、结算等手续简便,有利于降低成本,节约费用。同时可以提高中间商的推销效率与经营积极性,加强对消费者的服务。在竞争中,可以防止竞争对手使用此渠道。其不足是:理想的中间商不易物色,独家销售可能失去更多的市场,对于距离较远的消费者,购买不方便,广告宣传因此而形成浪费。

(二) 营销渠道调整策略

随着市场各方面因素的变化,确定的分销渠道有时可能会出现不适应的环节或中间商,企业必须对分销渠道进行调整,保证营销目标的实现。

1. 分销渠道调整方式

分销渠道调整主要有以下三种方式。

(1) 增减个别渠道成员

当某个或少数几个中间商经营不善,并影响到整个分销渠道时,企业可以考虑中止与这类中间商的协作关系,在适当的时候,增加能力较强的中间商,满足销售的需要。

(2) 增减个别渠道

这种方式是指生产企业增设、取消某一地区的销售,或增设、取消一部分中间商。例如,某面粉厂原有五个地区的销售业务,全部由当地批发商承担。后来,厂家发现其中一个地区的业务萧条,支付给该地区批发商的销售费用甚至超过了其销售利润,决定取消该地区的销售,中止与该地区所有批发商的合作关系。同时，将这笔业务转向新的地区，交给新地区的代理商经营。

（3）变更全部渠道

变更全部分销渠道即生产企业对以前所选择的分销渠道做较大规模的改进，甚至完全废除原分销渠道，重新组建新的分销系统。例如，企业将中间商完全取消，由自设机构进行直接销售，就属于完全变更分销渠道。

2. 分销渠道调整技巧

生产企业调整分销渠道一般比选择分销渠道更为棘手，所以，在调整前，生产企业务必进行详细的调查和通盘考虑，探讨企业自身的设计是否正确，渠道管理与控制是否得当。在此基础上，可以按以下四个步骤进行调整工作。

（1）缩小问题范围

企业营销管理人员应洞察宏观环境的变化及其发展趋势，找到影响分销渠道正常运行或运行效率的可能因素。否则，不能贸然调整分销渠道，以免造成不必要的损失。

（2）明确问题所在

当效率低下的中间商也同时经营竞争对手的同类产品时，而该中间商经销竞争对手产品的效率较高，应从本企业的经营战略、计划及营销组合策略等方面去探查原因；若该中间商经销竞争对手产品的效率也较低，应考察目标顾客的兴趣是否发生转移，需求是否发生变化等，以免错误舍弃中间商。

（3）考虑直接协作关系

如果是中间商效率低下，应考察该中间商是否经营本企业的其他产品，取消该中间商是否会影响本企业其他产品的销售，不能随意取舍。

（4）考虑相关的反应和整体市场份额

生产企业与多数中间商协作是长期的，较长时期的良好协作通常需要企业付出较大的代价。更重要的是，企业以后的发展离不开中间商，如果企业放弃一位中间商，是否会影响其他中间商的销售积极性，是否会导致竞争对手趁机进入市场，本企业产品的市场份额是否会下降。

总之，生产企业应在认真调查的基础上进行综合权衡，把是否符合企业营销的战略目标、能否保证企业的长期盈利作为分销渠道调整的基本准则。

（三）营销渠道开拓和渗透策略

对于一个新建或推出新产品的企业来说，需要开拓营销渠道。如果他们期望开拓的分销渠道已经被竞争对手所控制或利用，又没有其他渠道可选择，就要进行渠道渗透。开拓和渗透是新建渠道的两个相辅相承的途径。其策略和方法主要包括以下四种。

1. 引播

生产企业通过促销策略和方法，广泛吸引和影响中间商建立联系，包括招引和播种两种方法。招引是通过广告、展销等方法，吸引中间商前来建立销售渠道。一般来说，对最早建立业务联系的中间商，有特殊的优惠。播种是通过派出有经验的推销员，主动联系中间商建立销售点，形成销售渠道网络。这种办法费用较大，但一般情况下效果较好。

2. 中转

新建企业或老企业的新产品，由于知名度不高，缺乏有效的销售渠道和市场。企业可采用中转的办法，即选定若干中间商，采用先建临时销售渠道再向固定销售渠道过渡的办法。这种办法有两种形式：一是建立代销网点，委托中间商代销；二是委托流动销售，推销员带着样品，走街串巷，推销商品。第一种形式，中间商不需要投入，不承担经营风险，容易被中间商接受，企业也能有较多的收益，并从中选择优秀的中间商发展成固定的经销关系。第二种形式，企业不承担风险，但要注意对推销员的控制，防止其借机行骗。

3. 特约

生产企业以优惠条件特约有影响的中间商经销商品。特约的方法主要有：以优惠价格供应商品；优先满足特约商的货源；提供有关销售设施；等等。特约是开拓和渗透新渠道的重要方法，具有特殊的稳定性。

4. 自建

自建是指实力雄厚的产品生产企业，自己投资在主要目标市场中建立经营点。自建网点有纵向的系统渠道和横向的购销渠道相结合的双重作用。纵向方面可以使下一级分销渠道正确领会企业的营销意图，有效地进行活动；还能够及时地将市场需求和竞争对手的信息传递给企业。横向方面可以以销售网点为基点，向四面辐射，建立和发展横向的销售渠道。这样，纵向销售渠道和横向销售渠道有效结合，就能迅速打开产品的销路。

五、商品的储存和运输

商品由生产领域进入消费领域需要完成两个转移：一是价值转移，即商品所有权的转移；二是使用价值转移，即商品实体的空间转移。一般来说，商品实体的空间转移是由商品所有权转移引起的，但在现代社会，商品实体转移可以不随着价值转移同时进行。现代市场营销将商品实体由生产领域向消费领域转移的全部活动称为实体分配。经测算，实体分配中各环节的费用分配情况大体如下：运输占46%，仓储占26%，存货占10%，装卸占6%，管理占4%，其他占8%。由此可见，运输和储存是保证产品销售渠道畅通的两个主要条件，必须得到重视。

（一）商品储存

1. 商品储存的意义

商品的储存要按照"安全、及时、方便、经济"的原则来实行管理，其主要意义如下：

（1）保管商品

根据生产的不同情况，产品在分配过程的时间有长有短，在这段时间里，商品的保管是储存的首要问题。

（2）便利销售

为了进一步满足消费需要，在仓储的同时，可以对商品进行分类、整理、分装和加工，以减少运输中的损失，更主要的是提高服务质量，促进销售。

（3）监督质量

商品储存中的收货和发货，具有监督质量的职能，以保证按质按量验收发送。这对提高产品质量，维护消费者利益，有着积极的作用。

2. 储存仓库的分类与选择

仓库是商品储存的主要场所，是组织商品流通的必需的物质技术设施。按在商品流通过程中所担负的主要任务不同，仓库可以分为采购仓库、中转仓库、供应仓库和储备仓库等；按储存的商品种类不同，仓库可以分为一般商品仓库和特种商品仓库；按设备条件不同，仓库可以分为通用仓库、一般专用仓库和特种专用仓库；按隶属关系和使用范围不同，仓库可以分为自用仓库和营业仓库等。

进行仓库的选择，要从仓库的地理位置、仓库的容量、仓库的结构、仓库的设施条件等方面进行综合考虑，选择最合适、最经济的仓库。但对于一些特殊商品，如鲜活食品、具有特殊理化性能的产品，要选择符合条件的专用仓库，不能因为价格原因选择不具备条件的仓库，以免因小失大。

3. 商品的搬运

经营企业要选择适当的设备与方法来搬运物品，这对降低商品成本有着重要的作用。商品搬运操作要掌握以下基本原则：搬运设备应经常处于运动状态；商品搬运的经济性与载运量成正比；要充分利用仓库的有效空间；搬运设备要标准化、规格化、通用化；商品搬运要尽可能使用机械设备，保证安全、可靠和高效；搬运设备本身要轻便、搬运量要大，使用简便。

4. 存货水平控制

在经营企业中最重要的一项决策是存货水平的控制。如果存货不足，将不能满足消费者需要，造成多次进货,增加成本,甚至失去消费者,影响企业信誉。如果存货量过大,则需要较大的仓储面积,增加储存费用,且不利于及时调整货源满足需求变化。因此,在决策时必须对各种不同水平的销售量和存货成本进行比较,以最低成本、最高利润为标准。这一标准通常用经济订货批量法来确定。

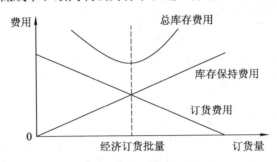

图 7-6　经济订货批量模型

采用经济订货批量模型确定产品库存时要考虑两个因素:库存保持费用和订货费用,使两者相等即可。

设:一次订货费用为 C_0,年需要量为 D,年单位库存保持费用为 C_H,库存量为 Q,

则:平均库存量 $= \dfrac{Q}{2}$,订货次数 $= \dfrac{D}{Q}$,库存保持费用 $= \dfrac{Q}{2} \times C_H$,订货费用 $= \dfrac{D}{Q} \times C_0$。

令:库存保持费用等于订货费用,

则: $\dfrac{Q}{2} \times C_H = \dfrac{D}{Q} \times C_0$,可推出 $Q = \sqrt{\dfrac{2D \times C_0}{C_H}}$

由此可得经济定货批量: $EOQ = \sqrt{\dfrac{2D \times C_0}{C_H}}$

从图 7-7 可以看出,最佳经济定货批量是在库存保持费用与订货费用相等时所对应的批量,这时的总库存费用最少。

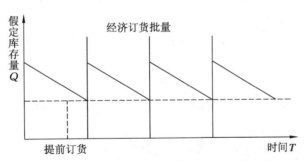

图 7-7　经济订货批量模拟图

例如:某店每年销售货物 1 200 箱,每次订货费用为 20 元,每箱货物每年库存保持费用为 4.8 元,求其产品的经济订货批量。

则: $EOQ = \sqrt{\dfrac{2D \times C_0}{C_H}} = \sqrt{\dfrac{2 \times 1\,200 \times 20}{4.8}} = 100$ (箱)

即每批订货为 100 箱最经济。

每年订货次数为: $n = \dfrac{D}{EOQ} = \dfrac{1\,200}{100} = 12$ (次)

假设每年工作 300 天,每天销售 4 箱,提前 5 天订货,则订货期间必须保持的库存量为 $4 \times 5 = 20$ 箱。这就是订货点,即当库存量下降到 20 箱时,就要订货。

(二) 商品的运输

1. 商品运输的意义

从经济的观点看,运输可以创造空间的效用,从而增加商品的价值。因为良好的运输是在最适当的时间、最合适的地点,将产品完好地供给顾客。合理地组织运输,就要求企业用最少的时间,迅速地把产品从产地运到销售地点,及时满足市场需求,防止产品在运输程度中发生差错,准确而及时地完成运输任务,要保证产品质量完好。所以,"及时、准确、安全、经济"是一个不可分割的运输原则,只有全面实现,才算完成运输任务。

2. 组织运输的途径

根据实践经验,合理地组织商品的运输途径,主要包括运输路线的选择、运输方式的选择和运输工具的选择三个方面。

(1) 运输路线的选择

正确地选择运输路线,关系到运输里程的缩短和运输环节的减少,对加快流通速度、减少流通费用有重要的影响。其主要措施是设置批发站或实行分区产销平衡运输制度。

按经济区域设置批发站。各商品批发站的商品供应范围不受国家行政区划的限制,而应按商品的合理流向,将目标市场划分为若干个经济区,允许夸行政区域供应商品,为组织合理运输创造条件,消除迂回、倒流等现象。

实行分区产销平衡合理运输制度。根据各类商品的产销分布情况和交通条件,按近产近销和品种调剂相结合的原则,在产销平衡的基础上,划分商品的供应区域,正确规定各类商品的流向,组织调运,使运输路线和运输距离达到最优化。因此,首先要规划生产地区和消费地区。对生产集中而消费分散、规格简单、运输量大的商品,应以生产地为中心,确定距离较近的消费地为生产地的供应对象。对于生产地分散、消费比较集中的商品,应以消费地为中心,规划供应商品的生产区域,使分散的产地固定为距离最近的消费地的商品来源。当分区供销关系固定以后,可选定商品运输路线,制定商品规划区域供应的合理运输流向,作为组织运输的依据。

(2) 运输方式的选择

在运输过程中,由于经过多层中间环节,导致货物周转时间延长,商品装卸耗费增大,因此提倡直达、直线运输的方式。

直达、直线运输是将商品直接从生产地运到消费地,减去不必要的中转环节,缩短运输距离、加速流转、减少损耗、降低费用。其最主要的方式是"四就直拨",即就生产企业直拨、就车站直拨、就仓库直拨、就车船过载直拨。"四就直拨"的运输方式适用于运量大、能整车整船发运的单一产品,或鲜活易腐的商品。

(3) 运输工具的选择

运输工具是实现产品在地区间移动所必需的物质条件。常用的现代化运输工具有船舶、汽车、火车、飞机等。

船舶的优点是:运量大、费用最低;缺点是:速度最慢。

汽车的优点是:速度快,方式灵活;缺点是:运量小、费用高。

火车的优点是:运量最大、费用低、速度快;缺点是:运输地点受限。

飞机的优点是:速度最快;缺点是:运量小,成本最高。

因此,对运输工具的选择,要以有利于产品销售和满足市场需求为出发点,因时因地制宜,做出正确的选择。

任务五 制定与实施促销策略

促销是指生产经营者运用各种方式方法,传递产品信息,帮助并说服消费者购买本企业的产品,或者使消费者对该品牌产品产生好感和信任,以激发消费者的购买欲望,促进消费者的消费行为,从而扩大产品的销售等一系列活动。这就是现代营销理论所倡导的信息沟通与传播促销活动。

一、促销组合策略

（一）促销的特点

促销是企业市场营销的重要活动，直接影响企业产品的销售和利润，关系到企业的生存与发展，具有比较鲜明的特点。

1. 从促销主体看

从促销主体看，促销活动主要由规模较大的龙头企业、流通组织或政府来实施。规模较小的企业由于受到资金、利润、收益的限制，往往不能也不愿投入产品促销活动，或只愿参加与自己利益相关的、规模较小的营业推广活动。广告促销、产品博览会、交易会及各种公关活动都需要由政府或相应的龙头企业来组织并承担费用。

2. 从促销的对象看

从促销的对象看，促销的产品具有产地化、差异化和个性化特征。产地化是指促销活动传递的信息是某个特定产地的特色产品，以促销活动来激发顾客对该产地产品的购买行为。差异化是指促销应该更多地传递本产品与众不同的信息，满足顾客多样化的需求。个性化是指促销活动传递的信息应该强调产品的个性特征，比如地方特色产品的促销。

3. 从促销手段上看

从促销手段上看，促销形式异常丰富，特点鲜明。产品促销除了传统的人员推销、广告促销等手段外，各种网络推销、关系营销的运用也不断出现。经营者在产品生产过程中会获得多种主、副产品，形成纵向的产品组合，进而产生多样的销售推广手手段。

（二）促销的作用

在市场营销活动中，促销有助于刺激消费者的购买欲望，诱发购买行为，促成交易，扩大销售。促销对企业成功开展营销活动，提高企业产品占有率及提高企业形象都具有重要的作用。

1. 提供信息，说服消费者

在市场营销活动中，信息流是商流和物流的前导。企业开展销售活动，必须采取及时向消费者传递产品信息，介绍其特点、价格及企业可提供的服务等，以说服、吸引消费者购买，密切生产者、中间商和消费者的联系，强化营销渠道中各环节的协作，加速产品的流通。

2. 激发欲望，扩大需求

企业要采取有效的促销方式和策略，必须树立激发潜在消费者的购买欲望、引发其购买行为的目标。有效的促销活动不仅可以诱导和激发需求，还可以创造需求，从而使市场需求朝着有利于企业产品销售的方向发展。

3. 突出产品特点，树立产品形象

产品的差异优势是企业争夺消费者，取得竞争胜利的关键。生产者和经营者运用各种促销方法，宣传产品的特点及其特有的利益，帮助消费者在众多的同类产品中认识到本企业产品的差异优势和特殊利益，刺激消费者的需求，树立良好的产品形象。

4. 塑造企业形象，提高企业声誉

声誉是企业的无形资产，是企业的市场形象，反映了消费者对企业的整体评价和看法，对企业的产品销售有重大作用。通过促销活动，企业可以扩大产品的知名度，塑造良好的企业形象，有助于消费者加深对企业的印象，进一步提高企业的声誉。

（三）促销预算的确定方法

不同种类的产品在促销费用方面有一定的差别，促销费用的确定是较为困难的营销决策之一。确定产品促销费用的常用方法包括：量力支出法、销售额比例法、竞争对等法和目标任务法。

1. 量力支出法

企业在制定促销预算时，首先考虑究竟能够负担多少促销费用，即以本身经济能力为基础来确定促销费用的绝对额。这种方法比较简便易行，但完全忽略了促销与销售额之间的因果关系，忽略了促销对销售额的影响。按照这种方法，企业每年的促销预算可能有较大差异，不利于长期的市场拓展计划。

2. 销售额比例法

即根据目前的或预期的销售额来确定促销费用水平，使促销费用占销售额的一定比例。销售额比例法的优点有：一是简便易行，只要了解过去的销售额或以后的预期销售额就可确定企业的促销预算；二是按照这种方法确定的促销费用，是与企业的经济能力一同变动的，即费用支出的增减与企业销售收入的增减相一致；三是这种方法促使管理人员将促销费用、销售单价和单位利润紧密地联系起来；四是可使竞争形势趋于稳定。这种方法的主要缺点是颠倒了促销与销售之间的因果关系。此外，促销预算按照每年销售额的增减而变化，不利于企业制订长远的发展计划。

3. 竞争对等法

这是一种向竞争对手看齐的制定促销预算的方法。采用这种方法要首先了解其他企业同类产品的大致促销预算，然后确定本企业的预算，使自己的预算与竞争对手的预算保持一定的比例。企业采用竞争对等法的理由有二：一是竞争对手的促销预算是在长期实践基础上形成的，有其合理性，值得效仿；二是竞争对手之间的预算大致相当，有助于和平共处，避免竞争白热化。但要注意，有时竞争对手的促销预算不一定合理；企业之间在信誉、资源、目标等方面都存在着不同程度的差异，也不一定能避免竞争升级。

4. 目标任务法

企业先确定促销目标，如达到一定的销售增长率、市场占有率、品牌知名度等，然后确定为达到这些目标所要完成的任务，最后估算完成这些任务所需要的促销费用。目标任务法的优点是，可以使管理人员将促销费用与促销目标直接联系起来，便于进行"成本—效益分析"。但采用这种方法必须正确地确定促销目标，如果促销目标不合适，促销预算也必然失误。

（四）促销组合策略

促销组合就是企业根据产品的性质和经营目标，综合各种影响因素，将各种促销形式有目的、有计划地选择、配合和运用，发挥整体促销作用。

1. 产品的促销方式

市场促进销售的方式有很多，主要的有四种，即广告宣传、人员推销、营业推广和公共关系。不同的促销形式其信息传递方式和程序各不相同，作用也不相同，它们之间互相联系、互相影响、互相配合和补充。

2. 影响产品促销组合的因素

企业在决定各种促销方式之间的组合时，必须考虑影响促销组合的各种因素。

（1）促销目标

促销目标是企业在进行促销活动所要达到的目标，是根据总体营销目标制定的。企业进行的促销活动必须服从于企业的总体营销目标，缺乏明确肯定的促销目标，促销活动就不可能收到理想的促销效果。在不同的促销目标下，企业所采取的促销组合策略会有所差异。

（2）营销环境

企业面对的营销环境在一定程度上影响企业促销组合策略。处于市场领导地位的品牌能从广告和营业推广中获取更多的利益；消费者接触传媒频率的高低，会极大影响广告的宣传效果。另外，一些政策法规会对促销手段的应用带来一定的影响，比如许多国家对烟草广告实行限制。企业在促销手段的选择过程中必须充分考虑促销方式在不同营销环境中的适应性。

（3）产品性质

不同性质产品的消费者具有不同的购买行为的购买习惯，决定了企业要选择不同的促销组合策略。一般来说，对于使用简单、用户了解的一般产品，应多采取广告宣传进行促销；对于结构复杂、消费者不太了解的产品，需要向用户介绍其性能、质量并提供相关服务的，宜采用人员推销方式；对于营业推广和公共关系来说，适合于大部分产品的促销行为。

(4) 市场种类

目标市场不同，其信息的接受能力不同，对信息的反应态度也不同。如果企业面对的是地域分布分散而广阔的目标市场，广告宣传的作用就更重要；对于规模较小、地域集中的目标市场，人员推销更为合适。此外，目标市场的购买习惯、经济状况等都会对各种促销手段的效应产生不同的影响。

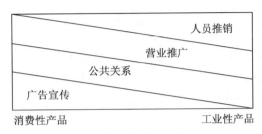

图7-8 市场类型对促销组合的影响示意图

(5) 产品生命周期

产品在不同市场生命周期阶段，其市场态势、消费者态度和企业经营目标都不同，应采取不同的促销组合。在投入期，促销重点在于使顾客认识和了解产品，应以广告为主要促销形式，人员推销和营业推广为辅助促销形式。在成长期，企业的促销目标形成品牌偏好，仍以广告为主要促销方式，同时辅以人员推销等形式。在成熟期，企业的促销目标是战胜竞争者，应以提示性广告为主，配合营业推广和公共关系，树立企业形象。在衰退期，企业的促销目标是减少损失，促销方式应以营业推广为主，配合使用提示性广告。

(6) 促销费用

企业促销费用的确定是营销管理中的重要课题，不同产品的促销费用相差较大。企业无论采取哪种确定销售预算的方法，都应针对不同情况进行具体分析，根据促销的实际效果，随时加以调整，避免盲目性。

二、广告宣传

(一) 广告的概念

广告就是广而告知，是对公众进行宣传告知的意思。广告的概念分为广义和狭义两种。广义的广告指凡是能唤起人们注意、告知某项事物、传递某种信息、宣传某种观点或见解的信息传播方式。广义的广告既包括经济广告（商业广告），也包括非经济广告，比如公益广告。狭义的广告指商业广告，是广告主体有目的地通过各种可控制的非个体传播，以劝说的方式向目标市场推销产品、服务或观念的付费宣传活动。市场营销中的广告主要是指狭义的广告，有以下六个构成要素。

1. 确定的广告主

广告主是广告中的关键因素，广告主以付费的形式获得传媒的服务，也就是广告宣传的主人，一般情况下表现为商品生产经营企业或当地政府。

2. 可控制的形式

广告主必须控制广告的内容、形式、推出的时间、地点和方式，以和企业的整体促销策略一致。

3. 非个体传播

是指广告借助于传播媒介进行宣传活动，是以媒体面向全体媒介受众，而不是靠个人的交流来进行。

4. 劝说

劝说是指广告主以一定客观事实为基础，诱导别人接受自己的观点，是广告发挥作用的手段。劝说不同于行政命令，它只是诱导顾客采取购买行为，至于顾客是否购买，完全由其本人决定。

5. 推销产品、服务或观念

这是广告的主要内容，也是广告主的目的所在。推销的对象既可以是有形的产品和无形的服务,还可以是企业的一种思想,以塑造或改变消费者心目中的产品形象和企业形象。

6. 目标市场

目标市场是指广告推销的产品、服务或观念的潜在接受者。扩大目标市场占有率,这是企业发布广告的目的。

(二) 广告在产品促销中的作用

广告能够指导人们的消费,开拓目标市场,传递企业信息和产品信息,为满足消费提供服务。

1. 广告是最大、最快、最广泛的信息传递媒介

通过广告,企业能够迅速而有效地把产品特点、用途或功能、企业的信息等内容传递给消费者,加强供求双方的联系,促进销售。此外,有关产品的质量、安全等信息只有通过广告进行有声有色的宣传,才能收到良好的效果。

2. 广告是激发和诱导消费的主要手段

消费者对产品的需求,常常是一种潜在的需求,广告以极强的视觉和感觉印象往往会唤起消费者的现实购买欲望。广告可以改变消费者对产品的态度,影响消费者的心理活动状态,唤起注意和引起兴趣,促成购买行为的实现。

3. 广告能提高中间商的交易兴趣

产品能否真正走向市场,要取决于中间商的积极性是否被调动起来。广告宣传能够引起中介流通组织的注意,通过中介组织进一步打开产品市场,这是现阶段我国产品走向市场的主要手段。广告宣传刺激终端需求,也为中间商销售产品提供了保障,受到中间商的欢迎。

4. 广告是建设品牌的主要手段

产品品牌建设是实现产品价值增值,增加企业收入,提高竞争力的重要途径。

(三) 广告的分类

1. 根据广告的内容和目标分

可划分为商品广告和企业广告。商品广告主要是宣传产品的主要特征及其为顾客带来的特殊利益,针对商品的销售活动而开展的广告。企业广告主要是传播企业形象的广告,以提高企业在行业、社会或消费者中的形象,着眼于长期经营目标。

2. 按产品市场生命周期分

可划分为开拓性广告、劝说性广告和提示性广告。开拓性广告是指在产品市场生命周期的投入阶段,介绍新产品的广告形式;劝说性广告是指在产品市场生命周期的成长和成熟阶段,为放大销售和取得竞争优势而采取的广告形式;提示性广告是指在产品市场生命周期的衰退阶段,为提醒顾客记住产品而采用的广告形式。

3. 按广告对象分

可划分为消费者广告、中间商广告和工业企业广告。消费者广告是直接以消费者为对象的广告;经销商广告是以产品的中间商为对象的广告,根据中间商的业务范围提供目录和样品;工业企业广告是向工业企业推销初级产品的广告,也称产业广告。

4. 按广告的媒体分

可划分为报纸广告、杂志广告、广播广告、电视广告和网络广告等。广告媒体是广告宣传必不可少的物质条件,各种媒体有不同的特点和不同的效果,适用于不同的产品。因此,企业必须根据广告内容,选择适当的媒体,达到理想的宣传效果。

(1) 报纸广告

报纸广告随着新技术的革新,仍然起着重要的作用。其优点是:发行量大,传播面广,受众明确,传阅性好,消息迅速。其缺点是:寿命过短,感染力和吸引力差,读者注意力易分散。

(2) 杂志广告

杂志广告所占比重较小,但有一定的发展潜力。其优点是:目标受众比较具体,针对性强,具有较强的转阅性和保存性,印刷质量较高,色彩鲜艳,形象逼真。其缺点是:间隔时间长,时效性

差，成本较高。

（3）广播广告

广播广告通过语言和音响效果等听觉诉求方式来传递产品信息。其优点是：信息传递迅速及时，范围广，不受地点和场所的限制，费用较低，针对性较强。其缺点是：听众注意力易分散，一听即过，印象不深刻，听众仅限于特定的人群。

（4）电视广告

电视广告是兼视听为一体的广告媒体，是目前最主要的广告媒体。其优点是：信息传递直观且真实，具有较强的宣传魅力和心理感染作用，针对性强，能引起观众的高度注意。其缺点是费用较高，寿命短，目标市场选择性差。

（5）网络广告

网络广告是借助网络发布产品信息，进行促销活动。其优点是：传播范围广，互动性强，易被消费者接受和了解，传播迅速，信息量大，易于查阅。其主要缺点是：广告受众有限，信息真实程度不好确定。

（四）广告策划与创作

1. 广告的策划

广告策划就是根据广告主的营销计划和广告目标，制订出一个行之有效的广告企划方案。广告策划的内容主要包括以下几个方面：

（1）广告目标策划

广告的目标有三种：一是提高知名度、创品牌目标，通过广告的信息来提高消费者对产品商标、品牌的理解和记忆；二是促销广告目标，通过媒体传播促销的信息，提高产品在市场上的销量；三是竞争广告目标，通过宣传产品的优异之处来提高其市场竞争力。企业要对广告的目标做出明确选择，以达到预期的目的。

（2）广告对象策划

广告对象即广告信息的接收者。我们一般根据产品的目标市场，分析目标顾客的特征来确定广告信息的接收者。对于用作原料的产品，广告对象为工业企业；对于用作消费品的产品，广告对象是一般消费者或中间商。

（3）广告媒体策划

广告媒体策划就是对广告传播媒体的选择和有效组合。产品的广告媒体策划可以根据广告主的社会关系资源、广告资金投入、广告的时间及媒体特点进行相应的选择和组合，以节省成本，提高广告效果。

（4）广告时机策划

广告时机策划即对广告发布时间的选择。对于生产具有季节性的产品，广告时机策划就显得更为重要。

（5）广告空间策划

广告空间策划就是选择广告发布的区域与范围。任何一种产品都不可能面对一切市场和消费者，产品的销售客观上具有明显的地域性。产品的广告发布必须结合目标市场的分布，确定合理的发布区域。

（6）广告主题策划

广告主题策划需要结合广告目标策划和产品品牌的价值等因素来确定，明确产品的定位，达到广告目标。

（7）广告策略选择

选择适当的广告策略，对广告的效果有着决定性的影响。

2. 广告的创作

良好的策划必须通过优秀的广告内容来表现，广告创作对广告发布后的效果有着直接的影响，应予以高度重视。

（1）创作主题

广告主题是指产品向消费者提供的主要利益，只有明确了广告的主题，才能进行具体的广告创作。

（2）创作诉求

广告诉求一般可分为理性诉求、情感诉求和道义诉求三类。理性诉求广告显示产品或品牌产生的功能利益，比如产品的质量、用途、价值和性能等信息。消费者会对其进行比较并做出具体的选择。情感诉求广告的创作者寻找合适的表现手法，以激起消费者产生相应的情感，来影响消费的消费行为。道义诉求广告用来指导受众有意识地进行分辨正误，常用于唤起消费者的某种意识。

（3）创作原则

广告创作的原则包括：针对性强，广告要准确、具体地找出产品的目标消费者，有针对性地进行宣传；信息准确，广告要引起人们的关注，必须做到内容简洁，信息传递准确；语言生动，广告的语言要求生动、通俗，达到易记、易传播、易接受的效果；诉求有力，广告的诉求口号要明确而有力地阐明品牌或产品利益，对消费者产生明显的触动。

（4）广告设计

广告的设计除主题明确以外，还要有文案设计、画面设计和技术设计。广告文案是广告信息的具体表现，是在主题确定的前提下，对表达的形式、语气、用词等进行具体的描述。广告的画面是用来配合文案对广告内容和目标加以形象化的表现形式，是一种视觉语言，更能引起消费者的注意，产生深刻的印象。广告的技术设计主要是进一步加强广告的艺术表现力和艺术感染力，包括广告模型的制作、音乐的选择和特殊效果的使用等。

（五）广告效果的评价

广告效果是指通过广告媒体传播之后所产生的影响。广告效果评价就是运用科学的方法来鉴定广告的效益。

1. 广告的经济效果评价

广告经济效果评价就是在投入一定费用和发布一段时期后，对广告所引起的销售额及销售利润的变化状况进行评价，是广告效果评价的最重要的标准。其评价指标主要有：

（1）广告费用率指标

广告费用率是指为测定每百元销售额所支付的广告费用，表明广告费支出与销售额之间的对比关系。

$$广告费用率 = \frac{本季广告费用总额}{本季广告后销售总额} \times 100\%$$

（2）单位广告费用销售率指标

单位广告费用销售率指标是用以测定单位广告费用所产生的销售效果的。

$$单位广告费用销售率 = \frac{本季广告后销售额}{本季广告费用总额} \times 100\%$$

（3）广告销售效果比率指标

广告销售效果比例指标是用来测定每增加单位广告费用带来的销售增加额的。

$$广告销售效果比例 = \frac{本季销售增长额}{本季广告费用增长率} \times 100\%$$

2. 广告的心理效果评价

广告的心理效果评价是对广告在知晓度、认知和偏好等方面的效果测试。其评价方法有：

（1）广告知晓度

广告知晓度是指受众通过媒体了解广告的比例和程度。

$$广告知晓度 = \frac{被调查者中知道广告的人数}{被调查者总人数} \times 100\%$$

(2) 广告回忆状况的测定

对广告回忆状况的测定是指借助一定的方法，评估媒体受众是否能重述或复制出其所接触广告内容的一种方法，可分为辅助回忆和无辅助回忆两种方法。

(3) 偏好状况的测定

对一些品牌影响力较强的产品，消费者一般具有固定购买该品牌产品的心理特征。对偏好状况的测定就是测定广告带来的消费者对产品的选择偏好程度。

3. 广告的社会效果评价

广告宣传的社会效果是指广告发布以后对社会某方面的影响。广告的社会效果主要体现在以下三个方面：

(1) 提高人们的消费意识

消费者对产品进行选购时具有很大的随机性。广告的发布和宣传能提高消费者对产品的重视，提高消费观念，打击假冒伪劣产品。

(2) 提高人们的生态环保意识

产品在宣传自身的同时，也在一定程度上唤起和加深人们保护自然、爱护环境的意识。

(3) 提高人们的营养保健意识

广告通过强调产品的营养、保健功能时，使受众了解和掌握一些营养和保健赏识，有利于提高人们的营养保健意识。

三、人员推销

人员推销是企业通过推销人员以交谈的方式向消费者推销产品的一种促销活动。人员推销有三个基本要素，即推销人员、推销对象和推销商品。通过推销人员与推销对象之间的接触、洽谈，将推销商品由推销人员移向推销对象，达成交易，来实现销售商品和满足消费者需求的目的。

（一）人员推销的特点

1. 实现信息双向沟通

人员推销可以根据消费者的实际情况随机应变，通过介绍产品的有关信息，达到促进销售的目的；可以对消费者的疑问进行直接解答、演示和说明；可以了解消费者的意见并及时反馈，掌握市场情况和有关信息，为企业营销策略的及时改进提供依据。

2. 达到双重推销目的

在人员推销过程中，一方面，推销人员运用各种推销技巧，将产品推荐给消费者，达到增加销售的目的；另一方面，推销人员在与消费者的接触过程中，向消费者提供各种服务，解决问题，使消费者的消费需求得到满足，增进了双方情感。推销商品与满足需求相互联系、相辅相成。

3. 推销过程灵活多变

推销人员能够通过分析、观察，及时调整自己的工作方式和对策，达到说服对方的目的。推销人员可以通过了解消费者的具体需求，强调某一重点功能，刺激消费者的购买欲望，有针对性地展开推销，消除消费者的疑虑，促进销售。

4. 建立长期协作关系

推销人员可以在与消费者交往的过程中培养感情，建立起长期的业务联系，并且能通过消费者的传播，拓展目标市场。推销人员可以通过赠送名片来满足消费者的紧急要求，更重要的是建立和维持与目标用户的长期关系，密切双方联系，稳定销售渠道。

人员推销有以上优点，同时也存在着不足，主要表现在以下几个方面：推销成本相对较高；适用范围相对较窄；推销人员素质要求相对较高。

（二）推销人员的素质要求

由于推销人员直接接触消费者，其素质如何，不但影响企业和的经营业绩，还会对产品和企业的形象产生长久的影响，所以推销人员必须具备良好的素质，才能达到理想的推销效果，实现人员推销的目的。

1. 基本素质方面

推销人员的基本素质必须达到以下几方面：

① 推销人员要具有良好的外观形象，使消费者能产生好感，从而得到接待，有利于进一步开展工作，为推销打下良好的基础。

② 推销人员要对工作认真负责，对消费者热情耐心，积极主动地与消费者建立良好的关系，通过情感的沟通，建立长期的联系。

③ 推销人员要反应灵活，表现机智得体，适应消费者的不同心理，投其所好，顺利地把商品推销出去，并在消费者心中形成良好的印象。

④ 推销人员必须要自我克制，对于持相反态度或意见的消费者，要控制自己的情绪，寻求新的途径，解决存在的问题。

2. 专业知识方面

推销人员除了基本的个人素质以外，还要具备多方面的知识和技能，主要包括：

(1) 企业资料

推销人员必须了解本企业的历史情况、组织结构、经营战略等，对企业的总体情况有比较详细的了解，以利于开展工作，解决工作中出现的问题。

(2) 产品知识

推销人员要详细掌握推销产品的相关知识，包括质量、性能、用途、规格、型号、与竞争者产品相比的优缺点等方面的具体内容，满足推销过程的工作需要。

(3) 市场状况

推销人员要知道当前目标市场上消费者的购买动机、购买特点、心理变化、竞争对手的策略变化等方面的信息，随机应对。

(4) 技术知识

对于一些专业性较强的商品来说，推销人员要掌握必备的技术知识，在推销过程中能解答消费者的问题，解决消费者的实际困难。

(5) 推销技巧

推销人员必须掌握基本的推销程序、推销规则、商业语言，以推销人员和公关人员的双重标准要求自己，以一定的技巧取得消费者的认同。

(三) 人员推销的技巧

推销人员能否熟练地运用推销技巧进行工作是影响推销效果的关键之一。

1. 与客户见面的技巧

推销人员与客户的第一次见面在推销关系建立中显得特别重要，需要注意以下几方面的技巧。

(1) 见面前必须对客户有一定的了解

了解了消费者的需求特点，然后再有针对性地从产品的某一具体功能或特点进行推销，投其所好，会大大提高交易成功的可能性。

(2) 预测谈话内容，对相应语言进行合理组织

事先的语言准备，对解决实际工作中的一些特殊内容和情况有很大的帮助，良好的回答更能增强消费者的印象和信任。

(3) 着装整洁、卫生、得体

推销人员的形象在一定程度上反映了企业的形象，规范的衣着体现着企业对产品质量、卫生、安全的控制水平，体现了企业的管理能力。

(4) 自我介绍要表述清楚，不能太长

推销人员的自我介绍，对消费者形成的良好印象至关重要，要做到语言简洁，内容表达明确。

(5) 学会通过赞美或指令引起客户的注意

如："我是县行业协会介绍来的"，或者"我听说贵企业的生意非常兴旺，我今天是专门来拜访

您的",等等。

2. 交换名片的技巧

交换名片是建立和维持客户关系的第一步,是人员推销的一个重要任务。交换名片不简单是名片的赠予,而是体现了双方之间的未来交流意愿。推销人员在见面时不要过早地拿出自己的名片,更不能向客户提出索要名片的要求,可以在做完自我介绍后,或在交谈结束时,观察对方的反映,适时提出交换名片的建议。

3. 融洽交谈气氛的技巧

一个优秀的推销员与客户见面后常常先谈客户感兴趣的问题,来营造一个的良好交谈气氛。比如,可以询问对方有关产品消费的习惯及当地的消费习俗等,找到与推销产品有关的话题。作为推销员,不能在和消费者见面之后,急于进入推销状态,这样会让客户反感。

4. 产品介绍的技巧

在推销过程中,必须根据客户的利益来确定产品介绍的特点。

(1) 向中间商介绍产品

中间商关心的是产品的赢利能力与水平,所以在向中间商介绍产品时,应先简单告诉产品的用途及主要目标顾客,然后介绍产品在流通过程中的利润水平和流通价差,最后介绍售后服务和运销服务方面的事项。产品介绍的中心是价差和销量。

(2) 向消费者介绍产品

消费者最关心的是产品带来的利益,所以在向消费者介绍产品时,推销人员首先要识别消费者的层次、素质、需求,然后有针对性的阐明产品的功能和特点,以满足每个人的需求。产品介绍的难点是判断消费者的关注点和利益点。

 知识拓展

推销进程

推销进程是指推销人员围绕推销活动而设计的工作程序,是运用推销技巧的前提。对推销进程的设计一般有爱达公式和利迪达公式两种。

(一) 爱达 (AIDA) 公式

1. 引起注意 (Attention)

即在产品推销过程中首先要吸引消费群体对推销人员和推销产品的兴趣。

2. 激发兴趣 (Interest)

即在吸引了消费者注意后,推销人员要采用一定的手段、方式,努力使消费者对产品产生浓厚兴趣。

3. 引发欲望 (Desire)

即在消费者对本企业产品兴趣后,促使其进一步产生购买、拥有本产品的欲望。

4. 形成行动 (Action)

当消费者产生购买欲望后,推销人员应使其迅速做出购买决策,以实现销售。

(二) 利迪达 (DIPATA) 公式

1. 发现需求 (Discover)

即推销人员努力在目标市场上寻找消费者的需求,发现不同消费群体的需求方向和需求数量。

2. 激发兴趣 (Interest)

即推销人员对已发现的各种需求加以适当的引导,使消费者将各种需求逐渐转化为对本企业产品的兴趣。

3. 加强信任（Proof）

即推销人员向消费者提供具有说服力的资料，证明本产品能够满足消费者的要求，使消费者对产品产生信任。

4. 使得接受（Accept）

即推销人员进一步积极劝说，促使消费者被吸引并逐步接受推销人员的建议。

5. 引发欲望（Desire）

即当消费者在接受了建议之后，推销人员做进一步介绍，使消费者对产品有更深入的了解，并产生购买欲望。

6. 形成行动（Action）

即在顾客产生了一定的购买欲望后，推销人员要及时地促使消费者做出消费决策，实现销售。

（四）人员推销策略

人员推销以面谈方式将产品推荐给顾客。在面谈中，及时掌握消费者的心理反应，对促成交易非常重要。消费者的心理反应包括感觉反应、心意反应、信任反应和行为反应。推销人员要根据消费者的个性和具体情况，辨别消费者的类型，加强说服工作，形成购买行为。在掌握消费者心理反应的基础上，推销人员可选用以下推销策略：

1. 试探性策略

试探性策略是推销人员在事先不了解消费者需要的情况下，运用刺激性手段诱发消费者购买行为的策略。推销人员要事先拟好几套谈话方案，在接触后看消费者的反应，待了解到消费者的真实需要后，诱发购买动机，又称"刺激—反应"策略。

2. 针对性策略

针对性策略是指推销人员事先已大致了解消费者的某些需求，有针对性地进行宣传和介绍，引起消费者的兴趣，从而达成交易。这种策略，说服力强，容易引起消费者的重视，又称为"配方—交易"策略。

3. 诱导性策略

诱导性策略是指推销人员通过与消费者交谈，诱导消费者产生需要，然后因势利导，说明产品如何满足需要，使其产生购买欲望，最终达成交易。这种策略要求推销人员关于对没有需求的消费者进行诱导，唤起消费者的需求，然后适当地宣传、介绍产品，满足消费者被诱发的需求，所以又称为"诱导—满足"策略。

四、营业推广

营业推广是指企业利用各种能够迅速激起需求和购买欲望的手段，来诱导中间商和消费者，形成购买行为的一种促销方式。营业推广的目标有三类：一是针对消费者的营业推广，鼓励老消费者重复购买，吸引新消费者试用产品；二是针对中间商的营业推广，鼓励大量进货，增加商品储存，建立固定的产销关系；三是针对推销员的营业推广，鼓励推销新产品，开拓新市场，寻找更多的潜在消费者。

（一）营业推广的特点

营业推广既有独特的优点，也有局限性，更适用于针对消费者和中间商使用，其特点如下：

1. 刺激强烈

营业推广以特殊的优惠和强烈的表现为特征，给消费者以不同寻常的刺激，特别是对那些想购买廉价商品的消费者具有特别的吸引作用。因为营业推广给消费者提供了一个特殊的购买机会，有一种机不可失的紧迫感，促使消费者当机立断，马上购买，所以具有效果强烈、见效快的特点。

2. 贬低商品

营业推广是一种短、平、快的促销方式，有时会使消费者认为卖主急于使商品脱手，因而产生怀疑产品质量的心理，有损于产品声誉和企业形象，所以，这种促销手段不宜频繁使用。

(二)营业推广的形式

1. 对消费者的营业推广形式

对消费者进行营业推广可采用以下方法:

(1) 赠送样品

将企业新推出的产品赠送给消费者试用,以达到促进销售的目的。样品赠送可以通过在居民区内挨家赠送、邮寄发送、商店内发送、随其他商品配送、随广告分发等形式进行。介绍新产品时,赠送样品是最有效的,同时也是最昂贵的推广方式。

(2) 附赠礼品

即企业在销售价格较高或比较贵重的商品时,随商品附赠小礼品,以刺激消费者购买欲望的促销形式。礼品可放在商品包装内,也可以单独赠送;附赠的礼品可以是和商品相关的,也可以是无关的,但都要以能引起消费者的兴趣为目的。

(3) 有奖销售

即消费者在购买商品后,有机会参加抽奖,提供的奖品可以是现金、物品或旅游等。这种推广形式曾经风行一时,但随着人们消费观念、生活观念的转变,效果逐渐减弱,但仍有其独特的推广作用,其关键是奖品的吸引力有多大。

(4) 发放优惠券

企业向目标市场上的消费者发放优惠券,凭优惠券购买商品可享受一定的优惠价格。优惠券可以通过商场、邮寄、附在商品包装上或报刊杂志上等形式发送。一般来说,只有超过10%的优惠才会引起消费者的兴趣。

(5) 现场演示

现场演示是指企业针对产品的功能、效果等消费者可能产生的疑问而进行的展示或演示活动,以增加消费者对产品的了解,刺激其购买。这种方法一般适用于技术复杂或效果直观性强的产品和新上市的产品。

(6) 赠送印花票

消费者每次购买商品,都会得到一张购物印花票,如果消费者将这种印花票积攒到一定数量或一定金额时,就可得到一定的折扣或赠品。这种方式主要用来吸引长期回头客。

2. 对中间商的营业推广方式

对中间商进行营业推广可采用以下方法:

(1) 参加或组织订货会、交易会或展销会

企业通过参加或组织订货会、交易会、展销会的形式吸引中间商参加,借以沟通产销双方的信息,介绍新产品,以边展览边谈判的形式进行营业推广。

(2) 价格折扣

即在一定时期内,企业对中间商所采购的商品给予一定比例的折扣,其目的是鼓励中间商更多地进货或配销新产品,中间商可以将折扣作为推广的费用或补贴。

(3) 免费赠品

企业对购买某种产品达到一定数量的中间商免费赠送有一定价值的礼品或直接给予一定数量的现金,以加强企业与中间商的感情交流,建立长期稳定的产销关系。赠送的礼品一般附有企业名称,借以加强宣传。

(4) 组织销售竞赛

在所有经销本产品的中间商中展开销售竞赛,对业绩优秀的中间商进行特殊鼓励。这有竞赛优胜者的奖励形式多样,以电子产品、汽车、豪华旅游作为奖品的竞赛也屡见不鲜。

(三)营业推广方案的制订

企业在制定营业推广决策时,必须制订出具体的推广方案,主要内容包括以下几个方面:

1. 推广目标

企业应根据目标市场的消费者及企业营销目标进行综合考虑。由于目标对象的差别，所以企业对消费者和中间商的推广目标有一定区别：对消费者推广的目标是鼓励经常性、习惯性购买；对中间商推广的目标是鼓励大量推销商品。

2. 奖励规模

营业推广的实质就是对消费者、中间商和推销员进行奖励，奖励的规模决定了推广的力度和范围，是进行营业推广活动的首要前提。在确定奖励规模时，最重要的是进行"成本—效益"分析，分析的结果是确定奖励规模的必要数据。

3. 奖励对象

企业应确定奖励的范围，奖励对象的确定是影响营业推广效果的关键。一般来说，应该奖励那些长期的消费者、长期合作或业绩优秀的中间商、推销成绩突出的推销员。

4. 发奖途径

发奖途径的选择对于消费者或中间商的刺激有着一定的影响。企业要选择方便的发奖途径，同时还要考虑各种途径的传播范围和成本，既要达到推广宣传的目的，还要减少浪费。

5. 奖励期限

合适的奖励期限直接影响着营业推广的效果。如果奖励期限太短，有些消费者由于购买数量不足而得不到奖励，就起不到营业推广的作用；如果奖励期限太长，就不能促使消费者立即做出购买的决定。

（四）营业推广方案的实施与评估

1. 营业推广方案的实施

在具体运用营业推广方式之前，企业最好对这种方式进行事前预测。通过预测，对不同的推广方式进行比较，以选择最好的推广方式，及时决定取舍。

企业在进行营业推广方案的实施前，要制订具体的实施方案。在营业推广实施方案中，明确规定方案实施开始的时间和结束时间、具体的操作和管理部门及相关的一些人员安排和服务。

2. 营业推广方案的评估

对营业推广方案进行评估是一件非常重要的事情，应当引起企业的足够重视。最常用的评估方法是将营业推广之前、营业推广期间、营业推广之后三个时期的销售量或销售额进行比较，判断本企业所实施的营业推广是否吸引了新消费者试用，是否激发了中间商的销售热情，是否将试用产品的消费者转变为了加回头客，对产品的销售促进起到了多大的作用，等等。

值得企业注意的是，营业推广大多可收到立竿见影的效果，但如果运用不当的话，则会损害企业的长期利益。

五、公共关系

公共关系简称公关，是企业营销活动的重要组成部分，能够促进企业与公众之间的相互了解，使企业与公众相互协调，建立良好的关系，树立良好的企业形象。

（一）公共关系促销的内容

公共关系是企业利用传播手段，追求企业在社会公众中建立良好的形象和声誉，以此来达到促进产品销售的目的，是企业的一项管理职能和传播活动。企业的公共关系强调成功的人际关系、和谐的人事气氛、良好的社会舆论环境。公共关系注重的是长期效应，属于一种间接的促销手段。

1. 公共关系促销的特点

公关促销具有以下特点：

（1）间接促销

公共关系活动的重点不在于直接推销，其目的是通过开展有效信息传播及各种社会活动来宣传企业，为企业营销活动创造提供一个良好的外部活动环境和营销氛围，达到间接促进销售的目的。

（2）降低促销成本

公共关系的成本比人员推销和广告宣传的成本要低，而效果有时反而出人意料地好，所以促销预算少的企业则更应注意运用公共关系来进行促销。

（3）长期效应

公共关系的促销效果不是一朝一夕就能达到的，而是长期坚持不懈努力的结果。一旦树立了企业及品牌的良好信誉，就能在相当长的时间内产生良好的销售效应。

2. 公共关系促销的内容

公共关系活动涉及企业规模、经营范围、企业的目标市场等方面，主要包括以下几项内容：

（1）发布企业新闻

即运用新闻媒介，将企业的新闻和信息用正面的形式发布出去。因为新闻机构的信息发布具有一定的权威性，所以通过新闻媒体进行宣传对企业形象的推动有着巨大的作用。

（2）传播企业信息

企业可以通过内部和外部的信息传播，促进各方面公众对企业的了解。比如企业福利待遇的高低，会引发社区公众的关注与议论，进而产生不同的印象；再比如请消费者到企业参观，不但增进了相互的感情，更增强了消费者的信任，是很好的信息传播方式。

（3）支持公益事业

对于公益事业的支持，是最容易得到公众认可的形式之一。公益事业的种类很多，比如对灾区的援助、对弱势群体的帮助、对失学儿童的扶助、对贫困学生的赞助等，不但造福社会，更能赢得消费者的认同。

（4）赞助公共活动

公共活动有着巨大的社会影响力，尤其是国际性的公共活动。大型文艺表演、体育竞赛等公共活动的赞助商，虽然要花费较多的费用，但其得到的关注往往是超乎寻常的。

（5）支持政府行为

政府的决策对当地企业的生存发展有着至关重要的影响。企业在对当地政府行为提供支持的同时，也会促进政府机构对企业的了解和认同，这对企业的未来发展有着难以估量的意义。

（6）建立企业形象

企业形象的树立是企业公关的主要目标之一。良好的企业形象，是一项无形资产，且这项资产的价值会快速增长，带动企业的发展，推动企业的进步，是企业的宝贵财富。

除了以上几方面外，还有很多活动属于公关的范畴，比如企业进行的社会咨询、企业管理者征求社会建议等。

（二）公共关系的主要对象

营销公关面对着各种层次、各种需求和各种利益的公众，其中包括消费者公众、经销商公众、供应商公众、竞争者公众、政府公众、媒体公众、社区公众和企业内部公众。

1. 消费者公众

消费者公众是指那些为满足自身的需要而消费产品的人。企业必须处理好与消费者公众的关系，具体包括：

① 企业要主动、热情地了解消费者的需要，千方百计地为满足消费者的要求而努力服务。

② 努力通过各种方式与消费者建立长期、稳定的关系，不做一次性生意。

③ 帮助消费者了解企业的宗旨、产品性质、性能和服务方式，争取赢得消费者的信任和好感。

④ 注意掌握消费者的消费信息，以此来积极改进企业的服务工作。

⑤ 根据消费者的消费需求和特点设立服务项目，制定优质服务的程序，创造最佳的消费环境。

⑥ 对消费者进行的宣传必须实事求是，树立良好的营销形象。

> **案例链接 7-16**

美国卡特匹勒建筑机械公司:"销售真正始于售后"

美国卡特匹勒建筑机械公司坚持"销售真正始于售后"。该公司在世界许多地方设立了维修站和零配件中心,无论是在世界的哪个角落,接到电话后24小时内,该公司都会将零配件送到工地,如果不能在24小时内抵达工地,将免收所有维修费用。

2. 经销商公众

经销商公众主要是指那些经销本企业产品的组织和个人。企业与经销商的关系处理,要注意以下几方面工作:

① 自觉接收来自经销商的信息,从他们的经销反映中了解消费者对企业的要求。

② 主动向经销商发布营销信息,具体包括:向经销商发放企业编写的宣传品;将企业的年度报告寄发给经销商;不定期举行招待会、座谈会、联谊会,与经销商建立情感;开展参观与展览活动,举办展销会,增强经销商的市场信心。

③ 积极为经销商服务,主要包括:质量保证服务,对有质量问题的产品负责退换;技术服务,帮助和指导经销商的工作;咨询服务,无偿回答经营中出现的问题;维修服务,对产品全面负责修理;广告服务,帮助经销商扩大销售。

> **案例链接 7-17**

搞好经销商关系,让企业事半功倍

河南某酒厂在1998年度抢滩山西市场时,共选择了98家经销商分布在山西全省各地,为调动经销商的积极性,该酒厂规定完成300吨销售任务者,企业对其奖励带有广告宣传厢体的送货车一部,另外,厂家还赞助经销商2.5万元的促销费用,从而大大调动了经销商的积极性,使这一名不见经传的小酒厂在名酒云集的山西市场占有一席之地。

3. 供应商公众

供应商公众是给企业提供原料及各种资源的组织和个人。在处理与供应商的关系时,应遵守以下原则:

① 定期向供应商提供本企业所需要的物资清单,从而保证企业的需要。

② 严格实行买卖双方供货协议,明确供需双方的权利和义务。

③ 与供应商事前统一设定评价方法,防止发生争执,以免影响合作关系。

④ 建立双方对物资供需的信息交流制度,通过对信息的交换,保证双方的利益安全。

⑤ 与供应商的交流活动要考虑消费者的利益,防止假冒伪劣物资流入企业用于生产。

4. 竞争者公众

竞争者公众是指与本企业生产相同产品、提供相同服务,具有同一市场的社会组织和个人。企业要处理好与竞争者公众的关系,需要遵循下列准则:

(1) 树立正确的竞争目的

在市场经济条件下,同行之间的竞争,其最终目的应该是通过公平竞争来实现相互促进、共同发展。

(2) 遵守竞争道德

同行之间的竞争应遵守职业道德规范和社会公德规范,要在法律和政策允许的范围内开展合情合理的竞争。

(3) 竞争中加强协作交流

由于同行之间根本利益的一致性，决定了竞争双方存在一定的协作关系，从而彼此共同解决面临的社会或技术问题。

5. 政府公众

在产品营销公关中，政府是特殊的公众。企业对政府的公关活动，包括以下几个方面：

① 主动、及时地向政府提供准确的经济活动数据，让政府对企业有全面的认识。
② 自觉接受审计部门的审计，使政府对企业的财经纪律有客观的评价。
③ 按时向财税部门上缴税款，让政府对企业的经济效益水平有真实的了解。
④ 随时向物价部门汇报本企业的定价情况，在政府中形成良好的印象。
⑤ 积极向市场监督管理部门提供营销数据，在政府公众中赢得商业信誉。
⑥ 对政府其他部门的工作积极配合，接受其监控，让政府对企业营销行为放心。

6. 媒体公众

媒体公众对企业信息的传播起到至关重要的作用，企业要不断借助媒体来宣传企业的产品和形象，让社会加深对企业的认识和了解。企业的公关人员要注意培养与媒体的良好合作关系，形成相互尊重、平等相处、以诚相待的关系，有效地提高企业的形象、声誉和知名度。

7. 社区公众

社区是企业所处的地理区域，社区关系就是企业与所处地理区域内的居民、机关团体等的关系。企业应与社区建立和保持融洽的关系，为社区提供一定的帮助和服务，以获得社区公众的理解和支持。

8. 企业内部公众

企业良好的声誉和形象首先来自企业内部，内部职工形成的凝聚力、集体荣誉感和团结精神是企业形象、声誉建立的关键。企业内部公关的重点是要争取内部职工的信任、理解和支持，协调好各种关系，充分发挥企业内部职工的积极性。

（三）公关促销的主要方式

公关促销的方式多种多样，主要包括以下几种：

1. 公开出版宣传品

企业通过出版企业报纸、杂志，拍摄电视专题片，制作宣传手册等各种视听宣传资料，让公众加深对企业的了解。

2. 安排特殊事件

企业通过安排一些特殊事件来吸引公众对企业和产品的注意。比如举办记者招待会、周年庆祝会、展览会，为体育文艺活动提供赞助等。

3. 发布企业新闻

公关人员通过发现或创造对产品或企业有社会价值的新闻来进行公关。比如推广或宣传企业的管理经验、劳模的感人事迹、科研和管理人员的获奖、新产品的开发等。

4. 参加公益活动

企业通过对某些公益事业的支持和开展来改善、融洽与公众的关系。比如开展为社区提供健身器材、支援灾区、帮助失学儿童等公益活动。

☞ 案例链接 7-18

白云山复方丹参《聪明操》进社区送爱心

坐落在广州市北郊白云山下的白云山制药厂，非常注重和周围乡镇建立良好的社区关系。厂方制定了让利于农民、把风险留给自己的措施，帮助周围居民发展乡镇企业。在办厂期间，不论盈亏，厂方每年都拨款 20 万元给这些乡镇企业用于经营、发展。随着药厂生产规模的不断扩大，它又有计划地把农村剩余劳动力吸收到现代企业中来。其中有一个村,45岁以下的劳动力都被吸收入厂加以培养和训练,对于45岁以上的劳动力厂方则给予其生活补贴,对于符合退休年龄的老人,厂方给"养老金",男性每月120元,女性每月100元。帮助周围农村修桥铺路,发展文教事业,那更是常事了。正因为这样,白云山制药厂在一定程度上达到了与周围农村的"一体化",形成了"人和"的社区环境,实现了工农亲如一家的良好公关状态,树立起了"在自身发展的同时,带动周围农村一道前进"的良好形象。2016年10月起,"白云山复方丹参片爱心公益基金敬老爱老公益社区行"走进各个小区,发布"全国首套防治老年痴呆健康操"白云山复方丹参《聪明操》。

(四)公关促销效果的评价

公关促销效果的评价主要包括展露度、知名度和态度变化、销售额和利润贡献三种方法。

1. 展露度

衡量公共宣传效益的最简易的方法是计算出现在媒体上的展露次数。将媒体报道的报刊版面、电台时间、电视时段换算出同种媒体所需广告费,就是公关效果的展露度。

2. 知名度和态度变化

衡量公关效果还可以通过公众对企业知名度或态度方面的变化来反映,这些变化需要通过调查获得,对变动前后的结果进行比较就可以看出公关的效果如何。

3. 销售额和利润贡献

通过对公关活动前后的销售额和净利润进行比较,最能体现出企业公关活动的效果。

> **案例链接 7-19**
>
> ## 卫龙的整合营销

一年销售额达20亿的辣条界的"扛把子"卫龙集团是整合营销的高手。成立于1999年的卫龙食品在2015年之前,名气并没有多高。因为央视曝光辣条黑作坊,消费者对辣条的卫生问题产生了很大的质疑。此时,卫龙意识到,食品安全才是第一。在辣条被媒体套上"垃圾食品"臭名、大多数辣条品牌开始关门大吉的时候,卫龙集团创始人刘卫平却已经斥巨资修建了全自动化厂房,全面展开整合营销。

卫龙首先邀请了一组专业的摄影团队去车间拍摄宣传片。在开展食品卫生宣传的同时,卫龙还通过直播平台宣传卫龙的品质,让消费者渐渐消除了对辣条的误解。在高安全性的保障基础上,卫龙食品通过包装积极提升品牌形象。首先是包装的升级,卫龙模仿苹果的包装风格,成功吸引大众目光,简约时尚的冷色调包装给人一种干净卫生的感觉。随后又推出一系列的暴走漫画版表情包包装,还与网络流行语结合,完美诠释辣条趣味属性。卫龙的多样化不只是体现在包装上,还体现在它的产品类别上,卫龙目前拥有56种产品,推出了无香味、香辣味等多种口味,满足不同消费者需求。

自2015年开始,卫龙开拓线上电商渠道,不断地制造事件营销,制造传播话题。比如"奔跑吧辣条""逃学卫龙"等,但都没有引起太大的反响。2016年6月的一天,卫龙在天猫上的旗舰店被黑客攻击,整个店铺首页上铺天盖地都是"凭什么不给我发货"。对于这起"惨案",网友们瞬间炸开了锅,在微博上发起激烈讨论,就连新浪新闻的官方微博也对此

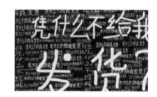

事进行了报道和渲染,话题"辣条被黑了"关注度持续高涨,当天互动量高达17万。然而,就在一群吃瓜群众不明所以的时候,卫龙首页声称:没错,它就是个营销,你真的信了,那也没办法。这场辣条被黑事件,实际上是刘卫平团队精心策划的一次互联网事件营销,而且效果显而易见——

天猫店铺当天的访客量和成交量也达到了历史高值。这次有故事、有线条、有时间节奏的营销事件，让卫龙店铺的访客增长了20倍，成为当天的行业第一。

2016年7月，卫龙邀请了网络红人张全蛋进车间做直播《辣条是如何炼成的》，在高峰时期其直播间高达20万人！这一直播视频证明了卫龙生产车间和食品的高安全，流水线的干净、整洁、安全，像无菌室那样全副武装的工人，颠覆了人们此前对辣条形成的垃圾食品、黑作坊等负面印象。

随后的9月7日是iPone7的发布会，大家知道苹果每次发布会前后都会有很多的话题和传播，很多企业都会去借势营销，卫龙这次全面模仿苹果，而且是有意的大张旗鼓的模仿，让辣条一下从廉价感提升到科技感、品质感，从而造成了持续2亿次的曝光，300家媒体自主转发，日销增长20%。卫龙还用同样借势营销的手法模仿借势过小米。

2017年年初的乐天事件中，卫龙第一时间站了出来，在乐天玛特渠道进行卫龙产品的撤架，引发了这两年来最大的一次品牌传播。卫龙通过树立正面积极、弘扬民族大义的形象，引发网友一片赞誉之声，连人民日报也报道了《"一包辣条"赢得22万点赞，评论区看哭网友》。这一次的事件营销又一次让卫龙在全国大火。

卫龙还联合京东出过地铁文案，玩过"乡村国际范"，甚至在2018年端午节前推出"辣条粽子"，可以说是把整合营销玩到了极致。

项目小结

市场营销策略从产品策略、价格策略、渠道策略和促销策略四个方面进行了分析和学习，掌握产品组合、产品生命周期、新产品开发推广、产品商标与包装等方面的相关知识和策略，掌握企业确定产品价格的方法和产品价格制定与调整的策略，掌握分销渠道的模式和类型及渠道建立与调整的策略，掌握广告宣传、人员推销、营业推广、公共关系四种主要促销方式的特点和相应策略，使学生能够在市场营销实践活动中灵活运用相关知识，正确分析营销处境，处理企业在营销活动当中遇到的问题，提高经营和管理企业的能力。

思考与练习

一、判断题

1. 从市场营销的角度看，产品是指能够提供给市场被人们使用和消费，并满足人们某种需要的任何东西，包括有形物品、服务、人员、观念及其组合。（   ）

2. 产品组合的宽度是指企业每一产品线中产品项目的数量，反映了一家企业在同类细分市场中满足顾客需求的程度。（   ）

3. 产品在投入期时，企业的重点是扩大市场占有率，树立产品和企业形象。（   ）
4. 新产品推广策略可以采取渐进推广策略，也可以采取急进推广策略。（   ）
5. 边际贡献是指每增加一单位产品销售量对企业经济收入所做的贡献，它等于每增加一单位产品销量所增加的销售收入与单位变动成本之差。（   ）
6. 差别定价法主要适用于实力有限、市场份额较小的企业。（   ）
7. 选择性分销渠道策略是指生产者在一定地区、一定时间内，只选择一家经验丰富、信誉良好的中间商推销其产品的策略。（   ）
8. 商品的储存要按照"安全、及时、方便、经济"的原则来实行管理。（   ）
9. 公共关系是一种间接促销方式。（   ）
10. 对于公益事业的支持，是最容易得到公众认可的公共关系促销形式之一。（   ）

二、单项选择题

1. "理解价值"是指消费者对商品的价值的（   ），它与产品的实际价值常常发生偏离。
   A. 科学评价　　　　B. 客观评价　　　　C. 主观评价　　　　D. 正确评价
2. 整数定价策略一般多用于（   ）。
   A. 日常生活用品　　B. 工业用品　　　　C. 高档商品　　　　D. 优质产品
3. 差别定价策略不包括以下（   ）类别。
   A. 顾客差别定价　　B. 产品差别定价　　C. 国别差别定价　　D. 部位差别定价
4. 按照中间商数量的多少，可以把分销渠道划分为（   ）两种。
   A. 长渠道和短渠道　　　　　　　　　　B. 长渠道和短渠道
   C. 大渠道和小渠道　　　　　　　　　　D. 直接渠道和间接渠道
5. 对于与人们生活相关性强的产品，应该采用（   ）。
   A. 长渠道　　　　　B. 短渠道　　　　　C. 宽渠道　　　　　D. 窄渠道
6. 一般而言，在（   ）市场上，如果竞争对手降价，企业必须随之削价，否则顾客将转向价格较低的竞争者。
   A. 同质产品　　　　B. 异质产品　　　　C. 完全垄断　　　　D. 寡头垄断
7. （   ）就是运杂费、保险费等均由卖方承担的定价策略。
   A. 地域定价　　　　B. FOB原产地定价　C. 目的地交货定价　D. 统一交货定价
8. 某服装店售货员把相同的服装以800元卖给顾客A，以600元卖给顾客B，该服装店的定价属于（   ）。
   A. 顾客差异定价　　B. 产品形式差异定价　C. 销售地点差异定价　D. 销售时间差异定价
9. 当产品市场需求弹性较大且在成本方面有一定优势时，企业便具备了（   ）的可能性。
   A. 渗透定价　　　　B. 撇脂定价　　　　C. 声望定价　　　　D. 招徕定价
10. 提醒性广告主要用于产品生命周期中的（   ）。
    A. 投入期　　　　　B. 成长期　　　　　C. 成熟期　　　　　D. 衰退期

三、多项选择题

1. 产品整体概念包含的层次有（   ）。
   A. 核心产品　　　　B. 形式产品　　　　C. 无形产品　　　　D. 延伸产品
   E. 实物产品
2. 下列属于产品整体概念中形式产品层次的有（   ）。
   A. 特征　　　　　　B. 送货　　　　　　C. 款式　　　　　　D. 包装
   E. 品牌
3. 下列属于选购品的有（   ）。
   A. 香烟　　　　　　B. 女装　　　　　　C. 报纸　　　　　　D. 供收藏的特殊邮票
   E. 家具

4. 产品可以根据其耐用性和是否有形进行分类，大致可分为（　　）。
   A. 高档消费品　　　B. 低档消费品　　　C. 耐用品　　　D. 非耐用品
   E. 服务
5. 服务具有（　　）的特点。
   A. 无形的　　　B. 满足感　　　C. 可变的　　　D. 不可分的
   E. 易消失的
6. 对于产品生命周期衰退阶段的产品，可供选择的营销策略是（　　）。
   A. 集中策略　　　B. 扩张策略　　　C. 持续策略　　　D. 放弃策略
   E. 缩减策略
7. 企业针对成熟期的产品所采取的市场营销策略，具体包括（　　）。
   A. 市场改良策略　　B. 产品改良策略　　C. 市场营销改良策略　　D. 继续维持策略
   E. 集中策略
8. 品牌是一个集合概念，它包括（　　）。
   A. 商标　　　B. 包装　　　C. 品牌名称　　　D. 标签
   E. 品牌标志
9. 一般来说，消费者对于企业提价可能会这样理解（　　）。
   A. 产品质量下降　　　　　　　　　B. 价格还要进一步下跌
   C. 企业想取得更多利润　　　　　　D. 产品更有价值
   E. 产品畅销
10. 只要具备了（　　）这一条件时，企业就可以考虑通过低价来实现市场占有率的提高。
    A. 市场对价格呈现高度敏感　　　　B. 产品单位成本呈下降趋势
    C. 产品的需求价格弹性较小　　　　D. 产品单位成本呈上升趋势
    E. 低价能拒退已有或潜在竞争者

四、问答题

1. 产品组合策略主要包括哪几种？
2. 产品生命周期各阶段的特点分别是什么？
3. 新产品开发的程序主要包括哪几个步骤？

五、案例分析

案例资料：

滋源如何做到高端洗护第一

国内洗护发市场长期被联合利华与宝洁旗下国际品牌所把持，它们凭借品牌影响力和雄厚的资金实力，通过各种策略，一直打压着国产品牌，在渠道上几乎形成垄断。

怎样找准突破口？怎样在突破后形成垄断？用什么样的方式进行收割？

做到洗护类第一的滋源，又是如何撕开国际大品牌防线的？

迎合消费者认知

如果你对洗护产品有所关注的话，应该会发现一个有趣的现象。近几年，越来越多的"无硅油"洗发液悄然出现，有诸如潘婷、清扬这样的国际品牌，也有一些不知名的新品牌，开始占据越来越多的超市货架。

转瞬间，"无硅油"洗发水成为洗护产品里的新宠，从细分概念已经足够多的洗护产品中脱颖而出，让消费者发现，原来在"柔顺、去屑、滋养"之外，还有这样的品类。

自2015年年中开始，滋源投入重金，以"洗了一辈子头发，你洗过头皮吗？"为突破口，以"无硅油洗头水"为定位，凭借强大的媒体攻势，在洗护类市场上快速撕开一条口子。不但使滋源后来居上，还带动了整个无硅油品类的快速发展，成为护发市场的一匹大黑马。

从规律上来说，想要在品类已经非常齐全的洗护发市场开辟出一块全新的领地，那是非常困难的。中国著名营销策划专家和品牌管理专家叶茂中总结了一句话："不要去教育消费者的认知，而是要迎合消费者的认知。"对于新品牌而言更是如此，因为教育用户的成本太高，并且也很难起到立竿见影的效果。

在叶茂中团队与滋源沟通之初，就广告中着重呈现哪一点进行了长时间的交流与碰撞。

从产品利益点的角度来看，天然、无硅油、不刺激、头皮护理等都是滋源洗发水明显的特征。双方协商之后，最终聚焦在"无硅油"这一点，是从消费者和竞争对手两个层面进行考虑的。

找准诉求

改变消费者的认知是特别困难的，尤其是对于一个新品牌而言。想要在消费者的心目中重新跑马圈地，必须准确地洞察并抓住消费者主要的冲突，才能一击成功。

选择"无硅油"作为滋源的聚焦点，是因为叶茂中洞察发现，无硅油的需求以及洗护发产品升级的趋势早就存在。随着生活节奏不断加速，工作压力和生活压力越来越大，头发问题、脱发问题日益严重，人们开始关注洗发精中的成分，形成了"硅油会堵塞毛孔，造成脱发"的认知，长期的积累形成了巨大的需求。

对于滋源来说，好消息是，国际巨头们无法满足消费者们的这一主要需求，或者说短期内不愿意去满足。因为清扬、飘柔、海飞丝、潘婷、多芬等品牌的产品，其中都含有一种成分：二甲基二氯硅烷（即硅油）。

因为中国人过去没有护发的习惯，所以国际洗发水巨头宝洁、联合利华们进入中国市场的时候，为了传播洗护二合一的利益点，推出大量含硅油的洗发水，让头发更柔顺，后来逐渐成为中国市场的主流产品。

洗发水巨头们不知道消费者的认知正在改变吗？不是，他们肯定知道。甚至潘婷和多芬在很久以前都推出了专门的无硅油配方，只是十分低调，不敢大力推广。宝洁和联合利华占据着中国日化线洗发水80%的份额，这其中几乎全是含硅油的洗发水，如果自己推出无硅油洗发水并推广，岂不是打自己的脸？

当拨云见日之后，好机会就摆在眼前，滋源要做的就是抓住机会，找到方式，收割市场。

因此，"无硅油，不刺激"的诉求，成为了滋源开拓市场的利剑，同时也是抵御强敌的坚盾。

一句广告语，收割全市场。在策略已经清晰的情况下，滋源的广告诉求自然也就水到渠成。当"洗了一辈子头发，你洗过头皮吗？"这句广告语一出来，市场瞬间就炸裂了。

现代消费者的注意力是非常分散的，在这个碎片化、信息化的时代，光有正确的策略还不够，必须有抓人的创意以吸引消费者的眼球，让广告投放更具有价值。

叶茂中始终认为，在广告中适当地制造冲突是非常有必要的。对于新品牌或者中小品牌而言，消费者对其品牌的认知非常有限，所以必须花费更高的传播代价才能起到一样的传播效果，如果广告诉求还不痛不痒的话，投出去的钱就等于打了水漂。

在这句滋源的广告语中，叶茂中团队就围绕头皮护理和无硅油的特点，制造了一个强有力的冲突：你洗了一辈子头发，但你没洗过头皮啊！特别是对于那些有头发护理需求或者有脱发困扰的消费者来说，这个冲突直击心底，"原来我一直只是洗头发，从来都没有洗过头皮，这是治标不治本呐！"

简简单单的一句话，就把滋源洗发水从改善外观、形象的"锦上添花型产品"变成了解决健康问题的"雪中送炭型产品"。把各个细分市场、各个品类的用户全都变成了滋源的用户。

这句话的效果有多强？2015年年中才开始推出相关广告，2015年年底就勇夺中国高端洗护第一名！2016年的"双11"，销量突破1.2亿，直接拿下洗护类产品的全网第一！作为洗发水的新军，直接把老牌的海飞丝、潘婷、飘柔、沙宣、清扬等品牌全部甩在了身后。

分析思考：
① 叶茂中创造滋源洗发水营销奇迹的基础是什么？
② 滋源洗发水采取了哪些营销策略？
③ 滋源洗发水的成功对你有什么启示？

（资料来源：http://www.1866.tv/yingxiaocehua/news/20170710100750.html.）

项目八 市场营销管理

学习目标

知识目标：
1. 掌握营销计划和营销控制的内容。
2. 了解营销组织的演变过程，掌握营销组织的组织形式。
3. 了解如何进行营销执行。

能力目标：
1. 提高市场营销管理工作中计划、组织、实施、控制的能力。
2. 能根据人员、环境和任务的具体要求，将市场营销工作任务进行分类和分派，设计相应部门的职务结构。
3. 通过组织内信息沟通、协调和配合以提高市场营销的工作效率，并保证企业营销目标的实现。

思政目标：
1. 增强市场经济意识，明确以消费者为核心的现代营销观念。
2. 诚实守信、遵纪守法，利用各类市场营销管理手段开展营销活动。
3. 发挥终身学习精神，做好职业生涯规划，不断提升个人作为营销人员的综合素质，从基础岗位不断获得和总结经验，最终用于营销管理工作。
4. 弘扬社会主义核心价值观、弘扬中华传统美德，如在合理合法不断追求利润的同时，兼顾环境保护，促进生态文明发展；爱岗敬业，克己奉公，忠于职守，充分体现社会主义职业精神；诚实劳动、信守承诺、诚恳待人，努力形成社会主义的新型人际关系。

知识导图

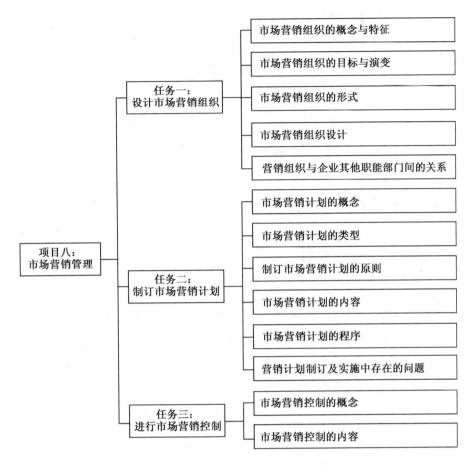

项目导入

2018年小米组织架构重大调整

2018年9月13日,雷军发出内部邮件宣布了小米集团最新的组织架构调整,本次调整将全面强化小米集团总部职能,加强公司价值观传承和组织建设。

根据内部信息,小米新设集团参谋部和集团组织部,进一步增强总部管理职能,并同时调整王川、刘德、洪锋和尚进等高管的工作分工;任命高级副总裁洪峰为小米金融董事长兼CEO;等等。

此外,小米还改组电视部、生态链部、MIUI部和互娱部四个业务部,重组成十个新的业务部。据悉,这是小米上市之后的首次重大调整,也是小米成立以来最大的组织架构变革。关于为什么做出调整,雷军在内部邮件中开宗明义地讲道:"经过8年奋斗,小米已经成为营收过千亿,员工近两万人的公众公司。为保障公司可持续的发展,我们必须把组织管理、战略规划放到头等位置,建立更具前瞻的战略领航与更坚实有力的组织保障能力。"

雷军表示,小米的愿景是让每个人都能享受科技带来的美好生活,未来小米要成为营收万亿的公司,而达成这一目标预计需要十万员工,必须依靠更多的人才。为此,小米需要进一步强化总部管理职能,提升组织效率,优化组织结构,强化公司人才梯队建设,发掘更多年轻人才并给予更多提升的机会。

一大批"80后"年轻高管走上前台。总结起来就是,加强总部管理职能,让合伙人回到集团,把一线业务阵地交给年轻人,同时从战略和公司管理层面为年轻的管理者引路护航。

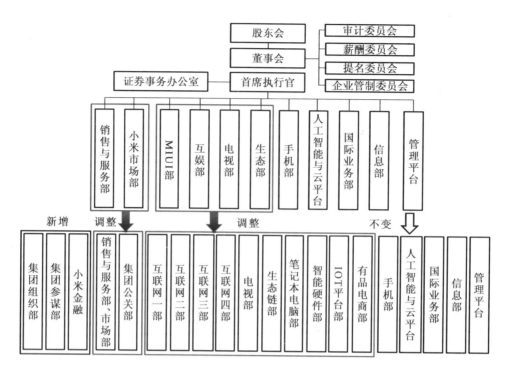

值得一提的是，小米成为继华为和阿里之后，第三家专门设立组织部的巨头公司。雷军表示，小米要成为万亿营收的公司，首先要做的就是增强大脑能力，将经验丰富、年富力强的核心高管集中在总部工作。因此新设集团参谋部和集团组织部，也是此次小米架构改革的重中之重，让这两个部门担负组织管理和战略规划的重要职能。

其中集团参谋部将协助CEO制定集团的发展战略，并督导各个业务部门的战略执行，由联合创始人、高级副总裁王川任参谋长。集团组织部将负责中高层管理干部的聘用、升迁、培训和考核激励等，以及各个部门的组织建设和编制审批，由联合创始人、高级副总裁刘德任部长。此前刘德负责小米生态链业务，王川负责小米电视业务，两人将继续在总部担负更重要的职能，直接向雷军汇报。

此外，小米部分高管也将转任，带领新业务的长远发展。其中联合创始人、高级副总裁洪锋转任小米金融董事长兼CEO，专注小米金融业务的发展推进；副总裁尚进将协助高级副总裁祁燕负责小米产业园及各个区域总部的规划和建设。

小米另一个大动作，是将电视部、生态链部、MIUI部和互娱部四个业务部重组成十个新的业务部，梳理了复杂的业务结构，同时让组织结构更合理、有序、高效。雷军宣布了如下任命：组建电视部，李肖爽为总经理；组建生态链部，屈恒为总经理，赵彩霞为副总经理；组建笔记本电脑部，马强为总经理，刘新宇为副总经理；组建智能硬件部，唐沐为总经理；组建IOT平台部，范典为总经理，陈波、赵欣然为副总经理；组建有品电商部，高自光为总经理；组建互联网一部，李伟星为总经理；组建互联网二部，仇睿恒为总经理；组建互联网三部，于锴为总经理；组建互联网四部，白鹏为总经理。各业务部总经理直接向雷军汇报。

由此带来的一个明显变化是，一大批年轻干部走上前台。新晋的一批部门总经理以"80后"为主，平均年龄38.5岁，表明小米正朝着干部年轻化的方向演进，做好了人才梯队的传承准备。

"没有老兵，没有传承。没有新军，没有未来。"雷军在内部邮件中表示，早在年初小米就决定着手培养、提拔一大批年轻的管理干部，构建更具活力、更有进取心的各级前线指挥团队。"这次的调整，就是这项工作第一阶段成果的展现。"雷军还表示，希望小米的未来将星云集，更多的人才像创业初期一样涌现出来建功立业。

清华大学经管学院胡左浩教授表示，小米此次组织架构调整及团队年轻化是围绕着企业的使命、愿景进行的，非常及时且很有预见性。"团队年轻化符合互联网公司业务特性，加之以业务调整及组织支持,能够更大限度地发挥干部队伍效能。"

小米通过组织部加强对整体结构趋于扁平化的下层的高度控制,同时还能保持高效沟通。

参谋部就是雷军的智囊团,把经验丰富的元老们调入参谋部,可以对集团事务快速决策,分担雷军等人独断决策的风险。小米公关部门从市场部独立了出来,直接向黎万强负责,公关部要脱离销售部门,不单单以短期财务目标提升为目标,小米可能将在企业形象和社会责任方面加大投入。MIUI 的非底层团队、互联网服务团队、互娱团队、生态链团队都是小米模式下的盈利主力,雷军把他们打散,让他们独立成长,分散作战,专心盈利,同时能更好的划分任务和责任,避免互相牵扯。MIUI 底层团队回归手机部是更注重软硬件结合的表现,就像华为的 GT 就是软硬件结合的重要成果。生态链部、IOT 部、智能硬件部、有品电商部原本在手环、耳机等业务之间就有冲突,分开了更有利于内部竞争,让整体盈利最大化。

(资料来源:https://tech.sina.com.cn/digi/2018-09-13/doc-ihiixzkm8282856.shtml.)

任务一 设计市场营销组织

企业的营销管理是一个包含营销计划、营销组织、营销实施、营销控制的完整管理系统,需要市场营销部门与其他各部门之间的有效协调与配合。

一、市场营销组织的概念与特征

(一)市场营销组织的概念

市场营销组织是指对企业内部涉及企业营销活动的各种资源的合理搭配,并协调各个职能部门之间的关系,以达到企业的市场营销目标。

市场营销组织的根本任务是在明确市场营销目标的基础上,根据人员、环境和任务的具体要求,进行工作任务的分类和分派,设计相应部门的职务结构,并通过组织内信息沟通、协调和配合提高工作效率,使整个市场营销组织结构成为一个严密而有活力的整体,以保证企业营销目标的实现。

理解市场营销组织的概念需要注意四方面问题。第一,职位是与营销活动紧密相关的。对不同的企业来说,其营销活动并非是完全相同的,而有什么样的营销活动就会有什么样的职位,特别值得指出的是,并不是所有的营销活动都发生在同一组织岗位上,不同的岗位可以为同一营销活动而共同努力。第二,职位是与营销活动紧密相关的。对不同的企业来说,其营销活动并非是完全相同的,而有什么样的营销活动就会有什么样的职位,特别值得指出的是,并不是所有的营销活动都发生在同一组织岗位上,不同的岗位可以为同一营销活动而共同努力。第三,营销活动不是孤立存在的。企业的所有营销活动并不是全部由营销部门来独立完成的,而是需要其他部门的协作与配合,所以市场营销组织的工作范围是没有十分明确的界限的,营销部门应努力成为企业经营一体化的核心。第四,职位与结构的效能与人的素质密切相关。市场营销组织可以理解为各个营销职位中人的集合。企业的各项营销活动都是由人来承担的,因此,对人的管理比组织结构设计更为重要。当然,完善的组织结构是企业具有效率的必要条件。

(二)市场营销组织的特征

1. 系统性

所谓营销组织的系统性是指现代企业要用系统理论来管理营销组织,要求各部门一致行动,不得各自为政;要求每一部门的职能活动必须从全局出发,以充分保证企业总体利益的取得;要求企业每一行为必须是符合企业总目标要求的行为,每一职能部门的活动必须是企业总行为的有机组成部分。

2. 适应性

适应性是指企业的营销组织机构必须适应外界环境的变化，能够对瞬息万变的市场环境做出迅速的反应和决策。如果企业的营销组织不能根据外界环境的变化做出决策，就可能坐失良机。

二、市场营销组织的目标与演变

（一）市场营销组织的目标

1. 对市场需求做出快速反应

市场营销组织应该不断适应外部环境，并对时常变化的环境做出积极的反应。包括及时、准确地了解市场信息，并将信息快速地反馈到各项营销活动中，比如对产品开发、价格制订、渠道开拓和促销政策等的调整。

2. 使市场营销效率最大化

企业内部存在许多专业化部门，这些部门往往站在各自的立场上分别考虑问题。为避免这些部门之间的矛盾和冲突，市场营销组织要充分发挥其协调和控制的功能，确定各部门的权利和责任。

3. 代表并维护消费者利益

企业一旦奉行市场营销观念，就要把消费者的利益放在第一位，市场营销组织的工作应体现这一理念。事实上，组织本身并不是目的，更为重要的是组织要协调、指导组织成员以获得最佳市场营销成果。

（二）市场营销组织的演变

现代市场营销组织是长期演进的产物。西方企业内部的营销组织大体经历了五个阶段。

1. 单纯的营销部门

20世纪30年代以前，西方企业大多采取这种形式。那时的企业以生产为中心，不重视市场营销。销售部门的职能仅仅是销售产品，而无权决定生产什么、销售什么、生产多少、销售多少等，企业的规划和目标由生产部门与财务部门制定。如图8-1所示。

2. 销售兼营销的部门

20世纪30年代以后，随着市场竞争日趋激烈，企业特别需要经常、连续的调研、广告宣传和为顾客服务，这些工作即营销工作。因此，大多数企业在以推销观念为指导思想的同时，开始聘请一些有专门经验的营销人员来从事企业产品的营销工作，但其营销工作在销售部门中是辅助性的。如图8-2所示。

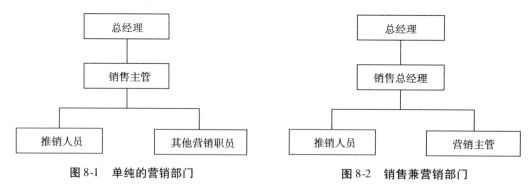

图8-1　单纯的营销部门　　　　图8-2　销售兼营销部门

3. 独立的营销部门

随着企业的不断发展，营销调研、新产品开发、广告宣传、销售促进、消费者服务等营销工作越来越显得重要，这是原来的销售人员所难以胜任的，这时，独立的营销部门便应运而生。在这个阶段，市场营销部门与原来的销售部门是相互合作、相互独立、相互平行的职能部门。

4. 现代市场营销部门

虽然销售部门和市场营销部门的工作目标是一致的，但这两个平行、独立的部门之间往往在竞争的同时互不信任。销售部门往往热衷于追求短期目标，致力于完成眼前的销售任务；营销部门则倾向于长远目标，即以满足消费者的长远需求出发，来规划和开发产品并实施相应的营销策略。销售部门和营销部门二者之间的如此冲突，最终导致二者合并为一个部门，即现代市场营销部门。该部门由营销经理领导，开展包括销售在内的全部营销工作。

5. 现代市场营销企业

现代市场营销部门成立后，一家企业的市场营销活动成为一个整体，显示了巨大的优越性。但是，企业的其他部门往往各自强调其工作的重要性，仍然不重视市场营销，这就形成多个中心。此时，一些明智的企业主管认识到，营销不只是一个部门的名称，企业所有部门都是"为消费者服务"的，当这种理念成为整个企业的指导思想并付诸实施时，企业也就成了现代市场营销企业。

三、市场营销组织的形式

（一）职能型营销组织

职能型营销组织是最常见和最基本的方法，由市场营销专家担任经理，执行某一方面的营销职能，这些经理向营销副总裁负责，营销副总裁负责协调各职能部门的关系。图8-3 表示自五个专家担任经理，分别负责五个方面的营销工作。在实际中，企业还可以由其他专家担任消费者服务经理、营销计划经理和产品实体分销经理等。

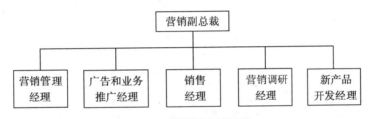

图 8-3　职能型营销组织

职能型组织具有管理简单、容易的优点，但该类型的组织中，因为没有人对某种产品或某个市场负完全责任，职能型专业人员往往从部门职责角度看问题、做决策，而不是从市场的角度来处理不受他们欢迎的产品，制定的规划与具体的产品及市场不相适应，很容易错失市场良机，并在产品及其市场成熟后就可能显示出其缺陷。另外，在这种形式中，每个职能群体为了争取能获得更多的预算和更高的地位，都有很正当的理由提出某些部门性建议，这样，营销经理常常需要面对和审查职能型专业人员的主张，并解决难以协调的问题。

（二）地区型营销组织

当公司的销售业务涉及面比较广的时候，公司常常建立地区型营销组织。由图8-4 可知，全国性销售经理负责几个区域经理，每个区域经理再分别负责几个地区销售经理，每个地区销售经理再分别负责几个地方销售经理，地方销售经理又分别负责若干销售人员，形成层层控制关系，有利于在全国范围内有效地开展销售业务。在销售范围遍及全国甚至跨国销售的公司，通常都采取这种类型的组织。在销售任务比较复杂，推销人员报酬很高，推销人员工作的好坏对企业利润的影响极大的情况下，这种分层的具体控制是很有必要的。

有些公司现已增设地方市场专家来支持销量很大的市场中的销售工作，这有助于帮助公司总部营销经理调整他们的营销组合，以求得最大限度地利用市场机会。同时地方市场专家还将制订年度和长期发展计划，并在总公司营销人员和地区性销售人员之间起到联系沟通的作用。

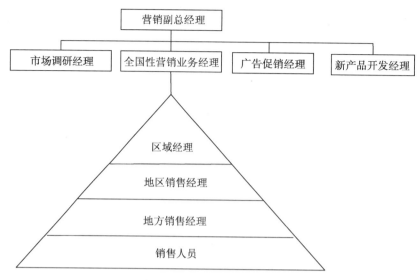

图 8-4　地区型营销组织

（三）产品和品牌管理组织

生产不同产品或品牌的公司往往设立产品部和品牌管理组织，但这种组织形式并不能代替职能管理组织，只是作为一个管理层次而存在。在这种类型的组织中，产品管理由产品总经理主管，产品总经理管理若干产品大类经理（图 8-5），产品大类经理主管几个产品经理，每个产品经理具体负责某个具体产品。

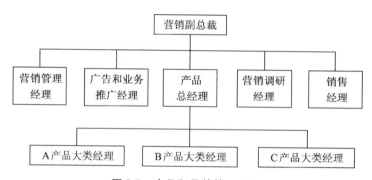

图 8-5　产品和品牌管理组织

当企业所生产的产品之间差异很大，或产品品种太多，以至于职能型组织无法控制的情况下，适合建立产品和品牌管理组织。其优点非常明显：第一，产品经理能够将产品营销组合的各要素较好地协调一致起来；第二，产品经理能及时地对所管产品在市场上出现的问题做出反应；第三，由于有产品经理负责，那些不太重要的产品也不会被忽略；第四，由于产品经理几乎涉及企业的每一个领域，因而为培训年轻的管理人员提供了最佳的机会。其缺点也是显而易见的：第一，产品管理型组织容易产生一些冲突或摩擦；第二，产品经理虽然能成为自己所负责的产品方面的专家，但对其他方面的业务往往不够熟悉；第三，这种组织所需要的费用往往比预期的高；第四，品牌经理任期通常比较短，这导致公司的营销计划也只能是短期的，从而影响了产品长期优势的建立。

（四）市场管理组织

许多公司将产品出售给不同类型的市场，由此而设立的市场经理的职责和产品经理相类似。市场管理组织是由一个总市场经理管辖若干细分市场经理，各市场经理负责自己所管市场发展的年度计划和长期计划。市场管理组织结构的最大优点是：企业可针对不同的细分市场及不同客户群的需要，开展营销活动。对于市场经理来说，要制订其所管理产品的长期计划和年度计划，必须分析研究市场的发展状况和公司供应市场的新产品，其工作绩效常根据对市场份额的增长所做的贡献，而不是根据在市场上获得的现时盈利来判断的。该种类型的组织最大的优点在于它所组织的营销活动是为了满足不同消费阶层的需要，而不是集中于营销职能、地区或产品本身。

目前国内快速消耗品行业的销售组织结构大多学宝洁、可口可乐等外资企业，是典型的快速消耗品企业的组织架构。它让企业可围绕着特定客户的需要开展一体化的营销活动，而不是把重点放在彼此隔裂开的产品或地区上。在以市场经济为主的国家中，越来越多的企业组织都是按照市场型结构建立的。

（五）矩阵型管理组织

矩阵型管理组织是职能型组织与产品型组织相结合的产物，它是在原有的按直线指挥系统为职能部门组成的垂直领导系统的基础上，又建立一种横向的领导系统，两者结合起来就组成一个矩阵，如图8-6所示。

生产多种产品并面向多个市场的公司常常采用矩阵型管理组织形式，任命产品经理和市场经理。采用产品管理制度，要求产品经理熟悉高度分化的市场；采用市场管理组织制度，要求市场经理必须熟悉其主管市场上出售的花色品种极多的产品。矩阵型管理组的优点兼顾了市场和产品这两个重要的因素，对于那些产品多样化和市场多样化的公司而言应该是最为合适的。但这种组织形式往往会产生一定的矛盾，比如在制定价格决策和人员推销决策时，会产生是以产品经理为主还是以市场经理为主的问题，这就增加了市场营销副总裁的协调工作。

	A市场经理	B市场经理	C市场经理	D市场经理
甲产品经理				
乙产品经理				
丙产品经理				
丁产品经理				

图8-6 矩阵型组织

（六）公司和事业部组织

随着企业规模的扩大，一些经营多种产品的企业将所有产品分成若干系列，然后按产品系列建立独立的营销部门（即事业部制），各事业部再根据前面介绍的几种方法建立各自的营销机构，企业营销总部只对各事业部进行必要的指导和监督，各事业部具有相对的独立性，并进行独立核算。这种组织的优点在于使企业领导有更多的精力制订战略计划，并增加了各事业部经营活动的灵活性。目前这种组织形式为许多西方大企业采用。

四、市场营销组织设计

设计和发展市场营销组织是每一位市场营销经理的根本任务之一。市场营销经理从事管理的前提是进行组织规划，包括设计组织结构和人员配备等。而一旦组织结构建立起来之后，市场营销经理又要不断地对此进行调整和发展，否则随着企业自身的发展和外部环境的变化，原先的市场营销组织将会愈来愈不适应市场营销管理的需要，变得僵化和缺乏效率。

（一）分析市场营销组织环境

市场营销组织必须随着外部环境的变化而不断地调整、适应。对市场营销组织影响最为明显的主要是市场和竞争者的状况。此外，市场营销组织作为企业的一部分，也受整个企业特征的影响。

1. 市场状况

市场状况首先是指市场的稳定程度。市场越不稳定，市场营销组织就越发需要改变，它必须随着市场的变化及时调整内部结构和资源配置方式。从产品生命周期来看，在产品生命周期的不同阶段，企业的市场营销战略和市场营销组织相应地随之改变。另外，购买行为类型也是市场状况的一个方面。不同类型的购买者对企业提供的产品及服务有着不同的要求和关注侧重点。

2. 竞争者状况

市场营销组织必须从两个方面来对付竞争者：竞争者是谁、他们在干些什么？如何对竞争者行为做出反应？为此，企业就要使其市场营销组织结构不断地加以改变和调整。

当然，影响市场营销组织的环境因素还有许多，比如能源问题、技术进步等。

（二）确定市场营销组织内部的各种活动

市场营销组织内部的活动主要有两种类型：一是职能性活动，它涉及市场营销组织的各个部门，范围相当广泛。企业在制定战略时就会确立各个职能部门在营销中的地位，以便开展有效的竞争。二是管理性活动，涉及管理任务中的计划、协调和控制等方面。

（三）建立组织职位

企业在确定了市场营销组织活动之后，还要建立组织职位，使这些组织活动有所归附。职位决策时要弄清楚各个职位的权力和责任及其在组织中的位置或角色，它考虑三个要素，即职位类型、职位层次和职位数量。

1. 职位类型

每个职位的设立都必须与市场营销组织的需求及其内部条件相吻合。通常，对职位类型的划分有三种方法：一是划分为直线型和参谋型。处于直线职位人员行使指挥权；而处于参谋职位人员则拥有辅助性职权。事实上，直线和参谋之间的界限往往是模糊的，一个主管人员既可能处于直线职位，也可以处于参谋职位，这取决于他所起的作用及行使的职权。二是把职位划分为专业型和协调型。显然，一个职位越是专业化，它就越无法起协调作用。但是各个专业化职位又需要从整体上进行协调和平衡，于是，协调型职位就产生了。三是把职位划分成临时型和永久型。严格讲，没有任何一个职位是永久的，它只是对于组织发展而言较为稳定而已。临时型职位的产生主要是由于在短时期内企业为完成某项特殊任务，有时，组织进行大规模调整时也要设立临时职位。

2. 职位层次

职位层次是指每个职位在组织中地位的高低。不过，有时也难以准确划分。对于不同的企业，它取决于这些职位所体现的市场营销活动与职能在企业整个市场营销战略中的重要程度。

3. 职位数量

职位数量是指企业建立组织职位的合理数量。它同职位层次密切相关。一般而言，职位层次越高，辅助性职位数量也就越多。建立组织职位时必须以市场营销组织活动为基础。此外，职位的权力和责任的规定体现在工作说明书上。

（四）设计组织结构

组织结构的设计和选择同职位类型密切相关。因此，设计组织结构的首要任务是把各个职位与所要建立的组织结构相互适应。从这个意义上来讲，对组织结构的分析要注重外部环境因素（包括市场和竞争状况），它强调组织的有效性。但是，市场营销经理总是希望节约成本和费用，他还要考虑效率。通常，组织的效率表现为以较少的人员和上下隶属关系及专业化较高的程度去实现组织的目标。这取决于两个因素：第一，分权化程度。即权力分散到什么程度才能使上下级之间更好地沟通。第二，管理幅度。即每一个上级所能控制的下级人数。此外，市场营销组织总是随着市场和企业目标的变化而变化，所以，设计组织结构要立足于将来，为未来组织结构的调整留下更多的余地。

☞ **案例链接 8-1**

苏州华成集团组织结构图分析

苏州华成集团有限公司是目前苏州地区影响最大的拥有自主进出口经营权的集新车销售、二手车置换、汽车维修、汽车装潢、保险代理、汽车分期付款、汽车融资租赁等业务为一体的以汽车贸易和服务为主的企业集团。在苏州地区投资组建了二十四家专营汽车的全资公司，一家二手汽车公司，一家机动车检测公司，一个汽车美容装潢中心，一家融资租赁公司，一家多品牌汽车销售服务公司以及一家在新三板挂牌的、具有全国性经营权的保险代理公司。其组织结构图如下：

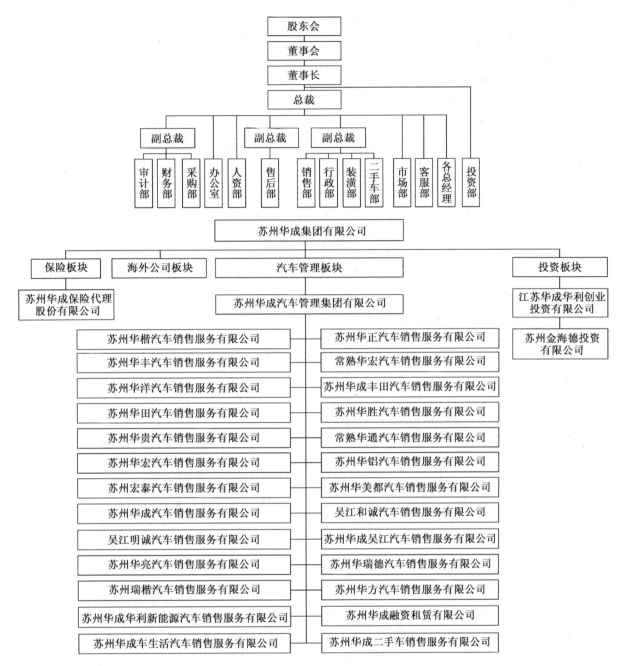

分析思考：

请你根据苏州华成集团的组织结构图，分析其市场营销组织类型，并指出这种市场营销组织的优缺点。

（五）配备组织人员

在分析市场营销组织人员配备时，必须考虑两种组织情况，即新组织和再造组织（在原组织基础上加以革新和调整）。相比较而言，再造组织的人员配备要比新组织的人员配备更为复杂和困难。同时，企业解雇原有职员或招聘新职员也非易事。考虑社会安定和员工个人生活等因素，许多企业不敢轻易裁员。但是，不论哪种情况，企业在配备组织人员时必须为每个职位制订详细的工作说明书，从受教育程度、工作经验、个性特征、身体状况等方面对员工进行全面考察。而对再造组织来讲，还必须重新考核现有员工的水平，以确定他们在再造组织中的职位。

此外，在营销组织中，小组的人员配备也应引起重视。小组往往是企业为完成某项特殊任务而成立的，是组织的一个临时单位，其成员多从组织现有的人员中抽调。如果小组要有效地发挥作用，市场营销组织必须使小组成员与其他成员之间保持协调关系。比如，由组织下层的人员作为领导来管理由来自组织高层的成员构成的小组，肯定是行不通的。同样，小组领导的职位也不应比该小组所隶属的经理的职位高。此外，如果当人们意识到参与小组工作将影响其正常工作和晋升机会，那么，市场营销组织就很难为小组配备合适的人员。

（六）检查和评价市场营销组织

营销组织总是不同程度地存在磨擦和冲突。因此，从市场营销组织建立起，市场营销经理就要经常检查、监督组织的运行状况，并及时加以调整，使之不断得到发展。市场营销组织需要调整的原因主要有以下几种：

1. 外部环境的变化

这种变化包括：商业循环的变化，竞争加剧，新的生产技术出现，工会政策、政府法规和财政政策、产品系列或销售方法的改变等。

2. 组织主管人员的变动

新的主管人员试图通过改组来体现其管理思想和管理方法。

3. 组织结构存在缺陷

有些缺陷是由组织本身的弱点所造成的，比如，管理宽度过大，层次太多，信息沟通困难，部门协调不够，决策缓慢等。

4. 组织内部主管人员之间的矛盾，可以通过改组来解决

为了不使组织结构变得呆板、僵化和缺乏效率，企业必须适当地、经常地对组织结构加以重新调整。

五、营销组织与企业其他职能部门间的关系

企业各部门之间尽管都是围绕企业的共同目标而开展工作，但在实现各部门具体目标时，相互之间难免发生矛盾，只有化解矛盾，各部门真正积极配合，相互协作，才能更好地实现部门各自的目标，并真正实现企业的整体目标。

现代营销观念强调顾客，认为企业应以顾客为中心，不断满足顾客的需要，并期望其他部门都理解、支持并为之服务，但其他部门也许不以为然，这就需要企业、企业各部门对矛盾加以妥善处理，积极寻求化解矛盾的良方。

（一）与研发部门之间的矛盾

营销部门由具有市场营销观念的人员组成，关注的重心是消费者的满意和需求；研究和开发部门主要由科学家与技术人员组成，他们热衷于研究有挑战性的技术问题，不甚关心研究成本和产品销售。偏重营销的公司布置研究人员为市场的需要设计新产品，但其研究的内容可能只是对产品的改进和对现有技术的应用，产品生命周期较短。对此，研究人员应当既负责开发新产品，也注重成本和消费者的需求；营销人员既注意市场的需求，也协助研究人员开发消费者满意的新产品。两个部门应密切配合，经常联合举办研讨会，特别是对于新项目的上马，应互派人员交流看法，共同把开发的新产品成功地推向市场。

（二）与工程技术部门之间的矛盾

工程技术部门较注重生产和产品的技术质量，设计产品工艺流程，以使生产和产品标准化，从而提高企业的经济效益；而营销人员则要求产品的品种、规格多样化，以满足消费者的多种需求，于是二者常出现矛盾。当需要用定制元件而非标准元件去生产特色产品时，矛盾更尖锐。一般来说，如果营销部门的主管懂得生产技术，这一矛盾则较少发生，因此营销部门的主管人员最好由工程技术部门的人担任；同时也要求两个部门的人员相互了解对方的业务知识，相互沟通，避免矛盾。

（三）与采购部门之间的矛盾

采购部门追求以最低成本购进质量、数量最优选择的原材料和零部件，购买的品种少、批量进货最容易实现这种价廉物美的效果，但营销部门往往从增加产品品种、规格型号以适合更多消费者

的需要出发，希望采购部门的采购品种多、批量小。这样，两个部门各自追求的限度越大，之间的矛盾便越尖锐。另外，采购部门有时也埋怨营销部门对市场的预测有误，造成采购成本提高和存货积压。要解决这些矛盾，除了部门之间加强沟通、从全局考虑外，还要对成本与利润及潜在利润加以计算，以便两个部门各自调整其追求的限度，从而缩小或解决矛盾。

（四）与生产部门之间的矛盾

生产部门力求车间正常、均衡地运转和标准化生产；营销部门则希望生产车间经常变换产品的品种和规格，以适应消费者不断变换的多种需要，这就给生产部门出了难题并使成本增加。另外，营销部门也常常抱怨产品的质量问题而影响消费者和市场。此类矛盾的解决，除了企业确立以生产为导向和以营销为导向并重的方向发展外，部门这一级应加强互相了解，特别是营销人员应更多地了解生产环节和工艺技术等。

（五）与财务部门之间的矛盾

营销部门与财务部门的矛盾主要在经费的使用上。营销部门用于广告、促销活动的经费预算属于长线投资，且不能保证该开支能否带来销售额，或其预测的销售额不能使财务部门相信；另外，财务部门往往认为营销人员急于大幅度削价是以获得订单而牺牲企业的赢利。因此，财务部门对营销部门的经费预算便使营销部门感到资金控制太紧，因而认为财务部门过于保守，拒绝向长期、潜在的市场开发投资，错失许多良机。解决这些的矛盾的主要办法，是加强对双方立场的理解，对潜在市场的调研和论证，以及对财务人员进行营销训练，并对营销人员进行财务训练。

（六）与会计部门之间的矛盾

会计部门对营销部门不及时提供销售报告不满，尤其不希望营销人员与客户达成特殊交易，因为这类交易往往需要特殊的会计手续。有的营销人员对于会计部门对不同产品上分摊固定成本的做法不满，产品经理常常觉得自己主管产品实际盈利应高于账面上的盈利，原因在于会计部门摊派的间接费用不公；有的营销人员还希望会计部门提供有关各个分销渠道、各销售区域、各种订购数量等销售额与赢利率等方面的特别报告，而这些往往被会计部门以财会规定不允许而加以拒绝。对于此类矛盾，两个部门在坚持原则的前提下，应向对方及其员工加以解释，以求获得相互支持。

（七）与风险控制部门之间的矛盾

信贷部门负责检查客户的信用状况，决定是否向信用状况差的客户提供信贷。而营销组织人员则认为，信贷标准定得太高，拒绝向信用暂时不佳的客户提供信贷意味着失去一大笔买卖和利润，主张信贷政策应灵活些，以免失去不该失去的客户。对此，两个部门应加强沟通，以企业的最终利益为重，充分调研，严密论证，以科学的结论说服对方，才能取得相互支持。

六、营销环境对营销组织的影响

营销环境是不断发生变化的，为了保证营销活动的灵活性，企业要注意营销部门应在能够完全保证完成任务的基础上精简组织，选择合适的管理跨度和管理层级；同时，注重组织的有效性，明确员工职责，根据变化着的内部、外部情况，及时调整市场营销部门的组织形式，以适应发展的需要。

☞ **案例链接 8-2**

华为组织结构演变

华为已经走过 30 多年的历程，其战略不断依据环境的变化而调整，而组织结构也在追随着战略进行优化，同步进行了一系列的流程再造、组织结构变革，从最初建立的直线型组织结构，逐渐演变成了现在的产品线的组织结构。其组织结构发展主要可以分为四个阶段。

第一阶段（1987—1994）。1987 年，任正非与五位合伙人共同出资 2 万元成立了华为公司。在这一时期，华为在产品开发战略上主要采取的是跟随战略，先是代理香港公司的产品，随后逐渐演变为自主开发产品的集中化战略。在市场竞争战略上采取单一产品的持续开发与生产，通过低成本的方式迅速抢占市场，扩大市场占有率，也扩大了公司的规模。

公司刚成立时只有6个人，到了1991年，公司也才20几个人，尽管有组织结构，但也是非常简单的中小企业普遍采用的直线型的组织结构，所有员工都是直接向任正非汇报。直到1992年，华为的销售规模突破亿元大关，员工人数也达到了200人左右。组织结构也开始从直线性的组织结构转变为直线参谋职能制的组织结构，除了有业务流程部门，例如研发、市场销售、制造等部门外，也有了支撑流程部门，例如财经、行政管理等部门。

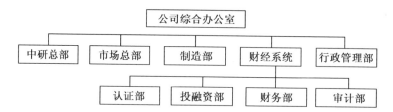

1994年，华为的销售规模突破8亿人民币，员工人数为600多人。华为在这一时期，依然是聚焦于单一产品的持续开发与生产，并采取低价策略。所以其组织结构也不需要复杂，但权力却需要集中，以便能快速统一调配资源参与市场竞争，并对外部环境的变化快速做出反应。所以采取直线职能制的组织结构也是和公司当期的战略发展相匹配的。这一结构有其巨大的优势，其所有的市场营销策略都可以第一时间从公司高层直接传至一线，从而完成营销任务。

第二阶段（1995—2003）。1995年，华为公司的销售规模已经达到15亿人民币，员工数量也达到800人。同年，华为在北京成立研究所。1996年，华为开始进军国际市场。随着华为的战略发生着巨大的变化，其组织结构也在随着战略的变化而进行规范化调整。2000年，销售额突破200亿，华为逐渐从集中化战略转向横向一体化战略，从单一研发生产销售程控交换机产品逐渐进入移动通信、传输等多类产品领域，战略也开始朝着多元化方面发展，从而成为一个能提供全面通信解决方案的公司。

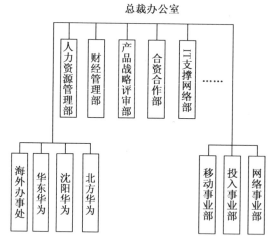

在这一时期，华为原有的集权式的直线型组织结构的优势已经变成其发展的劣势。一是没有专门的职能结构，管理者负担变得越来越重，部门之间的协调也很困难；二是员工数量极速增加，到1998年员工总数已经接近8 000人，销售规模也接近90亿。为此，华为建立了事业部与地区部相结合的二维矩阵式的组织结构。

其中事业部的职能主要体现在以下两个方面：一是在企业宏观领导下充分授权，拥有完全独立的经营自主权，实行独立经营、独立核算；二是产品责任单位或市场责任单位对产品的设计、生产制造及销售活动的一体化，负有统一领导的职能。这种二维矩阵式组织结构，极大地促进了华为的战略转变和成功实施。事业部制对产品的生产和销售实行统一管理，自主经营独立核算，极大地调动了华为内部员工的积极性、主动性，并且使得子公司内部的高层领导者摆脱了日常事务，集中精力去考虑宏观战略。同时还锻炼和培养了本事业部的综合管理人才。而华为地区公司的建立为华为开启了新的销售渠道,极大节约了华为的综合成本,也使得华为的组织结构向矩阵式跨国集团化迈进了一大步。因此,华为在经过2000年到2002年的停滞后,在2003年又获得了一个爆发式的增长,其销售规模首次突破300亿人民币大关,这也为华为的全球化的发展奠定了非常好的基础。

第三阶段(2004—2012)。从2004年起,华为基本上每年以超过40%的速度在增长。2012年,其销售额已经超过2 000亿,员工人数也从2004年的3万人增加到2012年的13.8万人。2012年,华为已经超越所有竞争对手,正式成为该行业的老大,公司也完全成为了一家跨国大企业,其海外销售占比已经超过70%。

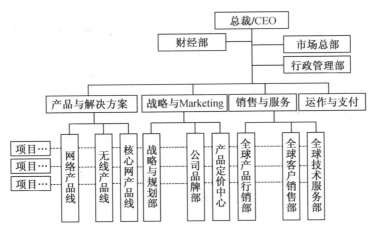

2010年,华为首次进入全球500强企业。2017年,其排名进入全球100强。这时,华为在产品开发战略上采取了纵向一体化、多元化和国际化并举的战略;在市场竞争战略上,采取与"合作伙伴"共赢的战略。公司也由全面通信解决方案电信设备提供商向提供端到端通信解决方案和客户或市场驱动型的电信设备服务商转型。华为这个时期的组织结构,从原来的事业部与地区部相结合的组织结构,转变成以产品线为主导的组织结构。这次组织结构的变革与调整,为其权力的重新分配以及提高组织的运营效率做出了充分的贡献,使得华为建立了一个与国际接轨的组织运作体系。同时,产品线形式的采用能够更有效地和客户就产品展开广泛的交流,并及时发现和满足客户需求,从而有力增强了华为的国际市场竞争力。其组织结构依然是典型的矩阵型的组织结构,这时华为已经是一家多元化企业,形成了运营商业务、企业业务、消费者业务三大业务体系。同时,这个巨大的矩阵组织结构还是动态的,随时会跟随着战略的调整而调整。当企业遭遇外部环境挑战时,这个网络就会收缩并进行叠加,进行岗位、人员的精简;而环境向好需要扩张时,这个网络就会打开,进行岗位与人员的扩张。但其基本的业务流程却是会保持相对稳定的。

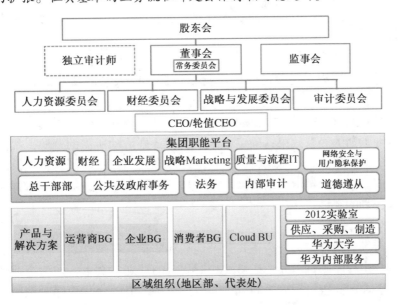

第四阶段（2013年至今）。股东会是华为公司的权力机构，对公司增资、利润分配、选举董事/监事等重大事项做出决策；董事会是华为公司战略、经营管理和客户满意度的最高责任机构，承担带领公司前进的使命，行使公司战略与经营管理决策权，确保客户与股东的利益得到维护；公司董事会及董事会常务委员会由轮值董事长主持，轮值董事长在当值期间是华为公司最高领袖；监事会主要职责包括董事/高级管理人员履职监督、公司经营和财务状况监督、合规监督。

华为设立基于客户、产品和区域三个维度的组织架构，各组织共同为客户创造价值，对公司的财务绩效有效增长、市场竞争力提升和客户满意度负责。集团职能平台是聚焦业务的支撑、服务和监管的平台，向前方提供及时准确有效的服务，在充分向前方授权的同时，加强监管。

运营商BG（组织）和企业BG是公司分别面向运营商客户和企业/行业客户的解决方案营销、销售和服务的管理与支撑组织，针对不同客户的业务特点和经营规律提供创新、差异化、领先的解决方案，并不断提升公司的行业竞争力和客户满意度；消费者BG是公司面向终端产品用户的端到端经营组织，对经营结果、风险、市场竞争力和客户满意度负责。华为公司2017年成立了Cloud BU。Cloud BU是云服务产业端到端管理的经营单元，负责构建云服务竞争力，对云服务的客户满意度和商业成功负责。产品与解决方案是公司面向运营商及企业/行业客户提供ICT融合解决方案的组织，负责产品的规划、开发交付和产品竞争力构建，创造更好的用户体验，支持商业成功。区域组织是公司的区域经营中心，负责区域的各项资源、能力的建设和有效利用，并负责公司战略在所辖区域的落地。公司持续优化区域组织，加大、加快向一线组织授权，指挥权、现场决策权逐渐前移至代表处，目前已在部分国家试行"合同在代表处审结"，以进一步提高效率、更快响应客户需求。区域组织在与客户建立更紧密的联系和伙伴关系、帮助客户实现商业成功的同时，进一步支撑公司健康、可持续的有效增长。

（资料来源：https://baijiahao.baidu.com/中外管理杂志，有删改）

任务二　制订市场营销计划

企业制定的市场营销战略与策略能否得以顺利实施，在很大程度上取决于营销计划的制订、营销组织的设计和营销控制的有效与否。市场营销计划需要借助一定的组织系统来实施，需要执行部门将企业资源投入营销活动中去，需要控制系统考察计划执行情况，诊断问题产生的原因，进而采取修正措施，或改善执行过程，或调整计划本身使之更加切合实际。因而企业都非常重视市场营销的组织、执行与控制。

一、市场营销计划的概念

市场营销计划是指企业为实现预定的市场营销目标，为未来市场营销活动进行规划和安排的过程。

市场营销计划是企业营销战略的重要职能之一，也是企业开展营销活动的行动纲领。市场营销计划详细说明了企业预期的经营效果；确定了企业实现计划活动所需的资源；描述了企业将要采取的任务和行动有助于监测企业各种市场营销活动的过程和效果。正确制订营销计划，对实现企业营销战略目标、合理安排企业营销活动以及满足市场需求、提高企业经济效益都有十分重要的意义。

二、市场营销计划的类型

（一）按计划的形式分类

从形式上看，市场营销计划可分为正式营销计划和非正式营销计划。前者是由企业的专门计划人员或管理人员按一定程序制订，并形成格式相对规范的计划书文本，作为企业营销管理的指导性准则。后者一般由企业的高级管理人员制订，并根据市场环境的变化而随时调整、修改的设想和打算,一般不形成文件式的文本,但它经过修改和完善,可成为制订正式营销计划的基础。

(二) 按企业机构层次分类

按企业的机构层次,营销计划可分为企业整体计划和各部门围绕营销而制订的计划。

(三) 按时间的跨度分类

按时间的跨度划分,营销计划可分为三种:长期计划,时间跨度一般为 5 年以上;中期计划,时间跨度一般为 1~5 年;短期计划,即年度内运营计划和适应性计划。

(四) 按内容和功能分类

从内容和功能看,营销计划可分为销售计划、促销计划、分销计划、价格计划、包装计划、品牌计划和新产品开发计划等。

三、制订市场营销计划的原则

计划要周密而具有科学性,因而制订计划时就应遵循一定的基本原则,具体如下。

(一) 充分体现企业的发展战略

企业的发展战略是企业发展的总目标,它规定了市场营销的战略方向。市场营销计划作为市场营销战略的具体化、程序化和科学化的运行方案,自然应当与企业最高战略方向保持一致。比如,一个企业如果把建立跨行业、跨地区、跨国界的企业集团作为发展目标,其长期营销计划就应确定目标期实现片区市场的个数、扩展目标市场的次序及其占有的市场份额等,特别是在中短期的计划中应定出具体的量化指标。

(二) 遵循市场规律

企业的发展战略是相对稳定长远的,但市场却千变万化,因此,在制订营销计划之前应对市场做充分的调研和认真的研究,不能闭门造车,也不能完全照搬其他企业或本企业以往的营销计划。

(三) 切实可行

计划是行动的指南,因此计划的内容,包括总任务、量化指标、基本步骤、具体程序等都应当切实可行,方法措施具有可操作性,否则计划就如同一纸空文。

(四) 重点突出表意明确

营销计划应抓住营销中的关键性问题予以说明。比如产品的定位,定位的品种、产量、质量指标和销售量、利润完成额,市场占有率,新产品的开发、促销,以及市场的拓展等重点事项应作为计划的主要内容,并应规定得具体、明确,目标任务应规定具体的量化标准。对于不能或不宜量化而需用语言表述的目标任务,应表意准确,避免歧义而使执行者产生误解,以免给计划的履行和以后的检查带来困难。

四、市场营销计划的内容

不同企业由于营销战略不同会有不同的营销计划,其具体内容也有很大差异。但是,大多数的市场营销计划包含八方面的内容,如图 8-7 所示。

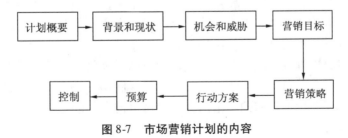

图 8-7 市场营销计划的内容

(一) 计划概要

一般来说,营销计划要形成正式的文字,即各种具体的营销计划书,在计划书的开头便要对该计划的主要营销目标和措施进行简要的概括。计划概要的目的在于让高层主管迅速掌握计划的核心内容,并据此检查和初步评价计划的优劣。比如某企业的年度营销计划概要可能是这样表述的:本年度某产品系列的销售额和利润额要比上一年有较大幅度的增长,销售额要达到 6 000 万元,比上一年增长25%；利润额要达到500万元，比上一年增长15%。

（二）背景和现状

这是正式计划中的第一个主要部分，主要内容是对当前市场营销情况的分析，也就是对企业市场处境的分析，提供与市场、竞争、产品、分销和宏观环境因素有关的背景材料。比如，市场情况分析应说明市场的规模、增长情况、客户需求和购买行为方面的趋势；产品情况说明应说明近年来各主要产品品种的销量、价格、获利水平等；竞争形势说明是说明主要竞争对手在产品品质、特色、定价、促销等方面采取了哪些策略，各自的市场占有率以及变化趋势等；分销情况说明是说明各主要经销商近年的销售额、经济能力和地位变化。

（三）机会和威胁

所谓机会，就是指企业的市场营销机会，即对企业的市场营销活动具有吸引力的方向，在这些方向企业可与竞争对手并驾齐驱，或独占鳌头，获得优厚的利益。所谓威胁，就是指不利的市场趋势，或不采取相应有效的市场营销行为与措施就会使产品滞销或被淘汰的特别事件。

除了分析机会和威胁外，计划书还有必要对本企业的优势和劣势做出分析。与环境机会和威胁不同，优势和劣势是内在因素，反映的是企业自身的长处和短处。

（四）营销目标

营销目标是营销计划的核心部分，是指企业在营销活动中预期完成的营销任务和预期取得的营销成果。营销目标的确定为企业营销活动指明了方向、规定了任务、确定了标准，从而增加了营销工作的目的性。

营销目标首先应该形成一个有机的目标体系。在总目标下应建立相应的中层目标，并将其分解转化成具体目标。首先，各项具体目标之间应注意协调与平衡、相互配合。其次，确定的营销目标应具有先进性和可行性，缺乏先进性将使目标缺乏鼓励作用；缺乏可行性将使目标无法实现。在明确了企业的目标之后，应对影响这些目标的某些问题加以考虑和论证。

（五）营销策略

所谓市场营销策略，就是企业为达成市场营销目标灵活运用的方式或手段。每一个目标都有多种实现途径，营销管理者必须在各种策略中做出选择，并在计划书中加以说明。市场营销策略包括与目标市场、市场营销因素组合、产品组合策略、市场营销费用支出水平等有关的各种具体策略。

（六）行动方案

市场营销策略确定之后，要真正发挥效用，还必须将它们转化为具体的行动方案。如何具体操作、什么时候开始、什么时候完成、由谁负责执行、预算多少等问题都应该按照一定顺序形成一个详细并可实施的具体方案。

（七）预算

上述的市场营销目标、策略及行动方案拟订之后，企业应制订保证该方案实施的预算，实际上就是形成一份预计损益表。收入方面主要包括销售量及单价；支出方面主要包括生产、实体分销及具体营销费用。预算一旦获得批准，即成为购买原材料、生产、营销费用支出的依据。

市场营销信息管理系统费用预算包括市场信息收集及管理费、市场调查及情报费、市场预测有关费用等；宣传广告费用预算包括广告费、宣传费、产品目录及样本费；推销费用预算包括推销人员工资、奖励、差旅费等有关费用；营业推广费预算包括展览、展销、有奖销售等，公共关系费及分销网络建设费；销售业务管理费用预算包括企业营销机构有关的管理费、产品包装装潢费、运输费等。

（八）控制

计划书的最后一部分为控制，用来监督检查整个计划进度。其基本做法是将计划规定的目标和预算按季度、月份等时间单位分解，以便主管部门能随时进行监督和检查计划的执行情况。

案例链接 8-3

保洁公司的营销败笔

2002 年,宝洁公司在中国市场打了败仗,它推出的第一个针对中国市场的本土品牌——润妍洗发水销售情况一败涂地,短期内黯然退市。

润妍洗发水的推出是为了应对竞争对手不断发起的"植物""黑发"概念挑战。在"植物""黑发"等概念的挑战下,宝洁公司旗下产品被竞争对手贴上了"化学制品""非黑发专用产品"的标签。因为这些概念根植在部分消费者的头脑中无法改变,因此面对这种攻击,宝洁公司无法还击。

为了改变这种被动的局面,宝洁公司从 1997 年起调整了其产品战略,决定在旗下产品中引入黑发和植物概念品牌。在新策略的指引下,宝洁按照其一贯流程开始研发新产品。从消费者到竞争对手,从名称到包装,宝洁公司处处把关,花费了三年的时间完成了润妍新品牌产品。

润妍采用和主流产品不同的剂型,需要经过洗发和润发两个步骤,比起 2 合 1 产品,消费者洗头时间延长一倍。润妍把目标消费群体锁定为白领女性,然而这个群体对黑发并不感冒。

在价格上,润妍沿袭了飘柔等强势品牌的价格体系,在这种价格体系下,经销商没有利润。润妍的价格政策导致经销商对其采取了抵制态度。

润妍在宣传时对黑发概念强调不足,而夏士莲黑芝麻洗发水的广告强调黑芝麻成分,让消费者由产品原料对产品功能产生天然联想,从而事半功倍,大大降低了概念传播难度。

宝洁公司推出的第一个本土品牌润妍在短时间内就这样夭折了。

(资料来源:中华广告网)

五、市场营销计划的程序

市场营销人员编制一份完整的计划基本都应遵循如图 8-8 所示的程序。在确定企业的市场营销的基本宗旨之后,对企业的内外部现状进行评估,在此基础上出台企业的营销目标。针对目标考虑设计方案,再综合各方面因素及标准对备选方案进行评价,从中选出可行性最强的方案,并对这一方案的实施进行周全的规划,考虑帮助此方案实现的各种辅助计划,最后,对这一方案的实行编制预算。

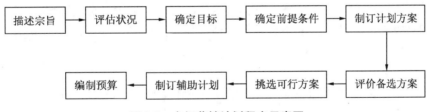

图 8-8 市场营销计划程序示意图

六、营销计划制订及实施中存在的问题

市场营销计划在制订及具体实施的过程中会出现许多问题,主要有以下四个方面。

(一) 计划脱离实际

市场营销计划通常由管理者制订,而实施却由一线人员来完成。由于管理者与一线人员在面对计划时的着力点不同,而且双方之间缺乏必要的沟通,因此,计划的制订与实施难免出现相互脱节的矛盾。为了解决这一矛盾,我们建议管理者在制订计划时可将一线人员也纳入计划制订的团队中。由于一线人员可能更了解市场状况,这将更有利于计划制订的现实可操作性。

(二) 长期目标和短期目标相矛盾

市场营销计划在制订的过程中,尤其是营销战略的制定,注重的是企业的长远发展目标,可是,计划的实施过程却是利用短期目标对实施者进行考核,比如企业希望在 5 年内成长为行业的市场领导者,即占据最大的市场份额,并具有一定的顾客美誉度,可是每月却按照销售量来考核业务人员,这样,销售人员可能为了追求短期的销售量,利用各种手段达到短期目标,而不顾企业的市场份额与顾客美誉度。为了解决这一矛盾,我们建议企业在考核一线人员时,不仅要对结果进行考核,还要注重对过程的考核。

(三) 抵制计划

任何计划都必然涉及新的目标、新的战略、新的方法、新的结果,这就会给所有相关者造成不确定的感觉,当人们出现不确定的感觉时,由于不符合传统和习惯,往往会产生抵制情绪,市场营销计划也是如此。因此,为了有效地解决这一问题,企业可以将计划带来的全新情况与结果告知相关者,消除人们的不确定感,必要时还可以重新组建新的机构。

(四) 行动方案缺乏具体性与明确性

市场营销计划的行动方案要求十分详细与具体,它不同于营销战略与策略,而是更加强调细节,因此,企业在制订行动方案时,一定要加强其可操作性、可评价性和可激励性。

任务三 进行市场营销控制

现在一些企业流行制订一份完善的市场营销计划,建立了看似合理的市场营销组织,但在营销计划的执行过程中,由于缺少德才兼备的营销人员,缺乏有效的监督和控制,从而使优秀的营销计划成了如同空中楼阁式的花架子。

一、市场营销控制的概念

所谓市场营销控制,是指市场营销经理经常检查市场营销计划的执行情况,看看计划与实绩是否一致,如果不一致或没有完成计划,就要找出原因所在,并采取适当的措施和正确的行动,以保证市场营销计划的完成。

二、市场营销控制的内容

市场营销控制的内容主要包括年度计划控制、赢利能力控制、效率控制与战略控制。年度计划控制主要是检查营销活动的结果是否达到年度计划的要求,并在必要时采取调整和纠正措施;赢利控制是为了确定在各种产品、地区、最终顾客群和分销渠道等方面的实际获利能力;效率控制要解决的问题是,是否存在更有效的方法来管理销售队伍、广告、促销和分销等绩效不佳的营销实体活动。战略控制则是审查公司的营销战略是否有效地抓住了市场机会,以及是否同迅速变化着的营销环境相适应。

(一) 年度计划控制

所谓年度计划控制,是指企业在本年度内采取控制步骤,检查实际绩效与计划之间是否有偏差,并采取改进措施,以确保市场营销计划的实现与完成,如图8-9所示。

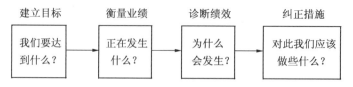

图8-9 年度计划控制过程

年度计划制订并付诸执行后,做好控制工作也是一项极其重要的任务。年度计划控制的主要目的在于:① 促使年度计划产生连续不断的推动力;② 控制的结果可以作为年终绩效评估的依据;③ 发现企业潜在问题并及时予以妥善解决;④ 高层管理人员可借此有效监督各部门的工作。

年度计划控制系统包括四个主要步骤:① 制定标准,即确定本年度各个季度(或月份)的目标,比如销售目标、利润目标等;② 绩效测量,即把实际成果与预期成果进行比较;③ 因果分析,即研究发生偏差的原因;④ 改正行动,即采取最佳的改正措施,努力使成果与计划相一致。

一般而言,企业年度计划控制包括销售分析、市场占有率分析、市场营销费用率分析、财务分析、消费者态度追踪这五个方面的内容。

1. 销售分析

销售分析主要用于衡量和评估经理人员所制订的销售计划目标与实际销售之间的关系。

2. 市场占有率分析

如果企业销售额增加,可能是由于企业所处的整个经济环境的发展,或者是因为其市场营销工作较其竞争对手有相对改善。市场占有率正是剔除了一般的环境影响来考察企业本身的经营工作状况。如果企业的市场占有率升高,表明它较竞争对手情况好;如果企业的市场占有率下降,则说明相对于竞争对手其绩效较差。

3. 市场营销费用率分析

年度计划控制需要检查与销售有关的市场营销费用,以确定企业在达到销售目标时的费用支出。市场营销费用率是一种主要的检查方法。市场营销管理人员的工作,就是密切注意这些比例的变化,以发现其是否失去控制。

4. 财务分析

市场营销管理人员应就不同的费用对销售额的比例和其他的比例进行全面的财务分析,以决定企业如何以及在何处展开活动,获得盈利。尤其是利用财务分析来判别影响企业资本净值收益率的各种因素。

5. 消费者态度追踪

企业需要建立一套系统以追踪其顾客、经销商及其他市场营销系统参与者的态度。如果发现消费者对本企业和产品的态度发生了变化,企业管理者就要较早地采取行动,争取主动。

(二) 盈利能力控制

除了年度计划控制之外,企业还需要运用盈利能力控制来测定不同产品、不同销售区域、不同顾客群体、不同渠道及不同订货规模的盈利能力。没有严格的市场营销成本和生产成本控制,企业要取得较高的盈利水平和较好的经济效益是难以实现的。

由盈利能力控制所获取的信息,有助于管理人员决定其产品或市场营销活动是扩展、减少还是取消。当然,费用支出必须与相应的收入结合起来分析,才能更准确地反映企业的盈利能力。

(三) 效率控制

效率控制的目的在于提高人员推销、广告、销售促进和分销等市场营销活动的效率,市场营销经理必须注意若干关键比例,这些比例表明了市场营销组合因素的有效性,以及应该如何引进某些资料以改进执行情况。所以效率控制一般包括销售人员效率、广告效率、促销效率和分销效率。

(四) 战略控制

企业的市场营销战略,是指企业市场营销管理者通过采取系列行动,在市场营销活动中通过不断的评审和信息反馈,根据自己的市场营销目标连续地对战略进行修正与改进,在特定的环境中,按照总体的策划过程所拟定的可能采用的一连串的行动方案。但是市场营销环境变化很快,往往会使企业制订的目标、策略、方案失去作用。因此,在企业市场营销战略实施过程中必然会出现战略控制问题。战略控制是指市场营销经理采取一系列行动,使实际市场营销工作与原规划尽可能一致,在控制中通过不断评审和信息反馈,对市场营销战略不断调整或修正。市场营销战略的控制非常重要但难以准确把握。因为企业战略的成功是总体的和全局性的,战略控制注意的是控制未来,是还没有发生的事件。战略控制必须根据最新的情况重新评估计划和进展,因而难度比较大。

企业在进行战略控制时,可以运用市场营销审计这一重要工具。各个企业都有财务会计审核,在一定期间客观地对审核的财务资料或事项进行考察、询问、检查、分析,最后根据所获得的数据按照专业标准进行判断,得出结论,并提出报告。这种财务会计的控制制度有一套标准的理论、做法。但是市场营销审计尚未建立一套规范的控制系统,有些企业往往只是在遇到危急情况时才使用该方法，其目的只是为了解决一些临时性的问题。目前，在国外越来越多的企业运用市场营销审计进行战略控制。

案例链接 8-4

雕行天下：纳爱斯的营销控制

"雕牌"是浙江纳爱斯集团的一个知名品牌，而纳爱斯集团是中国 500 强企业之一。自 1994 年以来，纳爱斯集团完成各项经济指标已连续 9 年稳居全国洗涤用品行业榜首，是中国洗涤用品行业的"龙头"企业，已进入世界洗涤行业品牌前八强，是中国规模最大、设备一流的洗涤用品综合生产基地，在全国大中城市设有销售公司并建有健全的市场营销网络。

这一品牌是如何运作并成功地推向市场的呢？如果说雕牌在广告战略和价位上的优势是其异军突起、后来居上的重要原因，而强大的分销体系则是雕牌得以顺利走向市场的最坚实的后盾和铺开市场的重要通道。

通过 20 多个贴牌生产厂商，货物被直接销售和运送到 2 000 多家大客户手中。相比国际客户的三级分销方式和送货下乡，雕牌的渠道具有绝对的优势。即便是和另一品牌"奇强"的办事处模式来比较，这种直运的模式显然也是更为经济和有效。

纳爱斯集团在雕牌皂粉的分销中，采取了相当有效的铺市措施，并给予经销商以足够的优惠，比如在与经销商签订合同时，都会向经销商许诺年底给予一定的返利，保证他们在年底得到相应的回报，这在很大程度上提高了经销商的积极性，而大力度的广告宣传也使经销商对产品的大众接收程度无须担忧。另外，促销也是雕牌给经销商的额外安慰。在低价的基础上，100 箱加赠 14 箱是足够让经销商惊喜的了。

纳爱斯也将市场经营工作重心放在超市、卖场上，开创城市辐射农村的新局面。在全国各地实行分公司建制，直通超市、商场，最终形成城市辐射农村的格局。推行网络扁平化管理，减少中转环节，降低经营成本。同时，继续推行经销商保证金制度。

此外，委托加工、营销网络的本土化是纳爱斯集团又一个性化的分销特点。包括德国汉高在内的四家洗涤剂生产厂和宝洁公司的两家工厂在内的遍布全国的 19 个省的 30 家企业，每天都在生产着雕牌的产品，也就是说这些知名企业的在华生产商同时生产着和他们竞争市场的竞争对手的产品。这些委托加工企业，使纳爱斯的产品在全国的市场上迅速铺开，已经成为燎原之火，大大降低了其运输的成本，而且为其销售网络的本土化打下了坚实的基础。

（资料来源：http://ishare.iask.sina.com.cn/f/34XHn1kwUE4.html.）

项目小结

通过本章的学习，可以掌握市场营销组织的概念、类型和市场营销设计应考虑的因素。在制订市场营销计划后，应着重关注计划的执行与实施。市场营销控制方面，应掌握年度计划控制、盈利能力控制、效率控制和战略控制。

思考与练习

一、判断题

1. 生产多种产品或拥有多个品牌的企业通常设置市场管理型组织。（　　）

2. 在正常的情况下，企业产品的市场占有率上升表明该企业的市场营销绩效提高，其在市场竞争中处于优势。（　　）

3. 年度计划控制是企业为了确认在各产品、地区、最终顾客群和分销渠道等方面的实际获利能

力。（　　）

4. 目标不能只是概念化，应当尽量量化表达，转化为便于衡量的指标。（　　）
5. 企业实施计划的过程中，新旧战略、计划之间的差异越小，实施中可能遇到的阻力也就越大。（　　）
6. 一般来说，管理跨度与管理层次互为正比关系。（　　）
7. 通常情况下，如果管理层次过少，容易造成信息失真与传递速度过慢。（　　）
8. 市场营销组织设置不应该都按一种模式设置市场营销机构。（　　）
9. 在市场营销计划的实施过程中，组织结构起着决定性的作用。（　　）
10. 企业制订和实施应急计划，目的是事先考虑可能出现的重大危机和可能产生的各种困难。（　　）

二、单项选择题

1. 最古老也是最常见的市场营销组织形式是（　　）。
   A. 职能型营销组织　　　　　　　　　B. 区域型营销组织
   C. 产品管理型营销组织　　　　　　　D. 市场管理型营销组织
2. 职能型组织的市场营销重点是（　　）。
   A. 销售职能　　B. 广告职能　　C. 产品管理职能　　D. 研究职能
3. 设计市场营销组织结构的首要问题是（　　）。
   A. 分析外部环境因素　　　　　　　　B. 立足于将来，为未来的调整留下余地
   C. 提高组织的效率　　　　　　　　　D. 使各个职位与所要建立的组织结构相适应
4. 营销控制最关键的环节是（　　）。
   A. 及时纠正偏差　　B. 评估营销业绩　　C. 收集营销信息　　D. 确定衡量标准
5. 在市场营销管理工作中实行统一领导，形成统一的指挥中心，避免多头领导，消除有令不行、有禁不止现象，确保政令畅通、指挥灵敏。这是（　　）。
   A. 目标一致原则　　B. 分工协作原则　　C. 命令统一原则　　D. 权责对等原则
6. 在需求下降的情况下，市场营销管理的任务是（　　）。
   A. 重振市场营销　　B. 协调市场营销　　C. 维持市场营销　　D. 降低市场营销
7. （　　）是最高等级的控制。
   A. 战略控制　　B. 年度计划控制　　C. 市场营销监控　　D. 盈利能力控制
8. 企业制订市场营销计划，必须进行（　　）。
   A. 市场营销历史分析　　　　　　　　B. 市场营销组织分析
   C. 市场营销状况分析　　　　　　　　D. 市场机会与风险分析
9. 判断市场型组织里市场经理工作成绩的常用依据是（　　）。
   A. 市场占有率的增加状况　　　　　　B. 产品销售额的增长状况
   C. 市场现有盈利状况　　　　　　　　D. 市场营销成本的控制状况
10. 一个组织必须能够随着市场变化和（　　）而不断地进行自我调整。
    A. 技术革新　　B. 消费者爱好　　C. 政府导向　　D. 自身实力

三、多项选择题

1. 一般来说，市场营销管理过程包括（　　）。
   A. 发现和评价市场机会　　　　　　　B. 细分和选择目标市场
   C. 制定市场营销组合　　　　　　　　D. 决定市场营销预算
   E. 执行和控制市场营销计划
2. 市场营销控制包括（　　）。
   A. 年度计划控制　　B. 赢利控制　　C. 质量控制　　D. 效率控制
   E. 战略控制

3. 市场营销计划在实施过程中，涉及相互联系的几项内容是（　　）。
   A. 明确战略目标　　　B. 制订行动方案　　　C. 协调各种关系　　　D. 形成规章制度
   E. 调整组织机构
4. 市场营销战略主要由（　　）几部分组成。
   A. 目标市场战略　　　B. 市场营销组合战略　　C. 市场营销控制　　　D. 市场营销行为
   E. 市场营销预算
5. 市场营销组织管理跨度及管理层次的设置，不是一成不变的，机构本身应当具有一定的（　　）。
   A. 弹性　　　　　　　B. 灵活性　　　　　　　C. 随机性　　　　　　D. 选择性
6. 市场营销部门的组织形式为（　　）。
   A. 职能型组织　　　　　　　　　　　　　　　B. 产品（品牌）管理型组织
   C. 产品/市场管理型组织　　　　　　　　　　 D. 地区型组织
   E. 市场管理型组织
7. 矩阵型组织的优点是（　　）。
   A. 沟通迅速　　　　　B. 管理效率高　　　　　C. 加强内部协作　　　D. 适应性强
8. 在（　　）情况下，建立市场组织是可行的。
   A. 市场各式各样　　　B. 市场单一　　　　　　C. 有不同的分销渠道　D. 拥有单一产品线
9. 在（　　）情况下设置职能型组织比较有效。
   A. 企业产品种类多　　B. 产品种类少　　　　　C. 营销方式大体相同　D. 营销方式不同
10. 市场营销部门还担负着向市场和潜在客户（　　）任务。
    A. 推荐产品　　　　　B. 引导购买　　　　　　C. 分销产品　　　　　D. 建立销售渠道
    E. 组织产品运输与仓储

四、问答题
1. 制订市场营销计划一般遵循哪些原则？
2. 营销部门的组织形式有哪几种？
3. 营销控制的基本内容有哪些？

五、案例分析
案例资料：

TCL 家电营销网络的组织与管理

从 1981 年组建以来，TCL 集团的发展，特别是以彩电为代表的家电产品的营销，与其营销网络的建设和不断完善密切相关。可以说，营销网络的组织与控制关系到 TCL 的盛衰。

TCL 有一套完善的网络营销组织体系。为配合彩电产品的全国市场销售，TCL 于 1993 年正式组建了 TCL 电器销售公司，成为全国最早建立和拥有自己独立营销网络的电子企业之一。销售公司成立后，按照大区—分公司—经营部—分销商的组织机构，步步为营，精耕细作，把营销网络一直建立到了农村的城乡结合部。因此，TCL 网络已经成为中国家电最为庞大、最为细腻的营销服务网络。

TCL 对营销网络的管理主要是从以下几个方面展开的。

（1）对营销人员的管理

TCL 强调员工要有共同的企业核心价值观，并且切实把"为员工创造机会"这一口号深植于网络人员的管理中。信任员工，在网络组织结构中将权力下放，产品价格在一定范围内的变化完全由营销人员自行决定；TCL 不仅依靠企业文化实现网络的目标，还在激励机制的完善上达到了精神和物质的有机结合，从而激励网络营销人员自发的工作激情和创造能力。

(2) 对经销商的管理

TCL 认为，管理好经销商的关键在于，只有双方具有共同的未来，才会有稳定的合作与"双赢"。在营销网络建立之初，经销商对 TCL 产品不甚了解和信心不足，为此，TCL 采取了"赎买"政策，保证经销商经营任务指标的完成，若因 TCL 产品的销售情况不好而使得经销商未完成指标，那么不足部分则由 TCL 补足。这样取得了经销商的信任，激励经销商努力开拓市场。

(3) 对营销结构的管理和调整

TCL 的家电营销网络通过多年的发展演练已逐步成熟，而为适应市场的变化，1998 年开始推行营销网络扁平化，实行"管理重心下沉"，网络管理从集权走向分权，在销售公司已分解为七个大区进行管理的基础上，又将分公司由原来的销售平台转变为管理平台。将销售重心下移到各基层经营部，经营部自主权增加。1998 年 TCL 还着手加强"航空港"营销平台的改造，充分发挥企业营销网络的兼容力和扩张力。TCL 还在分公司、经营部层面开辟多元化产品的"绿色通道"，整合集团优势，将财务、仓储等服务资源共享，使多种产品能快速切入市场，为企业提供更大的生存空间和发展机遇。

TCL 家电营销中的销售服务是其网络体系中的重要一环。TCL 全面落实完善售后服务网络，建立售后服务基金；进一步推进"千店工程"的建设，将服务网络延伸到每个乡镇，甚至每户家庭。与经销商合作推出"送货上门，上门调试"服务。提出"以速度战胜规模"的方针，产品出厂后最快在五天之内可到用户手中。TCL 承诺，哪里有王牌彩电，哪里就有王牌服务。

管理手段的现代化是 TCL 家电营销网络管理的一大特点。尽管 TCL 营销网络的管理理念逐步趋向成熟，并向更高一层迈进。但企业发展不但要有新的管理理念，同时还要有先进的管理手段，而管理现代化要求信息电子化和电脑网络化。因此，对 TCL 来说，信息化工作就不仅仅是一个计算机或网络建设的问题，更是一个如何从根本上提高营销管理水平、如何管理好庞大的营销渠道的经营问题，由此加强 TCL 的速度经济和网络的规模经济，提高 TCL 的核心竞争力。

分析思考：

① TCL 集团是如何组织自己的家电营销网络的？
② TCL 集团是从哪几个方面展开对营销网络的管理的？
③ TCL 集团是如何利用"速度"和"规模"来增强自己的竞争优势的？

附 录

市场营销学的形成和发展

（一）市场营销学的发展历程

市场营销学最早出现在美国，后来传播到西欧、日本和其他国家，至今已有100多年的历史。随着实践的深入，市场营销学不断成熟，经历了初创、应用、变革和发展四个阶段。

1. 市场营销学的初创

自从有了市场，人类便开始了生产经营活动。但直到19世纪末之前，市场营销学还未形成一门独立的学科。19世纪末到20世纪30年代，是市场营销学的初创时期。

19世纪，伴随资本主义经济的不断发展，资本主义的矛盾日益尖锐，加之频繁爆发的经济危机，使企业认识到，只有在实践中探索市场经济的运行规律，才能在激烈的市场竞争中取胜。资本主义工业革命时期，生产力得到发展，经济发展水平迅猛提高。泰罗的"科学管理方法"在许多大企业普遍得到推行，大大提高了劳动生产率，产品迅速增加，最终超过了市场需求而使产品销售出现困难。这就要求企业研究市场经济运行的规律，对市场有更细的经营。

这一时期的市场营销学主要传播于大学讲坛，是和企业的生产活动相分离的，并且只研究推销方法和技巧等方面的问题，还缺乏明确的理论原则与理论体系。1905年，克罗西在美国宾夕法尼亚大学开讲了一门名为"产品营销"的课程。随后，一些高等院校也相继开设市场营销课程。1910年，拉尔夫·斯塔尔·巴特勒在威斯康星大学开设了"市场营销方法"。在早期的教学中，商业、商务、分销与营销是通用的。直到1910年前后，"市场营销"概念才形成。1912年，哈佛大学教授哈格蒂出版了第一本以"Marketing"命名的教科书，这是市场营销学作为一门独立的学科问世的重要标志，但这本教材仅限于对分销和广告等局部问题的研究。1916年，韦尔德所写的《农产品营销》是历史上第一本以市场营销命名的论著。弗莱德·克拉克于1918年编写了《市场营销学讲义》，被多所大学用作教材并于1922年正式出版。1920年，彻林顿出版了《营销基础》一书。

2. 市场营销学的应用

20世纪30年代到第二次世界大战结束，是市场营销学的应用时期。1929—1933年爆发了震撼整个资本主义世界的经济危机，产品销售困难，出口贸易萎缩，市场明显呈现供过于求的状态，大量劳动者失业，购买力急剧下降。幸存的一些企业为了解决产品销售问题，纷纷求助于市场营销学家，推动了市场营销学研究大规模展开。1932年，弗莱德·克拉克在《市场营销原理》中把市场营销功能归纳为三个方面：交换功能——销售和购买；实体分配功能——运输和储藏；辅助功能——金融、风险承担、市场情报沟通和标准化。拉尔夫·亚历山大等学者在1940年出版的《市场营销》一书中，强调市场营销的商品化职能包含适应消费者需要的过程，销售是"帮助或说服潜在消费者购买商品或服务的过程"。1926年，在美国成立了"全国市场营销学和广告学教师协会"。1936年，成立了"美国市场营销学会"。1937年，美国全国市场营销学和广告学教师协会及美国市场营销学会合并组成美国市场营销协会，专门从事市场营销研究和培训营销人才，对市场营销学的发展起了重要作用。第二次世界大战结束，市场营销学在企业经营实践中获得广泛应用，标志着市场营销学的发展进入一个以应用为主的新阶段，但这个时期的市场营销学仍局限于流通领域，还未真正涉及生产领域。

3. 市场营销学的变革

第二次世界大战结束到20世纪70年代，是市场营销学的变革时期。进入20世纪50年代，世界主要资本主义国家经济开始复兴。第三次科技革命的发展，主要是原子能技术、计算机技术、新材料技术和生物工程技术等新技术进入实际应用领域，使劳动生产率大大提高，产品数量不断增加，新产品也层出不穷，市场上的供求矛盾进一步加剧。同时，以维护消费者权益为目的的消费者运动兴起，消费者的欲望和需求发生变化，在这种市场背景下，人们提出了以消费者为中心的新的市场营销观念，出现了一场市场营销学的革命。出现了一系列新的市场营销概念和理论，市场营销思想进一步成熟。1956年，美国市场营销学者温德尔·史密斯提出了按消费者差异进行"市场细分"的概念。1960年，美国人麦卡锡对哈瓦德等前人关于营销组合的理论进行高度概括，将市场营销组合归纳为四个要素——4P组合；美国学者乔尔·迪安和西奥多·莱维特提出"营销短视症"理论。1971年，乔治·道宁首次提出"市场营销系统"概念。而后又相继出现了"产品市场定位""社会营销"等新概念。

4. 市场营销学的发展

20世纪80年代以来，市场营销学进入快速发展时期。近几十年来，科学技术日益进步，社会政治情况不断变化，经济发展全球化、国际国内市场一体化的趋势更为明显，国际市场竞争也空前激烈。同时，企业的市场竞争影响着社会经济的可持续发展。在这种背景下，市场营销学在基础理论、学科体系、传播领域等方面开始发生重大变化。现代科学技术理论的新成果引入市场营销学，美国市场学家菲利普·科特勒在1967年把控制论、信息论、运筹学及计算机、数学模型等科学知识运用到市场营销学中，提出了市场营销模型及整个市场营销体系的新论点。另外，市场营销学也出现了一些新概念、新知识。1981年，克里斯琴·格罗路斯发表了《内部市场营销》的论文。1983年，西奥多·莱维特提出了"全球市场营销"的新概念。1985年，巴巴拉·本德·杰克逊提出了"关系营销""协商推销"的新论点。1986年，菲利普·科特勒针对国际贸易保护主义，提出了"大市场营销"理论，随后又出版了《国家营销》《社会营销》等专著。

进入21世纪，市场营销学的理论已被更广泛地运用，并且出现了更多更新的变化。"高速营销""服务营销""网络营销""深度营销""置入式营销""移动营销"等一些新理论、新概念的出现，特别是互联网的迅速发展，给市场营销学带来了显著的变化。正如菲利普·科特勒所预言的那样：① 电子商务使批发和零售非区间化；② 销售店推销"体验"，交易量减少；③ 商家的工作方法超出消费者预期；④ 互联网广告兴起；⑤ 公司难以保持长久的竞争优势；⑥ 根据客户需求定制商品；⑦ 企业间的资源互补和紧密合作加强；⑧ 企业更重视利润核算；⑨ 销售人员拥有更多的特权；⑩ 企业更加忠于客户。

（二）市场营销学在中国的传播和发展

市场营销学在中国的发展可以划分为以下五个阶段：

1. 改革开放前的中国市场营销学

20世纪三四十年代，市场营销学在中国曾有过一轮传播，传播者主要是一些归国的青年学者。我国第一本关于市场营销学的教材是1933年复旦大学丁馨伯教授编写的《市场学》。虽然当时的一些商学院已经开设了市场营销学的相关课程，但由于很多原因，没有得到大范围推广和研究。

新中国成立初期，我国实行了计划经济体制，资源的配置和流通完全靠计划指标调控。商品供给严重不足，卖方市场占据经济的主体，企业无须市场营销学的指导。因此，市场营销学在中国的研究也基本中断，国外迅速发展的市场营销的新理论、新概念也未能引入中国。

2. 营销学重新进入中国

1978—1983年，是市场营销学重新引入中国的启蒙阶段。中国的改革开放，为市场营销学重新进入中国创造了良好的条件。通过翻译评价、考察学习和邀请专家来华讲学等方式，先进的市场营销学理论和方法开始引入中国。部分高等院校组织编写市场营销学教材，开设市场营销课程，为市场营销学中国化奠定了基础。由于客观条件的限制，这一时期的教材内容以引进为主，主要借鉴西方以及我国港台地区的版本，缺乏实践，使得对西方市场营销学的理论认识也较为肤浅。

3. 市场营销学在中国迅速传播

1984年至20世纪90年代初，是市场营销学在中国迅速传播的时期。1984年1月，全国高等综合性大学、财贸院校的"市场学教学研究会"成立。1991年，"中国市场学会"在北京成立，云集了企业、高校和经济管理部门的代表，加强了市场营销学的学术交流和教学研究，推进了市场营销学的普及和发展。1988年，中国高等院校普遍开设市场营销课程，增设市场营销专业，培养市场营销方向本科生和研究生的专业人才。从1992年开始，部分院校有了市场营销学方向的博士研究生。同时，市场营销学教材、专著大量出版发行，并编撰了《市场学辞典》《现代市场营销大全》等市场营销学的早期著作。

4. 市场营销学在实践中得到应用

20世纪90年代以后，我国改革开放不断深入发展，国外商品和国际资本也随着中国加入世界贸易组织而大量涌入中国，引发激烈的市场竞争。与此同时，消费者的购买力大大增强，对商品的需求出现多样化，买方市场逐渐形成，这就要求工商企业转变生产观念，采用市场营销学的新理论、新方法指导生产实践。1995年，"第五届市场营销与社会发展国际会议"在北京召开。面对中国的实际，许多学者开始了对市场营销学与经营实践相结合的相关课题的研究，并取得了一些颇有价值的研究成果。但这一时期，出现了市场营销学理论在不同地区、不同行业、不同机制的企业中应用不均衡的现象。同时，中国市场营销理论还缺乏一定的创新。

5. 21世纪市场营销学在中国的创新发展

进入21世纪，面对市场经济环境的新变化，市场营销学的一些新理论，如关系营销、网络营销、整合营销、直复营销、服务营销和营销伦理等开始应用于中国大多数企业。21世纪，结合中国文化、市场、企业的实际状况，中国市场营销界开始了积极的探索和大胆的创新。与之相对应的是，营销教育和人才培养网络体制更加完善，营销专业的专任教师已逾万人，市场营销学也被我国教育部列为高校工商管理类各专业的核心课程，加快了市场营销学在中国的发展速度。

专注卓越的"华成"智慧
——访苏州华成集团董事长蒋元生

2018年年初,中国汽车经销商集团竞争力TOP200指数发布,汽车行业商会会长单位——苏州华成集团有限公司,喜获2017年度中国汽车经销商集团信用排名第2名、综合竞争力排名第88名和销量排名第71名的好成绩,同时在全国20~50亿规模经销商集团综合能力评价方面位于五星盈利能力第2名。

作为全国百强汽车销售企业,打造百年品牌,是苏州华成集团董事长蒋元生的商业梦想,他深知:"要做强做大,实现百年梦想,不是一朝一夕的事情。只有将'跑步'与'走路'有效结合,时刻秉持工匠精神,企业才能拥有厚实的底蕴,在运营中创造卓越,追求完美。这样,'百年华成'目标的实现也就指日可待了。"

在苏州企业家群体里,将自己的爱好和事业结合在一起,并做出一番大成就的人,恐怕很难找出几位,而蒋元生就是其中之一。

创造卓越,代理12个汽车品牌的行业领军企业

蒋元生向记者透露,1990—1997年,他任吴江市物资局副局长、局长时,曾兼任过吴江市机电设备总公司总经理、吴江市汽车贸易总公司总经理等职务,和汽车打过多年交道,并喜欢上汽车这个"大家伙"。就是从那个时候开始,他便认为未来汽车肯定会进入千家万户,而汽车带来的商机将非常非常之大。非凡的市场嗅觉能力是蒋元生的制胜法宝,感受到了中国私营经济快速发展时代的来临,1997年,蒋元生毅然从吴江市物资局局长的职务上辞职下海,开始了搏击商海的奋斗之路。

经过20余年的努力，华成集团现拥有员工2 000人，已经打造成苏州汽车销售和服务的领军企业。华成集团代理了上汽通用凯迪拉克、阿尔法罗密欧、别克、一汽丰田、上汽大众等12个国际知名品牌汽车。目前为止，集团拥有21家专营汽车的全资公司，一家二手汽车公司，一个汽车美容装潢中心，一家融资租赁公司，两家创业投资公司，一家多品牌汽车销售服务公司，以及一家已经在新三板挂牌的保险代理公司——华成保险代理股份有限公司。

仅2016年，华成集团旗下各公司销售各类汽车33 000辆，维修入厂超过290 000台，营业额突破53.66亿元。多年来集团累计销售各类车辆250 000辆，营业总额超过410亿。取得了傲人业绩的同时，华成集团也获得了社会广泛的认可，"全国汽车经销集团百强企业""全国50强汽车经销商""全国守合同重信用企业""江苏省著名商标""苏州市知名字号""苏州服务业名牌""苏州民营企业50强（总第35位，零售行业第1位）"等各种荣誉加身。

60年工龄，汗水浇灌成功之花

蒋元生坦言，华成初建，遇到过很多让他刻骨铭心的困难，但军旅生活养成的坚强与诚信的良好品德以及对汽车行业发自内心的喜爱是他披荆斩棘的最好动力。

"经历困难，不断改变。"蒋元生从这些困难中不断吸取教训，公司战略也由之前提出的"做大做强"调整为"做强做大"。蒋元生解释说，要注重企业的服务质量和品牌影响力。因为公司是服务型企业，所以首先要提高客户满意度。除了紧抓品牌服务外，蒋元生同样重视企业文化的建设，如他所言，遇到困难时，要想员工有永不放弃的信念，必须建立一整套适应于华成发展、适应于社会经济发展的文化。同时，规范严谨的管理机制建设，也取决于企业的制度与文化。

"每年，华成都会在服务质量上开展评比，我们的目标就是要让100%的顾客满意，这一点绝不含糊。"蒋元生说，客户满意的同时也就意味着华成集团取得成功。而如何让客户满意，他指出："关键是要有一支优秀的团队，我们自主培养了300多位中坚领导力量，先让员工成长，才能让客户满意。"

最怕优秀的人比你还努力，全国50强汽车经销商、苏州市工商联第十四届总商会名誉会长、苏州市汽车流通行业协会监事长……诸多社会荣誉的获得，离不开蒋元生的辛勤汗水与质朴品格。在他眼里，做事努力，为人诚信，懂得感恩，是他事业成功的不二法则。无论是在事业的低谷还是高潮，他始终如一。每天工作12小时，已有40年工龄的蒋元生，几乎天天如此。相对于八小时工作制来说，蒋元生的折算工龄将近60年。勤奋的他相信：只要认准了方向，并一直坚持下去，努力拼搏，即使暂时看不到成功，希望也就在不远处了。蒋元生深刻地感受到，企业的发展离不开政府、行业协会的政策和服务支撑，特别是工商联的亲商服务和引导，今后华成也要在行业里发挥更大的引领作用。企业的成长需要天时、地利、人和的大环境，感谢大家一起助力实现梦想和目标，华成公司未来的目标就是要打造百年品牌。

强强联合，打造华成百年基业

在蒋元生看来，有计划地培养第二代、在合适的时候选择放手，是打造百年品牌、把企业做强做大的必经之路。何时把接班人推上位子，他认为宜早不宜晚，早早放手，接班人就有更多的锻炼机会，企业能保持持续性发展的动力，"百年品牌"的目标也就指日可待了。

蒋元生之子蒋立健从英国牛津大学统计学本科及硕士研究生毕业，是一位商业才俊，在加拿大的投资公司工作2年后，被父亲"召唤"回国，开始了"从基层做起"的培养计划。2009年至今，蒋立健的每一步发展都是父亲深思熟虑的结果。在门店的各个岗位轮岗一年，负责筹备并经营新店一年，花两年时间负责一家效益不好门店的扭亏为盈……当每一项任务都不负所望后，蒋立健才被正式允许进入公司管理高层。如今，担任公司总裁的蒋立健负责公司的大部分决策，父亲蒋元生则用另一种方式助力儿子成长。每当召开重要会议时，蒋元生会坐在一旁倾听，很少发言干预，会后，他会和儿子谈论哪些用词、语气不够妥当。

目前中国大部分民营企业家和蒋元生本人一样，都已60多岁，这时候最需要重点考虑的应该就是企业传承的问题。"和儿子一起齐心协力把华成做强做大是我接下来的目标，我的经验加上儿子的高学历，就是强强联合，我要做的就是帮助孩子把最大的潜力发挥出来，把自己的经验资源尽量多地传给他们。"

惟贤惟德，能服于人。做人如此，企业亦是如此。作为苏州汽贸行业的先驱与领军人物，蒋元生表示，将会继续严以修身，借助现有的行业地位与影响力，为汽贸行业的发展贡献自己的力量。

蒋元生说："希望未来，我的接班人能坚定'固守汽车、精益求精、稳步外拓、谨慎行事、永不投机'的企业家训，不断增强核心竞争力，为成为江苏知名且全国有广泛影响的、可持续发展的综合性企业集团而不断努力，勇往直前。"

（资料来源：https://www.sohu.com/a/234013461_135968.搜狐财经热新闻,2018-06-04）

关系营销的产生背景及现实意义

1. 关系营销的产生背景

企业在经营过程中,不能仅仅将注意力放在企业自身以及与消费者的单次交易上。为了持续的发展,企业都需要将自己放在一个开放的系统中,从上游的供应商到下游的消费者,企业需要与他们建立起长期的良好关系。在这种思想的指导下,产生了关系营销理论。关系营销是以科学理论和方法为指导的新型营销观念,其产生是营销理论的又一个里程碑。

(1) 经济环境的变化使企业与外界的关系越来越紧密

企业想要付出更大的营销努力来实现营销目标,就必须与外界的环境形成一种良好的合作互利关系,使自身拥有一个良好的外部环境。

(2) 市场经济的发展使消费者需求日趋多样化

企业想要把握消费者需求,就必须与消费者进行及时有效的沟通。而这种沟通必须是长久的,因为消费者的需求是变化的。这也要求企业必须与消费者建立一种长久的、良好的外部环境。

(3) 信息技术的发展为关系营销的发展提供了技术保障

现代通信技术的发展,使得人与人之间的时空相对距离缩短,为各个关系方建立、维持和发展提供了低成本、高效率的沟通工具,它解决了关系营销所必需的基本技术条件。

2. 关系营销提出的现实意义

(1) 感性消费的需求

经济的高速发展使得人们的工作和生活节奏不断加快,心理压力日渐增加,精神生活相对匮乏,对情感的需求就日趋强烈。而这一切体现在消费领域中就表现为感性消费增多,越来越多的消费者希望能够借助商品来寄托情感、展示个性、交流沟通。企业要想充分满足消费者的这种感性需求,关系营销活动的开展无疑是一条解决之道。

(2) 共赢既是选择,也是趋势

市场竞争的加剧存在于国内市场,同样也存在于国际市场。这使得企业要战胜竞争对手,就必须在人力、物力、财力等方面投入更多。而日趋专业化的社会分工带来的必然结果就是,没有哪一家企业能够由自己提供生产所需的全部资源,以一己之力来对抗压力。企业靠单打独斗横行天下是不可能的;相反,企业间优势互补、合作双赢的关系日显优势。这无疑为关系营销提供了发展空间。

(3) 市场变化加剧

随着消费者的需求日益向多样化、个性化方向发展,市场细分越来越难。在这种情况下,企业再想准确选择清晰、稳定的目标市场显得十分困难。因此,如何更准确、更及时地把握市场的变化情况,对企业就显得尤为重要。

(4) 传统营销手段优势不再

打折、赠券、抽奖等传统的促销方法已逐渐失效,铺天盖地的广告影响力也在逐渐减弱,"买的没有卖的精"的说法深入人心。广告是营销活动中必不可少的手段之一,但消费者对其的信赖程度在下降。尽管在我国,广告业仍处于急剧增长的时期,但也仅仅是加强产品在市场上的地位,并不能为产品创造一个新的地位。

(5) 国际竞争日渐激烈

加入WTO后,我国的对外开放程度不断加深,国内企业之间以及国内企业同境外企业的竞争也更加激烈。这就为企业推行关系营销创造了环境，因为一方面实施关系营销能使企业形成稳定的消费者群，为企业提供稳定的收入，夯实企业发展的基础；另一方面，实施关系营销对提高企业的竞争力，适应不断变化的市场，树立良好的企业形象，培养自己和关系各方的信任也大有帮助。

中国古代巨富范蠡的"经商十八则"

生意要勤快，切勿懒惰，懒惰则百事废。
价格要订明，切勿含糊，含糊则争执多。
赊欠要识人，切勿滥出，滥出则血本亏。
用度要节俭，切勿奢侈，奢侈则钱财竭。
货物要百验，切勿滥入，滥入则质价低。
出纳要谨慎，切勿大意，大意则错漏多。
用人要公正，切勿歪斜，歪斜则托付难。
优劣要分清，切勿混淆，混淆则耗用大。
货物要整理，切勿散漫，散漫则查点难。
期限要约定，切勿延迟，延迟则信用失。
买卖要随时，切勿拖延，拖延则机会失。
钱账要明慎，切勿糊涂，糊涂则弊端生。
临事要尽责，切勿放任，放任则受害大。
账目要稽查，切勿懈怠，懈怠则资本滞。
接纳要谦和，切勿暴躁，暴躁则交易少。
主心要镇定，切勿妄作，妄作则误事多。
工作要细心，切勿粗糙，粗糙则出劣品。
说话要规矩，切勿浮躁，浮躁则失事多。

5G 技术

第五代移动通信技术（5th generation mobile networks 或 5th generation wireless systems、5th-Generation，简称 5G 或 5G 技术）是最新一代蜂窝移动通信技术，也即 4G（LTE-A、WiMax）、3G（UMTS、LTE）和 2G（GSM）系统之后的延伸。5G 的性能目标是高数据速率，减少延迟，节省能源，降低成本，提高系统容量和大规模设备连接。

一、5G 网络的特点

① 峰值速率需要达到 Gbit/s 的标准，以满足高清视频、虚拟现实等大数据的传输。
② 空中接口时延水平需要在 1ms 左右，满足自动驾驶、远程医疗等实时应用。
③ 超大网络容量，提供千亿设备的连接能力，满足物联网通信。
④ 频谱效率要比 LTE 提升 10 倍以上。
⑤ 连续广域覆盖和高移动性下，用户体验速率达到 100Mbit/s。
⑥ 流量密度和连接数密度大幅度提高。
⑦ 系统协同化，智能化水平提升，表现为多用户、多点、多天线、多摄取的协同组网，以及网络间灵活地自动调整。

5G 是移动通信从以技术为中心逐步向以用户为中心转变的结果。

二、5G 的发展历程

2013 年 2 月，欧盟宣布，将拨款 5 000 万欧元，加快 5G 移动技术的发展，计划到 2020 年推出成熟的标准。

2013 年 5 月 13 日，韩国三星电子有限公司宣布，已成功开发第 5 代移动通信（5G）的核心技术，这一技术预计将于 2020 年开始推向商业化。该技术可在 28GHz 超高频段以每秒 1Gbps 以上的速度传送数据，且最长传送距离可达 2 千米。相比之下，当前的第四代长期演进（4GLTE）服务的传输速率仅为 75Mbps。而此前这一传输瓶颈被业界普遍认为是一个技术难题，而三星电子有限公司则利用 64 个天线单元的自适应阵列传输技术破解了这一难题。与韩国 4G 技术的传送速度相比，5G 技术预计可提供比 4G 长期演进（LTE）快 100 倍的速度。利用这一技术，下载一部高画质（HD）电影只需十秒钟。

2014 年 5 月 8 日，日本电信营运商 NTT DoCoMo 正式宣布将与 Ericsson、Nokia、Samsung 等六家厂商共同合作，开始测试凌驾现有 4G 网络 1 000 倍网络承载能力的高速 5G 网络，其传输速度可望提升至 10Gbps。预计在 2015 年展开户外测试，并期望于 2020 年开始运作。

2015 年 9 月 7 日，美国移动运营商 Verizon 无线公司宣布，将从 2016 年开始试用 5G 网络，2017 年在美国部分城市全面商用。

中国 5G 技术研发试验在 2016—2018 年进行，分为 5G 关键技术试验、5G 技术方案验证和 5G 系统验证三个阶段实施。

从发展态势看，5G 还处于技术标准的研究阶段，后来几年 4G 还将保持主导地位、实现持续高速发展，但 5G 有望 2020 年正式商用。

2017 年 2 月 9 日，国际通信标准组织 3GPP 宣布了 5G 的官方 Logo。

2017 年 11 月 15 日，中国工信部发布《关于第五代移动通信系统使用 3 300 ~ 3 600MHz 和 4 800 ~ 5 000MHz 频段相关事宜的通知》，确定 5G 中频频谱，能够兼顾系统覆盖和大容量的基本需求。

2017 年 11 月下旬中国工信部发布通知，正式启动 5G 技术研发试验第三阶段工作，并力争于

2018年年底前实现第三阶段试验基本目标。

2017年12月21日,在国际电信标准组织3GPP RAN第78次全体会议上,5G NR首发版本正式冻结并发布。

2017年12月,中国发改委发布《关于组织实施2018年新一代信息基础设施建设工程的通知》,要求2018年将在不少于5个城市开展5G规模组网试点,每个城市5G基站数量不少于50个、全网5G终端不少于500个。

2018年2月23日,在世界移动通信大会召开前夕,沃达丰和华为宣布,两公司在西班牙合作采用非独立的3GPP 5G新无线标准和Sub6 GHz频段完成了全球首个5G通话测试。

2018年2月27日,华为在MWC2018大展上发布了首款3GPP标准5G商用芯片巴龙5G01和5G商用终端,支持全球主流5G频段,包括Sub6GHz(低频)、mmWave(高频),理论上可实现最高2.3Gbps的数据下载速率。

2018年6月13日,3GPP 5G NR标准SA(Standalone,独立组网)方案在3GPP第80次TSG RAN全会正式完成并发布,这标志着首个真正完整意义的国际5G标准正式出炉。

2018年6月14日,3GPP全会(TSG#80)批准了第五代移动通信技术标准(5G NR)独立组网功能冻结。加之2017年12月完成的非独立组网NR标准,5G已经完成第一阶段全功能标准化工作,进入了产业全面冲刺新阶段。

2018年6月28日,中国联通公布了5G部署:将以SA为目标架构,前期聚焦eMBB,5G网络计划于2020年正式商用。

2018年8月2日,奥迪与爱立信宣布,计划率先将5G技术用于汽车生产。在奥迪总部德国因戈尔施塔特,两家公司就一系列活动达成一致,共同探讨5G作为一种面向未来的通信技术,能够满足汽车生产高要求的潜力。奥迪和爱立信签署了谅解备忘录在未来几个月内,两家公司的专家们将在位于德国盖梅尔斯海姆的"奥迪生产实验室"的技术中心进行现场测试。

2018年11月21日,重庆首个5G连续覆盖试验区建设完成,5G远程驾驶、5G无人机、虚拟现实等多项5G应用同时亮相。

2018年12月1日,韩国三大运营商SK、KT与LG U+同步在韩国部分地区推出5G服务,这也是新一代移动通信服务在全球首次实现商用。第一批应用5G服务的地区为首尔、首都圈和韩国六大广域市的市中心,以后将陆续扩大服务范围。按照计划,韩国智能手机用户2019年3月左右可以使用5G服务,预计2020年下半年可以实现5G全覆盖。

2018年12月7日,中国工信部同意联通集团自通知日至2020年6月30日使用3 500MHz~3 600MHz频率,用于在全国开展第五代移动通信(5G)系统试验。12月10日,工信部正式对外公布,已向中国电信、中国移动、中国联通发放了5G系统中低频段试验频率使用许可。这意味着各基础电信运营企业开展5G系统试验所必须使用的频率资源得到保障,向产业界发出了明确信号,进一步推动我国5G产业链的成熟与发展。

2018年12月18日,AT&T宣布,将于12月21日在全美12个城市率先开放5G网络服务。

2019年2月20日,韩国副总理兼企划财政部部长洪南基提到,2019年3月末,韩国将在全球首次实现5G的商用。

2019年6月6日,中国工信部正式向中国电信、中国移动、中国联通、中国广电发放5G商用牌照,中国正式进入5G商用元年。

三、5G的应用领域

1. 车联网与自动驾驶

车联网技术经历了利用有线通信的路侧单元(道路提示牌)以及2G/3G/4G网络承载车载信息服务的阶段,正在依托高速移动的通信技术,逐步步入自动驾驶时代。根据中国、美国、日本等国家的汽车发展规划,依托传输速率更高、时延更低的5G网络,将在2025年全面实现自动驾驶汽车的量产,市场规模达到1万亿美元。

2. 5G 外科手术

2019 年 1 月 19 日，中国一名外科医生利用 5G 技术实施了全球首例远程外科手术。这名医生在福建省利用 5G 网络，操控 30 英里（约合 48 千米）以外一个偏远地区的机械臂进行手术。在进行的手术中，由于延时只有 0.1 秒，外科医生用 5G 网络切除了一只实验动物的肝脏。5G 技术的其他好处还包括大幅减少了下载时间，下载速度从每秒约 20 兆字节上升到每秒 50 千兆字节——相当于在 1 秒钟内下载超过 10 部高清影片。5G 技术最直接的应用很可能是改善视频通话和游戏体验，但机器人手术很有可能给专业外科医生为世界各地有需要的人实施手术带来很大希望。

5G 技术将开辟许多新的应用领域，以前的移动数据传输标准对这些领域来说还不够快。5G 网络的速度和较低的延时性首次满足了远程呈现甚至远程手术的要求。

3. 5G 智能电网

因电网高安全性要求与全覆盖的广度特性，智能电网必须在海量连接以及广覆盖的测量处理体系中，做到 99.999% 的高可靠度；超大数量末端设备的同时接入、小于 20 ms 的超低时延，以及终端深度覆盖、信号平稳等是其可安全工作的基本要求。

4. 其他应用

比如工业互联网、智慧城市、VR/AR 等。

（资料来源：https：//baike.baidu.com/item/5G/）

中华人民共和国电子商务法

(2018年8月31日第十三届全国人民代表大会常务委员会第五次会议通过)

目 录

第一章 总 则
第二章 电子商务经营者
  第一节 一般规定
  第二节 电子商务平台经营者
第三章 电子商务合同的订立与履行
第四章 电子商务争议解决
第五章 电子商务促进
第六章 法律责任
第七章 附 则

第一章 总 则

第一条 为了保障电子商务各方主体的合法权益，规范电子商务行为，维护市场秩序，促进电子商务持续健康发展，制定本法。

第二条 中华人民共和国境内的电子商务活动，适用本法。

本法所称电子商务，是指通过互联网等信息网络销售商品或者提供服务的经营活动。

法律、行政法规对销售商品或者提供服务有规定的，适用其规定。金融类产品和服务，利用信息网络提供新闻信息、音视频节目、出版以及文化产品等内容方面的服务，不适用本法。

第三条 国家鼓励发展电子商务新业态，创新商业模式，促进电子商务技术研发和推广应用，推进电子商务诚信体系建设，营造有利于电子商务创新发展的市场环境，充分发挥电子商务在推动高质量发展、满足人民日益增长的美好生活需要、构建开放型经济方面的重要作用。

第四条 国家平等对待线上线下商务活动，促进线上线下融合发展，各级人民政府和有关部门不得采取歧视性的政策措施，不得滥用行政权力排除、限制市场竞争。

第五条 电子商务经营者从事经营活动，应当遵循自愿、平等、公平、诚信的原则，遵守法律和商业道德，公平参与市场竞争，履行消费者权益保护、环境保护、知识产权保护、网络安全与个人信息保护等方面的义务，承担产品和服务质量责任，接受政府和社会的监督。

第六条 国务院有关部门按照职责分工负责电子商务发展促进、监督管理等工作。县级以上地方各级人民政府可以根据本行政区域的实际情况，确定本行政区域内电子商务的部门职责划分。

第七条 国家建立符合电子商务特点的协同管理体系，推动形成有关部门、电子商务行业组织、电子商务经营者、消费者等共同参与的电子商务市场治理体系。

第八条 电子商务行业组织按照本组织章程开展行业自律，建立健全行业规范，推动行业诚信建设，监督、引导本行业经营者公平参与市场竞争。

第二章 电子商务经营者

第一节 一般规定

第九条 本法所称电子商务经营者，是指通过互联网等信息网络从事销售商品或者提供服务的经营活动的自然人、法人和非法人组织，包括电子商务平台经营者、平台内经营者以及通过自建网站、其他网络服务销售商品或者提供服务的电子商务经营者。

本法所称电子商务平台经营者，是指在电子商务中为交易双方或者多方提供网络经营场所、交易撮合、信息发布等服务，供交易双方或者多方独立开展交易活动的法人或者非法人组织。

本法所称平台内经营者，是指通过电子商务平台销售商品或者提供服务的电子商务经营者。

第十条 电子商务经营者应当依法办理市场主体登记。但是，个人销售自产农副产品、家庭手工业产品，个人利用自己的技能从事依法无须取得许可的便民劳务活动和零星小额交易活动，以及依照法律、行政法规不需要进行登记的除外。

第十一条 电子商务经营者应当依法履行纳税义务，并依法享受税收优惠。

依照前条规定不需要办理市场主体登记的电子商务经营者在首次纳税义务发生后，应当依照税收征收管理法律、行政法规的规定申请办理税务登记，并如实申报纳税。

第十二条 电子商务经营者从事经营活动，依法需要取得相关行政许可的，应当依法取得行政许可。

第十三条 电子商务经营者销售的商品或者提供的服务应当符合保障人身、财产安全的要求和环境保护要求，不得销售或者提供法律、行政法规禁止交易的商品或者服务。

第十四条 电子商务经营者销售商品或者提供服务应当依法出具纸质发票或者电子发票等购货凭证或者服务单据。电子发票与纸质发票具有同等法律效力。

第十五条 电子商务经营者应当在其首页显著位置，持续公示营业执照信息、与其经营业务有关的行政许可信息、属于依照本法第十条规定的不需要办理市场主体登记情形等信息，或者上述信息的链接标识。

前款规定的信息发生变更的，电子商务经营者应当及时更新公示信息。

第十六条 电子商务经营者自行终止从事电子商务的，应当提前三十日在首页显著位置持续公示有关信息。

第十七条 电子商务经营者应当全面、真实、准确、及时地披露商品或者服务信息，保障消费者的知情权和选择权。电子商务经营者不得以虚构交易、编造用户评价等方式进行虚假或者引人误解的商业宣传，欺骗、误导消费者。

第十八条 电子商务经营者根据消费者的兴趣爱好、消费习惯等特征向其提供商品或者服务的搜索结果的，应当同时向该消费者提供不针对其个人特征的选项，尊重和平等保护消费者合法权益。

电子商务经营者向消费者发送广告的，应当遵守《中华人民共和国广告法》的有关规定。

第十九条 电子商务经营者搭售商品或者服务，应当以显著方式提请消费者注意，不得将搭售商品或者服务作为默认同意的选项。

第二十条 电子商务经营者应当按照承诺或者与消费者约定的方式、时限向消费者交付商品或者服务，并承担商品运输中的风险和责任。但是，消费者另行选择快递物流服务提供者的除外。

第二十一条 电子商务经营者按照约定向消费者收取押金的，应当明示押金退还的方式、程序，不得对押金退还设置不合理条件。消费者申请退还押金，符合押金退还条件的，电子商务经营者应当及时退还。

第二十二条 电子商务经营者因其技术优势、用户数量、对相关行业的控制能力以及其他经营者对该电子商务经营者在交易上的依赖程度等因素而具有市场支配地位的，不得滥用市场支配地位，排除、限制竞争。

第二十三条　电子商务经营者收集、使用其用户的个人信息，应当遵守法律、行政法规有关个人信息保护的规定。

第二十四条　电子商务经营者应当明示用户信息查询、更正、删除以及用户注销的方式、程序，不得对用户信息查询、更正、删除以及用户注销设置不合理条件。

电子商务经营者收到用户信息查询或者更正、删除的申请的，应当在核实身份后及时提供查询或者更正、删除用户信息。用户注销的，电子商务经营者应当立即删除该用户的信息；依照法律、行政法规的规定或者双方约定保存的，依照其规定。

第二十五条　有关主管部门依照法律、行政法规的规定要求电子商务经营者提供有关电子商务数据信息的，电子商务经营者应当提供。有关主管部门应当采取必要措施保护电子商务经营者提供的数据信息的安全，并对其中的个人信息、隐私和商业秘密严格保密，不得泄露、出售或者非法向他人提供。

第二十六条　电子商务经营者从事跨境电子商务，应当遵守进出口监督管理的法律、行政法规和国家有关规定。

第二节　电子商务平台经营者

第二十七条　电子商务平台经营者应当要求申请进入平台销售商品或者提供服务的经营者提交其身份、地址、联系方式、行政许可等真实信息，进行核验、登记，建立登记档案，并定期核验更新。

电子商务平台经营者为进入平台销售商品或者提供服务的非经营用户提供服务，应当遵守本节有关规定。

第二十八条　电子商务平台经营者应当按照规定向市场监督管理部门报送平台内经营者的身份信息，提示未办理市场主体登记的经营者依法办理登记，并配合市场监督管理部门，针对电子商务的特点，为应当办理市场主体登记的经营者办理登记提供便利。

电子商务平台经营者应当依照税收征收管理法律、行政法规的规定，向税务部门报送平台内经营者的身份信息和与纳税有关的信息，并应当提示依照本法第十条规定不需要办理市场主体登记的电子商务经营者依照本法第十一条第二款的规定办理税务登记。

第二十九条　电子商务平台经营者发现平台内的商品或者服务信息存在违反本法第十二条、第十三条规定情形的，应当依法采取必要的处置措施，并向有关主管部门报告。

第三十条　电子商务平台经营者应当采取技术措施和其他必要措施保证其网络安全、稳定运行，防范网络违法犯罪活动，有效应对网络安全事件，保障电子商务交易安全。

电子商务平台经营者应当制订网络安全事件应急预案，发生网络安全事件时，应当立即启动应急预案，采取相应的补救措施，并向有关主管部门报告。

第三十一条　电子商务平台经营者应当记录、保存平台上发布的商品和服务信息、交易信息，并确保信息的完整性、保密性、可用性。商品和服务信息、交易信息保存时间自交易完成之日起不少于三年；法律、行政法规另有规定的，依照其规定。

第三十二条　电子商务平台经营者应当遵循公开、公平、公正的原则，制定平台服务协议和交易规则，明确进入和退出平台、商品和服务质量保障、消费者权益保护、个人信息保护等方面的权利和义务。

第三十三条　电子商务平台经营者应当在其首页显著位置持续公示平台服务协议和交易规则信息或者上述信息的链接标识，并保证经营者和消费者能够便利、完整地阅览和下载。

第三十四条　电子商务平台经营者修改平台服务协议和交易规则，应当在其首页显著位置公开征求意见，采取合理措施确保有关各方能够及时充分表达意见。修改内容应当至少在实施前七日予以公示。

平台内经营者不接受修改内容，要求退出平台的，电子商务平台经营者不得阻止，并按照修改前的服务协议和交易规则承担相关责任。

第三十五条 电子商务平台经营者不得利用服务协议、交易规则以及技术等手段，对平台内经营者在平台内的交易、交易价格以及与其他经营者的交易等进行不合理限制或者附加不合理条件，或者向平台内经营者收取不合理费用。

第三十六条 电子商务平台经营者依据平台服务协议和交易规则对平台内经营者违反法律、法规的行为实施警示、暂停或者终止服务等措施的，应当及时公示。

第三十七条 电子商务平台经营者在其平台上开展自营业务的，应当以显著方式区分标记自营业务和平台内经营者开展的业务，不得误导消费者。

电子商务平台经营者对其标记为自营的业务依法承担商品销售者或者服务提供者的民事责任。

第三十八条 电子商务平台经营者知道或应当知道平台内经营者销售的商品或者提供的服务不符合保障人身、财产安全的要求，或者有其他侵害消费者合法权益行为，未采取必要措施的，依法与该平台内经营者承担连带责任。

对关系消费者生命健康的商品或者服务，电子商务平台经营者对平台内经营者的资质资格未尽到审核义务，或者对消费者未尽到安全保障义务，造成消费者损害的，依法承担相应的责任。

第三十九条 电子商务平台经营者应当建立健全信用评价制度，公示信用评价规则，为消费者提供对平台内销售的商品或者提供的服务进行评价的途径。

电子商务平台经营者不得删除消费者对其平台内销售的商品或者提供的服务的评价。

第四十条 电子商务平台经营者应当根据商品或者服务的价格、销量、信用等以多种方式向消费者显示商品或者服务的搜索结果；对于竞价排名的商品或者服务，应当显著标明"广告"。

第四十一条 电子商务平台经营者应当建立知识产权保护规则，与知识产权权利人加强合作，依法保护知识产权。

第四十二条 知识产权权利人认为其知识产权受到侵害的，有权通知电子商务平台经营者采取删除、屏蔽、断开链接、终止交易和服务等必要措施。通知应当包括构成侵权的初步证据。

电子商务平台经营者接到通知后，应当及时采取必要措施，并将该通知转送平台内经营者；未及时采取必要措施的，对损害的扩大部分与平台内经营者承担连带责任。

因通知错误造成平台内经营者损害的，依法承担民事责任。恶意发出错误通知，造成平台内经营者损失的，加倍承担赔偿责任。

第四十三条 平台内经营者接到转送的通知后，可以向电子商务平台经营者提交不存在侵权行为的声明。声明应当包括不存在侵权行为的初步证据。

电子商务平台经营者接到声明后，应当将该声明转送发出通知的知识产权权利人，并告知其可以向有关主管部门投诉或者向人民法院起诉。电子商务平台经营者在转送声明到达知识产权权利人后十五日内，未收到权利人已经投诉或者起诉通知的，应当及时终止所采取的措施。

第四十四条 电子商务平台经营者应当及时公示收到的本法第四十二条、第四十三条规定的通知、声明及处理结果。

第四十五条 电子商务平台经营者知道或者应当知道平台内经营者侵犯知识产权的，应当采取删除、屏蔽、断开链接、终止交易和服务等必要措施；未采取必要措施的，与侵权人承担连带责任。

第四十六条 除本法第九条第二款规定的服务外，电子商务平台经营者可以按照平台服务协议和交易规则，为经营者之间的电子商务提供仓储、物流、支付结算、交收等服务。电子商务平台经营者为经营者之间的电子商务提供服务，应当遵守法律、行政法规和国家有关规定，不得采取集中竞价、做市商市场等集中交易方式进行交易，不得进行标准化合约交易。

第三章 电子商务合同的订立与履行

第四十七条 电子商务当事人订立和履行合同，适用本章和《中华人民共和国民法总则》《中华人民共和国合同法》《中华人民共和国电子签名法》等法律的规定。

第四十八条 电子商务当事人使用自动信息系统订立或者履行合同的行为对使用该系统的当事人具有法律效力。

在电子商务中推定当事人具有相应的民事行为能力。但是，有相反证据足以推翻的除外。

第四十九条 电子商务经营者发布的商品或者服务信息符合要约条件的，用户选择该商品或者服务并提交订单成功，合同成立。当事人另有约定的，从其约定。

电子商务经营者不得以格式条款等方式约定消费者支付价款后合同不成立；格式条款等含有该内容的，其内容无效。

第五十条 电子商务经营者应当清晰、全面、明确地告知用户订立合同的步骤、注意事项、下载方法等事项，并保证用户能够便利、完整地阅览和下载。

电子商务经营者应当保证用户在提交订单前可以更正输入错误。

第五十一条 合同标的为交付商品并采用快递物流方式交付的，收货人签收时间为交付时间。合同标的为提供服务的，生成的电子凭证或者实物凭证中载明的时间为交付时间；前述凭证没有载明时间或者载明时间与实际提供服务时间不一致的，实际提供服务的时间为交付时间。

合同标的为采用在线传输方式交付的，合同标的进入对方当事人指定的特定系统并且能够检索识别的时间为交付时间。

合同当事人对交付方式、交付时间另有约定的，从其约定。

第五十二条 电子商务当事人可以约定采用快递物流方式交付商品。

快递物流服务提供者为电子商务提供快递物流服务，应当遵守法律、行政法规，并应当符合承诺的服务规范和时限。快递物流服务提供者在交付商品时，应当提示收货人当面查验；交由他人代收的，应当经收货人同意。

快递物流服务提供者应当按照规定使用环保包装材料，实现包装材料的减量化和再利用。

快递物流服务提供者在提供快递物流服务的同时，可以接受电子商务经营者的委托提供代收货款服务。

第五十三条 电子商务当事人可以约定采用电子支付方式支付价款。

电子支付服务提供者为电子商务提供电子支付服务，应当遵守国家规定，告知用户电子支付服务的功能、使用方法、注意事项、相关风险和收费标准等事项，不得附加不合理交易条件。电子支付服务提供者应当确保电子支付指令的完整性、一致性、可跟踪稽核和不可篡改。

电子支付服务提供者应当向用户免费提供对账服务以及最近三年的交易记录。

第五十四条 电子支付服务提供者提供电子支付服务不符合国家有关支付安全管理要求，造成用户损失的，应当承担赔偿责任。

第五十五条 用户在发出支付指令前，应当核对支付指令所包含的金额、收款人等完整信息。

支付指令发生错误的，电子支付服务提供者应当及时查找原因，并采取相关措施予以纠正。造成用户损失的，电子支付服务提供者应当承担赔偿责任，但能够证明支付错误非自身原因造成的除外。

第五十六条 电子支付服务提供者完成电子支付后，应当及时准确地向用户提供符合约定方式的确认支付的信息。

第五十七条 用户应当妥善保管交易密码、电子签名数据等安全工具。用户发现安全工具遗失、被盗用或者未经授权支付的，应当及时通知电子支付服务提供者。

未经授权的支付造成的损失，由电子支付服务提供者承担；电子支付服务提供者能够证明未经授权的支付是因用户的过错造成的，不承担责任。

电子支付服务提供者发现支付指令未经授权，或者收到用户支付指令未经授权的通知时，应当立即采取措施防止损失扩大。电子支付服务提供者未及时采取措施导致损失扩大的，对损失扩大部分承担责任。

第四章　电子商务争议解决

第五十八条　国家鼓励电子商务平台经营者建立有利于电子商务发展和消费者权益保护的商品、服务质量担保机制。

电子商务平台经营者与平台内经营者协议设立消费者权益保证金的，双方应当就消费者权益保证金的提取数额、管理、使用和退还办法等做出明确约定。

消费者要求电子商务平台经营者承担先行赔偿责任以及电子商务平台经营者赔偿后向平台内经营者的追偿，适用《中华人民共和国消费者权益保护法》的有关规定。

第五十九条　电子商务经营者应当建立便捷、有效的投诉和举报机制，公开投诉、举报方式等信息，及时受理并处理投诉、举报。

第六十条　电子商务争议可以通过协商和解，请求消费者组织、行业协会或者其他依法成立的调解组织调解，向有关部门投诉，提请仲裁，或者提起诉讼等方式解决。

第六十一条　消费者在电子商务平台购买商品或者接受服务，与平台内经营者发生争议时，电子商务平台经营者应当积极协助消费者维护合法权益。

第六十二条　在电子商务争议处理中，电子商务经营者应当提供原始合同和交易记录。因电子商务经营者丢失、伪造、篡改、销毁、隐匿或者拒绝提供前述资料，致使人民法院、仲裁机构或者有关机关无法查明事实的，电子商务经营者应当承担相应的法律责任。

第六十三条　电子商务平台经营者可以建立争议在线解决机制，制定并公示争议解决规则，根据自愿原则，公平、公正地解决当事人的争议。

第五章　电子商务促进

第六十四条　国务院和各省、自治区、直辖市人民政府应当将电子商务发展纳入国民经济和社会发展规划，制定科学合理的产业政策，促进电子商务创新发展。

第六十五条　国务院和县级以上地方人民政府及其有关部门应当采取措施，支持、推动绿色包装、仓储、运输，促进电子商务绿色发展。

第六十六条　国家推动电子商务基础设施和物流网络建设，完善电子商务统计制度，加强电子商务标准体系建设。

第六十七条　国家推动电子商务在国民经济各个领域的应用，支持电子商务与各产业融合发展。

第六十八条　国家促进农业生产、加工、流通等环节的互联网技术应用，鼓励各类社会资源加强合作，促进农村电子商务发展，发挥电子商务在精准扶贫中的作用。

第六十九条　国家维护电子商务交易安全，保护电子商务用户信息，鼓励电子商务数据开发应用，保障电子商务数据依法有序自由流动。

国家采取措施推动建立公共数据共享机制，促进电子商务经营者依法利用公共数据。

第七十条　国家支持依法设立的信用评价机构开展电子商务信用评价，向社会提供电子商务信用评价服务。

第七十一条　国家促进跨境电子商务发展，建立健全适应跨境电子商务特点的海关、税收、进出境检验检疫、支付结算等管理制度，提高跨境电子商务各环节便利化水平，支持跨境电子商务平台经营者等为跨境电子商务提供仓储物流、报关、报检等服务。

国家支持小型微型企业从事跨境电子商务。

第七十二条　国家进出口管理部门应当推进跨境电子商务海关申报、纳税、检验检疫等环节的综合服务和监管体系建设，优化监管流程，推动实现信息共享、监管互认、执法互助，提高跨境电子商务服务和监管效率。跨境电子商务经营者可以凭电子单证向国家进出口管理部门办理有关手续。

第七十三条 国家推动建立与不同国家、地区之间跨境电子商务的交流合作，参与电子商务国际规则的制定，促进电子签名、电子身份等国际互认。

国家推动建立与不同国家、地区之间的跨境电子商务争议解决机制。

第六章 法律责任

第七十四条 电子商务经营者销售商品或者提供服务，不履行合同义务或者履行合同义务不符合约定，或者造成他人损害的，依法承担民事责任。

第七十五条 电子商务经营者违反本法第十二条、第十三条规定，未取得相关行政许可从事经营活动，或者销售、提供法律、行政法规禁止交易的商品或服务，或者不履行本法第二十五条规定的信息提供义务，电子商务平台经营者违反本法第四十六条规定，采取集中交易方式进行交易，或者进行标准化合约交易的，依照有关法律、行政法规的规定处罚。

第七十六条 电子商务经营者违反本法规定，有下列行为之一的，由市场监督管理部门责令限期改正，可以处一万元以下的罚款，对其中的电子商务平台经营者，依照本法第八十一条第一款的规定处罚：

（一）未在首页显著位置公示营业执照信息、行政许可信息、属于不需要办理市场主体登记情形等信息，或者上述信息的链接标识的；

（二）未在首页显著位置持续公示终止电子商务的有关信息的；

（三）未明示用户信息查询、更正、删除以及用户注销的方式、程序，或者对用户信息查询、更正、删除以及用户注销设置不合理条件的。

电子商务平台经营者对违反前款规定的平台内经营者未采取必要措施的，由市场监督管理部门责令限期改正，可以处二万元以上十万元以下的罚款。

第七十七条 电子商务经营者违反本法第十八条第一款规定提供搜索结果，或者违反本法第十九条规定搭售商品、服务的，由市场监督管理部门责令限期改正，没收违法所得，可以并处五万元以上二十万元以下的罚款；情节严重的，并处二十万元以上五十万元以下的罚款。

第七十八条 电子商务经营者违反本法第二十一条规定，未向消费者明示押金退还的方式、程序，对押金退还设置不合理条件，或者不及时退还押金的，由有关主管部门责令限期改正，可以处五万元以上二十万元以下的罚款；情节严重的，处二十万元以上五十万元以下的罚款。

第七十九条 电子商务经营者违反法律、行政法规有关个人信息保护的规定，或者不履行本法第三十条和有关法律、行政法规规定的网络安全保障义务的，依照《中华人民共和国网络安全法》等法律、行政法规的规定处罚。

第八十条 电子商务平台经营者有下列行为之一的，由有关主管部门责令限期改正；逾期不改正的，处二万元以上十万元以下的罚款；情节严重的，责令停业整顿，并处十万元以上五十万元以下的罚款：

（一）不履行本法第二十七条规定的核验、登记义务的；

（二）不按照本法第二十八条规定向市场监督管理部门、税务部门报送有关信息的；

（三）不按照本法第二十九条规定对违法情形采取必要的处置措施，或者未向有关主管部门报告的；

（四）不履行本法第三十一条规定的商品和服务信息、交易信息保存义务的。

法律、行政法规对前款规定的违法行为的处罚另有规定的，依照其规定。

第八十一条 电子商务平台经营者违反本法规定，有下列行为之一的，由市场监督管理部门责令限期改正，可以处二万元以上十万元以下的罚款；情节严重的，处十万元以上五十万元以下的罚款：

（一）未在首页显著位置持续公示平台服务协议、交易规则信息或者上述信息的链接标识的；

（二）修改交易规则未在首页显著位置公开征求意见，未按照规定的时间提前公示修改内容，

第四十八条 电子商务当事人使用自动信息系统订立或者履行合同的行为对使用该系统的当事人具有法律效力。

在电子商务中推定当事人具有相应的民事行为能力。但是,有相反证据足以推翻的除外。

第四十九条 电子商务经营者发布的商品或者服务信息符合要约条件的,用户选择该商品或者服务并提交订单成功,合同成立。当事人另有约定的,从其约定。

电子商务经营者不得以格式条款等方式约定消费者支付价款后合同不成立;格式条款等含有该内容的,其内容无效。

第五十条 电子商务经营者应当清晰、全面、明确地告知用户订立合同的步骤、注意事项、下载方法等事项,并保证用户能够便利、完整地阅览和下载。

电子商务经营者应当保证用户在提交订单前可以更正输入错误。

第五十一条 合同标的为交付商品并采用快递物流方式交付的,收货人签收时间为交付时间。合同标的为提供服务的,生成的电子凭证或者实物凭证中载明的时间为交付时间;前述凭证没有载明时间或者载明时间与实际提供服务时间不一致的,实际提供服务的时间为交付时间。

合同标的为采用在线传输方式交付的,合同标的进入对方当事人指定的特定系统并且能够检索识别的时间为交付时间。

合同当事人对交付方式、交付时间另有约定的,从其约定。

第五十二条 电子商务当事人可以约定采用快递物流方式交付商品。

快递物流服务提供者为电子商务提供快递物流服务,应当遵守法律、行政法规,并应当符合承诺的服务规范和时限。快递物流服务提供者在交付商品时,应当提示收货人当面查验;交由他人代收的,应当经收货人同意。

快递物流服务提供者应当按照规定使用环保包装材料,实现包装材料的减量化和再利用。

快递物流服务提供者在提供快递物流服务的同时,可以接受电子商务经营者的委托提供代收货款服务。

第五十三条 电子商务当事人可以约定采用电子支付方式支付价款。

电子支付服务提供者为电子商务提供电子支付服务,应当遵守国家规定,告知用户电子支付服务的功能、使用方法、注意事项、相关风险和收费标准等事项,不得附加不合理交易条件。电子支付服务提供者应当确保电子支付指令的完整性、一致性、可跟踪稽核和不可篡改。

电子支付服务提供者应当向用户免费提供对账服务以及最近三年的交易记录。

第五十四条 电子支付服务提供者提供电子支付服务不符合国家有关支付安全管理要求,造成用户损失的,应当承担赔偿责任。

第五十五条 用户在发出支付指令前,应当核对支付指令所包含的金额、收款人等完整信息。

支付指令发生错误的,电子支付服务提供者应当及时查找原因,并采取相关措施予以纠正。造成用户损失的,电子支付服务提供者应当承担赔偿责任,但能够证明支付错误非自身原因造成的除外。

第五十六条 电子支付服务提供者完成电子支付后,应当及时准确地向用户提供符合约定方式的确认支付的信息。

第五十七条 用户应当妥善保管交易密码、电子签名数据等安全工具。用户发现安全工具遗失、被盗用或者未经授权支付的,应当及时通知电子支付服务提供者。

未经授权的支付造成的损失,由电子支付服务提供者承担;电子支付服务提供者能够证明未经授权的支付是因用户的过错造成的,不承担责任。

电子支付服务提供者发现支付指令未经授权,或者收到用户支付指令未经授权的通知时,应当立即采取措施防止损失扩大。电子支付服务提供者未及时采取措施导致损失扩大的,对损失扩大部分承担责任。

第三十五条 电子商务平台经营者不得利用服务协议、交易规则以及技术等手段，对平台内经营者在平台内的交易、交易价格以及与其他经营者的交易等进行不合理限制或者附加不合理条件，或者向平台内经营者收取不合理费用。

第三十六条 电子商务平台经营者依据平台服务协议和交易规则对平台内经营者违反法律、法规的行为实施警示、暂停或者终止服务等措施的，应当及时公示。

第三十七条 电子商务平台经营者在其平台上开展自营业务的，应当以显著方式区分标记自营业务和平台内经营者开展的业务，不得误导消费者。

电子商务平台经营者对其标记为自营的业务依法承担商品销售者或者服务提供者的民事责任。

第三十八条 电子商务平台经营者知道或应当知道平台内经营者销售的商品或者提供的服务不符合保障人身、财产安全的要求，或者有其他侵害消费者合法权益行为，未采取必要措施的，依法与该平台内经营者承担连带责任。

对关系消费者生命健康的商品或者服务，电子商务平台经营者对平台内经营者的资质资格未尽到审核义务，或者对消费者未尽到安全保障义务，造成消费者损害的，依法承担相应的责任。

第三十九条 电子商务平台经营者应当建立健全信用评价制度，公示信用评价规则，为消费者提供对平台内销售的商品或者提供的服务进行评价的途径。

电子商务平台经营者不得删除消费者对其平台内销售的商品或者提供的服务的评价。

第四十条 电子商务平台经营者应当根据商品或者服务的价格、销量、信用等以多种方式向消费者显示商品或者服务的搜索结果；对于竞价排名的商品或者服务，应当显著标明"广告"。

第四十一条 电子商务平台经营者应当建立知识产权保护规则，与知识产权权利人加强合作，依法保护知识产权。

第四十二条 知识产权权利人认为其知识产权受到侵害的，有权通知电子商务平台经营者采取删除、屏蔽、断开链接、终止交易和服务等必要措施。通知应当包括构成侵权的初步证据。

电子商务平台经营者接到通知后，应当及时采取必要措施，并将该通知转送平台内经营者；未及时采取必要措施的，对损害的扩大部分与平台内经营者承担连带责任。

因通知错误造成平台内经营者损害的，依法承担民事责任。恶意发出错误通知，造成平台内经营者损失的，加倍承担赔偿责任。

第四十三条 平台内经营者接到转送的通知后，可以向电子商务平台经营者提交不存在侵权行为的声明。声明应当包括不存在侵权行为的初步证据。

电子商务平台经营者接到声明后，应当将该声明转送发出通知的知识产权权利人，并告知其可以向有关主管部门投诉或者向人民法院起诉。电子商务平台经营者在转送声明到达知识产权权利人后十五日内，未收到权利人已经投诉或者起诉通知的，应当及时终止所采取的措施。

第四十四条 电子商务平台经营者应当及时公示收到的本法第四十二条、第四十三条规定的通知、声明及处理结果。

第四十五条 电子商务平台经营者知道或者应当知道平台内经营者侵犯知识产权的，应当采取删除、屏蔽、断开链接、终止交易和服务等必要措施；未采取必要措施的，与侵权人承担连带责任。

第四十六条 除本法第九条第二款规定的服务外，电子商务平台经营者可以按照平台服务协议和交易规则，为经营者之间的电子商务提供仓储、物流、支付结算、交收等服务。电子商务平台经营者为经营者之间的电子商务提供服务，应当遵守法律、行政法规和国家有关规定，不得采取集中竞价、做市商市场等集中交易方式进行交易，不得进行标准化合约交易。

第三章　电子商务合同的订立与履行

第四十七条 电子商务当事人订立和履行合同，适用本章和《中华人民共和国民法总则》《中华人民共和国合同法》《中华人民共和国电子签名法》等法律的规定。